하나님의

선물

우리는 성령에 의하여 그리스도의 대사들로서 세상 속으로 파송 받아 모든 사람들을 하나님께
화해시킬 수 있게 되었고, 그의 사랑의 승리를 확신 있게 기다릴 수 있게 되었다.

하나님의
선교

이형기 지음

한국학술정보(주)

서 론

한국 개신교들 가운데서 어떤 근본주의 교파들은 '하나님의 선교' 나 '에큐메니칼'이라고 하는 용어를 사용할 경우엔, 그것을 거의 이 단시하는 경향이 있는가 하면, 또 어떤 교파는 한때(1970~1980년 대) '하나님의 선교'에 집중한 나머지 '복음전도'와 교회의 교회 내 적 활동들을 소홀히 여기는 경향도 있었다. 또한 한국 개신교의 대 부분의 교파들은 '하나님의 선교'를 추구하는 사람들은 적어도 '복음 전도', '개인의 회심과 세례·성만찬', 그리고 개교회의 개척과 성장 을 무시하는 사람들로 간주하고, '하나님의 선교'를 주장하는 사람들 은 근본주의적이고 복음주의적인 한국 개신교회들은 '하나님의 세계 (God's world)'에서의 하나님의 활동을 전혀 무시하고, 교회를 게토 화한 것으로 보는 경향이 있다.

대체로 한국 개신교는 이분법적인 사고에 익숙한 것 같다. 교회를 노아의 방주로 생각한 나머지 세상은 멸망해도 좋고, 영혼의 구원만 이 중요하고, 몸과 몸을 통한 모든 활동들은 아무렇게나 되어도 좋 으며, 개인구원과 영혼구원만이 중요하니 개교회의 공동체성과 전체 로서의 교회의 공동체성에 대해서는 아랑곳하지 않으며, 교회성장에 집중한 나머지 교회의 본질로부터 멀어지고, 영생과 하나님 나라를 사유화하여 역사와 사회 속에서 공공성을 상실하였다. 적어도 본 저서에서 논할 '하나님의 선교'는 이와 같은 '복음주의자들'의 병폐를 극복할 것으로 기대되고, 종전의 '하나님의 선교'에 대한 오해를 충분히 해소시킬 수 있는 것으로 보인다.

그래서 본 저서는 6가지 주제를 논하였다. 즉 '제1장: 교회의 개혁 · 갱신 → 기독교의 확장 → 교회의 분열 → 교회일치추구 → 하나님의 선교', '제2장: '하나님 → 교회 → 세상'으로부터 '하나님 → 세상 → 교회'로의 패러다임 이동', '제3장: 하나님의 선교의 기원과 발전: 빌링겐 IMC (1952)로부터 오늘에 이르기까지', '제4장: 생명 공동체로서의 하나님 나라 – 하나님의 선교 – 교회', '제5장: 『하나님의 선교: 그것은 성경의 거대담론을 푸는 열쇠이다』'가 그것이다. 필자는 제1장에서 16세기 종교 개혁으로부터 18~19세기 복음주의 각성운동 시기까지에서 '교회의 개혁 · 갱신 → 기독교의 확장 → 교회의 분열 → 교회일치추구'는 발견되지만, '하나님의 선교'는 1950년대에 와서 본격적으로 등장하였다고 하는 것을 논구하였고, 제2장에서는 아우구스티누스에서 18~19세기 복음주의 각성운동 시기에 이르기까지 대체로 '하나님 → 교회 → 세상'이라고 하는 구도가 지배적이었고, '하나님 → 세상 → 교회'는 칼 바르트와 몰트만 신학과 에큐메니칼 운동의 공식문서들에서 그 모습을 분명하게 드러내고 있다고 하는 사실을 추적하였다. 필자는 '하나님 → 세상 → 교회'의 구도를 하나님의 선교신학의 기본 틀로 보았기 때문이다.

제3장에서는 '하나님의 선교(missio Dei)' 신학의 기원과 발전을 추적하였는데, 에큐메니칼 문서들뿐만 아니라 제2바티칸과 동방정교

회의 선교문서들과 복음주의자들의 세계대회에서 나온 문서들도 다루었다. 좀 더 균형 감각을 가지고 그것을 이해하기 위함이었다. 제4장에서는 내러티브 신학을 사용하되, 구약에서 신약에 이르는 구속사를 '창조'와 '역사'를 함께 엮어 짜는 식으로 논구하면서, 이스라엘과 교회는 타락과 새 창조 사이에서 하나님의 선교에 동참하는 것으로 보았다. 즉 생명 공동체로서의 하나님 나라의 미리 맛봄이요, 징표요, 도구인 이스라엘과 교회가 그와 같은 하나님 나라를 인류역사와 창조세계 속에서 실현하고 계시는 하나님의 선교에 동참해야 할 것을 주장하였다. 하나님께서는 세상(인류역사와 창조세계)을 그렇게나 사랑하시어, 이스라엘과 교회를 하나님의 선교의 도구로 택하신 것이다.

그리고 제5장에서는 라이트(Christopher J. H. Wright)의 저서를 다뤘다. 이 저서는 전적으로 내러티브 신학을 추구한 점에서는 방금 위에서 지적한 제4장의 내러티브 신학의 틀 거리와 동일하다. 그런데 이 둘 사이의 큰 차이는 타락과 새 창조 사이에 진행되는 하나님의 선교에 관하여 라이트는 '성경적 유일신주의'를 주장하였고, 본 필자는 서방교회의 전통을 존중하면서도 동방교회의 전통을 수용하는 '삼위일체론'을 주장한 점이다. 그리고 라이트는 다만 '복음주의'의 선교신학을 극복하려고 애썼으나, 본 필자는 칼 바르트와 몰트만 그리고 에큐메니칼 문서들이 주장하는 쪽으로 기울어진 것이다. 그런데 본 필자가 이 저서를 택한 이유는, 그것이 복음주의자들의 '복음전도'를 구속사적인 '거대담론'의 흐름 속에서 강하게 내세우는 동시에 복음주의자들의 이분법적이고 협소 지향적인 약점들을 상당한 정도로 극복하였고, 나아가서 칼 바르트, 몰트만 그리고 에큐메니칼 운동이 지향하는 신학에로 열려 있는 것으로 보였기 때문이다. 끝으로 총괄적 결론에서는 각 장을 다시 요약하면서 결론으로 이끌었고, 그리고 난 다음에 우리 한국 개신교의 상황을 염두에 두면서 '하나님의 선교'라고 하는 개념의 사용역사를 다시 떠올렸다.

본 졸저가 한국교회의 '하나님의 선교'에 대한 여러 가지 오해를 불식시키고, 한국교회가 '하나님의 선교'에 대한 바른 이해를 가지고 한국의 역사와 교회사 속에서, 그리고 한국의 창조세계 속에서, '하나님의 선교'에 힘차게 응답하는 선교를 수행하는 데에 일조를 했으면 한다.

이형기(Ph.D.)

장로회신학대학교 명예교수(역사신학)·NCCK신앙과직제위원회 위원장

남양주시 덕소에서

2008년 1월 10일

목 차

제4장: 생명 공동체로서의 하나님 나라 –
하나님의 선교 – 교회 / 241

제1장

교회의 개혁 · 개신 → 기독교의 확장 → 교회의 분열
→ 교회일치추구 → 하나님의 선교

　　오순절 성령강림과 더불어 생긴 초기 그리스도교 공동체는 사도행전이 보여주는 대로 복음전도로 이어졌고, 복음전도가 일어나는 지역과 시간에서는 교회의 분열이 있게 되었으며, 이를 치유하려는 일치추구가 있었다. 예수께서 구약의 구속사를 잇는 이스라엘 백성에 대한 복음전도를 우선시한 것에 이어서 사도행전의 처음 그리스도교 공동체는 사도행전 제11장 이전까지는 유대인들에 대한 복음전도에 대한 이야기가, 그리고 그 후에는 이방인들에 대한 복음전도의 역사가 전개되었다(행 11:19－21). 이미 사도행전의 교회 역사에서 우리는 복음전도가 진행되는 과정에서 교회들 사이에 분열이 일어났다고 하는 사실을 본다. 그와 같은 복음전도의 역사과정 속에서 안디옥교회에서 일어난 문제(이방인 출신 그리스도교인들도 유대인들처럼 할

례를 비롯한 유대교의 율법을 지켜야 하느냐의 문제)로 인하여 사도
행전 15장이 보고하고 있는 사도적 공의회가 최초로 열려, 교회분열
을 치유하고 교회일치를 이룩하였다. 이처럼 사도행전에서 우리는
교회의 탄생, 복음전도의 역사, 그리고 이 과정에서 생기는 교회분열
과 교회의 일치추구에 대한 구도를 발견한다. 이 글은 이와 같은 구
도를 가지고, 18~19세기 복음주의 각성운동이 어떻게 각각 복음전
도와 교회일치추구로 이어졌나를 살피고, 후자가 어떻게 결정적으로
에큐메니칼 운동으로 이어졌음을 밝히려고 한다.

I. 16세기 종교개혁: '개혁 – 개신교의 성장과 확장 – 일치추구'

1. 중세 말의 상황

중세교회는 황금기(11~12세기)를 지나, 1350~1500년에는 내리막
길을 달렸다. 이 기간 동안에 서방교회는 물론 모스크바 중심의 러
시아 동방정교회[1]를 제외한 모든 동방교회도 사양(斜陽)길로 접어들

---

1) 로마를 중심으로 하는 이태리 반도를 포함한 서북쪽이 서방교회라면, 그
것의 동북쪽지역은 동방이다. 서방교회의 중심은 로마요, 동방교회의 중
심지는 지금의 터키의 이스탄불에 해당하는 콘스탄티노플(소피아 사원이
있는)이다. 그리고 이집트의 알렉산드리아, 안디옥, 예루살렘, 발칸 반도,
동유럽, 페르시아, 중앙아시아, 러시아 등도 역시 동방교회에 속한다.

었다. 바야흐로 서방교회의 경우, 교황 보니파스 8세가 '우남상탐(Unam Sanctam)'이라고 하는 교황의 교서(敎書)에서 황제를 교황 밑에 예속시키려는 마지막 외침을 발한 지 얼마 안 되어, 교황청은 프랑스 남부의 아비뇽으로 옮겨갈 수밖에 없었고 교황이 둘도 되고 셋도 되는 대분열(the Great Schism)의 상황을 경험하였다. 교회사는 이것을 이스라엘의 70년 바벨론 포로에 비유하여 '아비뇽 포로'(1309~1377)라 일컫는바, 이는 교황청의 부패를 반증하고 있으며, 중세 교황주의 교회의 몰락을 예시하고 있다 하겠다. 하지만 중세 말에는 서방교회 안에서 교회를 갱신하려는 여러 각성운동들이 일어났다.

2. 중세 말 서방교회 안에서 일어난 각성의 징표들

중세기 말의 서방교회는 내리막길을 달렸음에도 불구하고, 교회갱신의 징표들을 보여주었으니, 루터와 칼빈으로 대표되는 16세기 종교개혁은 이와 같은 갱신의 연속성 속에서 일어났다. 즉 (1) 공의회운동(conciliar movement), (2) 신비주의 운동, (3) 르네상스 인문주의 운동, (4) 후기 중세기 스콜라주의 운동, (5) 민족 단위의 국가들의 등장, (6) 위클리프와 후쓰 등 개혁 이전의 개혁자들의 개혁운동들이 그와 같은 각성운동들이었다. 따라서 16세기 개신교 종교개혁은 몰락하는 중세교회를 개혁하려는 중세 말의 여러 각성운동들의 흐름들 속에서 일어났다. 그래서 라투렛 교회사가는 그의 교회사에서 서방교회를 논하는 부분의 제목을 "서유럽: 몰락과 활력(Western Europe:

Decline and Vitality)"이라 하였고, "생명의 흐름들이 맥박치고 있었던 것은 서유럽 기독교에 있어서였다."[2]라고 주장하였다.

3. 루터와 칼빈에게 있어서 복음과 성경

1) 루 터

루터의 복음의 재발견이 1513 / 1515년 『시편강해』로부터 시작하여 1519년 『시편강해』와 『갈라디아서 강해』에 와서 비로소 완결된 것으로 보는 것이 바람직하다고 본다. 『루터의 라틴어 저작 전집 서문』 (1545)에서 루터 자신이 밝힌 바에 따르면, 루터는 1519년에 '복음의 재발견(the rediscovery of the Gospel)'을 확정적으로 경험하였다. 루터는 이 '서문'에서 복음에 대한 감격적인 경험을 1519년에 했다고 한다. 그의 말을 들어 보자.

> 마침내 하나님의 자비로 밤낮으로 묵상하는 가운데 나는 그 단어들이 나오는 문맥에 유의하였다. "하나님의 의가 나타나서……기록된바 오직 의인은 믿음으로 말미암아 살리라." 여기에서 나는 하나님의 의란 이 의에 의하여 의인이 하나님의 선물, 즉 믿음으로 말미암아 살아가는바, 그(하나님)의 의라는 것을 이해하기 시작하였다. 그리고 이것은 이런 의미가 있다. 하나님의 의는 복음에 계시된바, 즉 자비로우신 하나님이 믿음으로 말미암아 우리를 의롭다 하시는 바 수동적인

---

2) Kenneth Scott Latourette, A History of Christianity, Vol. I (New York: Harper & Row, 1975), p.607.

의에 의해서 드러나는데, 기록된바, "오직 의인은 믿음으로 말미암아 살리라." 여기에서 나는 내가 완전히 새로 거듭나서 열린 문을 통하여 낙원으로 들어갔다는 것을 느꼈다. 거기에서 성경 전체가 전혀 다르게 이해되었다. 그러면서 나는 성경을 기억 속에서 꿰뚫어 보면서, 성경의 다른 용어들 속에서도 그것의 유비(類比)를 발견하였다. 하나님이 우리 속에서 하시는 것으로서의 하나님의 역사, 그가 우리를 강하게 만드시는 것으로서의 하나님의 권능, 그가 우리를 지혜롭게 하시는 것으로서의 하나님의 지혜, 하나님의 힘, 하나님의 구원, 하나님의 영광.[3]

말하자면, 복음이란 하나님 아버지께서 인류의 죄와 죽음을 예수 그리스도에게 담당시키시고, 인류를 새로운 생명으로 인도하셨다고 하는 기쁜 소식으로서, 아버지께서는 성령을 통하여 우리로 하여금 이 복음을 받아들여 우리를 구원 얻게 하신다고 하는 메시지이다. 그리하여 이와 같은 복음에 대한 통찰은 성경의 통일성이 무엇인가를 루터에게 알게 하였다. 그는 단순히 성경의 명제적인 진리 그 자체를 하나님의 말씀으로 보지 않고, 우선적으로 성육신하신 하나님의 아들 예수 그리스도의 위격과 사역을 하나님의 말씀으로 보았다. 그에게 있어서 이것이 다름 아닌 영원하신 하나님의 말씀이다. 어디까지나 성경은 이 말씀을 추구하는(treiben) 말씀들이다. 물론, 이 말씀은 이 말씀을 증언하는 성경의 내러티브 속에서 발견된다. 사도들의 복음역시 이와 같은 내러티브를 전제한다. 그리고 이 성경의 중심 메시지

---

3) Bernhard Lohse, 『루터연구입문』(서울: 크리스챤 다이제스트, 1993), pp.207-208.

는 그의 성경해석을 위한 열쇠를 제공하였고, 그의 모든 신학적인 주제들의 출발점과 바탕을 마련해 주었다. 향후 신학논쟁들을 통해서 전개되는 루터의 모든 신학적인 주제들, 예컨대 '율법과 복음', '두 왕국(그리스도의 왕국과 세상 왕국) 사상', '의인이면서 동시에 죄인 (simul iustus et peccator)', '계시된 하나님과 감추어진 하나님' 등에 실마리를 제공한다. 비록 이와 같이 두 개념을 신학적인 역설로 묶는 루터의 신학적인 주제들이 중세 전통과의 관계에서 새로운 것을 이 야기하려는 의도를 보여주고 있으나(에벨링),[4] 그와 같은 신학적인 논리의 출발점과 본문은 그의 복음에 대한 통찰일 것이다.

첫째로 루터는 '율법과 복음'이라는 주제에 관하여 중세교회가 이 둘을 제대로 구별하지 못하고, 혼동한 나머지 율법을 복음화하고, 복음을 율법화하는 우를 범하였다고 보았고, 둘째로 그는 '두 왕국'이라는 주제에 관하여 중세교회가 교회를 세상화하고, 세상을 교회화하여 그리스도의 왕국과 세상 왕국의 구별을 희미하게 만들었다고 보았다. 셋째로 그는 '의인인 동시에 죄인'이라는 주제에 관하여 중세교회가 기성 기독교인의 죄를 인정치 않은 나머지 칭의를 무시하고 성화만을 지향했다고 보았고, 넷째로 그는 '계시된 하나님과 감추어진 하나님'이라는 주제에 관하여 중세교회가 이 둘을 혼동한 나머지 '계시된 하나님' 대신에 '감추어진 하나님'을 강조하여 사람들을 공포로 몰아갔다고 보았다. 그런데 이와 같은 신학적인 주제들에

---

4) Gerhard Ebeling, *Luther: Einfuehrung in sein Denk*, R. A. Wilson, tr., *Luther: An Introduction to His Thought* (Philadelphia: Fortress Press, 1972), 23 – 25.

대한 루터의 시각은 확실히 그의 복음에 대한 통찰에서 비롯되었다.

루터 신학에 있어서 '오직 성경으로만(sola Scriptura)'은 종교개혁의 형식적인 원리요, 진정으로 그것의 내용상의 원리는 이상에서 지적한 복음에 대한 바른 통찰이었다. 따라서 그는 단순히 그냥 성경의 모든 명제적인 진리들이 하나님의 말씀이라는 17세기 개신교 정통주의나 20세기 미국의 개신교 근본주의의 '성서주의'와는 달리 성육신하신 하나님의 말씀 혹은 십자가에 달리셨다가 부활하신 예수 그리스도 혹은 복음을 하나님의 말씀으로 보았으니, 설교 말씀과 성경 말씀 역시 이 성육신하신 하나님의 말씀을 결핍하는 한 결코 하나님의 말씀이 될 수 없다고 한다.[5] 필자는 이와 같은 루터의 말씀론이 칼빈과 18~19세기 복음주의 각성운동, 그리고 한국의 1907년 복음주의 각성운동으로 이어진 것으로 본다.

2) 칼빈: 성경의 통일성으로서 구속사

칼빈은 회심 직후 쓴 글에서 성경적 내러티브 신학을 추구하고 있음을 볼 수 있다. 칼빈은 바울-어거스틴의 노선을 따라서 하나님께서는 타락한 하나님의 형상의 회복을 위해서 구약에서 이스라엘 백성을 통한 구속역사를 펼치셨다고 한다. 하지만 이들의 실패로 중보자 예수 그리스도를 통해서 새 언약이 주어졌다. 그리하여 이 새

---

5) 복음과 성경의 관계에 대해서는 참고: 이형기, "복음과 성경", 총회헌법 개정위원회 신앙고백과 교리분과위원회 편, 『21세기 한국장로교의 신앙과 신학의 방향』(서울: 한국장로교출판사, 1999), 83 이하.

언약과 중보자는 아브라함의 약속 이래로 예언들과 의식들을 통해서 고지되었고, 그의 초림의 사건은 완전한 통일성 속에 있는 구약의 예언들을 성취하였다. 그리고 이 모든 것은 그의 기적들과 다른 행동들로써 구세주의 능력을 제시하는 책인 신약성경에 계시되어 있다고 한다.[6] 아래에서 칼빈 자신의 글을 읽어 보자.

따라서 하나님께서 유대인이든 이방인이든 자기 백성에게 접근하시기 위해서 새로운 언약을 필요로 하셨다. 그것은 확실하고 틀림없는 것이었다. 하나님께서는 그것을 확립하고 확고히 하기 위해서 하나님과 그의 백성 사이에 개입하시고, 중보하시며, 이 양자 사이의 화합을 만들기 위해서 한 중보자를 가질 필요가 있으셨다. 이 중보자가 없다면 인간은 하나님의 진노와 의분 밑에서 항상 살아가야 하고, 그가 사로잡혀 있고, 빠져 있는 저주와 비참과 혼돈으로부터 구원받을 그 어떤 수단도 갖고 있지 않기 때문이다. 황폐하고, 파괴되었으며, 황량한 이 세상을 회복시키기 위해서 성부 하나님으로부터 파송되어, 인류에게 주어지신 분은 다름 아닌 하나님의 참되고 오직 영원하신 아들, 우리 주님이시요 구세주이신 예수 그리스도이셨다.[7]

그러나 때가 찼을 때 그렇게 약속되었었고, 기다려졌던 이 위대한 메시아가 오셨다. 그분은 완전하시고, 우리를 구속하시고 구원하시기 위해서 필요한 모든 것을 성취하셨다.[8]

---

6) Ford Lewis Battles, *Interpreting John Calvin* (Grand Rapids, Mich.: Baker Books, 1996), 147.
7) Joseph Haroutunian, ed., *Calvin: Commentaries* (Philadelphia: The Westminster Press, 1958), 61.
8) 위의 책, 63.

인류 구속의 초석이요 본체이신 주 예수께서 자신이 택한 사도들을 임명하시고, 온 세상에 그의 은혜를 알리도록 명령하신 것은 바로 이것(화해: 필자 주)을 선포하기 위한 것이다. 그리고 사도들은 자신들의 의무를 정상적으로 그리고 명백하게 수행하기 위해서, 입으로 말씀을 설교함으로써 자신들의 대사의 사명을 수행함에 있어서, 수고하고 성실하였을 뿐만 아니라 이들은 모세와 예언자들의 모범을 따라서 그것을 기록으로 남겨 그들의 가르침에 대한 영원한 기억을 남겼다.[9]

　　성경은 또한 복음, 곧 새롭고 기쁜 소식이라고도 불린다. 그도 그럴 것이 살아 계신 하나님의 참되고 영원하신 유일한 아들이 인간을 입양(入養)에 의해서 그의 아버지 하나님의 자녀들로 삼으시기 위해서 인간이 되셨다는 사실이 그 안에 선포되어 있기 때문이다. 이처럼 그분은 우리의 구속, 평화, 의, 성화, 구원 및 생명을 빚지고 있는 유일한 구주이시다. 그분은 우리의 죄를 위해서 죽으시고, 우리를 의롭다 하시기 위해서 다시 살아나셨기 때문이요……[10]

　　이것이 영생이다. 한 분 참하나님과 그가 파송하신 그분 곧 예수 그리스도를 아는 것이 영생이다. 하나님께서는 이 예수 그리스도 안에서 우리의 구원의 시작과 중간과 끝을 확정하셨다. 예수 그리스도께서는 이삭처럼 아버지의 사랑받으시는 아들로서 희생 제물로 드려졌으나, 결코 사망의 권세에는 굴복하시지 않으셨다. 예수 그리스도는 경각심 많은 목자 야곱처럼 자신에게 위탁된 양 무리를 세심하게 돌보신다. 그는 선하고 인자한 형제 요셉처럼 그의 영광 가운데에서도 낮고 천한 형제들을 인정하기를 부끄러워하지 않으셨다. 그는 멜기세

---

9) 위의 책.
10) 위의 책, 64.

덱과 같이 모든 인류를 위해서 유일회적으로 영원한 제사를 올린 대제장이요, 감독이시다. 그는 성령에 의하여 그의 법을 우리의 마음 비에 기록하신 주권적 입법자 모세와 같으시다. 그는 신실한 대장이요 인도자인 여호수아처럼 우리를 약속의 땅으로 인도해 가신다. 그는 고상하고 승리적인 다윗 임금처럼 모든 반항 세력들을 그의 손에 붙이신다. 그는 훌륭하고 의기양양한 솔로몬 왕처럼 자신의 나라를 평화와 번영으로 통치하신다. 그는 용감하고 힘 있는 삼손처럼 자신의 죽으심으로 모든 그의 원수들을 패주(敗走)시키셨다.[11]

위 인용들에서 우리는 구약과 관계를 지닌 중보자 사상, 새 언약 사상, 사도들에 의해서 선포된 복음 및 성경의 중심 메시지로서의 복음을 발견하고, 구약에서 신약으로 이어지는 구속사를 발견하며, 예수 그리스도께서 구약의 위대한 인물들을 자신의 유형으로 삼고 계신 것을 본다. 칼빈은 이 글에서 개인적인 회심 혹은 복음에 대한 경험으로부터 구속사 전체를 반성적으로 돌이켜 보고 있다고 생각된다. 칼빈은 성경 전체를 관통하는 '거대담론'을 제시하고 있는 것이나 마찬가지이다.

칼빈은 루터의 신학 전통을 물려받았으나, 스위스의 개혁신학 전통을 완성시켰던 개혁신학자로서 내러티브 신학을 루터보다 좀 더 명쾌하게 제시하고 있다. 그는 『기독교 강요』 초판을 쓰기 전에 이미 구약에서 신약으로 이어지는 구속사를 매우 중요하게 여겼고, 앞에서 논한 것처럼 그의 초판 『기독교 강요』의 '교리 교육적 의도'와 그의 초기 신학 및 최종판 『기독교 강요』에 있어서 사도신경의 중요성은 그의 신학 전반이 결코 중세교회적인 철학적 신학이 아니라 루

---

11) 위의 책, 69.

터의 경우처럼 구속사적 배경을 갖는 복음의 내러티브 신학을 강조하는 신학임을 알 수 있다.

최종판 『기독교 강요』(1559)에서 우리는 '성경의 통일성'을 발견한다. (1) 『기독교 강요』의 구조, (2) 기독론적이고, 삼위일체론적인 복음, (3) 삼중직 수행에 의한 화해사역, (4) 성령을 통한 복음의 수용으로 일어나는 예수 그리스도와의 연합(unio mystica), 그리고 (5) 삼위일체 하나님의 거룩성과 위엄에 대한 것이 그것이다. 여기서 그의 신학이 루터의 내러티브 신학을 따르고 있으면서도, 기독론적이고 삼위일체론적인 복음의 내러티브 신학을 더 강하게 제시하고 있고, 예수 그리스도의 삼중직을 통한 화해사역을 힘주어 언급함으로써, 단순히 복음서 중심의 내러티브 신학에 머물러 있지 않고, 바울과 요한 등 사도들의 서한의 신학으로 확장하며, 에큐메니칼 신조까지 이어지는 내러티브 신학을 펼치고 있음을 볼 수 있다.

4. 16세기 개신교 종교개혁과 개신교파의 확장

그리스도교의 확장이라고 하는 선교사관을 가지고 교회사를 서술하는 라투렛 교회사가는 1500~1750년의 기독교를 '개혁과 확장(Reform and Expansion)'이라 하여 16세기 종교개혁의 복음이 서유럽으로 널리 확장되어 가는 과정으로 교회의 역사를 서술하고 있다. 그는 심지어 16~17세기를 '대각성운동(The Great Awakenings of the Sixteenth and Seventeenth Centuries: Inclusive Generalization)'의 시기라고도

한다. 그러니까 라투렛은 16세기 종교개혁을 18~19세기 복음주의 각성운동과 동일시하면서 그것이 복음의 넘쳐흐르는 능력으로 그리스도교의 확장을 가져왔다고 보는 것 같다.

우리는 아는 대로 루터의 종교개혁은 독일을 넘어서 스칸디나비아 등으로 확장되었고, 개혁교회는 취리히, 베른, 바젤, 제네바 등 스위스의 도시국가들을 넘어서 독일, 프랑스, 네덜란드, 스코틀랜드, 헝가리, 체코 등으로 확산되었으며, 과격파 종교개혁 역시 취리히를 넘어서 슈트라스부르크, 뮌스터, 네덜란드, 영국 등지로 확산된 것이 사실이다. 그리고 영국 종교개혁은 로마가톨릭 영국을 성공회의 나라로 만들었으니, 성공회는 '영국의 교회(the Church of England)'로 자리를 잡아, 영국 내에 있는 청교도적 장로교회들, 침례교회들, 회중교회들 등을 지배하였다.

5. 16세기 개신교파의 일치운동

중세 말로 오면서 페라라-플로렌스 공의회(1438~1445)와 바젤 공의회(1431~1449)를 통하여 동방교회와 서방교회 사이의 재연합의 시도가 있었으나, 그것의 결렬로 인하여 동서방교회의 거리는 더 멀어져 갔고, 서방교회 안에서 일어난 루터의 종교개혁은 본의 아니게 트렌트 공의회(1545~1563)를 기점으로 로마가톨릭교회와의 분열을 초래하였다.12) 그리고 루터교회와 개혁교회는 성만찬 논쟁으로 인하

---

12) 1541년 레겐스부르크 회담에서 가톨릭교회와 루터교 사이의 이신칭의

여 1529년 마르부르크 회담을 기점으로 결렬하였고,13) 종교개혁의 과격파 그룹들은 로마가톨릭교회, 루터교회, 개혁교회 그리고 성공회로부터 분리하는 분리주의 노선을 택하였다. 뿐만 아니라 개혁교회는 나라와 민족별로 많은 신앙고백을 작성하여 자체 내에 분열의 씨앗을 품고 있었고, 루터교는 아욱스부르크 신앙고백(1530)으로 자신의 신앙과 신학의 색깔을 하나로 하는 경향 속에서 그것의 획일주의를 면할 수 없었다. 물론, 루터교 역시 자체 내에서 신앙과 신학의 불일치로 심한 논란을 벌이다가 1580년에 "일치신조(The Formula of Concord)"를 채택하여 문제를 해결하였지만 말이다. 멕네일(John Thomas McNeill)14)에 의하면 종교개혁 시기의 교회분열의 원인은 부분적으로 "민족적 정체성(nationality)과 정치적·사회적 단위들에 대한 충성심"에 기인하는 것으로 보았다.

그리고 성공회 안에서는 국가교회인 성공회와 청교적 장로교회, 침례교회, 회중교회 등 사이의 갈등의 역사가 이어졌으니, 이와 같은 교회분열의 역사의 흐름 속에서 청교도들의 신앙과 신학이 미국으로 이식되었다. 그리고 과격파 교회 안에도 복음주의적 과격파(그레벨과

문제를 초점으로 하는 교리문제에 대하여 거의 일치를 보려다가 결렬되었다. 그리고 이 회담의 연속선상에서 1999년에 칭의(의화)문제에 대한 "공동선언문(A Joint Declaration on the Doctrine of the Justification by Faith)"을 발표하여 '칭의(의화)' 교리에 관한 한 16세기와 같은 상호 정죄를 더 이상 하지 않기로 하였다.
13) 1972년에 와서야 양 교파는 'Leuenberg Agreement'에서 다양성 속의 일치에 도달하였다.
14) A History of the Ecumenical Movement, Vol. Ⅰ. ed. by Ruth Rouse and Stephen Charles Neill(Geneva: WCC, 1986)(제3판), p.29.

만츠 등), 영성주의적 과격파(프랑크와 슈벵크펠트 등), 폭력 사용을 불사하는 과격파(멜키오르 호프만과 토마스 뮌쳐 등)로 나뉘어 있었다. 즉 여기에서 우리는 종교개혁교회들이 확장되어 가는 과정과 결과에서 교회분열의 문제가 야기되었음을 발견한다. 우리는 앞의 단락에서 중세 말과 종교개혁 시기에 일어난 교회의 분열의 큰 그림을 자세히 보았다. 그러면 종교개혁이라고 하는 교회의 개혁과 갱신운동으로 개신교파의 확장에 이어 교회일치운동은 전무하였던가? 아래에서 이 글은 루터교와 개혁파 교회의 일치운동에 대하여서만 간단히 논하려고 한다.

1) 루터교와 일치운동

루터는 라이프치히 논쟁(1519) 중에 에크의 교황 중심의 교회만이 참교회라고 하는 주장에 대하여 교황의 권위 밑에 있지 아니하는 많은 동방정교회의 성도들을 그리스도교인들이라 하였고, 라이프치히와 "독일귀족에게 주는 글"(1520)에서는 정죄를 받은 후쓰파 사람들을 진정한 그리스도교인들이라 불렀다.[15] 여기에서 우리는 루터의 '보편교회'의 일치에 대한 생각을 엿볼 수 있다.

비록 루터교와 개혁교회는 성만찬 논쟁을 둘러싸고 분열되었으나, 마틴 부쳐는 초지일관 두 교파 사이의 화해를 시도하였던바, 4개 도시(슈트라스부르크, 콘스탄스, 멤밍겐 그리고 린다우)가 함께 서명 날인한 '테트라폴리탄 고백(Tetrapolitan Confession)'을 제국의 국회인

---

15) Ibid., p.42.

아욱스부르크 국회에 제출하였다. 비록 그것이 성공을 거둘 수는 없었으나, 그는 계속해서 화해의 노력을 아까지 않았다. 그리고 부쳐는 멜랑히톤과 접촉하여 결국 1536년 '비텐베르크 일치(the Wittenberg Concord)'에 도달하였으니, 멜랑히톤이 부쳐의 중재입장을 상당한 정도로 받아들여 루터를 전향시켰다. 그리하여 '부활승천하신 그리스도의 몸의 편재론(ubiquity)'을 제외하고는 합의에 도달하였으나, 결국 이로 인하여(이것이 마르부르크 회담에서도 불일치의 원인이었지만) 스위스 계통의 개혁교회가 '비텐베르크 일치'를 받아들일 수가 없었다.[16]

루터교는 '아욱스부르크 평화협정'으로 '해당 지역은 그 지역의 종교(cius regio, eius religio)'라고 하는 원칙하에 지역별 루터교회들의 일치를 이룩하였다. 각 지역의 교회는 그 지역의 영주가 가톨릭인가 아니면 루터교인가에 따라서 결정하라는 원칙이었다. 하지만 루터교 내에서 이미 지적한바 1641년에 레겐스부르크 회담이 실패하여, 트렌트 공의회(1545~1563)에 이르렀고, 1548년의 '라이프치히 임시회의'에서 '무관심거리(adiaphora)'의 문제로 멜랑히톤이 순수 루터주의자들에게 패배하였으며, 이로 인하여 독일에서 로마가톨릭교회가 더욱 힘을 얻었고, 칼빈주의는 라인 강 지역의 사람들을 자기네 교파로 만들었다. 그리하여 결국, 1577년 "일치신조"는 루터교 내의 분열을 일단락 짓고, 17세기 정통주의의 경직화된 교리주의 시대를 열었다.

---

16) Ibid., pp.44-46.

2) 개혁교회와 일치운동

취리히의 종교개혁의 바통은 불링거가 이어받았고, 취리히의 개혁파 종교개혁의 불길은 베른을 거쳐 프랑스 말 사용 지역으로 옮겨 붙었으니, 제네바 시의회가 공식적으로 종교개혁을 허락하기(1534~1535) 이전에 베른의 개혁자인 파렐이 먼저 제네바에서 종교개혁을 시도하였다. 칼빈을 부추겨서 종교개혁에 뛰어들게 만든 이 파렐이야말로 개신교연합을 갈망하는 개혁파 설교가였다. 그는 부쳐와 츠빙글리파 사람들과 늘 접촉하였다. 칼빈은 처음부터 에큐메니칼하였다. 그는 슈트라스부르크 체류 기간 동안(1538~1541)에 마르틴 부쳐를 만나고 1539년에 프랑크프르트에서 처음 만난 이래 우정을 쌓아 왔던 멜링히톤과의 관계를 맺으면서 교회의 일치와 연합의 정신을 길러 갔다. 칼빈은 아직 어린 나이에 교회일치를 위한 회담인 '보름스 회담', '하게나우 회담' 그리고 '레겐스부르크 회담'에 참석하였다. 칼빈은 첫 번째 제네바 체류 시기부터 스위스 개혁파 교회들의 일치를 추구한 나머지, '비텐베르크 일치'에 지나치게 열을 올리는 부쳐를 비판하기도 하였다. 그리고 칼빈은 1540년엔 체코의 '형제단들'과도 공식적인 접촉을 하여, 이 시기에 '형제단들'은 루터교인 비텐베르크로부터 개혁파 교회인 슈트라스부르크와 제네바로 전향하였다. 이어서 부쳐 역시 이들과 접촉을 하였다. 그리고 칼빈은 부쳐의 영향으로 그리고 그와 더불어 성만찬 신학에 관하여 루터와 츠빙글리 사이의 중간 입장을 취하였다(『Little Treatise on the Holy Supper of our Lord, 1540』).

칼빈은 1544년 루터가 성만찬 교리문제로 스위스를 다시 공격했을 때에도 불링거의 의분을 잠잠하게 하였다. 그리고 칼빈은 1544년 11월에 쓴 편지에서 공격적인 루터를 감당하라고 하는 충고와 왈도파 사람들을 도와주라고 하는 청원을 조화시키고 있다. 칼빈은 루터의 분노의 희생된 사람들 편에 섰지만 불링거에게 루터가 얼마나 훌륭하고 그가 적그리스도의 나라를 어떻게 힘차게 쳐부쉈는가를 생각하라고 하였다. 그리고 칼빈은 부쳐와 불링거 사이를 중재하였고, 1549년엔 칼빈과 파렐은 취리히에서 불일거와의 회담에서 '취리히 콘센서스'를 작성하여 칼빈적인 성만찬론과 츠빙글리적 성만찬론 사이를 중재하였다. 베른과 바젤 개혁파 교회는 자신들이 불참한 가운데 이 문서가 작성되어, 불만을 가지고 있었으나, 곧 이 문서를 인정하여, 명실 공히 이 문서는 스위스 개혁파 교회의 성만론의 통일성을 보여주는 것이었다. 그리고 그것은 부쳐와 존 후퍼와 영국의 요한 아 라스코에 의하여도 받아들여졌다. 칼빈은 성만찬에 대한 입장이 다르다고 하는 것으로 교파를 나누려고 하지 않았다. 그는 바젤에 와 있던 영국 개혁파 피난민들에게 루터교 예배에 참석할 것 (1554)을 촉구하였고, 프랑크푸르트에 와 있었던 개혁파 피난민들 가운데 영국 성공회의 '예배 모범'에 반대하는 청교도들에도 루터교 예배에 참석하도록 권하였다. 그리고 칼빈은 감독들이 복음적인 한 감독체제 교회도 인정하였고, 로마가톨릭교회 안에 있는 어떤 교회들이나 어떤 사람들은 참교회 안에 있다고까지 하였다.

칼빈의 직계 제자인 베이짜와 칼빈보다 선배인 파렐은 사보이의 박해받는 왈도파 사람들을 위한 문제해결을 위해서 칼빈으로부터 보냄을 받아 루터교 사람들과 컨센서스를 제안할 수 있는 기회를 얻어, 베이짜에 의해서 작성된 성만찬론을 1557년에 뷔르템베르크 백작에게 보냈다. 칼빈은 이 문서에 대하여 나중에 알에 되었고, 그 내용에 있어서 불만족스러운 것이 있었으나, 그것을 배격하지 않고, 불링거에게 편지를 써서, 백작을 설득하게 하면서 베이짜를 천거하였다. 그리고 칼빈은 루터와 루터주의를 대표한다고 생각되는 멜랑히톤과 계속해서 화해를 시도하였고, 프랑스 안에서 다시 박해가 일어났을 때에 베이짜와 파렐은 보름스에서 멜랑히톤과 다른 루터교 사람들과 만났으니, 여기에서 베이짜는 새로운 안을 제안하기도 하였다. 그리하여 베이짜는 1561년 '뿌아씨 회담'에서 개신교를 대표하였고, 칼빈이 세상을 떠난 후 베이짜와 그의 제네바 동료들은 계속해서 루터교와의 연합을 추구하였다. 그리고 주로 베이짜가 작성한 것으로 알려져 있는 "정통개혁교회 신앙고백들의 조화"(1581)는 '개신교 교리의 실질적인 일치'를 나타내기 위하여 루터교, 개혁교회 그리고 성공회의 신앙고백으로 분류될 수 있는 12개의 신앙고백을 사용하였다. 끝으로 칼빈의 신실한 제자로서 베이짜는 1585년 3월에 루터교 제후국하에서 프랑스 개신교 사람들이 성만찬을 거부당하는 몽벨이에에서 야곱 안들레아이와 다른 루터교 사람들과 회동하였다. 비록 그것이 성공적일 수는 없었지만.[17)]

---

17) Ibid., pp.46－54를 요약하였음. 멕네일은 '초기 성공회에 있어서 에큐메니칼 관심', '동유럽에 있어서 종교적 불화와 일치 노력' 그리고 '화해와 연합을 위한 참신한 프로젝트들'에 대하여 계속해서 논한다. 이는 16세기 종교개혁에 뒤따르는 일치운동이 있었다고 하는 사실을 웅변적으로 말해준다.

3) 개혁파의 신앙고백들

16세기에는 나라와 민족별로 개혁교회의 신앙고백들이 있었다. 갈리칸 신앙고백(1559), 스코틀랜드 신앙고백(1560), 벨기에 신앙고백(1561), 하이델베르크 교리문답(1563), 제2스위스 신앙고백(1566) 등이 그것이다. 이와 같은 신앙고백서들은 적어도 나라별, 민족별 개혁교회의 일치추구에 도움을 주었으나, 그것이 유럽의 개혁교회 전체의 일치를 가져오는 일에는 성공할 수 없었다.

4) 동유럽 개신교의 일치추구

형제단들은 왈도파 사람들과 우정에 넘치는 관계를 맺었고, 사방으로 흩어져 있던 추방당한 왈도파 사람들이 보헤미아로 피난 와서 형제단들과 하나의 공동체를 이루기도 하였다. 파렐은 1530년에 왈도파 사람들과 접촉하였고, 외코람파디우스 역시 이들과 만났다. 부쳐와 가피토 역시 슈트라스부르크에서 이들 왈도파와 만났다. 왈도파 사람들은 개혁자들의 노선에 동조하면서, 특히 개혁파의 신학노선을 선하였다. 이들 왈도파는 1532년에 모든 왈도파 교회들의 총회를 열어 개혁파 신학을 공식적으로 채택하였다. 그리고 1535년 제2차 왈도파 총회에서도 이를 재확인하였다. 그리고 칼빈은 1545년 프란시스 1세의 왈도파 사람들에 대한 학살 시기(1545)에 독일과 스위스 사람들로 하여금 그와 같은 프랑스 정부에 항거할 것을 종용하기도 하였다. 그리고 칼빈은 불링거에게 주는 편지(1561)에서 왈도파 젊은이들의 부분적으로 회복된 공동체에 대한 섬김을 높이 찬양하였다.

루터와 칼빈이 보헤미아의 '이종배찬론자들' 및 형제단들과 접촉한 후에, 보헤미아에서 칼빈주의가 성장함에 따라서 칼빈주의자들과 보헤미아 그리스도교인들 사이의 관계가 두터워졌다. 형제단 그리스도교인들 가운데 많은 사람들은 제1차 슈말칼트 전쟁 동안에 그들의 개신교에 대한 선호로 인하여 개신교를 받아들인 폴란드(Greater Poland)에서 안전을 찾았고, 비텐베르크의 '슬그머니 들어온 칼빈주의자' Caspar Peucer와 편지 연락을 하였다. 그리하여 1575년에 프라히의 보헤미아 영주국들에 의해서 작성되고 인준을 받은 하나의 새로운 신앙고백이 막시밀리언에게 제출되었다. 이것이 다름 아닌 '제2 보헤미아 신앙고백'이었다. 놀라운 것은 개신교 신앙을 가진 '이종배찬론자들'과 루터파 사람들과 칼빈주의자들과 보헤미아 그리스도교인들이 이 신앙고백에 서명하였다고 하는 점이다. 이 신앙고백은 '아욱스부르크 신앙고백'을 기본으로 하면서 중도적인 멜랑히톤의 성만찬론을 따랐다. 이로써 보헤미아 그리스도교인들은 개신교와의 연합을 성취하였고, 막시밀리언의 박해를 피할 수 있었다.[18]

끝으로 폴란드에서는 "센도미르 컨센서스"가 교회일치에 기여하였다. 폴란드에서의 종교개혁은 보헤미아의 그것만큼이나 우울하였다. 그 출발은 성공적이었으나, '반종교개혁'의 억압과 박해로 고난을 당하였다. 폴란드는 후쓰가 화형을 당할 당시에 로마가톨리시즘에 반대하여 후쓰의 종교개혁 편에 섰다. 폴란드에는, 왈도파 사람들, 보

---

18) Ibid., p.60.

헤미아 그리스도교인들, 개신교의 모든 계층의 사람들, 심지어 쏘시니안파 사람들과 재세례파 사람들도 피난 와 있었다. 1525년과 1530년엔 두 도시에 루터교가 이식되었고, 슬라브족들과 귀족들 그리고 Cracow 대학에는 칼빈주의가 성장하였다. 폴란드의 왕도 칼빈하고 편지 왕래를 하였다. 그리고 폴란드로 이민해 온 보헤미아 사람들은 칼빈주의자들과 연합하였다(1555).

폴란드 개혁교회의 지도자는 요한 아 라스코였다. 그는 폴란드 귀족 출신으로 네덜란드와 스위스를 방문하여 츠빙글이 등 개혁파 지도자들을 많이 만났고, 여러 해 동안 엠덴과 동부 프리스랜드에서 개혁교회를 목회하였으며, 런던에서는 성공회의 대주교인 크렌머와 에드워드 6세의 보호 아래 장로교 체제를 바탕으로 네덜란드, 독일, 프랑스 그리고 이태리 이민자들의 세 교회를 조직하기도 하였다. 하지만 그는 영국의 메리 여왕의 박해로 추방을 당하여, 덴마크로 피난하였으나, 냉대를 받았다. 그 후, 그는 프랑크푸르트에서 영국인 및 다른 순례자들의 한 교회에서 잠시 머물렀다가 1556년에 그의 조국으로부터 폴란드(Little Poland)의 총감독에 부름 받아, 성경을 번역하였고, 개혁교회들을 조직하였으며, 칼빈주의자들과 보헤미아 형제단들과의 연합을 공고히 하였다.

라스코(1560)와 왕(1567)이 각각 세상을 떠난 후에 폴란드의 개신교는 유능한 지도자를 갖지 못하였다. 그래서 그들은 자신들의 안전을 위하여 연합을 갈망하였다. 본디 이들은 모든 개신교 파들의 유기적 연합을 이루어 내려고 하였으나, 결국 루터파와 칼빈파와 보헤미아 형제단들이 1570년에 하나의 센도미르 총회에서 하나의 연방제적 연합(a confederate union)을 이루었다. 그리고 이와 같은 연합을 표현한 것이 다름 아닌 "센도미르 컨센서스"였으니, 이는 매우 중요한 폴란드 복음적 교회들의 유일한 신앙고백 문서였다. 비록 "일치신조"(1580)를 따르는 루터교 사람들은 이 컨센서스로부터 탈퇴하였으나, 이 연합의 정신은 17세기 3개의 브란덴부르크 신앙고백들로 전승되었고, 프러시아 개신교연합에서 다시 부활하였다.[19]

멕네일은 16세기의 교회일치운동에 대하여 다음과 같이 평가하였다.

> 루터의 95개 조항으로부터 1618년 30년 전쟁이 시작되는 100년 동안에 그리스도교적 화해와 일치에 대한 열망은 많은 목소리들로 표현되었고, 분열된 교회의 모든 부분들 안에서 일어났다. 재연합에 대한 강변자들이 전적으로 실망한 것은 아니었다. '비텐베르크 일치', '취리히 컨센서스', '보헤미아 신앙고백', '산도미르 컨센서스'는 주목할 만한 성취였다. ……하지만 그와 같은 한계에 부닥친 재연합들은 불일치라고 하는 일반적인 문제를 해결하지 못하였고 분열적인 경향을 영구적으로 막지 못하였다.[20]

---

19) The History of Creeds of Christendom, Vol. I, ed. Philip Schaff(Grand Rapids, Michigan: Baker Book House, 1990), pp.582-584, 586-587.
20) Ibid., p.67.

II. 18~19세기 개신교: '각성 → 복음전도 → 일치운동'

1. 모더니즘과 포스트모더니즘

우선 '모더니즘'에 대한 역사적인 정의를 내려 본다. 모든 포스트모더니스트들의 이론과 포스트모던 문화는 이 '모더니즘'에 대한 관계, 비판, 태도, 가치판단에서 유래하였기 때문이다. 포스트모던 성서 이해와 해석도 마찬가지다.

필자는 '르네상스 인문주의' 전통을 '모더니즘'의 조모(祖母)로 그리고 계몽주의를 모더니즘의 모친(母親)으로 본다. 그래서 먼저 '르네상스 인문주의'에 대해서 논한다.

콜럼버스는 전근대 시대로부터 근대 시대를 이끌어 낸 사람이었다. 콜럼버스는 중세로부터 모더니즘 시대로의 이동을 보여준다. 동시에 그의 정복이념과 착취이념은 19세기 산업혁명과 자본주의 그리고 제국주의에 의해서는 받아들여졌으나, 제1, 2차 세계대전을 거치면서 오늘날에는 그 누구에 의해서도 받아들여지지 않는바, 우리는 포스트모던 시대에 살고 있다. 그래서 포스트모던 시대는 바야흐로 다문화, 다종교, 다원사회의 목소리들을 나름대로 인정해 주어야 한다는 것이다. 따라서 포스트모던 사람들은 아프리카계 미국인들, 흑인 학생들, 모든 북미의 토착인들, 아시아와 아프리카와 라틴 아메리카 사람들, 동성애자들, 여성, 노동자 농민, 가난한 나라들의 소리를 들어야 한다.

모더니즘과 포스트모더니즘의 시기설정에 대해서 논란이 많이 있으나, 필자는 18세기 유럽의 계몽주의와 산업혁명, 자본주의, 제국주의, 마르크스주의로 대표되는 19세기 유럽의 낙관론적 인간관 혹은 진보적인 역사관을 모더니즘이라고 보고, 제1차 세계대전으로 이 18~19세기의 모더니즘이 붕괴되기 시작하고, 1960년대부터 1980년대까지 본격화된 문화현상들과 포스트모더니스트들의 이론들을 포스트모더니즘이라 부른다.

베스트와 케르너는 이상에서 '포스트모더니즘'이란 용어가 이미 1870년부터 사용(토인비)되었고, 결정적으로는 제1차 세계대전 이후에 여러 분야에서 급격히 많이 사용되었다고 한다. 베스트와 케르너가 다분히 가치판단을 유보한 채, '포스트모더니즘'의 용어사용의 역사를 기술하고 있는데, 일단 제1차 세계대전 이후부터 그것이 점점 더 많이 사용되어 왔다는 것을 인정하면서, 모더니즘으로부터 포스트모더니즘으로 넘어오는 시기를 확정할 필요가 있다.

첫째로, 그 결정적인 전환은 제1차 세계대전(1914~1919)과 볼셰비키 혁명(1917)이라고 하는 주장이다. 한스 큉은 제1차 세계대전을 계기로 포스트모던 시대가 동터 올랐고, 그것이 1960년대와 1970년대에 발전해 나갔다고 본다.

이 시기를 우리 문화 전체의 관점에서 보면 제1차 세계대전을 전환점으로 하여 그 이후 시기를 포스트모더니즘의 동터 오름으로 볼 수 있다. 특히, 그것이 1960년대와 1970년대에 사회-문화적 현상들을 가리키는 말로 사용되지만, 그것의 뿌리는 훨씬 더 깊고, 수십 년의 준비기간을 지니고 있다.[21]

퀑은 칼 바르트의 『로마서 주석』(1921)을 비롯한 개신교의 신정통주의 신학을 포스트모더니즘에 대한 대응신학의 시작으로 본다. 데이비드 보쉬 역시 퀑과 입장을 같이한다. 보쉬는 아인슈타인과 하이젠베르크와 같은 자연과학자들이 이미 자연과학 영역 내에서 모더니즘을 극복하였고, 이어서 인문사회과학 쪽에서도 이와 같은 새로운 패러다임이 움트게 되었다고 한다. 보쉬는 제1, 2차 세계대전(1914~1918, 1939~1945)이 옛 패러다임을 깨고 새 패러다임을 가져오기 시작한 시기로 본다. 그리고 신학에 있어서는 칼 바르트가 모더니즘의 소산인 자유주의신학에 대응하여 새로운 신학적 패러다임을 제시하였으며,[22] 역사철학에 있어는 슈펭글러(Oswald Spengler)와 조로킨(Ptirim Sorokin)이 옛 패러다임의 몰락과 새 패러다임의 등장을 예고한 것으로 본다.[23]

2. 모더니즘(18~19세기) 시기의 '복음전도(evangelism)'

1) 18세기의 경건주의와 복음주의 각성운동 그리고 선교활동

18세기 서유럽의 역사에는 한류(寒流)와 난류(暖流)가 흐른다. 하

---

21) Hans Küng, *Theology for the Third Millennium: An Ecumenical View*, tr. by Peter Heinegg(New York: Doubleday, 1988, 독일어 판은 1987), p.4.

22) 참고: Huston Smith, *Beyond The Post-modern Mind*(Wheaton, Illinois: Quest Books, 1989년, 제2판), pp.12-13: 스미스는 키에르케고르, 칼 바르트 및 미국의 라인홀드 니버를 모더니즘적 객관주의에 호소하지 않는 계시진리를 말하는 포스트모던 신학자로 보고 있다.

23) David Bosch, Transforming Mission(Orbis Books, 1992), pp.350-351.

나는 계몽주의요, 다른 하나는 경건주의, 복음주의 각성운동 및 개신교 선교활동이다. 대체로 계몽주의와 경건주의 모두가 17세기 기독교 정통주의에 대한 반발이었다. 전자(계몽주의)는 교리적 주장의 절대화 혹은 교파절대주의로 야기된 17세기 30년 전쟁에 신물을 느낀 나머지 인간의 이성을 만물의 척도로 내세웠고, 후자(경건주의)는 문자적 성경이해, 무미건조해진 교리논쟁 및 굳어진 교회제도 등에 있어서 경직된 객관주의를 지향했던 17세기의 잘못된 객관주의에 반하여 믿는 개인들의 심령 안에 내주하시는 예수 그리스도와 성령을 강조하였다. 그리하여 경건주의는 선교활동을 불러일으켰고, 동시에 복음주의 각성운동을 가져왔다. 그리고 18세기 복음주의 각성운동 역시 개신교 선교활동을 낳았다. 우리는 19세기 유럽의 역사 속에서도 이와 같은 두 흐름을 발견할 것이다. 우리는 지면 관계로 아래에서 '난류'에 대한 것만을 살펴보려고 한다.

2) 복음선교활동

18세기의 복음선교에 대해서 언급하자. 18세기의 프랑케와 모라비안 형제단으로 대표되는 경건주의 운동에 영향받은 18세기 영국의 웨슬리 형제와 휫필드, 그리고 미국의 조나단 에드워즈 등 복음주의 각성운동은 근대 개신교 선교의 원동력으로서 교회갱신의 힘이기도 하였다. 1705년의 모라비안 선교, 윌리엄 캐리를 파송한 1772년의 '이교도들을 위한 복음전도 침례교 협의회', 1775년의 '초교파적 런던 선교협의회', 1799년의 '영국 성공회의 교회 선교협의회' 등은 모

두 18세기 경건주의와 복음주의적 각성운동의 소산이었다. 경건주의
자들은 물론, 복음주의 부흥운동 역시 교리적 주장이나 신학적인 주
장보다도 복음을 전하여, 회심과 성화의 삶을 살게 하는 것이 훨씬
더 중요하다고 확신되었기 때문이었다. 그리하여 18세기의 복음주의
각성운동과 선교활동은 19세기의 전주곡이었다고 판단된다. 에큐메
니칼 운동이 복음주의 부흥운동과 선교활동에 크게 빚지고 있다고
한다면, 우리는 세계 개신교의 에큐메니칼 운동을 18세기의 경건주
의 운동, 복음주의 부흥운동 및 선교활동에까지 소급하여 추적해야
할 것이다.

따라서 우리는 18세기 개신교회들의 선교단체들을 나열할 필요가
있다. 그것이 19세기 선교운동으로 이어지고, 그것이 에큐메니칼 운동
의 전주곡이기 때문이다. '해외복음전도협회'가 1701년에, '할레-덴마
크 선교'가 1701년에 각각 탄생하였다. 1732년에는 모라비안들이 눈
에 띌 만한 선교활동을 하였고, 이즈음 퀘이커교도들도 선교적 열정
을 보였다. 그리고 영국의 쿡(James Cook) 선장의 태평양 탐험에 힘
입어, 케리(William Carey)가 선교적 열정으로 불붙었고 1792년엔
'이교도들을 위한 복음전도 침례교 협의회'가 생겼다. 이어서 1795년
에 초교파적 기구로서 '런던 선교 협회'가 형성되었는데, 주로 회중
교회의 목사인 보그(David Bogue)와 하웨이스(Thomas Haweis)의 노력
에 의한 것이었다. 끝으로 1799년에 벤(John Venn)과 스코트(Thomas
Scott)의 노력으로 영국 국교의 복음주의 계열의 '교회 선교협의회
(The Church Missionary Society)'가 조직되었다. 그리고 '영국 웨슬리
감리교 선교협의회'(1817~1818)와 '스코틀랜드의 교회 선교국'(1825)

은 19세기의 선교단체였거니와, 이상의 선교적 관심은 점차 다른 나라들에도 영향을 주었다.

그리고 18세기의 계몽주의가 초자연(계시, 교회, 신학)으로부터 이성을 해방시켜, 기독교를 자연종교화시켰고, 성경의 구속사, 복음, 참하나님이시고 참인간이신 중보자 예수 그리스도 그리고 삼위일체 하나님과 이신칭의 및 성화를 무시했다면, 18세기의 경건주의와 복음주의 각성운동은 이와 같은 기독교의 세속화의 흐름을 막는 일에 크게 기여하였다. 이와 같은 두 흐름은 다음에 논할 19세기에서도 발견된다. 즉 19세기는 계몽주의 유산으로 인한 유럽의 세속화와 자유주의 개신교 신학에도 불구하고, 복음주의 대각성운동과 역사상 유래가 없는 선교활동으로 '위대한 세기(라투렛 교회사가)'라 불린다.

Ⅲ. 유럽의 세속화에도 불구하고 19세기의 복음주의 각성과 복음선교활동

이미 언급한 대로, 18세기 서유럽의 역사에는 한류(寒流)와 난류(暖流)가 흐른다. 하나는 계몽주의요, 다른 하나는 경건주의, 복음주의 부흥운동 및 개신교 선교활동이었다. 경건주의는 선교활동을 불러일으켰고, 동시에 복음주의 각성(갱신)운동을 가져왔다. 그리고 18세기 복음주의 각성운동 역시 개신교 선교활동을 낳았다. 우리는 19세기 유럽의 역사 속에서도 이와 똑같은 두 흐름을 발견할 것이다.

이 두 흐름 중, 하나는 18세기 계몽주의 유산을 물려받은 19세기 유럽의 세속화요, 다른 하나는 18세기 경건주의와 복음주의 각성운동과 선교운동을 이어받은 19세기의 '위대한 선교의 세기(라투렛)'이다. 그리고 이 두 흐름 사이에 있는 슐라이에르마허를 비롯한 독일의 자유주의적 개신교 신학은 19세기 유럽의 세속화에 대응하는 신학이었다. 19세기 독일의 개신교 신학은 19세기 유럽의 세속화의 도전에 대한 응전의 맥락 속에서 문화신학, 인간 중심적 신학 혹은 변증신학을 시도했었다. 역시 우리는 여기에서 지면 관계로 '난류'에 대해서만 논한다.

라투렛(Kenneth S. Latourette) 교회사가는 프랑스 혁명 후, 그리고 나폴레옹 전쟁이 끝나는 1815년에 시작해서 제1차 세계대전이 일어나는 1914년 어간의 19세기야말로 서양제국주의 시대로서, 유럽인들이 지구의 대부분을 통치하는 시대지만, 바로 이 99년 동안에 기독교 2000년 역사 동안 그 유래를 찾기 힘들 정도로 '복음'과 '기독교'가 널리 확장된, '위대한 세기(the Great Century)'라 하였다. 이와 같은 '선교'의 원동력은 18세기에서 19세기로 이어지는 개신교회들의 복음주의 부흥운동이었으니, 19세기 미국의 제2차 대각성운동과, 영국 및 유럽대륙의 복음주의 부흥운동이야말로 위대한 19세기의 추진력이었다. 라투렛은 7권으로 된 그의 방대한 『기독교 확장사(History of the Expansion of Christianity)』(7vols., 1937~1945) 중 3권을 19세기에 할애하였다. 그 이유는 1815년부터 1914년까지 100년 동안에 기독교가 남북미, 호주, 아프리카, 태평양군도, 한국을 비롯한 아시아권에까지 확장되었기 때문이다. 19세기 한 세기 동안 세상을 향한 선교활동에 의한 광범위한 영향은 1800년 동안의－기독교가 미쳐온－영향을 능가할 정도였다. 미국 장로교 선교사 언더우드가 한국에 장로교를 옮겨 심은 것도 이 '위대한 세기'－1885년 4월 5일 인천에 상륙－였다.

바로 이 19세기는 유럽 전체의 급격한 세속화, 낭만주의와 관념철학, 산업혁명, 식민지주의, 무엇보다도 독일의 자유주의적 개신교 신학에도 불구하고 '위대한 세기'였다. '겨자씨'가 '나무'가 되고, '누룩'이 '가루 서 말'을 부풀리는 역사로서는 바로 이 99년 사이가 2000년 교회 역사상 가장 두드러진다 하겠다. 교회개혁과 갱신으로 복음전도운동에 이어 19세기 후반부터는 복음전도활동이 크게 전개되었다.

19세기는 18세기 개신교의 복음주의 각성운동과 선교활동을 이어받아 그것을 더욱더 활성화시켰고, 교회 역사상 유래가 없었던 기독교의 확장을 경험하였다. 19세기의 복음주의 부흥운동은 잉글랜드와 스코틀랜드, 유럽 대륙의 경우, 독일, 스칸디나비아, 스위스, 프랑스 및 네덜란드에서 일어났고, 미국에서는 제2차 대각성운동이 일어났다. 그리고 이처럼 복음주의 각성운동이 일어난 모든 나라들에서는 선교활동이 활발히 전개되었던 것이다. 우리는 우리가 이미 논한 18세기 개신교파들의 복음주의 각성운동이 19세기로 이어지는 것으로 보기 때문에, 19세기의 그 부분을 반복하지 않고, 영국(Great Britain), 유럽 대륙 및 미국의 선교활동 상황만을 언급하려고 한다.

영국 복음주의(British Evangelicalism)는 19세기 개신교 선교의 선봉에 섰다. 19세기의 개신교 해외선교는 급속히 확장되어서 지구촌

구석구석에 개신교를 심었는데, 이 엄청난 선교운동의 중심은 대영제국이었고, 그 배후에는 미국이 있었다. 특히, 19세기 영국에서는 복음주의 운동과 비국교도 운동에 힘입어 영국 국가교회와 관계없는 자발적 선교단체들이 쏟아져 나왔다. 세계선교운동은 여러 유명한 개척 선교사들에 의해서 전개되었는데, 이들은 근대 선교의 선구자인 영국의 윌리엄 케리의 모범을 따랐다. 영국의 선교사들은 주로 세계에 널려 있는 대영제국의 식민지들을 선교하였다. 마틴(Henry Martyn: 1781~1812)과 더프(Alexander Duff: 1806~1878)는 인도에, 마스든(Samuel Marsden: 1764~1838)은 호주, 뉴질랜드, 태평양 군도에 복음을 심었고, 모리슨(Robert Morrison: 1782~1834)은 '런던 선교협의회'에 의해서 1807년에 최초의 개신교 중국 선교사로 파송을 받았다. 19세기 말로 오면서 일본, 한국, 필리핀도 개신교 선교를 받았다. 뿐만 아니라 테일러(Hudson Taylor: 1832~1905)는 1865년 중국 국내선교회인 초교파적 '믿음 선교회(Faith Mission)'를 창립하기도 했다. 이 같은 선교적 노력은 세계 지도상의 개신교의 분포도를 다시 그리게 했다. 특히, 영어권 복음주의가 지구촌 곳곳에 확산되었다.

유럽 대륙에서도 개신교의 복음주의 각성운동에 의하여 솟아난 에너지를 선교활동으로 표출시키는 많은 선교단체들이 생겼다. 이들 가운데 두드러진 것만 해도 1815년에 생긴 '바젤 복음주의 선교회', 1821년의 '덴마크 선교회'와 '파리 선교회', 1828년의 '라인 강 지역 선교회', 1836년의 '라이프치히 복음주의 루터 선교회'와 '북부 독일 선교회' 등이 있다. 이들은 무엇보다도 많은 선교사들을 외국으로 파송했다. 이들 대륙에서 파송받은 선교사들은 특히 네덜란드령 동인도에서 활발히 선교하였다. 극동 지역과 남아프리카에 개신교 선교사가 집중적으로 파송된 것은 바로 이 동인도의 선교활동에서 비롯된 것이다.

미국의 경우, 19세기 초부터 제2차 대각성운동(1787~1825)이 뿜어낸 에너지는 자발적 선교단체들을 표출시켰다. 처음에는 지역별로 자발적 단체들이 생겼고, 그 다음 주 단위의 단체들의 연합이 생기고, 나아가서 전국연합이 생겼다. 이들은 국내, 국외 선교에 힘썼는데 종종 교파적 노선을 배경으로 하기도 하였다. 예컨대 1810년에 회중교회 소속의 '외국 선교를 위한 미국 선교국'이, 그리고 1812년에 '외국 선교를 위한 미국 침례교 선교 총회'가 생겼다. 그리고 1817년에는 장로교회가, 1818년에는 감리교가, 1820년에는 성공회가 각각 선교단체들을 조직했다. 나아가서 '연합 계획'을 수행하기 위하여 '미국 국내 선교회'가 조직되기도 했다.

그러나 19세기의 선교활동은 교파주의적 색채를 띤 기독교 확장의 역사였다. 19세기에는 어느 나라 어느 교파의 선교사나 선교단체가 어느 나라에 어떤 교파의 교회를 개척하여 성장시키느냐가 중요했다. 종교개혁 이래로 17세기의 교파절대주의를 거쳤고, 18세기 계몽주의를 거친 19세기의 개신교는 아직도 교파주의로 인한 어려움을 겪었던 것이다. 이와 같은 기독교는 교파주의와 개교회의 성장주의 이상을 볼 수 없었다.

하지만 복음주의 각성운동과 선교활동으로 불타올랐던 19세기는 특히 피선교 지역의 선교 현장에서 교파들 간의 친교와 연합, 나아가서 선교단체들 사이의 친교와 연합의 필요성을 느끼기 시작하였다. 라우즈(Ruth Rouse)는 "선교와 에큐메니즘은 불가분리하다. 복음주의적 부흥운동, 선교, 기독교적 일치추구는 필연적으로 연결되어 있다."라고 했고, 브렌드레트(Henry Renauld Brandreth)는 19세기가 기독교의 놀라운 확장을 경험했다는 라투렛의 주장을 인정하면서 19세기야말로 기독교 역사상 일찍이 없었던 각 교파의 세계적 연합기구의 확산과 교파 대 교파의 연합운동을 보았다고 주장한다.[24]

우리는 여기에서 브렌드레트가 제시하는 19세기의 교파 단위의 세계적 연합운동과 교파 간의 세계적 연합운동을 소개함으로써, 19세기가 단순한 기독교 확장의 '위대한 세기'일 뿐만 아니라 교회들의 일치추구에 있어서도 그 이전에는 경험할 수 없었던 '위대한 세기'였음을 지적하려고 한다. 1. 람베드 주교대회(1867), 2. 세계개혁교회연맹(1875), 3. 미국 감리교 감독 교회 총회(1876), 4. 세계의 구(舊)가톨릭교회들의 위트레히트 연합(1889), 5. 제1차 국제 회중 교회 협의회(1891), 6. 제1차 침례교 세계대회(1905).[25] 18세기의 경건주의 전통을 이어받은 18세기의 복음주의 각성운동과 선교활동, 그리고 18세기의 복음주의 각흥운동과 선교활동을 물려받은 19세기의 복음주의 각성운동과 선교활동은 개인의 회심과 성화, 그리고 교파별 개교회의 개척과 성장을 한결같이 강조하는 경향을 보이는데, 방

---

24). Ruth Rouse, "Voluntary Movements and The Changing Ecumenical Climate", in A History of the Ecumenical Movement, vol.l, ed. by Ruth Rouse and Stephcn Charles Neill(Geneva: WCC, 1986), p.300. 그리고 Henry Renauld Turner Brandreth, "Approaches of the Churches Towards Each Other in the Nineteenth Century", in Ibid., p.265.

25). Ibid., p.264 이하.

금 언급한 19세기의 교파별 세계 연합기구들과 교파 대 교파의 연합 노력은 20세기의 에큐메니칼 운동을 내다보는 새로운 패러다임의 교회의 세계화에로의 노력(에큐메니칼 운동)을 보여주고 있음이 틀림없다.

우리는 이상과 같은 18~19세기 기독교의 역사적 흐름에서, 복음주의와 선교활동이 필연적으로 에큐메니칼 운동을 낳았다고 하는 역사적 필연성을 발견한다. 그런데 이와 같은 맥락에서 교파를 초월하는 '자발적 공동체들(voluntary associations)'의 성격을 띤 기독교 단체들이 생겨, 에큐메니칼 운동에 기여하게 된다.

남북전쟁의 도전 앞에서 그리고 미국의 급격한 도시화와 산업화에 따른 유럽인들의 홍수 같은 이민의 물결 앞에서, 기성 제도권 교회들은 상당히 무기력하였다. 오히려 19세기 중엽 영국에서 들어온 YMCA와 YWCA운동, 초교파적 주일학교운동 그리고 대각성운동을 뒤잇는 무디(D. L. Moody) 중심의 복음주의 각성운동이 미국교회에 활력을 불어넣었다. 특히, 무디의 헐몬산(메사추셀의 노스필드 근처) 성경공부 대집회를 통해서 결성된 SVM(Student Voluntary Movement for Foreign Mission)은 '이세대안에 전 세계를 복음화하자(The Evangelization of the World in this Generation)'라고 하는 표어를 내걸고 선교운동에 박차를 가하였다. 바로 이 집회에서 100 이상의 대학생 선교 지망생들이 나타났고, 이 운동은 세계로 확산되어 1892년에는 이 운동의 국제기구(International Student Voluntary Missionary Union)가 생기기까지 하였다. 다른 한편 19세기 중엽에 시작된 '기독학생운동(Student Christian Movement)'은 1895년에 '세계 기독학생

연맹(the World Student Christian Federation)'을 낳았다. 이러한 개신교의 복음주의적 초교파 운동은 에큐메니칼 운동의 전주곡이기도 하였다. 그도 그럴 것이 모트(John Mott), 올드헴(J. H. Oldham), 템플(William Temple), 죄더불럼(N. Soederblom)과 같은 초기 에큐메니칼 운동의 지도자들이 모두 기독학생운동의 지도자들이었기 때문이다.

우리는 이상에서 18세기와 19세기의 유럽과 북미에서 한류와 난류가 함께 흐르고 있는 것을 확인하였다. 대체로 18~19세기는 모더니즘의 특징들을 형성시킨 서유럽 주도의 시대였으나, 바로 이 18~19세기 안에는 한류에 압도될 수 없게 하는 난류가 흐르고 있었다는 사실은 매우 중요하다 하겠다. 비록 18~19세기의 난류가 18~19세기의 한류의 영향권 아래 있었던 것은 사실이나, 이와 같은 18~19세기의 난류는 제1차 세계대전(1919)과 러시아혁명(1917) 이후, 무엇보다 1920년경의 에큐메니칼 운동의 태동 이후로 이어지는 에큐메니칼 운동을 가능케 하였으니, 이러한 난류가 없이는 에큐메니칼 운동과 WCC 형성 및 에큐메니칼 차원의 선교, 일치 그리고 사회봉사는 불가능하였을 것이다. 특히, 19세기 선교의 역사는 19세기 중엽의 교회들의 연합과 협조를 통하여 급기야 1910년 에든버러의 WMC(World Missionary Conference: 세계선교대회)로 이어져 현대의 에큐메니칼 운동과 WCC 형성의 전주곡이 되었던 것이다. 선교의 현장에서 교회의 일치가 요청되었으니, 바로 에든버러의 WMC야말로 '신앙과 직제' 운동의 산실이 되었던 것이다.

Ⅳ. 20세기 에큐메니칼 운동: '각성 → 복음전도 → 일치운동 → 하나님의 선교'

이미 방금 위에서 지적한 대로 18~19세기의 복음주의적 각성운동 혹은 갱신운동은 복음전도로 이어졌고, 복음을 전하는 선교의 현장에서 교파들의 연합과 협력의 필요성을 절감하였다. 그리하여 1910년 WMC가 폐막할 즈음 브렌트 주교가 제안하여 '신앙과 직제' 운동이 출발하였다.

하지만 1910년 에든버러 세계선교대회(W.M.C.＝World Missionary Conference)는 18~19세기의 낙관주의적 하나님 나라 실현을 앞에 바라보면서 믿지 않는 족속들에 대한 복음전도를 열정적으로 밀고 나가려는 분위기였다. 이와 같은 선교대회는 19세기 복음주의 부흥운동과 선교운동 역시 낙관주의적 인간이해와 산업혁명과 그리고 과학기술의 발전에 따른 낙관주의적 세계관의 영향하에 낙관적인 인간의 회심과 지상에서의 도덕적 왕국 건설을 기대했다. 하지만 서구와 북미의 교회 역사는 이 시점에 이르기까지 '갱신-복음전도-일치운동'이라고 하는 패러다임을 보여준 것은 확실하다.

그러나 보쉬와 한스 큉 등은 제1차 세계대전을 계기로 신학일반과 선교신학에 있어서 '패러다임 이동(paradigm shift)'이 일어났다고 주장한다. 세계 1차 대전을 거치면서, 18~19세기적 복음전도가 한계에 부닥쳤다. 그런즉 선교신학은 18~19세기적 선교개념의 유산을 물려받은 1910년 에든버러 W.M.C의 그것과 1928년 예루살렘 IMC

의 그것 사이에 패러다임 이동을 보인다. 전자는 유럽의 18세기 계몽주의의 유산과 19세기 낙관주의의 유산을 물려받은 모더니즘 패러다임의 선교개념을, 후자는 제1차 세계대전 이후, 곧 포스트모더니즘의 선교개념을 보이고 있다. 우리는 여기에서 1910년을 계기로 선교개념의 엄청난 패러다임 이동이 온 것으로 본다.

1928년 예루살렘 IMC의 '복음'과 선교개념은 18~19세기의 그것으로부터의 패러다임의 변화를 보여주고 있다. 왜냐하면 예루살렘은 신정통주의 신학이 제시한 '복음'의 개념과 기독론에 집중하는 선교신학, 그리고 복음의 대사회적인 관련성을 강조하였기 때문에, 18~19세기의 그것과 아주 다르다. 무엇보다도 예루살렘은 '인종관계', '아시아와 아프리카의 산업화에 따른 문제들과의 관련된 기독교 선교의 문제', '아시아와 아프리카의 농촌 문제에 관련된 기독교 선교'와 같은 제목들에서 교회의 대(對)사회적 책임을 '선교'개념에 포함시켰기 때문이다.

하지만 '하나님의 선교(missio Dei)'라고 하는 개념이 처음 등장한 것은, 칼 하르텐슈타인이라고 하는 독일의 선교신학자가 1928년 칼 바르트의 선교에 대한 강연 내용을 요약하면서 '하나님의 선교'라고 하는 개념을 사용하기 시작하였다. 그리고 칼 바르트는 1932년 브란덴부르크 선교대회에서 발표한 글에서도 선교란 하나님 자신의 활동이라 하였다. 특히, 바르트는 '삼위일체 하나님의 선교'를 주장하였으니, 성부 하나님께서 성자 예수 그리스도를 파송하시고, 성부와 성자가 성령을 파송하시며, 이 삼위일체 하나님께서 사도들을 세상 속으로 파송하시고, 이어서 교회를 세상 속으로 파송하신다고 하는 것이었다. 더군다나, 이들은 이와 같은 삼위일체 하나님의 경세적인 선교활동은 시간과 공간 이전의 내재적 삼위일체 하나님 자체 내의 활동으로부터 나온 것으로 보았다.[26] 그리고 하르텐슈타인은 1933년 『신학적인 문제로서 선교』에서도 이상과 같은 칼 바르트의 '하나님의 선교' 개념을 전적으로 받아들였다.

다음에 예루살렘의 복음이해가 탐바람에서는 삼위일체론의 틀 거리 안으로 들어왔고, 교회의 본성론이 부각되지 않았던 예루살렘과는 달리 탐바람은 파시즘과 히틀러주의 등 1930년대의 세계사적 도전들에 대한 응전으로서 교회의 본성('삶과 봉사 세계대회'는 'Let the Church Be the Church'에 집중하였음)을 신앙과 직제의 교회론적 진술에 의거하여 정립하였다. 그리고 탐바람은 18~19세기의 복음전도개념을 따라 개교회의 선교적 책임을 어느 정도 유지하면서도 교회일치를 향한 보편교회 차원의 선교를 역설하였으며, 나아가서 교회가 일치하여 정치, 경제, 사회 및 과학기술의 차원에서 하나님 나라를 이 땅 위에 실현할 것을 강조하고 있다. 그리고 가장 특기할 만한 것은 18~19세기적 개인의 회심과 경건을 포기하지 않고, 이를 구조악의 개선을 위한 기독교운동들과 연결시킨 점일 것이다.

1952년 빌링겐 IMC는 1928년 예루살렘 IMC 이래로 '하나님의 선교'의 의미에서 교회의 사회참여를 그 이전과 비교하여 가장 강조하

---

26) David J. Bosch, Transforming Mission: Paradigm Shifts in Theology of Mission(Maryknoll, New York: Orbis Books, 1992), p.389. Christopher J. Wright, The Mission of God: Unlocking the Bible's Grand Narrative (Downers Grove, Illinois: IVP Academic, 2006), pp.62–63.

는 선교개념을 제시하였다. 빌링겐은 1938년 탐바람을 잇는 삼위일체론적 복음이해와 무엇보다도 삼위일체론적 기독론 중심의 파송의 신학(성부께서 성자를 이 세상에 파송하시고, 성자께서 그의 백성을 성령에 의하여 이 세상 속으로 파송하신다고 하는 신학논리)은 18~19세기의 복음전도개념을 훨씬 넘어서서 정치, 경제, 사회, 문화 등 삶의 모든 차원을 선교의 대상으로 삼았다. 그리하여 빌링겐은 개인의 회심과 개교회의 개척과 성장을 소홀히 할 정도였다. 끝으로 에큐메니칼 선교신학에 있어서 빌링겐으로부터 종말론적 시야가 확보되어, 1954년 에반스톤 WCC 총회는 그 전체 주제를 '예수 그리스도-세상의 소망'이라 하였다.

1982년 『선교와 복음전도-하나의 에큐메니칼 확언』은 직접적으로는 1980년 멜보른 CWME의 치우침을 수정하였고, 간접적으로는 1975년 나이로비의 통전성을 이어받았다. 다시 말하면 예수 그리스도께서 성령의 능력으로 믿지 않는 사람들을 예배하는 공동체(복음 설교, 세례, 성만찬, 가르침 등)로 불러 모으시어, 회심과 이신칭의와 성화를 일으키신다고 하는 18~19세기적 복음주의적 전통과 1952년 빌링겐의 '하나님의 선교'와 1975년 나아로비의 해방신학적 요소와 구조악에 대한 주장들을 함께 담아내고 있다 하겠다. 그리고 본 문서는 1952년 빌링겐 이래로 강조되어 온 종말론적 비전을 명쾌하게 제시함으로써 하나님 나라와 교회의 긴장관계를 잘 포착하고 있다. 교회는 새 하늘과 새 땅의 미리 맛봄이요, 징표요, 이것을 이 땅 위에 실현시키는 도구인 것이다.

하지만 확실한 것은 1975년 나이로비의 JPSS, 1983년 밴쿠버의

JPIC와 'WCC 서울 JPIC 대회'와 1998년 하라레의 '폭력극복운동 10년' 등은 모두 '하나님의 선교'를 힘주어 말하고 있다. 그러니까 WCC는 1928년 IMC 이후, 아니 확정적으로는 1952년 빌링겐 IMC 이후 '복음전도(evangelism)'와 더불어 '하나님의 선교'를 강조해 오고 있다. 이미 지적한 대로 에큐메니칼 운동의 흐름 속에서 선교개념이 1928년을 기점으로 패러다임 이동을 하였으니, 1960년대에 이르면 '갱신-복음전도-일치'의 패러다임으로부터 '갱신-복음전도-일치운동-하나님의 선교'로 이동하였다. 그리고 1990년대에 들어서서 일치운동과 JPIC와 같은 '하나님의 선교'는 합류한다.

1990년 서울 JPIC를 계기로 이 두 운동('신앙과 직제'와 '삶과 봉사')은 매우 접근하였고, 1990년 서울 JPIC로부터 1991년 캔버라로 오면서 '생태신학'이 '경제정의'와 '세계적인 사회정의'와 더욱 긴밀하게 연결되었다. 그리고 1993년 산티아고 '신앙과 직제' 세계대회의 공식문서("Towards Koinonia in Faith, Life and Witness")에서 '증거(Witness)' 부분에 "값비싼 일치(Costly Unity)" 문서가 전적으로 수용된 것으로 보아, 여기에서 '신앙과 직제' 역사상 이 두 운동의 합류가 가장 강하게 나타나고 있다. 1992년부터 1996년 사이에 '신앙과 직제(Unit Ⅰ)'와 JPIC(Unit Ⅲ)는 연합연구를 통하여 세 문서를 내놓았으니, 1993년 덴마아크 뢴데(Ronde)에서 나온 "값비싼 일치", 1994년 예루살렘 근교 탄투르에서 확정된 "값비싼 참여(Costly Commitment)", 그리고 남아공의 요한네스벅에서 빛을 본 "값비싼 순종(Costly Obedience)"은 이 두 운동을 가교(架橋)시키는 과정에서 매우 중요한 길목들이다.

그런데 우리는 1910년 WMC 이후 그리고 IMC가 1961년 뉴델리 WCC 총회에서 WCC에 가입하면서, '개혁과 갱신-복음전도-일치운동'이라고 하는 패러다임으로부터 '개혁과 갱신-복음전도-일치운동-하나님의 선교' 패러다임으로 이동함에 따라서, 'JPIC' 등 하나님의 선교개념이 덧붙여진 것을 발견하고, 동시에 '개혁과 갱신' 차원의 약화를 발견한다. 역사적으로 교회의 개혁과 갱신 그리고 복음전도가 에큐메니칼 운동의 원동력이었고, 추동력이었음에도 불구하고, 일치운동과 하나님의 선교의 합류만이 강조되고, 교회의 '개혁과 갱신'이 약화되어 오고 있는 것은 오늘날 에큐메니칼 운동이 영적 힘의 원천을 차단해 버리는 결과를 초래할 위험을 보이고 있다 하겠다. 비록 1928년 예루살렘 IMC 이후 선교개념의 패러다임 이동에도 불구하고, '복음전도(evangelism)'의 전통이 예큐메니칼 선교운동 속에 연연히 흐르고 있지만 말이다.

맺는 말

1. 교회의 역사를 통해서 본 '갱신 → 복음전도 → 일치추구 → 하나님의 선교' 패러다임

이 글은 16세기 종교개혁 시기의 복음의 재발견(루터)과 칼빈의 구속사적 복음이해를 제시하고, 루터와 칼빈과 과격파 종교개혁운동으로 인한 개신교의 확장을 논하였으며, 이와 같은 확장으로 야기되었던 개신교 내의 교회분열을 지적하면서 당시 개신교 안에서 개신교의 교회일치추구에 대하여 제시하였다. 그리하여 이 글은 교회의 개혁·갱신 → 기독교의 확장 → 교회의 분열 → 교회일치추구의 패러다임이 종교개혁 시기에도 있었음을 확인하였다. 이는 이미 사도행전이 보여주는 패러다임이기도 하였다.

그리고 우리는 16세기 주류 종교개혁의 복음의 재발견(루터)과 구속사적 복음이해(칼빈)의 전통을 이어받은 18~19세기 세계적인 복음주의 각성운동과 그것의 복음전도활동과 일치추구에 대하여 논하였으며, 19세기 말 복음전도활동과 일치추구가 20세기 에큐메니칼 운동의 원동력이요 추동력이라고 하는 사실을 논증하였다. 이 과정에서 우리는 세계교회의 역사를 통하여 '갱신 → 복음전도 → 교회일치추구'라고 하는 패러다임을 확인하였다. 그리고 이 글은 1952년 빌링겐 IMC를 기점으로 '하나님의 선교'의 전통이 본격적으로 시작되었다고 하는 사실을 밝혔거니와, '갱신 → 복음전도 → 교회일치추구'의 패러다임이 '갱신 → 복음전도 → 교회일치운동 → 하나님의 선교'로 이동하였음을 확인하였고(이와 같은 패러다임 이동에도 불구하고 '복음전도'운동은 에큐메니칼 선교 역사 속에서도 계속되고 있지만), '하나님의 선교'가 강조되는 오늘날의 에큐메니칼 운동에서는 에큐메니칼 운동의 본래 원동력이었던 교회의 개혁과 갱신 그리고 복음전도는 매우 약화시켰다고 하는 사실을 주장하였다.

끝으로 필자는 '갱신 → 복음전도(교회성장과 확장도 포함) → 교회일치추구 → 하나님의 선교'라고 하는 패러다임은 하나가 다른 하나없이 있을 수 없는 상호 관계 속에 있고, 하나가 다른 하나로 힘 있게 전진하는 관계라고 하는 사실을 신학적으로 주장하려고 한다. 교회가 진정으로 복음을 통하여 성령의 사역으로 갱신되면, 복음전파로 나아가고, 복음이 널리 전파되고 교회가 성장하고 확장되면 교회분열로 인하여 교회일치운동이 일어나며, 나아가서 하나님의 선교로 이어진다고 하는 것이 신학적으로도 정당화될 수 있는 것으로 보인다. 이 글은 본문에서 교회사적으로 이 넷의 불가분리성을 제시하였으나, 신학적으로도 그것은 그래야 할 것이다.

그도 그럴 것이 아들을 이 땅 위에 파송하셨고, 성령을 파송하신 아버지 하나님께서는 사도들을 성령으로 무장시켜 파송하셨으며, 이들의 뒤를 이어 하나님의 백성인 당신의 교회를 이 세상 속으로 파송하셨다. 오늘날도 당신의 백성을 교회로 부르시고, 든든히 세워주시어, 이 세상 속으로 파송하신다. 그리고 교회를 세상 속으로 파송하시는 삼위일체 하나님께서는 하나님의 선교를 위하여 우리를 문제 많은 이 세상 속으로 파송하신다. 우리는 이 하나님의 선교에 동참하기 위하여 모이는 교회의 예배·예전에 열심히 참여하여 말씀을 듣고 떡과 즙을 나누며, 성경교육과 신학교육으로 든든히 세움을 받아야 한다. 여기에서 끊임없이 갱신이 일어나야 하고, 든든히 세움을 받아야 하며, 복음전도와 하나님의 선교를 위하여 끊임없이 세상 속으로 파송을 받아야 한다. 이와 같은 하나님의 선교의 신학은 신학적으로 복음수의 계몽 교회들의 목회와 복음전도와 일치운동과 하나님의 선교를 하나로 아우를 수 있을 것이다. 따라서 우리는 교회가 갱신되었다고 하면서 복음을 전하지 않는다든가, 복음을 전한다고 하면서, 교회일치에는 관심이 없다고 하든가, 교회일치는 추구하면서 하나님의 선교로 나가지 않는다든가 하는 교회는 병든 교회로 보아야 할 것이다.

대체로 복음주의자들과 근본주의자들은 '교회개혁·갱신─복음전도와 기독교의 확장'까지를 선호하고, 에큐메니칼 진영은 '교회개혁·갱신→복음전도와 기독교의 확장'은 무시하고, '교회일치와 하나님의 선교'를 선호할 것이다. 특히, 우리 한국교회는 전자를 선호한 나머지 전자가 후자로 이어지고 이 둘이 불가분리하다고 하는 사실을 알지 못하는 경향이다.

물론, 사도행전은 하나님 나라를 바라보는 종말론적인 비전으로 시작하고 그것으로 끝맺음한다. 예수님은 부활하신 다음, 40일 동안 제자들에게 나타나시어 '하나님 나라의 일'(행 1:3)을 말씀하셨고, 바울은 로마에서 구금된 채, "셋집에 유하며 자기에게 오는 사람들을 다 영접하고 담대히 하나님 나라를 전파하며"라고 하였다. 그러니까 성령강림과 더불어 추동된 사도들의 복음전도 사역의 확장은 하나님 나라에 대한 비전이 없이 된 것이 아니었다. 우리는 성령의 행전이나 다름없는 사도들의 복음전도 사역을 하나님의 선교의 일환으로 볼 수 있다.

우리는 그것을 구약의 하나님의 선교 이야기로부터 추적해 내려와야 한다. 삼위일체 하나님께서는 창세기 3~11장이 보여주는 인류역사의 반역과 이에 따른 창조세계의 저주받은 상태에도 불구하고 인류역사의 구속(救贖)과 창조세계의 회복이라고 하는 '하나님의 선교(God's mission=Mission of the triune God)'를 위하여 이미 아브라함 안에서 이스라엘을 택하셨고, 출애굽을 통하여 이들을 구속하시며, 시내 산에서 이들과 언약을 맺으시고, 이들이 언약 공동체로서 예배와 윤리적인 삶으로 반응하게 하심으로써 그의 선교를 이 땅 위에 이루시기를 원하셨다. 즉 삼위일체 하나님께서는 자신의 보편적이고 우주적인 선교를 위해서 이스라엘을 언약의 파트너로 삼으신 것이다. 이스라엘의 선택은 아브라함의 씨(예수 그리스도와 그리스도인들)를 통한 이방세계 구속과 창조세계 회복을 위한 것이었다. 그리고 삼위일체 하나님께서는 그의 원대한 선교를 구현하기 위해서 그의 아들을 성육신시켜, 이 땅 위에 파송하시고, 십자가에 달려 죽게 하시고 부활하게 하심으로 새 창조를 약속하시며, 그것의 담보로서 성령의 역사인 하나의 거룩하며 보편적이고 사도적인 교회를 허락하신 것이다. 따라서 '갱신-복음전도-일치추구-하나님의 선교'라고 하는 패러다임에 있어서, 신학적으로는 이미 위에서 제시한 '하나님의 선교'가 제일 먼저요 '갱신→복음전도→일치추구'는 전적으로 하나님의 선교를 위한 것이어야 할 것이다. 이런 식으로 우리는 이 글이 서론에서 제시한 사도행전의 역사에서 '성령의 교회-복음전도-일치추구'라고 하는 패러디임을 하나님의 선교의 시각에서 볼 수 있다.

하지만 결정적으로 '하나님의 선교'가 교회 역사 속에서 등장한 것은 칼 바라트와 하르텐슈타인 그리고 1952년 빌링겐 IMC로 비롯되었다. 그러니까 우리가 사도행진만을 읽을 경우에 '하나님의 선교'의 자리를 찾기가 어려운 것으로 보인다. 하지만 우리는 이와 같은 사도행전의 패러다임을 아우르는 선교 패러다임을 제시해야 한다.

위에서 제시한 하나님의 백성을 교회로 모이게 하시고, 든든히 세우시며, 세상을 향하여 파송하시는 삼위일체 하나님께서는 우주만물을 창조하시고, 인간의 타락과 이에 따른 창조세계의 신음에도 불구하고, 이스라엘 백성을 은혜로 선택하시어 구약성서 속에서 구속의 역사를 보여주시며, 급기야 하나님의 아들의 성육신이신 예수 그리스도의 십자가와 부활을 통하여 인류 및 창조세계의 구속을 이룩하셨다. 그리고 아버지께서는 성령의 사역으로 그의 아들을 통하여 실현하신 인류 및 창조세계의 구속을 역사와 창조세계 속에서 구현해 가시고, 급기야 아들의 재림과 성령의 크신 은혜로 새 하늘과 새 땅을 은혜로 주실 것이다. 그런즉 교회는 이미 임한 하나님 나라와 아직 기다려야 하는 하나님 나라 사이에서 성령의 크신 역사로 역사와 창조세계 속세서의 삼위일체 하나님의 선교에 동참해야 하는 것이다. 따라서 우리는 잘못 이해된 사도행전의 패러다임에만 머물 것이 아니라 이상과 같은 삼위일체 하나님의 선교에 참여해야 한다. 다시 말하면, 인류의 보편사와 각 나라와 민족과 종족들과 창조세계 속에서 정의와 평화와 창조세계 보전을 구현해 가시는 삼위일체 하나님의 선교에 동참해야 한다.

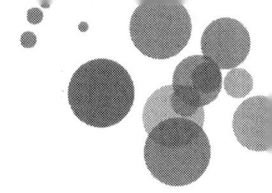

‘하나님 → 교회 → 세상’으로부터 ‘하나님 → 세상
→ 교회’로의 패러다임 이동

　본 장(章)의 목적은 전통적인 선교활동이 ‘하나님 → 교회 → 세상’
이라고 하는 패러다임에 갇혀 있는 것으로 보고, ‘하나님 → 세상 →
교회’로의 패러다임 이동이 언제 어떻게 누구에 의해서 일어났는가
를 밝히며, 교회의 선교활동이 그와 같은 새로운 패러다임을 받아들
일 경우에 어떻게 변모해야 할 것인가를 제안하는 데에 있다. 대체
로 하나님의 일터는 교회일 뿐만 아니라 인류역사와 창조세계 전체
라고 하는 것이 본 장의 논지이다.

Ⅰ. 하나님, 교회 그리고 세상[27)]

그리스도인들은 성서적 증언을 따라서 이 세상이 죄악 세상이요, 죽음을 향하여 내달리고 있는 세상이요, 사단과 마귀가 들끓는 세상이요, 심지어는 최후심판과 지옥을 향하여 방향 지어져 있는 것으로 보면서, 다행히 예수 그리스도를 통한 하나님의 은혜로 성령의 크신 조명과 능력 가운데, 자신들은 이와 같은 불로 멸망할 세상으로부터 구원을 받았다고 믿는다(요 7:7, 요 8:23, 요 17:16). 많은 그리스도인들은 마태(4:8-10)와 요한(12:31)과 바울(엡 6:12)의 증언대로 사단 마귀가 이 세상의 임금과 통치자들이라고 보고, 이와 같이 세상을 지배하는 악한 권세로부터 구원을 받은 것으로 확신하고 있다. 하지만 그와 같은 죄악 세상으로부터의 출애굽을 강조하여 교회를 노아의 방주 유형으로 본 나머지, 죄와 죽음과 사단 마귀가 지배하는 이 세상에 대한 참여와 섬김보다는 자신도 모르게 이 세상에 대한 경멸과 도피를 일삼게 되는 것이니, 이것이 다름 아닌 '하나님, 교회 그리고 세상'이라고 하는 패러다임이다. 이와 같은 패러다임에

---

27) 대체로 '하나님-세상-교회'라고 하는 용어는 후켄다이크에 의하여 사용된 것인데, 지금 필자가 여기에서 사용하는 그 개념은 그 논의의 출발에 있어서 뉘앙스를 달리하는 것으로 본다. 필자는 교회와 세상의 이분법의 맥락에서 '교회'만을 부각시키는 의미로 그것을 사용하였으나, 후켄다이크는 하나님 나라-사도직(온 세계에서 종말론적 하나님 나라를 선포하는 사도직)-오이쿠메네(the Kingdom-apostolate-oikoumene)의 구도에서 제도적 교회가 우선순위에서 밀려나 있다고 하는 뜻으로 그것을 사용하였다. 참고: 이 글의 제3장 중 '후켄다이크' 부분.

있어서는 그리스도인의 역사와 사회와 문화에 대한 참여가 매우 저조할 수밖에 없다.

일찍이 어거스틴은 멸망해 가는 로마제국을 바라보면서 저술한 『신의 도성』에서 '신의 도성(civitas Dei)'은 영원하고, '땅의 도성(civitas terrena)'은 멸망할 것이라고 하여, '두 도성' 사상을 제시하였다. 아담과 아벨과 셋 등으로 이어지는 신의 도성의 노선과 가인과 함 등으로 이어지는 땅의 도성의 노선, 그리고 여호와와 벨리알, 이스라엘 백성과 이방민족들, 교회와 이 세상, 하나님 나라와 지옥이라고 하는 두 영역 사상을 제시하였다. 두 도성은 믿는 자의 공동체와 불신자의 공동체, 그리고 '최후심판의 이중적 결과(천국과 지옥)'로 이어지고, 알곡과 쭉정이가 뒤섞인 교회를 말할 경우에도 마찬가지이다. 그리고 이 문제는 그의 '이중 예정론'과도 연결되어 있다. 어거스틴에게 있어서 "역사 속에는 하나의 진보만이 있다. 즉 그것은 신앙과 불신앙, 그리스도와 적그리스도의 구분이 점점 더 날카로워지는 진보이다."[28]라고 칼 뢰비트는 주장한다.

어거스틴의 이분법은 그가 빠졌었던 마니교적 이원론을 다시 생각나게 한다. 그의 이분법은 그가 '유기된 자들(the reprobates)'이라고 보고 있는 이 세상 혹은 사회문화 영역 전반이 자칫 하나님의 세계 (God's World)가 아닌 것처럼 이해될 수도 있게 한다. 그가 삼위일체 하나님의 발자취와 하나님의 형상과 보편은혜 등을 주장함으로써 아무리 희랍 로마의 고전문화의 가치를 인정하였다고 하더라도 그의

---

28) Karl Loewith, op.cit., p.172.

이분법은 이 세계를 하나님의 세계로 보지 않을 가능성을 내포하고 있다 하겠다. 또한 그는 멸망해 가는 로마제국을 바라보면서 '하나님의 도성'의 영원함을 보았기 때문에 아무래도 교회의 사회와 문화에 대한 책임에 대해서 적극적으로 말할 수 없었을 것이다.

이상과 같은 어거스틴의 '두 도성' 신학에 따른 이원론은 중세를 거치면서 변모하는 양상을 보였다. 즉 샬르마뉴(742~842)는 기독교 제국이라고 하는 이름으로 한 왕국을 추구하였고, 니콜라스 1세(867년에 별세)는 교황주의 교회라고 하는 이름으로 한 왕국을 추구하였다. 하지만 이로써 중세 시기를 통하여 제국과 교회 사이에 엄청난 권력 투쟁이 있었다. 그리하여 루터는 또 다시 '두 왕국'론을 주장하였다. 루터는 사단 마귀와 죄와 육체가 지배하는 이 세상 혹은 옛사람과 예수 그리스도께서 성령을 통하여 통치하시는 교회 혹은 새사람을 이분법적으로 대립시켰고(그리스도의 왕국 대 세상 왕국), 말씀 설교와 두 성례를 참교회의 표지로 보면서 이와 같은 교회를 그 당시 거짓교회로 보이는 로마가톨릭교회와 온 세상과 대립시키는 경향이었다. 루터보다 삼위일체 하나님의 세상과 창조세계에 대한 통치를 힘주어 주장하고, 자연과 문화 속에서조차 성령의 역사가 있다고 이야기하는 칼빈조차도 어거스틴의 '두 도성' 신학을 물려받은 루터적인 '두 왕국' 사상을 크게 벗어날 수가 없었다.

그리하여 이와 같은 어거스틴, 루터 그리고 칼빈의 '하나님이 도성 대 땅의 도성', '그리스도의 왕국 대 세상 왕국', 혹은 '교회 대 세상'의 이분법적인 구도는 18~19세기 복음주의 부흥운동과 복음전도활동을 통해서 오늘날 우리 한국에까지 전해지는 것으로 보인다.

이와 같은 전통은 '제한속죄' 전통에 입각하여 구원받은 공동체를 나머지 인류 및 창조세계로부터 게토(ghetto)화시킨다. 이들이 아무리 창조주께서 우주만물을 창조하셨고, 인류역사를 통치하시며, 모든 것을 주장하신다고 말할지라도 그렇다는 말이다.

이상과 같은 '하나님, 교회 그리고 세상'이라고 하는 패러다임은 대체로 세계적으로 전통적인 개혁교회의 세상에 대한 태도와 행동을 결정하였고, 우리 한국의 개혁교회(장로교)의 이 세상에 대한 태도와 행동을 지배하고 있다 하겠다. 그런즉 이와 같은 어거스틴의 '두 도성' 전통 혹은 루터의 '두 왕국' 전통은 하나님의 보다 넓은 일터를 망각하게 만들었고, 교회로 하여금 하나님의 세상(God's world)으로부터 도피하게 만들었다.

II. 하나님, 세상 그리고 교회

1. 본회퍼

본회퍼는 '두 도성' 사상 혹은 '두 왕국론'의 이분법(二分法)을 문제시하면서, 그 해결의 열쇠를 계시(啓示)이신 예수 그리스도와 그의 사역에서 찾는다. 본회퍼는 기독교 역사를 통해서 '두 영역의 사고'가 존재해 왔다고 한다. 본회퍼는 '두 영역은 병존과 갈등 속에 있으면서 한편은 신적이고 거룩하며 초자연적인 영역, 다른 한편은 이

성적이고 세속적이며 자연적인 비기독교적인 영역'[29]이라고 하는 두 나라의 균열과 불화를 지적하고 있다. 그는 다음과 같이 '두 도성' 혹은 '두 왕국'의 문제점을 지적한다.

> 그리스도와 세상이 두 개의 대립하는 영역이요 상호 배척하는 영역이라면 우리는 다음과 같은 모순에 봉착한다. 즉 우리는 현실 전체를 버리든가 아니면 이 두 영역 중 어느 한 영역에 속하든가이다. 이처럼 우리는 세상이 없는 그리스도를 찾든가, 그리스도 없는 세상을 찾든가 하는 것이다. 하지만 그 어느 경우든 우리는 우리 자신을 속이는 것이다. 혹은 양 영역에 함께 있으면 영육적인 갈등 속에서 살게 되는바 이와 같은 부류의 사상들은 종교개혁 이후에 계속 나타났다.[30]

그래서 본회퍼는 예수 그리스도의 화해사건을 힘주어 주장한다. 즉 예수 그리스도의 십자가와 부활 사건은 하나님과 모든 인류의 화해였다고 하는 주장이다. 교회란 이 보편적인 화해를 믿음으로 수용(收容)한 공동체로서 이 복음을 선포하는 고유한 장소라고 하는 것이다.

> 교회란 하나님께서 그리스도 안에서 이 세상과 화해하셨다는 사실을 선포하는 장소이다. 교회는 하나님이 세상을 이처럼 사랑하사 그의 독생자를 주셨다고 하는 사실을 이 세상에 증거하고 선포하는 장소이다.[31]

---

29) Ethics, p.62.
30) Ethics, p.63.
31) Ethics, p.68.

본회퍼는 위의 주장에서 이미 '하나님, 교회 그리고 세상'이라고 하는 패러다임으로부터 '하나님, 세상 그리고 교회'라고 하는 패러다임으로 패러다임 이동을 보여주고 있다. 즉 하나님께서는 그의 아들 예수 그리스도와 성령을 통하여 인류역사와 창조세계 전체의 구원을 의도하시고 목적하시면서 이를 위하여 이스라엘 백성과 교회를 하나님의 백성으로 삼으시어 도구로 쓰신다고 하는 것이다. 이제 이와 같은 패러다임 이동이 아래에서 논할 칼 바르트와 몰트만과 에큐메니칼 운동으로 이어지고 있다.

2. 칼 바르트

바르트는 참하나님이시요 참인간이신 하나님의 아들 예수 그리스도께서는 제사장으로서, 왕으로서 그리고 예언자로서 하나님과 이 세상(인류 공동체와 창조세계)을 화해케 하셨다고 한다. 이것이 다름 아닌 바르트 화해론(C.D. Ⅳ / 1 - 3)이 말하는 화해의 복음(the Person and Reconciliation of Jesus Christ)의 세 계기이다. 이 삼중직(제사장직, 왕직 그리고 예언자직)은 이미 구약에서 하나님의 백성들을 위하여 하나님에 의하여 부름 받아 파송받은 하나님의 일꾼들이었던 바, 바르트에게 있어서는 그리스도의 삼중직은 바로 하나님 나라를 지향하는 하나님의 선교[32]를 위해서 부름 받고 파송받은 하나님의

---

32) 칼 바르트는 1928년 선교에 대한 강연 내용과 1932년 브란덴부르크 선교대회에서 발표한 글에서 '하나님의 선교'라고 하는 개념을 사용하기 시작하였다. 그래서 필자는 바르트의 가독론 중심의 삼위일체론적 화해론

메시아였다. 예수 그리스도는 하나님의 아들로서 부르시는 자요, 파송하시는 자시오, 동시에 부름 받으시는 분이시오, 파송받으시는 분이시다. 우리는 여기에서 이미 하나님, 세상 그리고 교회라고 하는 패러다임을 만난다. 이 글은 이제 바르트 화해론의 핵심을 소개함으로써, 바르트가 어거스틴, 루터, 칼빈, 그리고 18~19세기의 복음주의적인 이분법을 극복하고 있다고 하는 사실을 보여주려고 한다.

첫째로 하나님의 하강운동이다. 하나님께서는 그의 아들을 성육신시키시어 이 땅 위로 파송하심으로 십자가에 이르기까지 순종케 하셨다. 참하나님으로서 심판주이신 하나님의 아들은 참인간으로서 인류의 죄를 대신하여 그리고 인류를 위하여 십자가에서 고발과 정죄와 처형을 당하셨다(the Judge as Judged). 이로써 하나님께서는 인류의 죄를 노출시켰고, 동시에 인류를 의롭다고 선언하셨다(de iure). 이 예수 그리스도는 대제사장으로서 동시에 화목제물이셨다. 이것이 다름 아닌 하나님의 선교요, 하나님 나라 사역이다. 그리고 성령강림과 더불어 성령의 일깨우심으로(awakening) 부름 받은 사람들이 의롭다 하시는 하나님을 믿어(신앙), 모이는 교회 공동체(de facto)가 되었으니, 말하자면 교회는 성령의 사역으로 예수 그리스도의 제사장적 선교에 동참한 것이다.

둘째로 인간 예수님의 상향운동이다. 인자이신 예수 그리스도의

을 그와 같은 '하나님의 선교'의 신학으로 읽었다. 비록 바르트가 그와 같은 용어를 사용하지는 않았더라도. 참고: David J. Bosch, Transforming Mission: Paradigm Shifts in Theology of Mission(Maryknoll, New York: Orbis Books, 1992), p.389.

승귀(부활: the Royal man)는 인류의 나태와 비참을 노출시키고, 인류를 성화시킨다(de iure). 이는 죄와 죽음을 이기신 예수 그리스도의 왕직 수행에 관한 것으로서 역시 하나님의 선교요, 하나님 나라 사역이다. 그리고 성령의 살리시는 역사(quickening)로 믿고 의롭다 함을 받은 사람들이 성화되어(사랑), 든든히 세움 받은 교회 공동체의 구성원이 된다(de facto). 말하자면 교회는 성령의 사역으로 예수님의 왕직에 동참한다.

셋째로 부활하시어 승귀하신 인간 예수님은 하나님과 재연합하신 분(the God-man) 혹은 신인으로서 하나님 아버지 우편에서 인류역사와 교회를 통치하시면서, 인류의 거짓을 노출시키고, 인류와 하나님의 종말론적인 재연합을 약속하신다(de iure). 바로 이분은 예언자로서 하나님의 선교 혹은 하나님 나라의 사역을 성취하신 것이다. 그리고 믿음과 성화의 공동체에 동참하고 있는 사람들은 성령의 조명시키는 역사(enlightening)로 하나님 나라를 소망하는 가운데, 세상 속으로 파송받은 교회 공동체가 되는 것이다(소망)(de facto).

우리는 칼 바르트의 화해론에서 '하나님, 세상 그리고 교회'라고 하는 패러다임을 발견한다. 하나님께서는 인간(교회)이 믿기 이전에 혹은 인간의 믿음과는 관계없이 그의 사랑의 주권으로 자신의 아들 예수 그리스도를 통한 하양운동과 상향운동과 종말을 향한 수평운동을 통하여 자기 자신과 이 세상의 화해를 이미 성취하셨고, 그것의 종말론적인 완성을 남겨 두고 계신 것이다. 즉 하나님의 일터는 이 세상과 창조세계이다. 그리고 교회는 이와 같은 하나님의 화해사역 혹은 그의 하나님 나라 운동 혹은 그의 세상을 위한 선교에 동참하고 있고, 동참해야 한다고 하는 것이다.

칼 바르트 신학에 있어서, 창조(Creation)와 화해(Reconciliation)와 구원(Redemption)은 '셋이 한 쌍(a triad)'을 이룬다. 화해 사역의 세 계기 역시 그렇다. 신앙과 사랑과 소망은 말할 것도 없다. 제사장직 과 왕직과 예언자직도 마찬가지이다. 계시로서 하나님의 말씀과 선포 된 말씀과 기록된 말씀도 그렇고, 성부와 성자와 성령도 그렇다. 이 처럼 셋이 한 쌍을 이루는 구조는 매우 역동적인 긴장 속에 있으니, '모이는 교회', '든든히 세움 받는 교회' 그리고 '파송받는 교회' 역시 이와 같은 역동적 긴장 속에 있다 하겠다. 그런즉 '모이는 교회 공동 체' 차원에서 '예배 예전과 교역'이, '든든히 세움 받는 교회 공동체' 차원에서 '기독교 교육'의 관심분야가, 그리고 '이 세상 속으로 파송 받는 교회 공동체' 차원에선 섬김(diakonia)과 선교(evangelism and missio Dei)가 역시 셋이 한 쌍으로서 매우 중요하다.

따라서 세상으로부터 부름 받아 모이는 교회, 든든히 서 가는 교 회 그리고 세상 속으로 파송받는 교회는 각각 성령의 역사 가운데 그리스도의 제사장직 수행을 통한 하나님의 선교, 그리스도의 왕직 을 통한 하나님의 선교, 그리고 그리스도의 예언자직을 통한 하나님 의 선교에 동참하고 있고, 동참해야 한다. 즉 그리스도의 교회는 예 수 그리스도의 화해의 복음을 통하여 사람들을 성령 역사로 믿고 의 롭다 함을 받아 모이는 교회 공동체의 구성원이 되게 하고, 예수 그 리스도의 화해의 복음을 통하여 이 믿는 공동체의 사람들을 거룩하 게 해야 하며, 이들 거룩하게 되는 공동체를 동일한 화해의 복음을 통하여 이 세상으로 파송하여 온 인류가 종말론적으로 하나님과 온전히 화해하여 연합할 것을 희망하면서 이를 역사 속에서 구현하기 위하여 힘쓰고 애써야 할 것이다. 그런즉 이와 같은 교회의 예언자적인 사명에는 복음전도와 디아코니아를 통한, 그리고 정치, 경제, 사회, 문화 차원에서의 하나님의 선교에의 동참을 통한 하나님 나라 구현이 포함될 것이다.[33]

이것이 다름 아닌 화해된 공동체의 화해사역에 해당한다. 즉 교회는 예수 그리스도의 화해사역으로 하나님과 화해된 공동체로서 시장경제의 지구화로 인해서 생긴 가진 자와 갖지 못한 자, 힘이 있는 자와 힘이 없는 자, 북반구와 남반구, 동양과 서양, 백인들과 유생인종, 남성과 여성, 하나의 종족과 다른 종족, 남한과 북한, 자유주의적 자본주의와 국가 간섭적인 사회주의 경제, 그리고 인간과 창조세계 등 양극화의 상황에서 예수 그리스도 안에서 종말론적으로 보이고 약속된 인류와 하나님의 화해와 연합을 바라보면서 화해사역을 여러 가지 모양으로 실현시켜 나가야 할 것이다.

3. 몰트만

몰트만의 신학 역시 전반적으로 '하나님의 나라, 세상 그리고 교회'라고 하는 패러다임을 보여주고 있다. 그는 복음을 통하여 계시되고 약속된 하나님 나라 혹은 새 하늘과 새 땅에 대한 비전을 우

---

33) 'missio Dei'의 기원에 관해서는 제3장 중 빌링겐 IMC에 관한 부분에서 논의되었다.

선 설정하고, 삼위일체 하나님께서 그것을 향하여 그리고 그것을 위하여 이 세상을 창조하셨고, 인류의 죄와 죽음에도 불구하고 이 세상 속에서 종말론적 완성을 바라보는 하나님의 선교를 펼치신다고 하는 것이다. 따라서 교회란 하나님 나라의 미리 맛봄과 징표로서 하나님의 나라를 향한 하나님의 세상 선교를 위한 도구인 것이다. 그런즉 교회의 자리와 사명과 선교는 하나님 나라와 삼위일체 하나님의 세상 선교 다음에 놓인다. 이 점에서 그는 본회퍼, 칼 바르트, 후켄다이크 등과 같은 '하나님-세상-교회'라고 하는 구도를 따르고 있다.

몰트만은 『희망의 신학』(1964)에서 십자가에 달리셨던 분의 부활이 '하나님 나라'를 계시하고 약속한다고 한다. 이 하나님 나라는 '옛 창조세계로부터의 새 창조', '죽은 자들의 부활' 혹은 '새 하늘 새 땅'을 말한다. 그는 구약의 약속사가 지향하는 종말론적인 비전과 신약의 복음에 의해서 계시되고 약속된 종말론적인 비전이 하나님의 나라와 새 하늘과 새 땅에서 합류할 것을 주장한다. 여기에서 '미래'란 현재의 연장으로서의 미래세계가 아니라 '새 창조(creatio nova)'에 의한 질적으로 새로운 미래(adventus vs. futurum)이다. 그것은 하나님의 오심에 의해서 결정되는 그런 미래이다.

몰트만에 의하면, 믿는 자들이 받은 성령은 종말론적 담보로서, 그리스도를 죽은 자들로부터 부활시키시고 우리의 죽을 몸을 부활시키실 그 성령과 동일하신 분이시다(롬8:11). 그리고 믿는 자들을 진리로 인도하는 말씀은 다름 아닌 영생(아직 우리는 영생 그 자체를 소유한 것이 아니지만)을 약속하는 말씀이다.[34] 이 맥락에서 몰트만은 고린도전서 15장 3~5절 말씀에 근거하여, 그의 미래적 종말론을 제시하고 있다. 이와 같은 세계는 죄와 죽음이 완전히 멸절될 새 창조의 세계, 죽은 자들의 부활의 세계, 하나님의 의가 지배하는 새 하늘과 새 땅의 세계이다.

몰트만은 교회의 본질과 목적을, 그 자체 내에서가 아니라 위에서 지적한 미래 종말론적인 하나님 나라 혹은 새 하늘과 새 땅에서 그것을 찾아야 한다고 본다. 그래서 그는 몰트만은 신약성서를 따라 교회(the Church)를 종말론적 구원의 공동체로 정의하고, 교회는 이 종말론적 기대로 모이고, 이것을 위해서 이 세상 속으로 파송받는다고 한다. 몰트만에 의하면, 부활하신 그리스도께서 사람들을 부르시고, 의롭다 하시고, 거룩하게 하시며, 이렇게 하심으로써 이들을 세상을 위한 그의 종말론적 미래 속으로 부르시고, 모으시며, 파송하신다. 그래서 몰트만에게 있어서 교회는 자기 자신으로부터 그리고 자기 자신을 위해서 사는 것이 아니라 "부활하신 그리스도의 주권으로부터 그리고 죽음을 정복하시고, 생명과 의와 하나님의 나라를 가져오시는 그리스도의 다가오는 주권을 위해서 산다."[35]

그리고 몰트만은 교회가 그것으로부터 살고, 그것을 위해서 살아야 하는바, 말씀선포, 세례와 성만찬을 종말론적으로 재정위(reorientation)시키고, 교회의 선교(mission)를 그리스도의 이 세상에 대한 선교(missio Christi)와 성령의 선교(missio Spiritus)에 근거시키고 있

---

34) Juergen Moltmann, Theology of Hope(New York: Harper & Row, 1967) (독일어판, 1965), p.162.
35) Ibid., p.325.

다36)고 한다. 몰트만에게 있어서 교회란 "그리스도의 부활에 근거하여 하나님 나라를 기다리고, 자신의 삶이 이 기대에 의해서 결정되는 그와 같은 사람들의 공동체이다."37) 그리고 이 교회는 '십자가에 달리셨다가 부활하신 그리스도의 몸의 본성'을 지녔기 때문에 그리스도의 세상 섬김을 따라서 이 세상을 섬겨야 할 것을 주장한다.

따라서 몰트만에게 있어서 하나님 나라의 관점에서 보인 교회는 결코 이 세상으로부터 격리되고 분리된 게토가 아니라 삼위일체 하나님의 선교의 장인 이 세상 한복판에서 그의 나라와 의를 구현해야 하는 것이다.

> 종말론이란 단순히 영혼구원, 이 사악한 세상으로부터 개인의 구원, 혹은 괴로운 양심에 대한 위로만을 의미하는 것이 아니라, 정의, 인간의 인간화, 인류의 사회화, 그리고 모든 창조세계의 평화에 대한 종말론적인 희망의 실현을 의미한다. 공동체를 세우는 사랑 속에 있는 이와 같은 유의 '창조적 제자의 도'란 모든 것들의 관계를 바르게 하고 모든 것의 질서를 바로 세우는바, 이는 하나님 나라의 미래와 인간의 미래에 대한 기독교적 희망의 전망을 통해서 종말론적으로 가능하다.38)

몰트만이 『희망의 신학』에서 종말론적 기독론에 있어서 부활의 차원을 강조했다면, 『십자가에 달리신 하나님』(1973)39)에서는 종말론적

---

36) Ibid., pp.325－326.
37) Ibid., p.326.
38) J. Moltmann, "My Theological Career", J. Moltmann, History and the Triune God (New York: The Crossroad Publishing Company, 1992)(독일어판, 1991), pp.170－171.

기독론에 있어서 십자가의 차원을 강조한다. 그러나 이 책의 '십자가'는 '부활' 없이는 이해 불가능하다. 이 책은 '예수님의 역사적 재판', '예수 그리스도의 종말론적 재판' 그리고 '십자가에 달리신 하나님'에서 그 중심 사상을 개진하고 있다. 이와 같은 그의 십자가 이해는 결코 '제한 속죄'에 관한 그 무엇이 아니다. 즉 몰트만은 『희망의 신학』에서 십자가에 달리셨던 분의 부활의 창(窓)을 통하여 객관적이고 보편적인 그리고 우주적인 종말론의 틀을 소개하였기 때문에, 이 책에서는 그와 같은 종말론의 구도를 그대로 유지하면서 부활하신 그리스도의 십자가의 종말론적 의미를 논하고 있는 것이다.

특히, 몰트만은 『십자가에 달리신 하나님』에서 훗날 그의 삼위일체론의 출발점을 발견한다. 그는 신약성서의 중심은 '십자가와 부활'이 아니라 십자가에 달리셨던 그리스도의 부활[40]이라고 한다. 즉 그는 이와 같은 의미의 기독론을 중심으로 삼위일체론을 펼친다. 본 저서에서 몰트만은 십자가 사건에서 일어난 아버지와 아들의 심오한 분리 혹은 하나님께 버림받음과 저주받은 죽음, 즉 아버지와 아들 사이의 분리와 죽음이 상호 복종에서 하나(community of will)가 된다(요 3:16, 요일 4:16)고 주장하면서, 이 아버지와 아들 사이에서 일어난 사랑의 사건에서 신앙 없는 사람들을 의롭다 하시고, 버림받은 자들을 사랑으로 충만케 하시며, 죽은 자들을 다시 살리시는 사랑의 영인 성령이 흘러나온다고 한다(244).

---

39) Juergen Moltmann, The Crucified God(1973), tr. R. A. Wilson and John Bowden(New York: Harper & Row, Publishers, 1994).
40) Ibid., p.204.

그리하여 몰트만은 『삼위일체와 하나님 나라』(1980)에서 그의 삼위일체론을 본격적으로 제시한다. 그는 이 저서에서 삼위일체 하나님의 역사가 하나님 나라의 역사라고 한다. 그에게 있어서 삼위일체의 여러 패턴의 운동은 의심 없이 하나님의 통치인데, 성서 속에서 성서적 증언들을 통해서 흐르고 있는 빨간 줄은 하나님 나라의 역사이다. 이 하나님 나라의 역사는 하나님 나라의 삼위일체적 선교 혹은 역사(歷史)에 다름 아니다. 하나님 나라의 삼위일체적 선교 역사는 이제 종말론적으로 개방된 선교이다. 세례야말로 삼위일체 교리의 실천이다. 하나님 나라의 삼위일체적 역사가 남녀인간을 소유하는 것은 신앙과 세례를 통해서이기 때문이다. 무엇보다도 삼위일체에 대한 개념은 세례받는 사람의 신앙고백과 그의 기도와 찬송에서 형성된다.

신적 삼위일체의 하나 되심은 아버지와 아들과 성령의 코이노니아에 있지, 그것의 숫자적 하나 되심에 있는 것이 아니다. 그것은 폐쇄된 하나 됨이 아니라 개방된 코이노니아이다. 요한복음 17장 21절은 "아버지께서 내 안에, 내가 아버지 안에 있는 것같이 저희도 하나가 되어 우리 안에 있게 하사……"라고 말씀하기 때문이다. 그리고 제자들의 상호교제는 아들과 아버지의 교제에 유사하다. 그러나 제자들은 삼위일체적 코이노니아에 유사할 뿐만 아니라 이 삼위일체 하나님의 코이노니아 안에 있다. 이것은 전(全) 창조세계가 삼위일체 하나님과의 코이노니아에 들어갈 수 있고, 이 삼위일체 하나님 안에서 하나가 될 수 있다고 하는 식으로 삼위일체 하나님이 개방되어 있다고 하는 사실을 전제하고 있다. 그래서 삼위일체 하나님의 코이노니아는 신학적인 언어일 뿐만 아니라, 그 중심에 있어서 그것은 구원론적이기도 하다.[41] 물론, 『삼위일체와 하나님 나라』가 다음에 논할 『성령의 능력 안에 있는 교회』보다 나중에 쓰인 것이지만 여기에서 먼저 다룬 이유는, 아래의 저서에서 교회가 동참하고 있는 '삼위일체 하나님'의 선교를 좀 더 분명하게 이해하기 위해서이다. 이것이 가능한 것은 몰트만이 항상 먼저 쓰인 글의 어떤 부분을 보완하는 방법론을 채택하고 있기 때문이다.

이상의 세 저서들 모두에 있어서 몰트만은 한결같이 '하나님 나라, 세상 그리고 교회' 혹은 '삼위일체 하나님, 세상 그리고 교회' 혹은 '삼위일체 하나님의 선교, 세상 그리고 교회'라고 하는 패러다임을 보여주었다. 몰트만은 『성령의 능력 안에 있는 교회』(1975)에서 예수 그리스도의 선교(역사)와 성령의 선교(역사)에 근거한 삼위일체 하나님의 선교(역사)를 우주적 종말론의 틀 거리로 보면서, 만유가 이 삼위일체 하나님 안에서 통일될 것이고 새롭게 창조될 것이라고 한다. 몰트만에게 있어서 교회는 이처럼 종말론적 시야를 가지고 삼위일체 하나님의 세계선교의 역사에 동참한다. 교회는 기본적으로 삼위일체 하나님의 우주적 새 창조의 세계를 향한 운동 혹은 '하나님의 선교(missio Dei)'에 참여한다. 여기에서 결정적으로 중요한 것은 삼위일체 하나님의 객관적이고, 보편적이며, 종말론적인 하나님의 선교(missio trinitatis)이다.

몰트만에게 있어서, 삼위일체 하나님의 세상 관여는 이스라엘 백

---

41) Juergen Moltmann, The Trinity and the Kingdom: the Doctrine of God (New York: Harper & Row, 1981)(독일어판, 1980), pp.94-96.

성, 타 종교들, 세속 세상 및 창조세계를 포괄한다. 그는 이와 같은 하나님의 삼위일체론적 역사를 종말론적 비전을 가지고 논한 다음에, '하나님의 선교(missio trinitatis)'에 입각한 교회론을 펼친다. 그는 교회를 삼위일체 하나님의 선교의 대행자로 이해한다. 교회는 성령의 지도하에서 하나님의 선교의 대행자이다. 이때에 그는 삼위일체 하나님의 선교운동이 교회뿐만 아니라 나머지 세계와 창조세계까지 포함한다고 이해한다.

이미 몰트만은 『십자가에 달리신 하나님』의 끝 부분에서 하나님의 선교는 교회를 통해서만 일어나는 것이 아니라 보편사 속에서의 해방의 징표들을 통해서도 일어난다고 본다. 즉 (1) 삶의 경제적 차원에서 일어나는 '빈곤의 악순환', (2) 정치적 차원에서 일어나는 '힘의 악순환', (3) '인종적, 문화적 소외의 악순환', (4) 과학과 기술, 그리고 산업화에 따른 '자연파괴와 오염', (5) '무감각성과 무의미성 그리고 하나님께 버림받음의 악순환'을 깨는 해방의 돌출들이 보편사 속에서도 일어난다고 하였다. 이것은 역사의 지평 속에서 분별되고 발견되는 하나님 나라의 파편들이요, 징표들이요, 표지판들이요, 미리 맛봄들이요, 그것을 일구는 도구인 것이다. 몰트만은 "역사 안에 있는 하나님의 삼위일체적 과정이 종말론적으로 완성된다."[42]고 보고, 삼위일체 하나님이 완전히 직접적으로 거주하시는 새 하늘과 새 땅에 대한 비전으로부터 교회와 세상을 해석한다.

따라서 몰트만에게 있어서 교회는 객관적이고, 우주적이며, 종말론

---

42) Moltmann, op.cit., p.321.

적인 하나님 나라를 희망하면서, 삼위일체 하나님의 선교 역사에 동
참하여, 하나님의 선교를 추구해야 하는바, 이 교회의 초석은 다름
아닌 종말론적인 예수 그리스도시요,[43] 성령과 더불어 삼위일체 하
나님의 선교에 동참하신 예수 그리스도이시다. 그래서 몰트만은 이
와 같이 삼위일체 하나님의 선교에 동참하신 예수 그리스도의 '삼중
직(triplex munus, 예언자직, 제사장직, 왕직)'과의 상관관계에서 교회
를 규정한다. 바로 이 삼중직을 수행하신 그리스도께서 종말론적인
위격이라는 점을 강조한다. 물론, 이와 같은 예수 그리스도의 삼중직
은 메시아의 임무수행을 위한 것이요, 메시아의 나라를 지향한다. 몰
트만은 예언자직과 교회에 대하여 '예수님의 메시아적 선교와 출애
굽 공동체'를, 제사장직과 교회에 관하여 '예수님의 수난과 십자가
공동체'를, 그리고 왕직과 교회에 관해서는 '예수님의 주되심과 하나
님 나라의 형제애'를 각각 논한다. 그리고 개혁교회의 전통적인 '삼
중직' 이외에 몰트만은 "예수님의 영광과 '끝이 없는 축제'" 및 '그
리스도의 우정'을 더 논한다. 이 두 직분 역시 예수 그리스도의 메
시아 되심과 메시아 사역에서 온 것이다.

　적어도 몰트만에게 있어서 교회의 존재 이유는 이와 같은 예수
그리스도의 직분들에 근거한, 삼위일체 하나님의 선교 역사 참여에
동참하는 것이리라. 즉 몰트만은 삼위일체 하나님의 선교 역사(歷史)
참여에 동참하는 교회가 무엇보다도 종말론적인 기독론과, 나아가서
종말론적인 성령론에 근거하고 있다고 보아, 인류 전체와 구별되는

---

43) *Ibid.*, p.66.

특수 공동체인 교회가 역시 저객관적이고, 보편적이며, 종말론적인 삼위일체 하나님을 바탕으로 하고 있다고 하는 것을 주장하고 있다고 보인다. 교회는 위에서 지적한 대로 예수 그리스도의 직분에 동참하여 미래에 완성될 하나님 나라를 이 땅 위에 구현함에 있어서 보편사의 다른 흐름들과 함께 삼위일체 하나님의 역사 참여에도 동참해야 한다. 그런즉 그의 교회표지론, 복음, 세례와 성만찬, 삶의 스타일, 직제 등 모든 교회론적 요소들이 하나님 나라와 삼위일체 하나님의 선교의 관점에서 다시 정향되고 있다.

4. 에큐메니칼 운동: 복음전도로부터 '하나님의 선교'로의 확장

1) 1910년 WMC로부터 오늘에 이르기까지의 개괄

1910년 에든버러 세계선교대회(W.M.C.＝World Missionary Conference)는 유럽의 교회들과 선교단체들이 믿지 않는 나라와 지역의 사람들에게 어떻게 하면 복음을 더 널리 전파해야 하는가에만 부심하였다. 이는 '하나님 → 교회 → 세상'의 구도였다. 그런데 보쉬와 한스 큉 등은 세계 제일차 대전을 계기로 신학일반과 선교신학에 있어서 '패러다임 이동(paradigm shift)'이 일어났다고 주장한다. 그런즉 선교신학의 '패러다임 이동'은 1928년 예루살렘 IMC에서부터 싹트기 시작하였다. 선교신학은 18~19세기적 선교개념의 유산을 물려받은 1910년 에든버러 W.M.C의 그것과 1928년 예루살렘 IMC의 그것 사이에 패러다임 이동을 보인다. 무엇보다도 예루살렘은 '인종관계', '아시아와 아프리카의 산업화에 따른 문제들과의 관련된 기독교 선교의 문제', '아시아와 아프리카의 농촌 문제에 관련된 기독교 선교'와 같은 제목들에서 교회의 대(對)사회적 책임을 '선교'개념에 포함시켰기 때문이다. 바야흐로 '하나님 → 세계 → 교회'의 패러다임으로의 이동을 보이기 시작하였다.

예루살렘의 복음이해가 탐바람에서는 삼위일체론의 틀 거리 안으로 들어왔고, 탐바람은 18~19세기의 복음전도개념을 따라 개교회의 선교적 책임을 어느 정도 유지하면서도 교회일치를 향한 보편교회 차원의 선교를 역설하였으며, 나아가서 교회가 일치하여 정치, 경제, 사회 및 과학기술의 차원에서 하나님 나라를 이 땅 위에 실현할 것을 강조하고 있다. 그리고 가장 특기할 만한 것은 18~19세기적 개인의 회심과 경건을 포기하지 않고, 이를 구조악의 개선을 위한 기독교운동들과 연결시킨 점일 것이다. 역시 '하나님 → 세상 → 교회'라고 하는 패러다임으로의 이동이 동트고 있음을 보여주고 있다.

1952년 빌링겐 IMC는 1928년 예루살렘 IMC 이래로 '하나님의 선교'의 의미에서 교회의 사회참여를 가장 강조하는 선교개념을 제시하였다. 빌링겐은 삼위일체론적 복음이해와 무엇보다도 삼위일체론적 기독론 중심의 파송의 신학(성부께서 성자를 이 세상에 파송하시고, 성자께서 그의 백성을 성령에 의하여 이 세상 속으로 파송하신다고 하는 신학논리)은 교회 중심적인 18~19세기의 복음전도개념을 훨씬 넘어서서 정치, 경제, 사회, 문화 등 삶의 모든 차원을 선교의 대상으로 삼았다. 이와 같은 과정에서 후켄다이크의 영향도 컸다. 그의 1950년대의 저서들과, 특히 1964년의 『안과 밖이 전도된 교회』 (The Church Inside Out)[44]는 에큐메니칼 운동이 '하나님 → 세계 → 교회'를 지향하게 만드는 데에 크게 기여하였다. 그것이 1950년대 동안에는 많은 논란을 불러일으켰으나, 1960년대로 오면서 에큐메니칼 운동에 의하여 전적으로 받아들여진 것으로 보인다.

그런데 빌링겐은 개인의 회심과 개교회의 개척과 성장을 소홀히 할 정도여서, 1982년 『선교와 복음전도 - 하나의 에큐메니칼 확언』(이는 1990년 이전까지 에큐메니칼 선교 지침서였음)에 오면 이에 대한 큰 수정이 있게 된다. 이는 1960년과 1970년대의 복음주의의 영향과 이를 수렴한 1975년 나이로비의 영향을 받았다. 그리고 끝으로 에큐메니칼 선교신학에 있어서 빌링겐으로부터 종말론적 시야가 확보되어, 1954년 에반스톤 WCC 총회는 그 전체 주제를 '예수 그리스도 - 세상의 소망'이라 하였다. 그런즉 종말론적인 비전을 바라보는 '하나님 → 세상 → 교회'의 구도가 엿보인다. 이와 같은 종말론적인 '하나님 → 세상 → 교회'의 구도는 몰트만의 『희망의 신학』(1964)을 낳게 만든 요소들 가운데 하나일 것이다.

1975년 나이로비 WCC는 1973년 방콕 CWME의 두 흐름과 1974년 로잔 복음주자들의 목소리를 감안하면서도, '전 복음', '전 인격', '전 교회'를 '전 세계'로부터 격리시키지 않았다. 나이로비 WCC는 복음주의자들의 입장을 수용하면서도, 바야흐로 JPSS(A Just, Participatory and Sustainable Society = 하나의 정의롭고 참여적이며 지속가능한 인류사회)를 WCC 전체의 목표로 내세웠다. 구조악의 문제를 옵살라보다 더 심각하게 논하는 나이로비는 예배, 말씀, 세례, 성만찬을 통한

---

44) J. C. Hoekendijk, The Church Inside Out, ed. by L.A. Hoedemaker and Peter Tijmes(Philadelphia: The Westminster Press, 1964).

개인의 신앙과 회심, 부활하신 주님, 나아가서 삼위일체 하나님과의 만남을 결코 제외시킨 것이 아니었다. 그리고 나이로비로부터(이미 1961년 뉴델리 WCC 총회에서의 지틀러의 우주적 기독론이 세상개념 안에 창조세계를 포함시켰지만) '세상'개념은 창조세계를 포함하였으니, 향후 '하나님 → 세상(인류역사와 창조세계) → 교회'라고 하는 새로운 패러다임이 등장하였다. 이것 역시 몰트만이 1980년대 저서들로부터는 '역사'에만 몰두하지 않고, '창조세계'를 삼위일체 하나님의 선교에 내포시킨 것이나 마찬가지이다.

1982년 『선교와 복음전도-하나의 에큐메니칼 확언』은 직접적으로는 1980년 멜보른 CWME의 치우침을 수정하였고, 간접적으로는 1975년 나이로비의 통전성을 이어받았다고 보인다. 다시 말하면 예수 그리스도께서 성령의 능력으로 믿지 않는 사람들을 예배하는 공동체(복음설교, 세례, 성만찬, 가르침 등)로 불러 모으시어, 회심과 이신칭의와 성화를 일으키신다고 하는 18~19세기적 복음주의적 전통과 1952년 빌링겐의 '하나님의 선교'와 1975년 나아로비의 해방신학적 요소와 구조악에 대한 주장들을 함께 담아내고 있다 하겠다. 그리고 본 문서는 1952년 빌링겐 이래로 강조되어 온 종말론적 비전을 명쾌하게 제시함으로써 하나님 나라와 교회의 긴장관계를 잘 포착하고 있다. 교회는 새 하늘과 새 땅의 미리 맛봄이요, 징표요, 이것을 이 땅 위에 실현시키는 도구인 것이다. 그럼에도 불구하고, 본 문서는 이 하나님 나라의 실현에 있어서 복음주의적 복음전도, '하나님의 선교', 해방신학 및 구조악의 극복만을 논의할 뿐, 창조세계의 보전문제에 관해서는 1989년 산 안토니오 CWME까지 기다려야 했다.

1975년 나이로비의 JPSS를 물려받은 1983년 밴쿠버의 JPIC(Justice, Peace and Integrity of Creation＝정의, 평화, 창조세계의 보전)는 서울 JPIC 세계대회를 거쳐 1991년 켄버라의 '성령이여 오시옵소서! 당신의 창조세계를 지탱하소서.'라고 하는 주제로 집약된다. 우리는 1989년 산 안토니오의 선교개념에 포함된 '창조세계의 보전'이 1990년 서울 JPIC로 이어지는 사실에서 세계선교 전통과 '삶과 봉사' 전통이 거의 합류하고 있는 것을 발견한다. 1993년 스페인의 산티아고 데 콤포스텔라 제5차 신앙과 직제 세계대회는 1990년대 접어들면서 본격화된 '신앙과 직제' 전통과 삶과 봉사 전통의 합류를 더욱 진척시켰다. 하지만 아직도 복음주의 계통은 아직 창조세계의 보전문제를 선교개념에 포함시키지 않고 있지만 말이다.

끝으로 1996년, 살바도르 CWME의 보고서는 포스트모더니즘 문화에 대한 WCC 선교신학의 공식적인 응답이었다. **첫째로** 하나의 복음과 종말론적 소망이라고 하는 통일성의 축과, 다양한 문화를 통해서 표현되고, 다양한 문화 속에 있는 기독교라고 하는 다양성의 축이야말로 살바도르의 선교적 비전의 핵심적인 부분이다. 살바도르는 다가오는 종말론적 새 공동체를 바라보면서, 역사의 지평 속에 있는 다(多)문화를 긍정적으로 보고, 복음에 의해서 이 다(多)문화가 개변될 것을 촉구한다. **둘째로** 살바도르는 인종, 성, 종족, 나이 등한 사회 안에 있는 특정 집단들에 관련된, 문화의 구조적 요소들, 즉 '정체성'의 문제를 '공동체성'의 문제와 결부시켜 논한다. 살바도르는 인종, 성, 종족, 나이로 인한 소외를 극복하고 진정한 공동체를 형성해야 할 것을 주장한다. 살바도르는 시장경제 원리의 지구화와 정보혁명의 지구화로 집약되는 지구화(globalization)야말로 오늘날 "지구적 인종차별(global aparteid)"을 초래했다고 본다. 즉 가난하고 약한 나라와 민족과 종족들의 소외가 진정한 공동체 형성을 위해서 받아들여지고 있지 않는다는 말이다. 여기에 더하여 인류는 자연을 소외시킨 나머지, 생태계 파괴와 이상기온을 가져왔다고 하는 것이다. 그리하여 살바도르는 교회로 하여금 진정한 종말론적 '샬롬 공동체'를 바라보면서 복음의 능력으로 이와 같은 공동체 파괴현상들에 대처할 것을 촉구하고 있다.

이상과 같은 '하나님 나라 → 세상 → 교회'라고 하는 구도는 1980년대의 신앙과 직제 문서들에서도 발견된다. 즉 『BEM Text』(1982)에 나타난 세례와 성만찬 이해에서, 『하나의 신앙을 고백하며: ……』(1991)의 모든 신앙의 항목들에서, 그리고 『교회의 본질과 선교』의 교회의 본질규명과 교회의 선교적 사명 모두에 있어서 발견된다. '하나님 → 세상 → 교회' 혹은 '하나님의 나라 → 세상 → 교회' 혹은 '하나님의 나라 → 하나님의 선교 → 교회'라고 하는 패러다임은 오늘날 우리의 모든 목회활동과 교역활동을 규정해야 할 것이다.

2) 복음 → 삼위일체적 복음 → 하나님의 선교

(1) 1927년 로잔 제1차 신앙과 직제 세계대회: '복음'에 대한 정의:
로잔은 처음으로 '복음'을 에큐메니칼하게 정의했다. 이것이 승요한 이유는 각 교파가 나름대로 '복음'이 무엇인가를 말하고 있으나,

과연 에큐메니칼 차원에서 '복음'이 무엇인가를 논할 때, 이와 같은 '복음'정의는 꼭 필요하다고 보인다. 아래의 긴 인용을 읽어 보자.

세상을 위한 교회의 메시지는 예수 그리스도의 복음이요, 항상 복음이어야 한다. 복음은 현재와 미래를 향한 구속의 기쁜 메시지인바, 그리스도 안에서 죄인에게 주어진 선물이다. 성령은 온 인류역사 속에서 활동하시어 그리스도의 오심을 준비하셨고, 무엇보다 구약 안에 주어진 그의 계시를 통해서 그의 오심을 준비하셨는데, 때가 차서 하나님의 영원한 말씀이 성육하사 인간이 되신 것이다. 바로 예수 그리스도는 하나님의 아들과 사람의 아들로서 은혜와 진리가 충만하신 분이시다.

이 예수 그리스도는 그의 삶과 가르침, 그의 회개에로의 부름, 그의 하나님의 나라의 도래와 심판에 대한 선포, 그의 고난과 죽음, 그의 부활과 하나님 아버지 우편에로의 승귀 및 그의 성령의 파송을 통하여 우리에게 죄의 용서를 베풀어 주셨고, 살아 계신 하나님의 충만함과 우리를 향하신 하나님의 한없는 사랑을 계시하였다. 예수 그리스도는 십자가에서 보이신 완전한 사랑에 호소하시어 우리들을 신앙에로 부르시고, 하나님과 인간을 섬기기 위한 자기희생과 헌신에로 부르신다.

복음은 죄인을 하나님께로 향하게 하는 예언자적 부름, 그리스도를 믿는 자들을 향한 칭의와 성화의 기쁜 소식이다. 복음은 고통당하는 자들의 위로이다. 묶인 자들에게는 복음이란 하나님의 아들들의 영광스러운 해방에 대한 확신이다. 복음은 마음에 평화와 기쁨을 가져오고, 사람 안에 자기 부정, 형제의 섬김을 위한 준비, 그리고 긍휼을 불러일으킨다. 복음은 젊은이들의 열망을 위해서 최고의 목표를 제공하고, 일하는 자에게 힘을, 지친 자에게 쉼을, 그리고 순교자에게 생명의 면류관을 제공한다.

복음은 사회적 갱신을 위한 확실한 힘의 근원이다. 복음은 인류가
현재 살고 있는 사회를 황폐케 하는 계급과 인종의 증오에서 벗어나
국가적 복지와 국제적 우정과 평화의 즐거움에 들어가게 할 수 있는
유일한 길을 선포한다. 그것은 또한 동구와 서구의 비기독교적 세계
가 살아계신 주님의 기쁨에 들어오게 하는 은혜로운 초대이다.[45]

이상과 같은 '복음'정의는 매우 건전하다. 바울과 요한이 선포하는
'복음', 공관복음서가 지향하는 하나의 복음, 구속사를 배경으로 하
는 '복음', 정통 기독론을 배경으로 하는 '복음', '칭의와 성화'를 가
져오고, 다차원적인 의미를 갖는 '복음', 그리고 끝으로 사회적 갱신
의 원천적 힘으로서 '복음'을 말하기 때문이다. 이와 같은 '복음'이
해는 아우구스티누스의 '두 도성' 사상, 루터와 칼빈의 '두 왕국' 사
상, 18~19세기의 모더니즘적 이분법에 익숙한 인간과 역사와 사회
와 문화를 두 영역으로 나누는 복음이 아니라 온전한 복음의 모습을
보여주고 있다. 이 복음은 적어도 이 세상 속에서의 주님의 주권을
힘주어 선포하고 있고, 온전한 그리스도교인이 되어, 온 세상(the
whole world)을 섬길 것을 내다보고 있는 것으로 보인다. 이 복음은
이 글이 이미 논한바, '하나님 → 교회 → 세상'이라고 하는 패러다임
을 낳는 복음이 아닐 것이다. 하지만 아직 '복음'이 삼위일체론과 연
루되어 있지 않고, 사회적 책임에는 어느 정도로, 하지만 창조세계
보전에 대해서는 전혀 관련이 되어 있지 않다. 따라서 '복음'에 대한

---

45) Faith and Order: Proceedings of the World Conference lausanne, Aug. 3 - 21,
1927(London: 1927) pp.461 ff.

'온전한 이해'를 위해서 향후 여러 가지 역사적인 도전에 대한 응전이 있어야 했다.

(2) 1937년 에든버러 제2차 신앙과 직제 제2차 세계대회: '복음'의 수용: 다음의 인용문들은 '복음'의 수용에 관련된다고 보인다. 로잔이 '복음'을 정의하고, 이제 에든버러가 그 '복음'의 수용을 논하고 있다.

ㄱ) **칭의와 성화**

값없이 사랑을 베푸시는 하나님은 그리스도를 통해서 우리를 칭의하시고 성화시키신다. 우리는 이 하나님의 은혜를 믿음으로 받아들이는데, 이 믿음 자체는 선물이다.

칭의와 성화는 죄인과 관계를 맺으시는 하나님의 은혜로우신 행동의 불가분리한 두 측면이다. 칭의는 하나님께서 우리의 죄를 용서하시고, 우리를 그 자신과 교제케 하시는 하나님의 행동이다. 하나님은 그리스도 안에서, 그리고 그의 십자가의 죽으심을 통해서 죄를 정죄하시고, 당신의 사랑을 죄인들에게 나타내시며, 세상을 자신과 화해시키신다.

성화는 성령을 통하여 우리와 전 교회를 새롭게 하시는 하나님의 역사이다. 하나님은 우리를 죄의 세력으로부터 구해내시고, 우리를 그의 거룩함 안에서 자라게 하시며, 예수 그리스도의 죽음과 부활의 삶에 동참함을 통해 우리로 그리스도를 닮아가게 만드신다. 우리를 지속적인 영적 행위와 악과의 투쟁으로 고무시키는 이러한 갱신은 하나님의 선물에 의해 유지된다. 거룩함에서의 우리의 성장이 어떤 것이라 할지라도, 우리의 하나님과의 교제는 항상 하나님의 용서하시는 은혜 위에 근거하고 있다.

믿음은 그리스도 안에 나타난 계시의 지적인 수용 이상의 것이다. 그것은 하나님과 그의 약속에 대한 전적인 신뢰이며, 우리의 구세주이며 주님이 되시는 예수 그리스도께 우리 자신을 위탁하는 것이다.

ㄴ) 하나님의 주권과 인간의 반응

하나님의 은혜와 인간의 자유와의 관계에 관하여, 우리 모두는 성경과 기독교적 경험에 기초하여 하나님의 주권이 최고라는 사실에 동의한다. 우리가 의미하는 주권이란 모든 개인과 인류를 위해 예수 그리스도 안에 계시된 하나님의 모든 것을 다스리시고, 포용하시는(all-controlling, all-embracing) 의지와 목적이다. 그리고 이 영원하신 목적이 하나님 자신의 사랑과 거룩한 본성의 표출이다. 이처럼 우리 인간은 우리의 전(全) 구원을 하나님의 은혜로우신 의지에 빚지고 있다. 그러나 다른 한편 인간 자신의 의지는 이 하나님의 은혜를 적극적으로 수용해야 하고, 인간은 이 같은 수용의 결단을 해야 할 책임이 있다.

많은 신학자들은 철학적인 면에서 하나님의 주권과 인간의 책임이라는 외견상 반대명제로 보이는 두 가지를 화해시키고자 노력하였다. 그러나 그러한 이론들은 기독교 신앙의 일부가 될 수 없다.

우리는 이 어려운 문제에서 일치된 목소리로 말해 올 수 있었고, 그래서 우리는 이 문제에 있어서 교회들 사이의 어떠한 분열을 계속할 아무런 이유가 없어야 한다는 사실을 기쁘게 보고한다.

ㄷ) 오직 은혜로(sola gratia)

어떤 교회들은 'sola gratia'를 강조하고, 어떤 교회들은 그것을 피한다. 이 구절은 논란을 불러일으켜 왔으나, 우리 모두는 다음의 진술에 동의할 수 있다. 즉 우리의 구원은 하나님의 선물이요, 그의 은혜의 열매이다. 그것은 인간의 공로에 근거하지 않고, 하나님께서 그의 은혜 가운데 죄인에게 베푸시는 사죄와 성화에 달린 것이다. 하지만 하나님의 은혜의 행동은 인간의 자유와 책임을 무시하지 않는다. 오히려 신앙으로 하나님의 은혜에 응답할 때, 우리의 참자유가 성취되는 것이다. 하나님의 한없으신 사랑을 거부하는 것은 자유가 아니라 속박을 의미하고, 완전한 자유는 오직 선하고 수용할 만하며 완전한 하나님의 의지에 전적으로 순복할 때 발견되는 것이다. [46)]

이상과 같은 '복음'의 수용에 대한 신앙과 직제의 주장은 아우구스티누스 이래로 그동안 교리사를 통해서 교회분열의 요인이 되었던 '은총의 수용' 차원의 문제들을 매우 명쾌하게 정리하였다고 판단된다.

(3) 1952년 빌링겐 '국제선교협의회(IMC)': '하나님의 선교(missio Dei)':

이미 1928년 예루살렘의 IMC가 에딘버러 W.M.C까지(18~19세기)의 선교개념을 넘어서서 교회의 사회참여를 점증적으로 강조하는 폭넓은 선교개념을 추구한 이래, 독일 빌링겐 IMC의 'Missio Dei'는 종전(18~19세기)의 교파중심의 선교, 교파를 피선교 지역에 심는 선교, 교파가 선교의 주체가 되는 선교, 교파가 선교사를 파송하는 선

---

46) 『에큐메니칼 신학의 발전사(Ⅰ)』, 루카스 피셔 / 이형기 옮김, 서울: 한국장로교출판사, 1998, pp.50 – 54.

교를 지양(止揚)하고, '하나님의 선교'를 역설하였다. 빌링겐은 '우리가 참여하고 있는 선교운동의 근원을 삼위일체 하나님 자신'으로 보면서, 성부께서 성자를 파송하고, 성부와 성자가 성령을 파송하며, 성자와 성령이 교회를 세상을 위해서 세상 속으로 파송하신다고 하는 선교신학의 논리를 정립하였다. 이것이 하나님의 선교이다. 교파들이나 특정 선교단체들, 그리고 서구와 북미가 선교파송의 주체가 되었던 18~19세기와는 달리 삼위일체 하나님 자신이 직접 선교의 주체가 되신다고 하는 주장이다. 선교의 주체이신 삼위일체 하나님은 제국주의와 식민지주의의 패러다임 안에 갇혀 있을 수가 없었다. 바야흐로 교회는 복음을 불신자들에게 전도하기 위해서뿐만 아니라 삼위일체 하나님께서 일하고 계시는 역사(歷史) 속으로, 즉 정치, 경제, 사회, 문화 속으로 복음을 증거하도록 파송받았다는 것이다. 이 세상 속으로의 파송은 세상과의 연대책임과 이 세상에서 일어나고 있는 시대의 징표에 대한 통찰을 요구한다. 이것은 확실히 새로운 패러다임의 선교신학이다. 우리는 아래의 인용문들에서 향후 선교신학의 새로운 방향을 본다.

우리들이 참여하고 있는 선교운동은 그 근원을 삼위일체 하나님에게 두고 있다. 성부께서는 그의 우리에 대한 깊은 사랑으로부터 모든 것을 자신에게 화해시키셨고 그 자신의 사랑하는 아들을 파송하사, 우리들과 모든 인간들이 성령을 통하여 하나님의 본성 자체인 완전한 사랑 안에서 그의 아들을 통하여 성부와 하나 되게 하려는 것이다.

우리는 성령에 의하여 그리스도의 대사들로서 세상 속으로 파송받아 모든 사람들을 하나님께 화해시킬 수 있게 되었고, 그의 사랑의

승리를 확신 있게 기다릴 수 있게 되었다.[47]

세상 속으로 파송받아 이 세상에 참여하여 그의 선교를 수행하신 그리스도의 선교에 참여함이 없이는 그리스도에 참여할 수가 없다. 세계선교는 교회의 본성에 속한다. '아버지께서 나를 보내신 것같이 나도 너희를 보내노라.'

교회는 그것이 멀리 떨어져 있든 가까이 있든 간에 인류의 모든 사회적, 정치적, 종교적 공동체로 파송받는다.

교회는 모든 순간과 모든 상황에서 그리스도의 주권을 선포하기 위하여 파송받고 있다. 따라서 교회의 선교는 우리 시대의 사건들 앞에서 도피하는 것을 금한다. ……교회는 세상 속에 있고, 교회의 주님께서 자기 자신을 인류와 동일시하신 것처럼 교회도 그래야 한다. 교회가 교회의 주님께 가까이 가면 갈수록 교회는 세상에 더 가까이 접근한다.[48]

위의 인용에 나타난 1952년 빌링겐의 '하나님의 선교(missio Dei)'는 1960년대의 선교는 물론, 교회의 사회참여 차원에도 큰 영향을 주었다. 이 '하나님의 선교'와 관련된 다음의 종말론적 암시 역시 그렇다. 이 같은 종말론적 선교개념은 후켄다이크(Hoekendijk), 워렌(Warren) 및 화란 선교 보고서(the Dutch report)로부터 크게 영향받았다.[49]

---

47) Missions Under The Cross, published by IMC(London: Edinburgh House Press, 1953), p.189.
48) Ibid., p.190.
49) Rodger C. Bassham, Mission Theology(California: William Carey Library, 1979), p.35.

종말론적 시야에서 볼 때, 땅 끝까지 이르는 기독교적 선교는 부활과 인류를 향하신 하나님의 목적에 대한 하나님의 궁극적 성취와 완성 사이에서 교회는 모든 족속들에게 필히 복음을 설교해야 한다는 것이다.

우리 주님께서는 그의 제자들에게 시대의 징표를 분별할 것을 당부하셨다. 오늘의 시대가 인간이 보기에는 흑암과 혼돈의 시대이지만, 십자가에 달리신 분에 의하여 눈을 뜬 우리들은 이 시대 속에서 하나님의 주권적 다스리심을 분별할 것이다. 우리는 교회의 여러 부분들에 있어서 성령의 역사들을 감지할 수 있으며……우리들이 신앙의 눈으로 볼 때, 오늘날의 큰 사건들, 이 시대가 증거하는 인간지식과 능력의 엄청난 확장과 증가, 우리 시대의 큰 정치사회적 운동들 그리고 종말의 날에 분명히 들러날 수많은 개인들의 경험들 속에서, 모든 인간들의 구세주이시요 심판자이신 예수 그리스도의 주권적 통치를 분별할 수 있다.[50]

……우리는 십자가에 달리셨다 부활하신 월 주님의 은폐된 통치를 다시 새롭게 선포한다. 우리는 모든 기독교인들이 온 땅의 주님을 위해서 안일함과 많은 담을 쌓는 비좁은 생각에서 벗어나서 새로운 확신을 가지고 만물을 주님께 복종시키며 주님이 오시는 날을 위하여 온 땅을 준비시키는 일로 나가야 할 것이다.[51]

로마가톨릭교회와 특히 동방정통교회는 '하나님의 선교'가 그동안의 기독론 중심의 선교개념을 깨고 삼위일체론적 접근을 시도한 것을 매우 환영하였다. 바야흐로 '복음'이해는 삼위일체론과 결부되고,

---

50) Missions Under the Cross, pp.191 – 192.
51) Ibid.

나아가서 종말론적인 성격을 띠게 된다. '복음'이해가 점차 온전해진 다고 보인다. 즉 1927년 로잔 신앙과 직제 제1차 대회의 '복음'이해 는 빌링겐 IMC의 삼위일체론적인 선교신학의 틀 안에서 좀 더 온전 한 복음과 온전한 세상 참여의 복음으로 발전하였다.

(4) 1963년 몬트리얼 제4차 신앙과 직제 세계대회: '복음전승', '성경' 그리고 '교회의 신학 전통들(제3분과: 'Scripture, Tradition and traditions')'

본 신앙과 직제 세계대회는 '복음'을 성경의 기원으로, 그리고 이 '복음'이 '전승과정(tradition 혹은 transmission-process)'을 통해서 성 경과 여러 교파들의 '신학 전통들(traditions)' 속으로 흘러 들어가고, 맥락화하고 문화화한다고 보아, '복음전승(Tradition)'에 의한 성경의 통일성뿐만 아니라 교파들의 다양성 속에서의 통일성을 제시하고 있 다 하겠다.

우리의 현재의 상황에서 우리는 성서와 전승(T)의 문제, 혹은 오히 려 전승(T)과 성서의 문제를 다시 숙고하기를 원한다. 그러므로 우리 는 다음의 진술을 우리의 문제를 효과적으로 다시 공식화하기 위한 방법으로 제안하기를 원한다. 우리의 출발점은 우리 모두가 우리의 주님에게 거슬러 올라가는 하나의 전승 안에서 살고 있는바, 그것은 구약에 뿌리를 내리고 있으며 우리 모두는 우리가 그것이 한 세대로 부터 또 다른 세대로 전달되는 것을 통해 그 계시된 진리, 즉 복음을 받아들이는 만큼, 그 전승에 빚지고 있다는 사실이다. 따라서 우리는 기독교인들로서 우리가 성서 안에서 확증된, 성령의 능력을 통해 교 회 안에서, 그리고 교회에 의해서 전달된 복음(the paradosis of the kerygma)의 전통에 의해서 존재하고 있다고 말할 수 있다. 이러한 의미로 취해진 전승(T)은 말씀의 선포에서, 성례전과 예배의 집행에서, 기독교적 가르침과 신학에서, 그리고 교회의 구성원들의 삶들에 의한 선교와 그리스도에 대한 증거에서 실현된다.

전승의 과정에서 전달되는 것은 주장들의 총화로서가 아니라 성령의 활동을 통해 전달되는 살아 있는 실재로서의 기독교 신앙이다. 우리는 그것의 내용이 교회의 삶 속에서 현존하는, 그리스도 안에서의 하나님의 계시와 하나님의 자기-내어주심인 그 기독교 전승(with a capital T)에 대해 말할 수 있다.[52]

본 문서는 교회를 십자가에 달리셨다가 부활하신 주님의 몸으로서 정확히 새 창조(the 'new creation')라고 하면서 이와 같은 새 창조의 근거가 '복음'이라고 할 때, 이 '복음'은 '하나님 → 교회 → 세상'을 낳는 것이 아니라 '하나님 → 세상 → 교회'를 낳는 복음이다. 아래의 인용을 읽어 보자.

교회의 기쁜 소식이란 하나님께서 그리스도 안에서 이 세상을 그 자신에게 화해시키셨다. 때문에 우리는 예수 그리스도께서 죄와 죽음의 권세를 파멸시키시고 영광스럽게 승리하셨다고 하는 확신 가운데 주님과 구세주로 고백한다. 하지만 우리는 교회의 주님께서 '도살자의 표시를 그 자신에게 지닌 어린양'(계 5:6 N.E.B.)이시다. 그는 그의 승귀의 신분에 있어서도 영원히 십자가에 달리신 분으로 남아 계신다.

---

52) The Fourth World Conference on Faith and Order: The Report from Montreal 1963, ed. P. C. Rodger and L. Vischer(London: SCM Press, 1964), pp.51-52.

십자가에 못 박음과 부활의 불가분리성은 결코 소홀히 여겨져서는 안 되고, 또한 그것의 의미 역시 축소되어는 안 될 것이다. 따라서 교회는 십자가에 달리셨다가 부활하신 그리스도의 몸으로 보여야만 한다. 교회의 실존은 그것의 머리이신 주님의 죽으심과 부활에의 참여에 의하여 규정되기 때문이다.[53]

그리고 본 문서의 '그리스도의 사역과 교회의 선교'에서 선교개념은 빌링겐 IMC 이래의 삼위일체론적 틀과 구속사적 흐름을 가지고 있다.

그리스도의 구속사역은 아버지께서 아들에게 주신 선교와 성령 안에서 아버지와 더불어 아들에 의하여 의지(意志)된 선교에 그 기원을 가지고 있다. 이스라엘과의 언약하에 준비되었고 예언된 하나님의 목적에 따라서 그리고 성령에 의하여 아들은 인간이 되셨고, 능력으로 하나님 나라를 선포하셨으며, 십자가에 달려 죽으시고, 부활하셨으며, 영원히 주님으로 살아계신다. 하나님께서는 바로 이 위격 혹은 이 그리스도, 곧 이 그리스도의 역사와 이 그리스도의 사역 안에서 이 세상을 자신에게 화해시키셨다. 주 예수 그리스도께서 그와 같이 성취하신 바는 유일회적으로 성취된 것이다.[54]

끝으로 '예배와 그리스도 교회의 하나 됨'에서도 기독론 중심적 삼위일체론을 언급하고 있다.

---

53) Ibid., p.42.
54) Ibid., p.63.

그리스도교적 예배에서 하나님께서는 그리스도 안에서 성령을 통하여 우리에게 오시고, 그의 은혜로 우리를 지탱해 주시며, 우리를 하나님과 우리들 상호 간에 연합케 하시고, 우리에게 능력을 주시어 그의 세상 섬김에 동참케 하신다. 우리는 그의 성육신, 종 되심, 죽음에 이르는 순종과 부활과 승천에 의하여 우리로 하여금 그가 제공하시는 예배에의 참여자들이 되게 하시는 진정한 예배자(the True Worshipper)이신 그리스도 안에서 하나님께 도달한다. 참하나님이신 그리스도 안에서 우리는 아버지께 접근하고, 참인간이신 그분 안에서 하나님 예배자들로서 우리의 참본서에로 회복된다. 때문에 그리스도교적 예배란 그의 아들에 의하여 구속받았고, 계속적으로 성령의 능력 안에서 새로운 삶을 발견하는 사람들이 아버지 하나님께 드리는 예배이다.[55]

(5) 1968년 웁살라 WCC 총회: '하나님의 선교' 신학의 첨예화:

1968년엔 '하나님의 선교(missio Dei)'가 절정에 도달하였고, 교회의 사회적 책임수행이 역사상 그 유래를 찾아볼 수 없을 만큼 첨예화되었다. 1968년엔 마르크스주의와 같은 사회학적 통찰이 기독교 신학에 적극 수용되기 시작하였고(1968년 Medellin에서 열린 제2차 라틴 아메리카 주교 총회), 적절한 폭력까지 정당화되었으며, 선교의 개념이 '인간화'와 동일시되는 측면도 있었다. 그리고 해방신학이 1968년 웁살라 WCC에서 싹터 올랐다. 이미 웁살라의 '발전'에 관한 내용들은 단순히 강대국이 저개발 국가들에게 '자본과 기술'을 이전하는 정도의 도움은 결코 아니었다. 대체로 구티에레츠(Gustavo Gutierrez)가 주제연설을 했던 1968년 메델린(Columbia)의 제2차 라틴 아메리

---

55) Ibid., p.70.

카 주교 총회를 '해방신학'의 태동기로 볼 수 있는데, 이미 웁살라의 보고서에서 해방신학적 요소들을 발견할 수 있다. 그러나 웁살라는 1960년대 말 '신앙과 직제'의 '창조세계 보전'에 대한 신학에는 거의 귀를 기울이지 않았고, '역사'에 대해서만 관심을 보였다.

바야흐로 '복음'이 '하나님(삼위일체 하나님)의 선교' 및 해방신학과 관련되어, 로잔 신앙과 직제의 '복음'(1927)과는 달리 1960년대에 오면, 사회참여가 지나치게 첨예화된다. 그리하여 결국 1960년대와 1974년 로잔 복음주의자들의 세계대회들을 거쳐 나이로비 WCC는 '온전한 복음(the whole Gospel)'을 역설하기에 이른다.

(6) 1960년대에 에큐메니칼 선교신학(missio Dei)에 보수 반동으로 등장한 복음주의 세계대회들의 '복음'과 '사회참여':

우리는 '하나님의 선교(missio Dei)'가 절정에 달했던 1968년 웁살라 WCC와 1973년 방콕 CWME(Conference on the World Mission and Evangelism=세계선교와 복음전도 대회)의 선교개념에 거부반응을 일으킨 복음주의 세계대회들이 개인의 회심과 성화, 그리고 개교회의 개척과 성장을 강조하면서도, WCC가 지향해 온 '하나님의 선교' 전통을 매우 존중하고 있음을 밝히고자 한다. 특히, 방콕 CWME에 대응해서 열린 1974년 로잔 복음주의자들의 국제대회와 1989년 산 안토니오 CWME에 대응하여 열린 1989년의 마닐라 제2로잔 세계대회야말로 복음전도와 사회참여에 관한 그 이전까지의 복음주의 세계대회들의 이원론적 태도와는 달리, 하나의 선교개념에 복음전도와 교회의 사회봉사를 모두 포함시킴으로써, 복음주의 계열의 교회들이 개인과 개교회를 중요시 여기면서도 나름대로 교회의 세계화와 지역화를 지향하고 있다고 하겠다. 적어도 이 복음주의 계열의 세계 대회들은 개인의 회심과 성화, 그리고 개교회의 개척과 성장을 강조하는 18~19세기 기독교를 물려받았다.[56]

그런데 CWME가 WCC 중앙위원회에 제출한 『에큐메니칼 확언: 선교와 전도』(Ecumenical Affirmation – Mission and Evangelism, 1982) 역시 개인의 회심과 성화, 그리고 개교회의 개척과 성장을 강조하고 있다. 물론, 1952년 이래의 '하나님의 선교' 전통을 유지하고 있지만 말이다.[57] 따라서 우리는 에큐메니칼 전통의 '복음'이해가 복음주의 자들의 그것을 상당 부분 감안하고 있다는 사실을 발견한다. 물론, 1927년 로잔의 '복음'정의가 이미 그와 같은 복음주의적인 '복음'이 해를 보여주고 있지만 말이다.

(7) 1975년 나이로비 WCC의 '온전한 복음(the whole Gospel)', '온 세상(the whole world)', '온 교회(the whole church)'와 JPSS(A Just, Participatory, Sustainable Society = 하나의 정의롭고 참여적이며 지속가능한 사회):

---

56) 참고: "The Manila Manifesto: Calling the Whole Church to Take the Gospel to the Whole World", in The Whole Gospel for The Whole World: Story of Lausanne II Congress on World Evangelization, Manila 1989, ed. by Alan Nichols(Lausanne Committe for World Evangelization and Regal Books, 1989), pp.110 이하.

57) 참고: New Directions in Mission and Evangelization 1: Basis Statements 1974–1991, ed. by James A. Scherer and Stephen B. Bevans, S.V.D. (New York: Orbis Books, 1992), p.40, 44.

바쌈은 WCC가 웁살라와 방콕 CWME(1973)에 이어 계속해서 교회의 사회참여를 말하고 있으나, 그럼에도 불구하고 방금 위에서 지적한 1960년대에서 1974년 로잔에 이르는 복음주의자들의 주장이 1975년 나이로비 WCC에 많이 가미되었다고 지적하였다.[58] 그리하여 바쌈은 1975년 나이로비 WCC의 선교의 특징을 '통전적 선교(holistic mission)'라 지칭하였으니, 본 WCC는 복음주의적 요소에도 불구하고 교회의 사회참여로서의 '하나님의 선교(missio Dei)'를 계속 유지하고 있다. 그도 그럴 것이 본 문서는 제1분과(S. I)에서 '온전한 복음', '전 인격', '온 세계', '온 교회'라고 하는 항목들에서 복음의 정체성과 그것의 상관성을 말한다.[59]

그래서 나이로비는 복음이야말로 전 인격과 전 세계를 개변시킨다고 역설한다.

복음은 전 인격을 개변시킨다. 즉

복음은 성령의 능력을 통하여 인간의 모든 필요에 대응하여 말하며, 우리의 삶을 개변시킨다. 복음은 우리의 죄를 용서하므로 우리의 창조자에게 화해시키고, 우리 마음속에 하나님을 아는 참기쁨을 일으키며, 영생을 약속한다. 복음은 우리를 하나님의 백성으로 묶어줌으로 공동체와 사귐의 필요성을 충족시킨다. 복음은 모든 사람들에 대한 하나님의 사랑을 계시하므로 우리로 하여금 우리가 사는 사회에서 책임적이고, 비판적이며, 창조적인 구성원들이 되게 한다. 예수님의 부

---

58) Bassham. *op.cit.*, p.105.
59) *Breaking Barriers*, p.52.

활에 대한 좋은 소식은 역사 속에서 하나님의 의로우신 목적이 성취될 것을 말하며, 우리를 자유케 하사 이 목적성취를 위하여 희망과 용기를 갖게 한다.[60]

복음은 전 세계를 개변시킨다. 즉

이 세상은 단순한 하나님의 피조물이 아니다. 그것은 하나님의 선교의 장이기도 하다. 하나님은 전 세계를 사랑하셨기 때문에 교회는 이 세상의 어느 부분도 소홀히 여길 수가 없다. 구원하시는 자의 이름을 들은 자들이나 아직 그것을 듣지 못한 더 많은 사람이든 간에, 우리는 하나님께 순종해야 하는 한 그리고 인류가족과 연대의식을 갖고 있는 한 우리는 하나님의 사랑을 모든 사람, 모든 계층, 모든 인종, 육대주 오대양─어떤 문화적 맥락과 어떤 역사적 상황에 있어서도─에게 선포하고, 증거해야 한다는 그리스도의 명령에 순종해야 한다.[61]

끝으로 다음의 인용은, 복음전도는 전 교회의 사명임을 역설한다.

복음전도는 어떤 특수 은사를 받은 개인들이나 어느 특수 선교기관의 사업이 아니라 '전 교회', 곧 그리스도의 몸에게 위탁되었다. 이 전 교회의 모든 구성원들은 각각 특수 은사들과 기능에 의하여 전 몸의 삶을 표현하고 있다.[62]

---

60) *Ibid.*, p.53.
61) *Ibid.*
62) *Ibid.*

1973년 방콕 CWME는 한편 1968년 웁살라에서 절정에 도달했던 '하나님의 선교' 전통을 1969년에 동터 오른 해방신학과 가미시켜 더욱 추진시켰고, 다른 한편 1960년대의 복음주의 세계대회들의 소리를 귀담아들어 1968년의 지나친 점들을 극복하였다. 이 같은 경향은 1928년 예루살렘 IMC 이래로 내려오는 포괄적 선교개념이지, 결코 부정적인 의미에서 선교의 두 얼굴이 아니다. 그리하여 1975년 나이로비 WCC는 이러한 두 흐름을 그대로 수용한 것으로 보인다. 바야흐로 JPSS를 WCC 전체의 목표로 내세운 나이로비는 '온전한 복음', '전 인격', '온 교회' 및 '온 세계'를 결코 분리시켜서 논하지 않았다. 구조악의 문제를 웁살라보다 더 심각하게 논하는 나이로비는 예배, 말씀, 세례, 성만찬을 통한 개인의 신앙과 회심, 부활하신 주님, 나아가서 삼위일체 하나님과의 만남을 결코 제외시킨 것이 아니었다. 우리는 방콕과 나이로비에서조차도 18~19세기적 유산이 발견된다고 말해야 한다.

나이로비 WCC가 공헌한 교회의 사회참여에 관한 주장은 JPSS(a Just, Participatory, Sustainable Society)에 잘 나타나 있다. JPSS는 결코 우연히 선택된 주제가 아니다. '정의(Justice)', '참여(Participation)' 그리고 '지탱(Sustainability)'은 삼위일체적으로 서로 맞물려 있는 것으로서 이미 에큐메니칼 의사일정에 올라 있는 것들이다. '정의'는 WCC 이래 에큐메니칼 관심사로서 WCC 헌장에 명시되어 있는 WCC의 기능 가운데 하나이다. 그런데 1966년 제네바의 '교회와 사회' 세계대회와 1968년 웁살라 때 '정의' 추구의 긴급성이 일어났고, '해방신학'을 거쳐 1970년대로 넘어온다.

나이로비는 '정의'를 '발전(제3세계)'의 주된 목적으로 보고, 조직적 혹은 구조적 부정의에 대한 대립개념으로 보며, 이 같은 부정의의 상황이 평화를 위협하기 때문에 항상 평화 개념을 요청한다고 본다. '정의'와 '참여'를 인종주의, 여성차별 및 인권문제 등에 관련시킨다. 끝으로 '지탱 가능성(sustainability)'은 과학과 기술의 오용과 남용으로 지탱되기 어려운 인간사회가 '제한 발전', '제한 성장' 그리고 '생태학적으로 건강한 발전'에 의해서 지탱 가능한 사회를 말한다. 이미 1975년 나이로비는 '창조세계의 보전'을 '정의'와 '평화'와 맞물린 1990년 서울 JPIC 대회와 '지탱'과 '발전'을 창조적 긴장관계로 본 1992년 리우(Rio) UN 지구정상회의를 내다보았다 하겠다. 확실한 것은 생명 살리기 운동의 '생명'이 정의와 평화문제와 불가분리의 관계에 있는 창조세계의 보전이라는 통전적이고 총체적인 생명이라는 점이다. 물론, 나이로비의 JPSS는 1983년 밴쿠버 WCC의 JPIC와 더불어 '하나님의 선교' 차원에 속한 것이었다.

우리는 이상과 같은 나이로비의 '복음'정의야말로 JPSS로 요약되는 '하나님의 선교'가 지향해야 할 가장 아름다운 '온전한 복음(the whole Gospel)'이라고 생각하면서, 이것이 아래 9번 항목에서 다룰 '니케아-콘스탄티노플 신조'에 대한 에큐메니칼 해석이 제시하는 삼위일체론과 종말론으로 보충되어야 한다고 본다.

(8) 1983년 밴쿠버 WCC와 1990년 서울 JPIC(정의, 평화, 창조세계의 보전):

1975년 나이로비의 JPSS가 1983년 밴쿠버에서는 JPIC로 바뀌었고, 1990년 서울 JPIC 이래로 창조세계의 보전(IC)이 급부상하기 시작하였다. 그리하여 1991년 캔버라의 전체 주제(성령이여, 오소서. 전 창조의 세계를 새롭게 하소서.)와 제1분과의 주제(생명의 시여자시여, 당신의 창조세계를 지탱하소서.)에서 '창조세계의 보전' 문제가 강조되고 있음이 보인다. 그리고 1993년 산티아고의 신앙과 직제 제5차 세계대회 이후, WCC의 JPIC(Unit Ⅲ)는 '생명의 신학(Theology of Life)'에 관심을 집중하고 있다.

1983년 밴쿠버 WCC의 전체 주제('예수 그리스도－세상의 생명')와 그 소주제들(1. 하나님의 선물인 생명, 2. 죽음에 직면하여 죽음을 극복하는 생명, 3. 충만한 가운데 있는 생명, 4. 일치 속의 생명)은 1980년대에 접어들면서 '생명' 문제가 크게 부상하고 있음을 웅변적으로 말해주고 있다. 특히, 밴쿠버는 MIT의 결과를 3가지 측면(1. 세계의 무기경쟁, 2. 경제적 지배와 착취, 3. 생태계의 위기)에서 수용하면서 JPIC를 역설하고 있다.

서울 JPIC에서, 발전을 거듭해 온 제1세계는 창조세계 보전의 문제와 평화문제에, 개발을 계속적으로 필요로 하는 제3세계는 정의와 발전문제에 부심하여 서로 의견의 충돌을 보였다. 이것은 1960년대 말부터는 제1세계의 전통적인 신학과 제3세계의 해방신학이 갈등을 보여 온 것과도 관련이 있다. 하지만 1990년 서울 JPIC 직후, JPIC (Unit Ⅲ)에서 JPIC 문제가 제1세계나 제3세계 모두를 포함하여 향후 세계교회가 감당해야 할 21세기의 과제라는 점이 확실해졌다. '생명이 지탱되는 미래사회'를 지향하는 JPIC의 과제는 '생명의 시여자시여, 당신의 창조세계를 지탱하소서.'라는 기도에 대해서 응답하는 경제, 정치, 사회 및 생태학적 구조의 변혁이다. 이는 전 WCC, 아니 전 인류의 과제인바, 우리는 모더니즘의 가치관들을 가지고 있는 정치, 경제, 사회, 문화의 재구조화를 요청하는 포스트모더니즘 시대로 돌입하고 있다. 역시 여기에서도 생명 개념은 통전적이고 총체적이다. 창조세계 보전(Integrity of Creation)이 정의와 평화문제와 함께 '하나님의 선교'에 포함되고 있는 것이 발견된다.

(9) 1991년 하나의 신앙을 고백하며: 니케아-콘스탄티노플 신조(381)로 표현된 사도적 신앙내용에 대한 에큐메니칼 해석: 삼위일체론적이고 종말론적인 복음이해:

본 필자는 『하나의 신앙을 고백하며: 니케아-콘스탄티노플 신조로 고백된 사도적 신앙내용에 대한 에큐메니칼 해석(Confessing the One Faith: An Ecumenical Explication of the Apostolic Faith as it is Confessed in the Nicene-Constantinopolitan Creed)』(381)에 나타난 삼위일체론적 종말론을 소개함으로써, 종말론적 복음을 핵심으로 하는 삼위일체론적 종말론을 소개하려고 한다.[63] 그런데 이와 같은 사도적 신앙은 초기 사도적 공동체의 사도적 신앙과의 연속성을 유지

---

63) '세계선교대회(WMC)', '국제선교협의회(IMC)' 혹은 '선교와 복음전도 세계대회(CWME)'의 공식문서에 나타난 종말론의 발전과정 역시 확정적으로는 1952년 빌링겐 이후로 『하나의 신앙을 고백하며……』가 지향하는 종말론을 추구하고 있다. 그리고 '삶과 봉사(Life and Work)' 전통 역시 동일한 종말론적 비전하에서 교회의 세계 참여를 추구하고 있다. 참고: 강희찬, "에큐메니칼 운동사에 나타난 선교신학의 패러다임 변화에 대한 연구-종말론적 비전을 중심하여"(2003년, 장신대 Th.D. 논문).

하면서, 각 시대의 다양한 상황에 걸맞게 해석되어야 한다. 이런 의미에서 사도적 신앙내용에 대한 에큐메니칼 해석이라고 할 수 있는 『하나의 신앙을 고백하며…』는 오늘날 우리에게 필요한 매우 훌륭한 사도적 신앙에 대한 해설이다. 그러면 사도적 신앙이란 무엇인가? 본 문서는 이것에 대하여 다음과 같이 주장한다.

> 이 연구서에서 사용된 '사도적 신앙'이란 하나의 고정된 신조나 기독교 역사에 있어서 어떤 특정 기간을 가리키는 것이 아니다. 오히려 그것은 기독교 신앙의 역동적 실재를 말한다. 이 신앙은 구약 백성의 예언적 증거에 뿌리를 내리고 있고, 신약성서 나타난 규범적인 증거, 곧 사도들과 이 사도들과 더불어 초기 교회에서 복음을 함께 선포한 사람들의 증거(사도 시대)에 뿌리를 내리고 있으며, 그들의 공동체의 증거에 뿌리를 두고 있다. 사도적 신앙은 신앙고백으로 표현되고, 설교로도 표현되며, 신조들, 공의회의 교리결정들 및 신앙고백서들로뿐만 아니라 예배와 교회의 성례전들을 통해서 표현되고, 교회의 삶으로도 표현된다. 신학적 반성작업은 사도적 신앙을 밝힘으로써 사도적 신앙을 고백하는 공동체에 일조를 하는 것이다.[64]

'니케아-콘스탄티노플 신조'의 모든 신앙 항목들이 철저하게 종말론적으로 정위(定位)되어 있다. 이는 21세기 신학이 지향해야 할 공통의 종말론적인 비전이라고 생각된다. 즉 오늘날의 신학은 모든 신학적인 주제들을 종말론적으로 다루어야 한다는 말이다. 종말론이 다만 조직신학의 말미(末尾)에 오는 것이 아니라는 것이 입증된 것

---

64) Ibid., pp.2-3.

이다. 필자는 지면 제한으로 아래에서 '기독론' 부분에 대한 내용만을 소개하려고 한다.

기독론 부분에서

이 부분에서 본 필자는 '예수 그리스도 – 우리의 구원을 위해서 성육신하신'만을 소개하기로 한다. 이 종말론적인 기독론의 나머지 부분은 『역사 속의 종말론』[65)에 실렸기 때문이다. 본 문서는 하나님의 아들의 성육신에서 만유구원론을 말한다. 이와 같이 성육신을 만유구원론의 근거로 말하기 위해서 본 문서는 칼세돈의 정통 기독론(451)이 말하는 '두 본성의 위격적 연합(the hypostatic union)'을 말한다. '위격적 연합'이란 삼위일체의 제2위격으로서 하나님의 영원하신 아들이 참인간이 되셨고, 참인간이 되신 이 하나님의 '신성과 인성은 혼동될 수 없고 서로 분리될 수 없으며, 인성은 영원한 로고스(신성)의 행동적인 현존에 의해서 전적으로 지탱되기 때문에 이 로고스의 인간본성은 그것의 독특하고 유일무이한 존재양태를 확보하고 있다고 하는 것이다.'[66) 적어도 여기에서 참인간이 되신 하나님의 영원하신 아들의 이 '참인간'은 우리 인류를 위한 참인간이요, 우리 인류를 대신하신 참인간이시다. 그래서 이분의 십자가 사건과 부활 사건은 적어도 모든 인류의 죽음과 부활이기도 하다는 말이다. 따라서 이미 이와 같은 성육신은 만인구원론, 나아가서 만유구원론적 의미를 갖고 있다. 따라서 본 문서가 말하는 하나님의 아들의 성

---

65) 이형기, 『역사 속의 종말론』(서울: 기독교 서회, 2004).
66) Ibid., p.45.

육신은 종말론적 의미를 갖는다.

본 문서는 "영원한 하나님의 아들이 나사렛 예수 안에 성육신하셨다고 하는 사실은 부활의 빛에서 보인 예수님의 지상교역의 전 과정을 요약하는 말이다."[67]라고 하면서, "성육신이란 예수님의 인간적인 삶의 시작에만 국한하는 것이 아니라 이스라엘 백성과 인류와 모든 창조세계의 구원을 위한 그의 교역과 선교에 관계된다."[68]고 주장한다. 이로써 우리는 위와 같은 의미에서 하나님의 아들의 성육신은 이미 만유구원론을 함축하고 있다고 보아야 한다. 그리고 이와 같은 성육신하신 하나님의 아들의 구속행위는 아버지 하나님과 성령님과의 관계 속에서 일어난다. 즉 "모든 피조물들에 대한 아버지의 영원한 사랑은 아들의 선교(파송)에서 나타나는바, 죽음의 지점까지 아들을 내어주심에서 드러난다. 이로써 우리가 아버지로부터 돌아서기 때문에 결과한 죽음의 권세가 극복된다. 따라서 인간의 아버지와의 코이노니아는 아들을 통하여 성령의 능력 안에서 회복된다."[69]는 것이다. 본 문서는 주로 종말론적 기독론을 언급하면서도 삼위일체론적 틀 안에서 그렇게 한다.

방금 인용한 본문의 글은 삼위일체 하나님의 객관적이고 보편적인

---

67) Ibid., p.52: 본 문서는 "예수 그리스도를 주님으로 고백하는 것 역시 부활에 근거한다. 그분은 하나님의 능력에 의하여 죽은 자들로부터 다시 살아나셨다. 또한 부활은 예수님의 삶과 행동들이 우리를 위해서 그리고 우리의 구원을 위해서 말씀된 하나님의 영원하신 말씀이라고 확인한다."(Ibid., p.48.)

68) Ibid.

69) Ibid., p.52.

구속(救贖)사역을 말하고 있다. 하지만 본 문서는 이 객관적이고 보편적인 구속을 주관적으로 받아들여, 실질적으로 하나님의 자녀들이 되고, 아버지와의 코이노니아를 회복한다고 하는 차원도 역설하고 있다. 즉 "이것이 일어나는 것은 성령 안에서 우리가 자유함을 받아, 우리의 기도 가운데 아버지를 '아빠'라 부르고, 우리 자신을 아버지의 사랑의 관여에 맡길 때이다. 이때 우리는 예수님 자신의 아들되심에 참여하고, 성자 예수님의 아버지와의 관계에 참여하는 것이다."[70] 이와 같이 하나님께서는 구원의 결과로 우리를 용납하시어, 우리들이 하나님의 신실하고 순종하는 자녀들로 부름 받았음을 권위 있게 선포하신다. 그래서 우리는 이미 우리가 하나님의 은혜로 할 수 있는 만큼 하나님 나라 안에서 살고 있고, 하나님 나라의 가치들을 삶으로 옮기고 있는바, 우리는 버림받은 자들과 억압받는 자들과 절망적인 사람들을 영접하고, 고난당하는 자들과 우리를 동일시하며, 하나님의 사랑과 그의 요구들에 반항하는 세상 속에서, 하나님 나라의 가치를 실현하다가 겪는 모험을 감수해야 하는 것이다.[71] 이처럼 종말론적 복음과 삼위일체론적 종말론을 받아들인 사람들은 이미 이 땅 위에서 종말론적인 하나님 나라의 삶을 영위한다는 말이다.

그리고 본 문서는 '성령에 의하여 동정녀 마리아로부터'를 해석하는 부분에서조차도 성령을 종말론적 비전과 연계시켜 이해한다. 즉이 문서는 "하나님의 아들의 성육신은 성령님의 능력에 의하여 일어났다."고 하면서 이 성령님께서 창조, 십자가, 부활, 신앙, 종말론적

---

70) Ibid.
71) Ibid.

영생과 새 창조에 전적으로 관여하신다고 가르친다.

　　성경은 보통 성령님을 창조와 새 창조와 관련시킨다. 새 아담이신 예수 그리스도의 부활에서 시작된 인류와 모든 창조세계의 종말론적 완성은 생명 주시는 성령님의 압력을 심하게 받는다. 그리스도께서 인류를 구속하시고, 갱신하기 위해서 오셨을 때, 그의 성육신 자체는 첫째 창조 시에 인류에게 생명을 주신 바로 그 성령님의 사역이다. 마리아를 뒤덮은 성령님(눅 1:35)은 또한 예수님을 죽은 자들로부터 부활시키신 성령님이시다(롬 8:11). 그리하여 이제 이 동일한 성령님께서는 믿음에 의해서 그리고 세례를 통하여 예수 그리스도와 연합하는 사람들에게 주어진다. 이들은 "혈통으로나 육정으로나 사람의 뜻으로 나지 아니하고 오지 하나님께로서 난자들이다."(요 1:13) 이 성령은 장차 부활의 새로운 삶과 영생에 참여할 것을 담보한다. 더군다나 이 동일한 성령님께서는 모든 창조세계의 변형을 일으키시어, 하나님의 영광에 참여케 하실 것이다. 본 신조가 창조의 중보자 되시는 하나님의 아들의 성육신을 이 성령의 능력에 돌릴 때, 그 성육신 사건은 온 세계, 그것의 갱신 및 그것의 종말론적 완성에 관련된다.[72]

　적어도 이와 같은 성령론은 아들(화해론 혹은 구속론)에게 종속되는 성령론이 아니라 창조역사와 구속의 역사와 종말론적 새 창조의 역사에서 발견되는 성령 고유의 사역에 근거한 성령론이라 하겠다. 이것은 진정한 의미에서 삼위일체론적 성령이해이다. 이는 동일 본질 차원의 성령론 이해에 중점을 두는 서방교회의 성령론, 특히 칼 바르트의 그것보다 성령님의 고유한 위격에 역점을 두는 삼위의 위

---

72) Ibid., p.53.

격론적 성령론이라 하겠다. 역시 우리는 여기에서도 종말론적 복음이해가 성령님의 위격적 역할과 기능과 불가분리하고, 또한 아버지 하나님의 위격적 역할과 기능과도 불가분리하다는 사실을 확인할 수 있다.

이상의 논의에서 우리는 삼위일체론적이고 종말론적인 복음이해를 발견하고, 이것이 에큐메니칼 '하나님의 선교' 신학에 있어서 핵심으로 자리 잡았다고 하는 사실을 발견하였다.

(10) 1991년 캔버라 WCC와 1998년 하라레 WCC의 '생명의 신학':
1991년 캔버라 WCC의 제1분과에 나오는 '창조의 신학: 우리 시대의 도전'이 주장하는 삼위일체 하나님과 예수 그리스도, 무엇보다 창조세계 속에 현존하시는 성령에 대한 주장은 '창조의 신학', 나아가서 '생명의 신학'의 신학적 근거를 제시하고 있다. 캔버라 WCC를 위한 쿠알라룸푸르 준비 대회가 밝힌 성령과 창조세계와의 관계는 창조신학에 새로운 비전을 열어 보여주었다. 그리고 캔버라 역시 '세계적인 생태학적 위기'가 '세계적인 사회정의의 위기' 및 '세계적인 경제정의의 위기'와 맞물려 있는 것으로 보았다. 나아가서 캔버라는 세계교회의 JPIC에 대한 책임을 논함에 있어서, '교회의 신앙, 정치 및 구조'를 비판적으로 재검토해야 하고, '교회의 정책들, 과제들의 우선순위들 및 프로그램의 재조정'을 촉구하고 있으며, 교회의 성경공부, 교리교육, 찬송, 예전, 기도, 성례 및 증거에도 JPIC, 특히 창조세계의 보전에 대한 책임이 반영될 것을 요구하고 있다. 역시 에큐메니칼 운동이 지향하는 생명 개념은 통전적이고 총체적이다.

1998년 12월 짐바브웨의 하라레에서 모인 WCC 제8차 총회는 '도시에 평화를' 캠페인과 관련된 노력들에 감동을 받고 교회가 힘을 합해서 세계적, 지역적 차원에서 폭력이 증가하고 있는 것에 함께 대처해야 한다는 것을 절감했다. 그리하여 총회 대표들은 '폭력극복 10년: 화해와 평화를 일구어 가는 교회, 2001~2010'을 제안하게 되었다. 1998년 하라레 WCC에서 2001년부터 시작하기로 결의한 '폭력극복 10년'은 '경제적, 생태학적, 정치적 폭력'을 문제 삼고 있다. 이 운동은 JPIC 운동의 연장선상에서 2001~2010년에 이어지는 UN의 '평화의 문화' 운동(the International Decade for a Culture of Peace and Non - Violence for the Children of the World)에 발맞춘 것이었다.[73] 또한 WCC는 유엔의 '세계 어린이를 위한 평화와 비폭력 문화 10년(United Nations Decade for a Culture of Peace and Nonviolence for the Children of the World / 2001~2010, http://www.unesco.org/cpp/uk/index.htm)' 캠페인과도 협력할 것이다.[74] 그런데 '폭력극복 10년'은 국가들 간의 폭력, 한 국가 안에서의 폭력, 지역 공동체 안에서의 폭력, 가정과 가족 안에서의 폭력, 교회 안에서의 폭력, 성폭력, 사회 - 경제적 폭력, 경제적이고 정치적인 봉쇄의 결과로써 야기된 폭력, 청소년들 간의 폭력, 종교적 문화적 관례에서 생기는 폭력, 법적 구조 안의 폭력, 창조를 거스르는 폭력, 그리고 인종차별주의와 소수민족혐오증에

---

73) Janice Love, "The Decade to Overcome Violence", in *The Ecumenical Review*, vol.53, No.2, April 2001, pp.135 – 143. 필자는 본 항목에 관하여 주로 이 글을 참고하였다.
74) '폭력극복 10년'을 위한 자료집(www.kncc.or.kr)

서 나온 폭력 등 13가지 형태의 폭력을 주요 이슈로 삼고 있다.[75]

이상과 같은 상황에서 우리는 소극적인 저항에 머무를 것이 아니라 폭력을 추방하기 위하여 교육을 통한 의식화, 공동체 형성과 평화의 문화(a culture of just peace vs. a culture of violence) 및 생명 문화(a culture of life vs. a culture of death)의 형성, 정의로운 평화 만들기(a just peace-making mission) 등 적극적인 투쟁에 나서야 할 것이다. 이처럼 에큐메니칼 운동은 통전적이고 총체적인 생명 살리기 운동을 요청하고 있다. 삼위일체론적이고 종말론적인 '온전한 복음'은 이처럼 '하나님 선교' 차원인 총체적인 생명 살리기 운동과 직결되어 있다.

5. 에큐메니칼 영성을 향하여

우리는 위에서 논의한 하나님의 선교의 장에서 삼위일체 하나님의 선교에 동참하기 위하여 에큐메니칼 영성을 지녀야 한다. 이것은 '하나님-교회-세상'이라고 하는 구도 속에 있는 영성이 아니라 '하나님-세상-교회'라고 하는 구도 속에 있는 영성이다. 따라서 지금 주장하는 영성은 어거스틴, 루터, 칼빈, 18~19세기 복음주의 계통의 '하나님-교회-세상'의 영성이 아니다. 1987년 4월 스코틀랜드의 아이오나 수도원에서 '신학교육에 있어서 영성형성(Spiritual Formation in Theological Education)'이란 주제로 모인 밴쿠버 이후의 PTE

---

75) Ibid.

(Program for Theological Education)는 교회가 지향해야 할 10가지 기독교적인 영성을 제시했다.

그것을 요약하면, 우리의 에큐메니칼 신학교육이 정위되어야 할 영성이란 '화해를 추구하고, 통전적인 영성', '성경에 뿌리내리고, 기도에 의해서 양육되는 영성', '값비싸고, 자기희생적인 영성', '살리고, 해방시키는 영성', '교회 공동체 안에 뿌리를 내리고, 성만찬을 중심으로 한 영성', '증거와 봉사에 의해서 표현되는 영성', '하나님의 주도적인 인도하심을 기다리는 영성', '하나님의 뜻을 이 땅 위에 구현하는 영성', '보다 폭넓은 오이쿠메네를 위해서 개방적인 영성'이다. 끝으로 기독교적인 영성은 주기도문과 산상수훈, 십자가와 부활, 그리고 교회의 표지에 의해서도 표현된다. 즉 복음설교와 성례전 집례, 교회의 통일성과 에큐메니시티, 교회의 보편성과 사도성과 거룩성에 의해서도 특징지어진다.

따라서 본 보고서는 세상의 투쟁으로부터 도피하고 타계적인 경건에 집중하는 비성서적인 영성에 반대한다.

> 우리는 값싼 영성의 여러 측면들을 분별한다. 즉 다른 사람들의 궁핍에 아랑곳하지 않는 영성, 시장경제 원리 위에 세워진 소비 지향적인 종교성, 이 세상과 저 세상을 분리시키고, 육체를 정신으로부터 분리시키는 이분법적인 영성, 현상유지를 강화시키는 자기만족에 빠진 영성……[76]

---

76) Spiritual Formation in Theological Education: An Invitation to Participate(1987), pp.13 − 16.

즉 몸과 영혼, 교회와 세상, 인간사회와 창조세계, 그리고 이 세상과 저세상을 이분화시키는 영성은 에큐메니칼 영성이 아니라 모더니즘 시기의 영성, 즉 선교개념의 확장이 일어나기 이전의 영성에 속하는 것으로 보인다. 그러니까 에큐메니칼 영성이란 우리가 선교개념의 패러다임 확장에서 발견한 대로 온전한 복음, 온 세상, 전 인격, 온 교회의 교역과 복음전도와 하나님의 선교에의 동참에 관한 것이다. 영혼과 몸을 분리시키지 않고(the whole person), 교회와 세상을 이분화시키지 않으며(온 세상), 분열된 교회가 아니라 온전한 교회(the whole church를 추구하고, 개인구원과 교회 중심에 머무는 복음이해 아니라 온 교회가 온 세상 속에서 하나님의 선교를 구현시켜야 한다고 보는 나이로비 WCC야말로 에큐메니칼 영성이 어떻게 구현되어야 하는가를 우리에게 잘 말해주고 있다.

맺는 말

우리는 이상의 논의에서 우리 한국장로교가 대체로 '하나님 → 교회 → 세상'이라고 하는 패러다임에서 벗어나지 못하고 있음을 발견한다. 대체로 '하나님 → 세상 → 교회'로의 패러다임 이동은 본회퍼, 칼 바르트, 몰트만 그리고 에큐메니칼 운동을 통하여 일어났음을 확인하였다. 필자는 이에 따라서 전통적인 교역의 4가지(케뤼그마, 리투르기아, 코이노니아, 다다케, 다이코니아) 혹은 6가지(4＋복음전도와 하나님의 선교) 영역이 모두 에큐메니칼 운동과 에큐메니즘에 대하여 개방적이 되어야 하고, 무엇보다도 에큐메니칼 영성을 추구할 것을 제안한다. 우리는 하나님의 일터를 교회 안으로 가두지 말고 보편사와 창조세계로 확장시켜야 할 것이다. 우리는 하나님의 넓은 작업장에서 하나님 나라를 구현해야 한다.

비록 주님이 재림하시어, 성령을 통하여 그가 완성하신 그의 나라를 아버지께 양도하실 때까지, 즉 새 하늘과 새 땅이 오기 전까지 '하나님 → 교회 → 세상'이라고 하는 패러다임이 존속할지라도 혹은 어거스틴과 루터와 칼빈과 18~19세기 복음주의가 보여준 하나님 나라와 세상 나라의 이분화가 존속될지라도, 기본적인 삼위일체 하나님의 세상(인류역사와 창조세계)을 향한 의도와 목적은 전적으로 '하나님 → 세상 → 교회' 혹은 '하나님 나라 → 세상 → 교회'라고 하는 패러다임이 궁극적이고 종말론적인 것이다. 사단 마귀가 지배하는 것처럼 보이는 이 세상은 결국 삼위일체 하나님의 주권하에 있으며, 종말론적으로 이 하나님의 주권하에 있을 것이라고 하는 말이다.[77] '하나님-세상-교회의 구도는' '하나님 나라 → 하나님의 선교 → 교회'로 이어지고, 교회의 삼위일체 하나님 선교에의 동참을 낳는다.

그리고 에큐메니칼 운동사에서는 어떠했는가? 우리는 1910년 에

---

[77] 참고: George F. Vicedom, The Mission of God, tr. by Gilbert A. Thiele and Dennis Hilgendorf(St. Louis, Missouri: Concordia Publishing House, 1965), pp.17-20: 휘체돔은 '하나님-세상-교회'라고 하는 패러다임을 주장하지는 않고, 다만 '하나님의 나라'와 '다른 나라'를 대립시키면서, 결국 새 창조의 세계로부터 모든 불신앙의 사람들을 배제시키는 경향이다.

든버러 WMC에 있어서만 해도 19세기적인 복음이해와 복음전도에 머물러 있었으나, 그것이 1928년 예루살렘 IMC를 계기로 칼 바르트식의 복음이해와 '하나님의 선교'에로의 싹이 보였다고 하는 것을 지적하였다. 그런데 '복음→삼위일체론적 복음→하나님의 선교→교회'에서 논한 대로, 이 글은 1928년 이래의 에큐메니칼 운동을 통해서 '복음'과 '복음전도'를 포괄하는 삼위일체 하나님의 선교와 이에 대한 참여로서 교회의 선교를 발견하였다. 물론, '복음'이해에 관하여 뉘앙스를 약간 달리하였지만 말이다. 어찌됐든 1928년 이래의 에큐메니칼 운동은 대체로 '하나님→세상→교회'의 패러다임을 유지하고 있는 것으로 보인다. 즉 그것은 어거스틴, 루터, 칼빈, 그리고 18~19세기 복음주의의 신학적인 패러다임과는 다르다고 하는 말이다. 하지만 '신앙과 직제' 운동으로 인하여 WCC는 예컨대 『BEM Text』(1982)과 『The Nature and Mission of the Church』(2005)에서처럼 교회의 정체성(본성)과 목적(선교)에 있어서 분명하고, '신앙과 직제' 운동은 '삶과 봉사(Life and Work)' 운동의 JPIC와 '세계선교와 복음전도(CWME)'의 하나님의 선교와 항상 긴장 가운데 있는 것으로 보인다. 따라서 에큐메니칼 운동에 있어서 '하나님의 선교'는 신앙과 직제 운동으로 인하여 균형을 잃지 않는 것으로 보인다.

제3장

하나님의 선교의 기원과 발전: 빌링겐 IMC (1952)로부터 오늘에 이르기까지

본 장에서 필자는 방금 위에서 논한 "제2장: '하나님 → 교회 → 세상'으로부터 '하나님 → 세상 → 교회'로의 패러다임 이동" 중, "4. 에큐메니칼 운동: 복음전도로부터 '하나님의 선교'로의 확장" 부분에 대한 보충하고, '하나님의 선교(missio Dei)'의 기원과 발전을 밝히기 위하여 빌링겐 IMC의 하나님의 선교, 『선교와 복음전도: 하나의 에큐메니칼 확언』(1982), 산 안토니오 CWME(1989)를 논하고 복음주의자들의 로잔언약(1974)과 마닐라 마니페스토(1989)를 논하며, 휘체돔과 후켄다이크를 다루었다. 빌링겐을 논한 이유는 그것이 삼위일체 하나님의 선교신학을 본격적으로 제시했기 때문이고, 로잔과 마닐라를 논한 이유는 에큐메니칼 선교신학에 대한 반동으로 그들의 선교신학 지침서를 내놓았기 때문이다. 그리고 휘체돔과 후켄다이크를 논한 이유는 그들의 하나님 선교신학이 빌링겐 IMC와 그 후 1960년대 에큐메니칼 운동 속에서 '하나님의 선교의 신학'에 크게 영향을 주었다고 보기 때문이다. 그리고 제2바티칸 공의회와 동장정통교회의 선교신학을 소개하였는데, 그 목적은 이들의 선교신학적 입장이 에큐메칼 선교신학과 복음주의 계통의 그것 사이에 어떤 위치에 있고, 에큐메니칼 선교신학에 어떤 영향을 주고받았는가를 살펴보려는 데에 있다.

그리고 『선교와 복음전도: 하나의 에큐메니칼 확언』을 논한 이유는 이 문서가 1960년대 말과 1974년 로잔의 복음주의자들의 세계대회와 1980년 멜보른 CMME를 감안하였고, 1975년 나이로비의 통전적인 선교를 물려받은 것으로 보이기 때문이다. 이 문서의 선교신학은 적어도 1990년대의 문제(시장경제의 지구화와 포스트모더니즘 등)에 부응하는 선교신학 지침서로서 출발한 1998년 하라레의 『오늘날 교회 일치 속에서 선교와 복음전도』 이전까지 모든 에큐메니칼 교회들의 선교와 복음전도를 가늠하던 선교신학 지침서에 해당하기 때문이다. 끝으로 산 안토니오를 다룬 이유는 그것이 창조세계 보전의 문제를 선교의 과제 혹은 하나님의 선교의 과제로 삼았기 때문이고, 『선교와 복음전도: 하나의 에큐메니칼 확언』에 이어 1990년대의 에큐메니칼 선교신학 지침서에 해당하는, 아직 진행 중인 『오늘날 교회 일치 속에서 선교와 복음전도』를 다룬 이유는 그것이 오늘의 에큐메니칼 공동체의 선교에 대한 신학적인 방향을 제시하고 있기 때문이다.

I. 빌링겐 IMC(1952)

1. '하나님의 선교(missio Dei)'의 기원과 빌링겐

'하나님의 선교'란 말은 라틴어 'missio Dei'라는 말에서 유래되었다. 'missio'는 라틴어의 동사형인 'mitto(I send)'에서 나온 명사형으로 '보내심' 혹은 '파송'이란 뜻이다. 신학적인 전통으로 말하면, 동서방교회의 파송의 삼위일체 신학을 배경으로 하고 있다. 물론, 좀더 소급해 올라가면, 내재적 삼위일체 안에서 일어나는 '낳으심(begotten=아버지 하나님께서 아들을 낳으심)'과 '발출(proceeding=아버지께서 아들 안에서, 아들과 함께, 그리고 아들을 통하여 성령을 보내심)'과도 유비적인 관계가 있을 것이다. 이 세상을 그처럼 사랑하시어 아버지께서 아들을 이 세상으로 파송하셨고, 또한 아버지와 아들로부터 성령을 파송하셨으며, 사도들과 교회를 파송하신다고 하는 '파송'의 신학이 그 바탕을 이루고 있다. 따라서 아래에서 논의되는 '하나님의 선교'는 위와 같은 파송의 삼위일체 신학을 전제하고 있다.

그런데 'missio Dei'를 영어 표기로 하면 'the sending of God'인데, 정승현은 로진(H. H. Rosin)과 더불어 그것을 'God's mission' 혹은 'the mission of God'으로 하는 것을 선호하고 있다.[78] 로진에 의

---

78) 정승현, "하나님의 선교와 선교적인 교회－빌링겐 IMC를 중심으로", 선교와 신학, 2007. 제20집(장로회신학대학출판부, 2007), p.190.

하면, 'missio Dei'라는 말은 앵글로색슨 혹은 미국에서가 아니라 유럽 쪽에서 사용되기 시작한 것이라고 하면서, 영어권에서는 흔히 'God's mission' 혹은 'the mission of God'이라는 말이 사용되고 있다.[79] 그리고 로진은 종전의 '선교'라고 하는 말이 진부한 느낌을 주는 반면에, '하나님의 선교'라는 말은 '하나님의 낯선 행동들'을 함축하는 것으로 보이기 때문에, 선교신학이 그것을 선호한다고 한다.[80] 필자가 보기에 전자는 18~19세기의 복음주의적 선교를 함축하고, 후자는 칼 바르트 이후 에큐메니칼 선교를 암시하는 것으로 보인다. 그래서 필자는 'missio Dei'를 우리말로 종전에 한국에서 사용되어 온 '하나님의 선교'로 번역하였다.

로진에 의하면 '하나님의 선교'란 말은 비록 그 의미내용은 빌링겐 공식문서에서 발견되지만, 역사적 기원으로 말하면, 빌링겐 문서를 돌이켜 보는 1952년 하르텐슈타인의 '신학적인 숙고'[81]와 1958년 휘체돔의 강의인 '인류를 향해 오시는 하나님의 길'이란 글에서 등장한다. 하르텐슈타인은 위의 글에서 다음과 같이 언급하였다.

> 선교란 주님의 한 말씀에 대한 순종에 지나는 것이 아니다. 선교란 단순히 개교회의 회집에 헌신하는 정도가 아니다. 그것은 구속된 창조

---

79) H. H. Rosin, "Missio Dei": An Examination of the Origin, Contents, and Function of the Term in Protestant missiological discussion (Boerhaavenlann 43, Leiden–Nederland, 1972), p.3.

80) Ibid.

81) Karl Hartenstein, "Theologische Besinnung", in: Walter Freitag, Mission zwischen Gestern und Morgen(Stuttgart, 1952), S. 54ff. in Ibid., p.5.

세계 전체에 대한 그리스도의 주권을 확립하려는 포괄적인 목표를 가지고 아들의 파송, 곧 하나님의 선교(missio Dei)에 참여하는 것이다.[82]

그리고 2~3쪽 지나서는 아래와 같이 주장한다.

선교란 인간의 활동이나 인간의 조직의 문제가 아니라, '그것의 원천은 삼위일체 하나님이시다.' 성령의 능력으로 우주의 화해를 위해서 아들을 파송하신 것이 선교의 기초요 목적이다. 오직 '하나님의 선교(missio Dei)'로부터 '교회의 선교(missio ecclesiae)'가 유래한다.[83]

그리고 위의 강의에서 휘체돔은 자신의 저서인 『Missio Dei』(Muenchen, 1958)에서 missio Dei란 용어를 사용했다고 언급하였다.

1958년에 missio Dei라고 하는 개념이 빌링겐 IMC의 공식 보고서와 관련하여 본인의 저서에서 선교사역의 토론을 위한 기초가 되었을 때, 그것은 선교에 대한 개신교적 사고방식을 요약하였다.[84]

그런데 로진에 따르면 라틴어의 'missio Dei' 개념을 처음 사용한 사람은 다름 아닌 하르텐슈타인이지만, 그는 빌링겐 IMC가 끝난 후 곧바로 세상을 떠났기 때문에, 그가 그 개념에 의해서 무엇을 뜻했는지는 많이 알려지지 않았다. 볼프강 귄터는 그의 빌링겐 IMC 준

---

82) Ibid., S. 54. in Ibid.
83) Ibid., S. 62. in Ibid., p.6.
84) Rosin, op.cit., p.5.

비문서(선교와 종말론)에서 그의 태도를 '구속사적 – 종말론적(heilsges – chichtlich –eschatologisch)'이라 하였고, 이것이 미국 측의 영향으로 '삼위일체론적 구속사적 관점(trinitarisch –heilsgeshcichtliche Sicht)'으로 변모한 것으로 본다.[85] 이로써 필자가 보기에 비록 빌링겐 공식 보고서에 'missio Dei'라는 말이 나오지는 않지만 하르텐슈타인과 미국 측 대표들의 영향하에 '하나님의 선교'에 사실상부한 의미내용이 담겨 있는 것으로 보인다.

프라이탁은 방금 위에서 언급한 휘체돔의 『Missio Dei』를 평가하면서, missio Dei의 삼위일체론적인 개념을 언급하였다. 그리고 프라이탁은 이 용어의 기원에 관하여 하르텐슈타인의 '신학적인 숙고'와 빌링겐 공식 보고서 자체의 본문('우리가 한 부분이 되어 있는 선교 운동은 삼위일체 하나님 자신 안에 그것의 원천을 가지고 있다')에 빚지고 있다고 주장하였다.[86] 그리고 로진은 빌헬름 앤더슨(Wilhelm Anderson) 역시 빌링겐 보고서의 특징을 삼위일체로 본다고 한다. 앤더슨에 의하면 빌링겐의 삼위일체론적인 부분은 무엇보다도 미국 측 문서('Why Missions?')로부터 영향을 받은 것으로 본다고 로진은 말한다. 즉 미국 측 문서는 그 어떤 다른 정식보다도 그리스도교적 선교의 목적과 동기를 명쾌하게 표현한 마태복음 28:18 – 19절이야말로 주 예수님의 명시적인 위탁을 삼위일체 하나님과 연결시켰다고 하고,

---

85) Wolfgang Guenther, Von Edinburgh nach Mexico, Die ekklesiologische Bemuehungen Weltmissionskonferenzen, 1970, S. 88 – 91. in Rosin, op.cit., p.6.
86) Ibid., p.8.

이것은 정확히 초기 삼위일체 신앙의 발전에 걸맞다고 하였다.[87]

이제 우리는 빌링겐 IMC 공식 보고서의 다음과 같은 인용문들에 나타난 하나님의 선교의 삼위일체론적 의미를 살펴봄으로써, '하나님의 선교(missio Dei)'가 다름 아닌 삼위일체 하나님의 선교임을 확인할 수 있을 것이다.

> 교회란 천막을 치고 사는 군대와 같다. 하나님께서 교회를 부르시어 그 천막을 거둬 치고 전진하라고 하실 때에, 하나님께서는 그의 아들과 성령과 교회의 파송 목적이 성취될 때까지 사람들과 동행하신다.[88]
> 그도 그럴 것이 하나님께서는, 죄로 인하여 하나님과 동료 인간들로부터 소외된 모든 인간들을 찾으시고 모으시며 변혁시키시기 위하여 그의 아들 예수 그리스도를 파송하셨다. 이것은 현재도 하나님의 뜻이고, 지금까지 하나님의 뜻이었다. 그것은 그리스도 안에서 체현되었고, 그리스도 안에서 완성된다. 하나님께서 성령을 파송하시기 때문이다. 교회는 성령에 의하여 하나님의 적극적인 사랑을 체험하면서 하나님께서는 자신의 아들의 파송으로 착수하신 일을 완성시키실 것이다.[89]

끝으로 다음의 인용은 하나님의 선교의 삼위일체론적 의미를 좀 더 강조적으로 그리고 좀 더 힘 있게 언급하고 있다.

---

87) Ibid., p.9.
88) Missions Under The Cross(London: Edinburgh House Press, 1953), p.243 in Ibid., p.10.
89) Ibid., p.241.

우리가 그 한 부분이 되어 있는 선교운동은 삼위일체 하나님 자신에게 그 기원을 두고 있다. 즉 아버지 하나님께서는 우리에 대한 그의 말로 할 수 없는 사랑의 심연으로부터 만유를 그 자신에게 화해케 하시기 위하여 그의 사랑하시는 아들을 이 세상에 파송하심으로써, 우리와 모든 인간들이 성령을 통하여 아들 안에서 아버지 하나님과 하나 되게 하시고자 하신 것이다. 이와 같은 아버지의 사랑은 하나님의 본성 자체에 해당하는 완전한 사랑에 다름 아니다.[90]

그리하여 로진은 위와 같은 삼위일체론적 하나님의 선교이해에 있어서 고대 신조와 서방교회의 삼위일체론에 관하여 대가라고 할 수 있는 아우구스티누스의 삼위일체론을 인정하면서, 신약성경으로부터 중요한 구절들을 인용하고 있다. "때가 차매 하나님이 그 아들을 보내사(misit) 여자에게서 나게 하시고 율법 아래에 나게 하신 것은 율법 아래에 있는 자들을 속량하시고 우리로 아들의 명분을 얻게 하려 하심이라 너희가 아들이므로 하나님이 그 아들의 영을 우리 마음 가운데 보내사(misit) 아빠 아버지라 부르게 하셨느니라."(갈 4:4-6) "아버지께서 나를 세상에 보내신(misisti) 것 같이 나도 그들을 세상에 보내었고(misi)"(요 17:18) "예수께서 또 이르시되 너희에게 평강이 있을 지어다 아버지께서 나를 보내신(misit) 것 같이 나도 너희를 보내노라(mitto) 이 말씀을 하시고 그들을 향하사 숨을 내쉬며 이르시되 성령을 받으라 너희가 누구의 죄든지 사하면 사하여질 것이요 누구의 죄든지 그대로 두면 그대로 있으리라 하시니라."(요 20:21-23)[91]

---

90) Ibid., p.189.
91) Rozin, op.cit., p.11.

그런즉 로진은 이상과 같은 그의 주장을 아래와 같은 말로 끝맺음하고 있다.

> '하나님의 선교(missio Dei)'란 하르텐슈타인 박사의 빌링겐 IMC에 대한 반성의 글('Theologische Besinnung')에서 소개되었고, 결국 그에 의하여 주조된 말로서, 선교를 구속사와 하나님의 구원 계획(the 'oikonomia tou theou', 골 1:25)이라고 하는 가능한 한 가장 큰 틀 거리 안에 두려고 의도된 것이다. 그리고 '하나님의 선교(God's mission)'라고 하는 영어(미국) 표현이 빌링겐 IMC에서 명시적으로든 암시적으로든 한 역할이 이와 같은 'missio Dei'라고 하는 정식을 탄생시키는 데에 결정적인 역할을 했다. 이와 비교하면 라틴어(missio Dei)의 기원에 대한 전통적인 삼위일체론적 용어의 영향은 덜 중요하였다.[92]

그런데 로진은 이상과 같은 성령을 통한 그리스도의 선교에 초점을 맞추는, 빌링겐 IMC 보고서 본래의 삼위일체론적 missio Dei의 의미가 1963년 멕시코 IMC('개교회의 선교적 구조') 이후의 좀 더 역사 참여적이고 사회참여적인 missio Dei로 변모하는 것으로 본다.[93] 즉 로진은 멕시코 IMC에서 '교회 안에서 그리고 교회를 통한 하나님의 행동과, 명백히 기독교 공동체로부터 독립적으로 하나님께서 이 세상 속에서 하시는 모든 일 사이에 논란'이 있은 후에, 점차

---

92) Ibid., pp.19-20. 미국 대표들의 영향이란 고대 삼위일체론의 missio는 수동적인 의미를 나타내고 있는 경향이지만 영어권 대표들의 God's mission 혹은 the mission of God에 있어서 'mission'이란 좀 더 적극적인 의미를 나타내고 있다고 하는 뜻이다. 참고: Ibid., pp.14-16.
93) 참고: Ibid., pp.22ff.

하나님의 선교는 본래 하르텐슈타인과 빌링겐 보고서와 휘체돔의 고전적인 삼위일체론적이고 구속사적이며 종말론적인 입장으로부터 소원해져 갔다고 하는 것이다. 즉 1963년 멕시코 IMC의 후속 모임인 1964년 보세이의 '확장된 연구위원회'에서 논의된 주제인 '역사 속의 하나님(God in History)'이 그 계기였다. 하지만 필자가 보기에 빌링겐 IMC 이후 '하나님의 선교(missio Dei)'는 비록 각 시대의 상황과 이슈로 인하여 그 뉘앙스를 달리하고 있기는 하지만 그 본래의 틀을 유지하고 있는 것으로 보인다. 사실상 이 글에서도 각 장에서 사용되는 '하나님의 선교(missio Dei)'란 용어가 각각 뉘앙스를 달리하고 있다 하겠다. 예컨대 칼 바르트와 몰트만, 에큐메니칼 문서들, 제2바티칸 공의회, 동방정교회, 크리스토퍼 라이트(Wright) 등에 있어서 그렇다는 말이다. 이 부분은 총결론 부분에서 정리될 것이다.

2. 빌링겐 IMC의 선교신학

본 IMC는 세계 제1, 2차 대전으로 18~19세기적 교회들과 수많은 선교단체들의 '복음전도'운동이 제대로 힘을 쓸 수 없는 상황에서 기존 선교의 위기를 절감하는 가운데 개최되었다.[94] 그런즉 '하나님의 선교'를 에큐메니칼 선교신학으로 공식화한 본 문서가 『십자가 아래서의 선교들(Missions under the Cross)』라고 이름 붙여진 것은 그 의미를 깊이 음미하게 한다.

---

94) 참고: 정승현, op.cit., p.191.

정승현은 빌링겐 문서에 지대한 영향을 끼친 칼 하르텐슈타인(Karl Hartenstein), 빌링겐 보고서(Missions under the Cross)를 정리하여 편집해 낸 노만 구달(Norman Goodall), 그리고 1955년에 『선교의 신학을 향하여: 선교적 기획과 교회와 그것의 신학』을 저술한 빌헬름 앤더슨(Wilhelm Anderson)이 각각 교회들이나 선교단체들이 아니라 삼위일체 하나님을 선교의 근원과 목적으로 보고 있는 빌링겐 보고서를 지지한다고 주장하였다.95) 그리고 정승현은 교회들이나 선교단체들이 선교의 근원과 주체와 목적이 되는 것을 거부하고, 오직 빌링겐과 그것의 정신을 지지하는 선교신학자들과 더불어 오직 삼위일체 하나님의 파송의 신학에 바탕을 둔, 선교적 교회(missional church)를 주장함에 있어서 후켄다이크의 급진적인 입장을 완화시키는 뉴비긴(Lesslie Newbigin), 보쉬(David Bosch) 그리고 구더(Darrell L. Guder)의 지지를 받아 삼위일체 하나님의 선교의 도구로서 교회의 선교적 역할을 주장한다.96) 그래서 정승현의 입장은 위와 같은 틀 안에서 '선교적 교회(a missional church)'를 주장한다. 정승현이 주장하는 '선교적 교회'란 교회들이나 선교단체들이 선교의 주체가 되어 나름대로 좋아하는 선교의 프로그램을 정하고 자기들이 선호하는 방향으로 선교하는 것이 아니라 삼위일체 하나님의 선교의 틀 속에서 삼위일체 하나님이 원하시는 선교에 동참하는 교회의 선교를 말한다. 그리하여 정승현은 아더 글라서(Arthur Glasser)와 더불어 이와 같은 선교적 교회의 선교적 모델은 삼위일체 하나님의 선교에 동참하신

---

95) Ibid., pp.192 – 197.
96) Ibid., pp.198 – 202.

예수 그리스도의 선교라고 한다. 정승현의 결론은 아래와 같다.

> 교회가 선교적이라고 하는 의미는 각 지역 교회에서 소수의 훌륭한
> 선교사를 배출하는 것만을 의미하는 것도 재정의 일정 분량을 선교에
> 쓰는 것만도 말하는 것도 아니다. 선교적 교회는 교회의 구성원 모두
> 가 자신이 선교하시는 하나님으로부터 세상에 보내심을 받은 사람임
> 을 깨닫는 것에서 출발한다. 그들 모두는 선교사이다. 그들은 매일 세
> 상에 나가서 예수 그리스도의 선교의 삶을 살아야 한다. 복음을 전파
> 하며 사람들을 하나님 나라로 끊임없이 초대한다. 선교적인 교회는
> 하나님의 선교에 동참하는 일에 최우선이자 최고의 목표를 갖는다.
> 그리고 이러한 사명을 시대와 장소가 변하여도 주님이 오실 때까지
> 지속적으로 이 땅에서 실천한다.[97]

그러나 정승현은 삼위일체 하나님의 선교의 드넓은 작업장과 이
작업장에서의 작업에의 동참보다는 '선교적 교회(missional church)'
에 집중하였다. 하지만 그는 본 필자가 이 글에서 주장하는 하나님
의 선교와 이에 대한 교회의 동참에 대하여 열려 있는 것으로 보이
기는 하지만 말이다.

본 필자는 위와 같은 주장의 지지를 받으면서, 주로 빌링겐 IMC
의 공식 보고서를 검토하고, 어떤 한 그룹에 의하여 채택은 되었으
나, 마무리를 짓지 못하고 계속하여 연구하도록 열려 있는 문서로서
종말론을 언급하고 있는 '선교적 의무의 신학적인 기초'(Interim
Report＝잠정적인 보고서)를 다루려고 한다.

---

97) Ibid., p.207.

우선 공식 보고서에 나타난 선교신학부터 논한다. 본 보고서는 종전의 선교를 위한 모임들이 한결같이 '모든 피조물들에게 복음을 설교하라고 하는 그리스도의 위탁 수행'을 위한 것이었으나, 그때그때의 시대상황의 심각성을 크게 고려하지 않았다고 한다. 그래서 본 보고서는 '혁명적인 힘을 지닌 타 종교'와 '역사의 혁명적인 힘들'을 상기시키면서, '하나님께서는 이와 같은 힘들을 다스리시고, 십자가의 은폐된 능력에 의하여 그의 목적을 실현해 가신다.'[98]고 확신하고 있다. 그래서 보고서는 "교회 안과 밖에서 사람들은 우리 시대에 우리에게 어떤 일들이 일어나고 있는가?"라고 하는 질문에 대하여 다음과 같이 대답하였다.

　　우리는 그와 같은 십자가에 대한 말로써 대답하고, 도처에 있는 모든 사람들에게 사람들에 의하여 버림을 받으셨고 십자가에 달리셨다가 하나님에 의하여 그분의 능력의 우편으로 부활하신 그분을 전적으로 신뢰해야 할 것을 요청한다. 바로 이분의 통치는 감추어져 있으나 확실하고 이 그리스도께서는 우리들에게 이렇게 말씀하신다. '하나님 나라에 대한 이와 같은 복음은 모든 열방들에 대한 한 증언으로서 온 세상에 설교되어야 할 것인데, 그리고 난 다음에 끝이 올 것이다.' 그런즉 지금의 싸움은 하나님의 감추어진 나라와 인간들을 거짓 희망으로 유혹하고 급기야 인간을 무감각과 무관심과 절망으로 떨어트리는 그와 같은 악한 영적 권세들 사이의 놓여 있다. 이와 같은 갈등 상황에서 중립의 자리는 없다. 모든 사람은 오늘 그가 누구를 섬길 것인가를 선택하지 않으면 안 된다.[99]

---

98) Missions Under The Cross(London: Edinburgh House Press, 1953), p.188.

그리하여 본 보고서는 위에서 복음의 중요성을 붙들면서 삼위일체론에 근거한 선교신학을 논할 때에, 비록 그것이 '하나님의 선교(missio Dei)'라고 하는 말을 사용하고 있는 것은 아니지만, 그것은 다름 아닌 삼위일체 하나님의 선교이다. 보고서는 이렇게 주장한다.

> 우리가 그 한 부분이 되어 있는 선교운동은 삼위일체 하나님 자신에게 그 기원을 두고 있다. 즉 아버지 하나님께서는 우리에 대한 그의 말로 할 수 없는 사랑의 심연으로부터 만유를 그 자신에게 화해케 하시기 위하여 그의 사랑하시는 아들을 이 세상에 파송하심으로써, 우리와 모든 인간들이 성령을 통하여 아들 안에서 아버지 하나님과 하나 되게 하시고자 하신 것이다. 이와 같은 아버지의 사랑은 하나님의 본성 자체에 해당하는 완전한 사랑에 다름 아니다.[100]

보고서는 위와 같은 삼위일체 하나님의 선교의 틀 안에서 도처에 있는 모든 사람들에 대한 증언자가 되도록 교회에 주어진 의무와 권위의 성격을 다음과 같이 주장한다. 보고서는 창조와 타락, 예수 그

---

99) Ibid., pp.188－189.
100) Ibid., p.189. 빌링겐 문서 작성에 참여한 하르텐슈타인에 따르면, 미국 측 빌링겐 준비문서는 1928년 예루살렘 IMC로부터 빌릴겐 IMC에 이르는 신학적인 형성과정을 살피면서, 그것을 니케아(325) 공의회에서 니케아콘스탄티노플 공의회에 이르는 과정과 비슷한 것으로 보고, 예루살렘에서 기독론이 확립되었고, 1938년 탐바람 IMC에서 하나님 나라와 하나님의 부성이 부각되었으며, 1947년 휫비 IMC에서는 성령의 문제와 교회와 선교에 대한 성령의 의미가 정리되었고, 빌링겐 IMC에 이르러 삼위일체론이 완성되었다고 한다. 참고: Karl Hartenstein, "Theologische Besinnung", in Mission zwischen Gestern und Morgen. ed., Walter Freytag(Stuttgart: Evang. Missionsverlag, 1952), p.51.

리스도의 파송과 성령의 파송, 그리고 종말론적인 비전 안에 있는 교회에 대하여 언급한다. 하나님께서 인간과 만유를 창조하시어, 그 가운데 그의 사랑의 영광이 나타난바 되었으니, 그 무엇도 우리에게 하나님의 구속하시는 사랑(His redeeming Love)을 받지 못하게 할 수 없다. 그런데 모든 인간이 타락하여 그 자신의 노력으로는 죄로 인한 하나님으로부터의 소외를 극복할 수 없게 되었을 때에, 하나님께서 한 구세주 혹은 한 목자를 파송해 주시어 모든 상실된 자들을 찾으시고 구원하시기를 원하셨다. 보고서는 바로 이분을 '그의 죽으심과 부활과 승천에 의하여 인간과 하나님 사이의 장벽을 무너트리신 한 구속자'라고 소개하고, 바로 이분이 '하나의 충만하고 완벽한 속죄를 성취하셨고 그 자신 안에서 하나의 새로운 인류(a new humanity)를 창조하셨으니, 이 인류란 그리스도를 승천 승귀하시어 다스리시는 머리로 하는 그의 몸인 것이다.'[101] 이상과 같은 주장은 하르텐슈타인이 의도했던바, 분명히 삼위일체론적이고 구속사적이며 종말론적이다.

보고서는 "하나님께서 이와 같이 성취된 예수 그리스도의 사역을 바탕으로(on the foundation of this accomplished work) 예수님의 영이신 성령을 파송하셨다."고 한다. 그리고 이 성령파송의 목적은 "우리들을 그리스도 안에 있는 하나의 몸으로 모으시고, 우리들을 모든 진리에로 인도하시며, 우리에게 능력을 부여하시어 우리들이 선교의 완성의 첫 열매요 담보인 주님의 증인들과 대사들로서 예수 그리스

---

101) Ibid., p.189.

도의 선교를 지속할 수 있게 하기 위함이다."102)라고 한다.

그리고 우리는 성령 안에서 그리스도의 대사들로서 종말을 향하여 전진하면서 모든 사람들을 하나님과 화해하도록 권유하고, 하나님의 사랑의 최종적인 승리에 대하여 확신을 가지고 기다릴 수 있다. 그리스도께서 그것의 가장 확실한 약속들을 우리에게 주셨기 때문이다.103) 본 보고서는 이와 같이 삼위일체 하나님과 구속사적인 틀 거리(아버지 하나님의 창조, 타락, 하나님의 아들 예수 그리스도의 구속, 성령의 화해실현) 속에서 종말론적인 완성을 바라보면서 교회에 그리스도의 선교에 참여할 것을 언급하고 있다. 보고서는 이렇게 언급하고 있다.

> 그리스도 안에서 택함을 받았고, 그리스도를 통하여 하나님께 화해되었으며, 성령을 함께 나눈 자들과 하나님 나라를 희망 가운데 유업으로 받은 자들로서 그의 몸의 지체들이 된 우리들은 이와 같은 사실들에 의해서 그리스도의 구속하시는 선교에의 온전한 참여에 헌신하고 있다. 이 세상에 대한 그리스도의 선교에의 참여가 없이는 그 어떤 그리스도에 대한 참여도 없다…….104)

그리고 본 보고서는 '총체적 선교적 과제'에서 위와 같은 교회는 믿지 않는 사람들에게 복음을 전하기 위해서만 세상 속으로 파송되는 것이 아니라 정치, 경제, 사회, 문화 등 인간의 삶의 모든 차원으

---

102) Ibid.
103) Ibid., p.190.
104) Ibid.

로 파송될 것을 역설하고 있다. 즉 보고서는 "교회는 가까이 있든지 멀리 떨어져 있든지 인류의 모든 사회적이고 정치적이며 종교적인 공동체로 파송을 받는다."[105]고 하고, "선교는 지리적인 확장뿐만 아니라 삶의 모든 영역들에로의 철저한 침투를 포함한다."[106]고 한다. 이와 같은 파송의 논리는 "아버지께서 나를 보내신 것같이 나도 너희를 보낸다."와 같은 파송의 삼위일체론에 근거하고 있는 것이다.

그리고 본 보고서는 '세상과의 연대성'에서 교회는 '하나님께서 그리스도 안에서 행하셨고, 행하고 계시며, 행하실 것'을 증언하기 위하여 "이 세상 속에 있고, 교회의 주님께서 자신을 이 세상과 동일시하신 것처럼 교회 역시 그렇게 하지 않으면 안 된다."고 하였다. 그런즉 교회는 이 세상과 분리된 게토가 되어서는 안 되고, "자신을 이 세상과 동일시할 것을 요청받고 있으며, 이 세상의 파국과 난국과 고뇌와 슬픔 속에서뿐만 아니라 이 세상의 진정한 사랑과 정의의 행동들과도 연대해야 할 것이다. 종종 세상의 사랑과 정의의 행동들이 교회를 부끄럽게 한다."[107]

그리고 본 보고서는 '시대의 징조들을 분별하기'에서 암울한 시대 상황 속에서도 시대의 징조를 분별하라고 권유하고 있다. 이는 역사의 모든 부정성에도 불구하고 하나님의 통치 혹은 하나님의 나라가 역사 속에 은폐되어 있다고 하는 것이다. 다음의 인용은 중요하다.

---

105) Ibid.
106) Ibid., p.191.
107) Ibid.

우리 주님은 자신의 제자들에게 시대의 징표들을 분별하라고 명하셨다. 인간이 보기에 오늘날은 어둠과 혼돈의 시대이다. 하지만 십자가에 달리시신 분에 의하여 열려진 눈은 그와 같은 것들 속에서도 하나님의 주권적 통치의 확실한 징표들을 분별할 것이다. 우리는 횟비 이래로 교회의 여러 부분들에서 역사하시는 성령의 권능의 참사역들을 증거한다. 우리가 믿기에, 모든 인간의 구세주요 심판자이신 그리스도의 주권적 통치는 우리 시대의 큰 사건들 속에서, 이 시대가 증언하는바 인간지식과 능력의 엄청난 확대 속에서, 우리 시대의 힘 있는 정치적 운동과 사회운동들 속에서, 그리고 수많은 개인적인 경험들 속에서(이것의 내적 역사는 마지막 날까지 계시될 수 없지만) 믿음의 눈에 의하여 적지 아니 분별될 수 있는 것이다. 무엇보다 우리는 그와 같은 시대에 우리가 전진하라고 하는 주님의 소명을 분별하도록 주님에 의하여 격려를 받는다.[108]

끝으로 '선교적 의무의 신학적인 기초'(Interim Report＝잠정적인 보고서)는 선교의 종말론적인 비전을 좀 더 힘주어 언급하는 맥락에서 "우리는 그리스도의 초림과 재림 사이에 살면서 신앙으로 하나님 나라의 징표들을 보지만, 겉으로 나타나는 것으로나 인간의 통찰로는 하나님께서 이 세상을 통치하시지 않는 것으로 보인다."[109]고 한다. 그리하여 이 보고서는 세 차원에서 신앙으로 분별할 수 있는 하나님의 통치를 주장한다.

개인의 삶에서, 주님은 비극과 좌절 중에도 신실하게 행하여진 행동들을 포착하시어 그것들을 엮어서 그의 지속적인 목적을 만드신다.

---

108) Ibid., p.192.
109) Ibid., p.239.

정치적이고 사회적인 삶의 운동들에서, 주님은 그의 심판을 보여주실 뿐만 아니라 공동체들 전부에게 삶의 새로운 기회들을 제공하신다.
과학적인 발견의 과정들에서, 주님은 희망과 재난의 가능성을 함께 약속하는 창조세계의 범위를 개방하신다.[110)

끝으로 본 잠정 보고서는 오늘날 우리의 선교적인 메시지에서 종말론이 약화되어 있음을 시적하고 있다. 즉 "계급 없는 사회에 대한 세속화된 종말론으로부터 파생된 마르크스주의의 선교적 추동력은 우리의 선교 메시지에 있어서 종말론적인 요소를 소홀이 여기는 우리에 대한 하나의 심판이다."[111)라고 하였다.

우리는 이상과 같은 빌링겐 IMC의 하나님의 선교에서 예수 그리스도의 선교에 중심을 두고 있는 삼위일체론을 발견하고, 이에 따른 파송의 신학을 보며, 종말론적 비전을 지닌 성령의 역사와 암울한 시대 속에서도 하나님의 나라의 징표들이 있다고 하는 사실과, 이 맥락 속에서 교회의 하나님 나라 대행 역할이 매우 중요함을 밝혔다. 그리고 하나님의 통치 혹은 하나님의 나라가 개인의 삶과 정치적 운동들과 사회운동들, 그리고 과학과 기술의 발전 등에서도 그 징표를 나타내고 있음을 확인하였다. 그러니까 하나님의 나라가 교회 밖의 인류 보편사 속에서 하나님의 선교에 의하여 진행되고 있다고 하는 점이 본 빌링겐 보고서에서 암시되어 있는 것으로 보인다. 비록 아직 창조세계를 하나님 나라와 연관시키지는 않지만 말이다.

---

110) Ibid., p.240.
111) Ibid., p.245.

에큐메니칼 운동은 1961년 뉴델리 WCC 때에 골로새서 1:15－20절에 근거한 우주적 기독론으로 창조세계에 대한 문제를 일깨웠던 지틀러의 기조연설에도 불구하고 1960년대까지도 창조세계의 보전에 대한 문제를 심각하게 생각할 수 없었다. 1970년대, 특히 1975년 나이로비 WCC의 JPSS에 이르러 창조세계의 건강에 대해서 진지하게 생각하기 시작하였다.

Ⅱ. 휘체돔의 '하나님의 선교'(1957)

휘체돔에게 있어서 구속사(Heilsgeschichte)는 '하나님의 선교' 역사이다(9).[112] 그리고 이 하나님의 선교는 하나님의 활동 전부를 포함하기 때문에 하나님의 주권과 동일시된다(11). 저자는 "하나님의 선교의 목표란 인류를 하나님 나라(basileia tou theou) 속으로 합체시키는 것이요, 인류에게 그것의 선물들(이신칭의 등: 역자 주)을 갖다 주는 것이다."(14)라고 주장한다. 하지만 저자는 하나님의 선교와 하나님 나라 개념에서 창조세계 보전의 문제를 전적으로 배제시키고 있다(에큐메니칼 운동에서뿐만 아니라 전세계적으로 '창조세계 보전'의 문제는 1970년대에 본격적으로 등장하기 때문에). 하지만 휘체돔은 하나님의 활동 공간으로서 창조세계(God's vis－a－vis)를 지으시

---

112) George F. Vicedom, The Mission of God, tr. by Gilbert A. Thiele and Dennis Hilgendorf(St. Louis, Missouri: Concordia Publishing House, 1965).

고, 그것의 구속을 언급하고 있다(15). 하지만 하나님 나라 개념에 있어서는 하나님과 인간의 교제에 집중하고 있다.

그럼에도 불구하고 저자는 역사와 창조세계가 하나님과의 교제와 친교와 참여를 거부하여, 온갖 비극을 초래하였다고 보면서, 하나님의 선교란 우선은 이와 같은 '적대적인 영역(this hostile area)'(17) 모두에서 수행되는 삼위일체 하나님 자신의 선교라고 한다.

> 동시에 하나님께서는 인간의 타락 후에도 자신의 상대방을 자신의 창조세계로 여겼다. 그와 같은 이유로 하나님께서는 인간의 반항적 권력욕이 받아 마땅한 그 무엇, 즉 죄인인 인류를 단순히 멸절시키시지 않으셨다. 오히려 하나님께서는 타락 이후에도 자신의 피조물들에 대한 그의 관계에 있어서 계속해서 자기 자신에게 신실하셨다. 그리하여 하나님께서는 오래 참고 견디시는 가운데 심판과 은혜를 통하여 인류를 다시 구원하시려고 하시고, 이들에게 하나님 나라에의 참여를 허락하시려고 하신다……(17)

저자는 여기에서 하나님 나라에 반대되고 이 하나님 나라에 저항하는 사단 마귀의 나라를 언급한다. 저자는 역사의 끝까지 하나님 나라와 사단 마귀의 나라가 대립할 것으로 보면서, 하나님의 선교가 이와 같은 상황에서 많은 사람들을 회개를 통하여 하나님 나라의 구성원들로 만들어야 할 것을 주장하지만, 결국 미래 종말론적인 하나님 나라에서는 죄와 죽음과 사단 마귀의 모든 적대세력이 격파되고 새 창조의 세계가 전개될 것이라고 한다. "죄로 인하여 야기된 하나님의 창조세계 속에 있는 모든 대립갈등이 제거될 것이고, 새 창조의 세계가 등장할 것이다."(25) 그리고 "그리스도께서는 자신의 재림 때까지 그의 나라를 선포케 하실 것이고, 선교를 통하여 하나님 나라의 구성원들을 모을 것이며, 이들을 결단 앞에 놓을 것이고, 다시 오실 때까지 성령의 은혜들을 가지고 자신의 교회 안에 현존하실 것이다……"(26) 휘체돔에게 있어서 하나님 나라는 이중적인 의미에서 미래이다. 하나는 그가 재림하시어, 하나님께서 모든 것의 모든 것이 되시는 방식으로 하나님 나라를 세우실 것이라고 하는 의미요, 다른 하나는 방금 위에서 기술한바 초림과 재림 사이의 하나님의 선교에 관한 것이다.

하지만 휘체돔은 '새 창조의 세계'에서는 하나님의 구원받은 백성들만이 하나님과 충만한 동반자적 관계 속에 있게 된다고 본다.

> 하나님께서는 심판 가운데서 그의 영광과 구원의 나라를 계시하시는데, 그 목적은 땅 위에서 기생하는 삶의 조건들을 시발시키기 위해서 아니라 죄악 세상을 멸절시키고 새 창조를 통하여 하나님 자신의 백성, 곧 하나님 나라에 대한 선포에 의하여 예수 그리스도를 통하여 자신들을 구출되도록 한 사람들하고만 충만한 동반자적 관계를 생산하는 데에 있는 것이다(28).

그런즉 휘체돔은 종말론적 차원에서 아우구스티누스적인 '두 도성' 사상 혹은 루터적인 '두 왕국론'을 극복할 수 없었다.

> 예수님은 마귀들과 마귀적 세력들에 대하여 전쟁을 선포하시고 그것들을 정복하시기를 원하신다. 이것이 일어나는 것은, 주님께서 설교

를 통하여 그 자신의 백성을 그 전쟁에 동참케 하시며, 그의 말씀을 듣는 사람들을 그 다른 나라로부터 자유케 하시고 이들의 회개를 통하여 그 싸움터로 보낸다. 인간은 자신이 다른 나라에 묶여 있다고 하는 사실을 깨닫고 그리스도의 능력으로 그와 같은 속박의 끈들을 풀어버려야 한다. 그는 다른 나라를 떠나기 위하여 하나님 나라 속으로 부름을 받은 것이다(32).

휘체돔에게 있어서 '선택과 파송'의 수제도 중요하다. 먼저 '선택'에 대하여 소개하자. 이스라엘의 선택은 정확히 열방들을 향한 하나님의 구원에 대한 섬김이다. 이스라엘의 선택을 통하여 열방들이 하나님의 약속(창 12:1 이하)에 포함되었다. 이스라엘은 저들을 위한 약속의 운반자요 축복의 매개자이다. 성경의 하나님은 이스라엘을 선택하시는 하나님이시요, 열방을 선택하시는 하나님이시다(48). 여기에서 우리는 이스라엘의 구속사적 자리와 역할을 확인할 수 있다.

다음에 우리는 '파송'에 대하여 소개하자. 휘체돔은 삼위일체 하나님의 파송의 신학에 근거한 선교신학을 주장한다.

이런 식으로 예수님은 이 파송에서 그 자신의 선교적 과제를 수행하신 것이다. 그러나 그것은 항상 삼위일체 하나님께서 이 세상의 구원을 위하여 그 자신에게 주신 위탁이요 의지이다. 예수님은 항상 아버지와의 조화 속에서 행동하시고, 마치 아버지 자신이 일하고 계신 것처럼 사역하신다. 예수님은 아버지의 사역을 성취하시니(요 4:34), 이는 아버지께서 일하고 계심의 증거이다(요 9:3 이하). 파송에 있어서 사람들에게 분명해야 하는 사실은 아버지께서 아들 안에 그리고 아들이 아버지 안에 계신다고 하는 것이다(52).

성령께서도 파송을 받으셨다(요 14:26, 15:26, 16:7). 그는 아버지와 아들로부터 나오셨다. 이로써 성령의 파송에서 삼위일체 하나님의 은혜의 충만이 주어진 것이다. 성령이 일하시는 곳에서 삼위일체 하나님께서 일하신다. 하나님께서는 성령 안에서 이 세상과 관계하시면서 사람들 사이에 현존하시고 사람들에게 이들을 위하여 성취된 바를 분여하신다(55).

끝으로 삼위일체 하나님의 파송의 신학과 하나님의 선교와 불가분리한 사도직 수행은 교회의 선교적 사명과 관련하여 네덜란드 선교신학의 특징이이기도 하다. 교회의 섬김은 이스라엘의 그것처럼 모든 이방인들로 복음을 듣고 구원 얻게 하는 것인데, 이것은 다름 아닌 사도직 수행이다. 이방세계를 복음을 통하여 회심하게 하시려는 하나님의 의도는 성령의 파송에서 입증된다. 때문에 이와 같은 성령 파송과 사도들의 사도직 수행은 종말론적인 하나님의 행동이다(66). "때문에 사도들은 마지막 때의 메신저들이다(사 49:8, 비교: 고후 6:1 f.). 바울의 이방사람들에 대한 사도직은 유대인들에 대한 그것과 동일시되는바 완전히 종말론적인 정향을 지니고 있다."(67) 네덜란드의 사도직에 대한 신학에 있어서 사도들의 사도직 수행은 하나님 나라를 바라보면서 선교를 종말론적으로 정향시켰으니, 이는 교회의 종말론적인 자리와 역할을 규정하고 있다. 그리하여 이와 사도직은 성령의 파송과 긴밀한 관련이 있다.

성령께서는 사도들을 하나님의 구원 계획으로 인도하셨고(비교: 요 16:12－15), 그들을 그와 같은 일로 몰아넣으셨으며, 그 일을 이루셨다(행 16:6, 고전 9:16). 성령의 충동은 그렇게나 컸기 때문에 선교 전체가 하나님의 승리적인 행군에 다름 아니었다. 바울은 정복당한 대적자로서 그와 같은 행군에 따랐을 뿐이었다. 그처럼 사도는 하나님의 구원 계획에 있어서 전적으로 하나님의 도구가 되었다. 그리스도께서는 사도들을 통하여 세상을 인도하시고, 선교를 통해서 세상을 목표 지점으로 인도하신다(67).

그린즉 휘제돔은 교회의 선교적 사명을 사도직 수행 차원에서 이해하고 있다. 그래서 그는 교회의 본질과 목적을 '하나님의 선교'로 본다.

우선 첫째로 교회 그 자체는 사도직 수행의 결과이다. 하나님께서 예수 그리스도를 통해서 실행하셨고, 사도들의 시대부터 오늘날에 이르기까지 그와 같은 활동을 계속하고 계시는 파송은 교회를 형성시키는 데로 인도하였다. 하나님께서 아들을 파송하시지 않으셨다면, 교회란 존재하지 않는다. 그리스도께서 자신의 말씀이 인간들을 통해서 선포되도록 허락하시고, 인간들이 구속의 메시지를 통하여 세상으로부터 불어냄을 받는다고 하는 사실이 교회를 실존하게 만들었다(82).

하나님께서 사도들을 통하여 그의 아들의 사역들을 계속하신 것처럼 하나님께서는 그렇게 사도들의 사역의 결과인 교회를 통하여 사도들의 활동을 수행하며, 그의 목적에 도달하실 때까지 그것을 연장하신다(마 24:14). 이와 같이 교회의 선교는 동시에 하나님의 선교에 의하여 포함되고 형성되어지는 것으로서 현재에 있어서 하나님의 선교이다(마 1:16, 눅 10:1, 9:2, 요 17:18)(83).

이상 휘체돔의 하나님의 선교신학에서, 우리는 구속사, 임박한 하나님의 나라, 파송의 삼위일체 하나님, 종말론적인 비전과 성령론에 입각한 사도직 수행이 본질적인 요소들이요, '복음전도'는 이와 같은 틀 안에 위치하고 있음을 발견한다.

Ⅲ. 후켄다이크의 하나님의 선교

후켄다이크(J. C. Hoekendijk)의 『흩어지는 교회(The Church Inside Out)』[113]에서 편집자는 1948~1964년까지의 그의 글들을 모아서, 그의 사상을 체계화하였다. 본 저서는 빌링겐과 휘체돔 이후 1960년대의 에큐메니칼 선교신학을 정향시킨바, 그 영향력이 매우 컸다. 그것이 1952년 빌링겐과 1960년대 사이에서 너무 급진적인 '하나님의 선교'를 표방한다고 하는 비판을 받았지만 말이다.

편집자는 본 저서의 제1부에서 '사도직의 기능으로서 교회', 그리고 제2부에선 '교회와 세상의 만남'을 다루었는데, 필자는 종말론적 비전하에서의 하나님의 선교 차원에서 교회의 본질과 사명을 규명하기 위해서 제1부를 집중적으로 소개하고자 한다.

---

113) J. C. Hoekendijk, The Church Inside Out, ed. by L.A. Hoedemaker and Peter Tijmes(Philadelphia: The Westminster Press, 1964).

1. 복음전도로의 소명

후켄다이크는 1950년에 쓴 "복음전도로의 소명"(본 저서의 제1장)에서 1947년 휏비 IMC, 1948년 암스텔담 WCC, 1950년경 미국의 40개 개신교파들, 기타 호주, 일본, 헝가리, 독일, 대영제국 및 캐나다에서 발견되는 교회의 사도직으로서의 순수한 '복음전도'를 향한 외침을 언급하고 나서, 지난 기독교 역사 속에서 이 '복음전도' 밑에 깔려 있는 잘못된 전제를 지적한다. 그는 그것을 '기독교 세계의 회복(to restore 'Christendom')' 혹은 '교회 영향력의 재정복'이라 이름하면서, 한편 '기독교 세계(corpus Christianum)'를 앞세우는 '복음전도'를 비판하고, 나아가서 교회론을 대폭 축소시킨 종교개혁자들의 말씀설교 역시 비판한다. 후켄다이크는 이상과 같은 모든 이방인들에 대한 복음전도를, '교회와 이방인들과 구원에 대한 성경적 개념'을 다시 정의함으로써 비판하고, 무엇보다도 구약의 구속사적 배경을 지닌, 이미 임했고, 장차 임할 메시아의 시대의 가능성, 곧 종말론적인 가능성으로 본다(16~20).

후켄다이크는 '우리는 복음전도에 대한 새로운 성서적 비전 혹은 짧게 말해서 성서적 의미의 복음전도의 회복'을 제안하고 있다. 그는 이 복음전도에 있어서 "모든 세속적인 복합성들과 이념들을 제거시킨다."(20) 그는 종말론적 시야를 지닌, 이교도들에 대한 복음전도를 말한다. 후켄다이크에 의하면 "이교도의 복음화는 오직 메시아 시대의 가능성이다."(20) "구약에서 열방을 모으시는 분은 다름 아닌 메시아이시라는 것이다. 이 메시아의 구원하시려는 의지는 그렇게 큰 권세가 있기 때문에, 모든 저항이 극복된다고 하는 것이다. 마지막 날, 즉 메시아의 날에 모든 열방이 와서 하나님을 찬양할 것이다. 메시아는 복음전도자이시다. 오직 그분의 능력과 권위에 모든 열방이 복종할 것이라는 것이다."(20)라고 한다.

후켄다이크는 단 7:13-14절에 나오는 '권세와 영광과 나라'가 주어졌고, '모든 백성과 나라들과 각 방언하는 자로' 섬김을 받으시는 '인자(the Son of Man)'를 십자에 달리셨다가 부활하신 메시아로 본다. 그는 예수님의 부활 이후에 이교도들에게 복음전도의 길이 열렸다고 한다. 마태복음 28장은 다니엘 7장과 관계가 있으니, 예수 그리스도께서는 부활 후에 하늘과 땅의 모든 권세를 위탁받으신 것이다. 그리하여 우리에게는 마지막 때가 동터 올랐고, 우리는 장차 올 영광의 징표들 가운데 살고 있다고 한다. 또한 우리는 장차 올 하나님 나라의 교제 속에서 사는 시대로 옮겨졌다. 그래서 후켄다이크는 종말이 임박했다고 하는 징표를, 하나님 나라의 복음이 도처에 전파되고 있는 사실에서 본다. "이 천국복음이 모든 민족에게 증거되기 위하여 온 세상에 전파되리니 그제야 끝이 오리라."(마 24:14) 후켄다이크는 이와 같은 종말론적 소망이 선교적 사고에 있어서 불변수라고 한다(20-21).

이제 후켄다이크는 이상의 논의에서 두 가지 결론을 이끌어 낸다. 하나는 메시아(그리스도)가 복음전도의 주체라고 하는 것이요, 다른 하나는 이스라엘이 기대했던 바, 메시아가 샬롬 공동체를 세우실 것이라고 하는 것이다. "이 샬롬은 개인적 구원 이상의 것이다. 그것은 동시에 평화, 통전성, 공동체, 조화 및 정의이다."(21) 그는 시편 85편을 인용한다. 후켄다이크는 구약과 신약에서 이 '샬롬'을 정의한다.

> 메시아는 샬롬의 왕이시다(사 9:6). 그는 샬롬이 되실 것이다(미 5:5). 그는 이방세계에 샬롬을 말할 것이다(스 9:10). 그는 우리들에게 미래와 소망을 주시기 위해서 주님께서 우리를 위해서 지니고 계시는 샬롬 계획을 실현하실 것이다(렘 29:11). ……예수님은 그의 제자들과 샬롬을 나누셨다(요 14:27). 그리고 사도들의 설교는 예수 그리스도를 통한 샬롬에 대한 설교로 요약되었다(행 10:27, 사 52:7). 우리는 그리스도를 대신하여 사신이 되었고, 지금이 샬롬의 날이라고 하는 사실을 선포하기 위해서 그분과 함께 일한다(고후 5:20, 6:1 - 2)(21).

후켄다이크에 의하면, "하나님께서는 전 창조세계의 구속(救贖)을 의도하셨다."(22)라고 한다. 하나님께서는 모든 그의 원수들을 복종시키시기까지 이 세계를 통치하실 것이라는 것이다. 그러나 이미 하나님께서는 그의 주권을 상당 부분 확립하셨다. 즉 '모든 생명을 위한 샬롬'을 확립하셨다는 것이다(22).

후켄다이크는 이상과 같은 종말론적 비전하에서 그리고 '하나님의 선교'의 관점에서 교회의 메시아적 "복음전도는 소망의 실현에 다름 아니다."라고 한다. 이 관점에서 그는 두 가지 복음전도 방식을 비판한다. 하나는 '선전(propaganda)'로서의 복음전도를 반대한다. 호켄다이크는 한 루터교인, 한 장로교인이 되도록 기독교를 선전하는 것은 진정한 의미의 '복음전도'가 아니라고 한다(22 - 23). 그리고 두 번째 잘못된 전도방식은 '교회의 이식(the plantation of the church)' 혹은

‘교회의 확장’이다. 일찍이 17세기에 보에티우스는 로마가톨릭 전통을 따라서 선교의 목적을 ‘교회의 이식(plantatio ecclesiae)’이라 하였다.

이에 반하여 후켄다이크는 "나는 거룩한 사도적 교회를 믿는다." (사도신경)에서 ‘사도적’이란 교회의 사도적(복음전도를 위해서 세상 속으로 파송된: 역자 주) 기능에 관련된 것이라고 한다. 즉 교회는 이 세계 속으로 파송받아서, ‘이 세상 속에서 일어나는 하나님의 구속행동의 도구’가 되는 것이요, ‘이 세상 속에 샬롬을 건설하기 위해서 하나님 손에 붙잡힌 도구’라고 한다. "교회의 복음전도는 영화롭게 되신 인자의 승리적 행진 속으로 이끌려 들어가는 것이요, 이 행진 속에서 교회는 자신이 장차 올 하나님 나라의 징표들 속에서 걷고 있다는 사실을 발견하는 것이다."(24)

후켄다이크는 메시아적 샬롬의 바른 해석을 위해서 마태복음 11장을 그 출발점으로 삼는다. "예수께 여짜 오되 오실 그이가 당신이 오니이까 우리가 다른 이를 기다리오리이까 예수께서 대답하여 가라사대 너희가 듣고 보는 것을 요한에게 고하되 소경이 보며 앉은뱅이가 걸으며 문둥이가 깨끗함을 받으며 귀머거리가 들으며 죽은 자가 살아나며 가난한 자에게 복음이 전파된다 하라."(마 11:3－5) 여기에서 요한은 예수님이 과연 구약이 약속한 바, 샬롬을 실현하실 메시아이신가를 묻고 있으며, 예수님은 자신이 참메시아이시고, 참으로 메시아의 시대가 도래했다고 대답하고 있는 것이다. 후켄다이크는 이것을 출발점으로 하여, 샬롬이 케뤼그마(복음선포)로, 코이노니아로, 다이코니아로 표현되어야 한다고 본다. 즉 복음전도는 샬롬을 선포하고 실현하는 것이요, 샬롬에의 참여자로서 코이노니아 속에서 사는 것이며, 디이코니아를 통해서 샬롬을 실현하는 것을 뜻한다. 케뤼그마는 샬롬이 도래했다고 하는 선포요, 그리스도께서 지금 여기에 현존하고 계신다고 하는 선포이다. 그리고 코이노니아는 샬롬을 나타내고, 다이코니아는 이 샬롬을 이기적인 목적이 아니라 이타적인 목적을 위해서 다른 사람들과 나누게 한다(25-26).

후켄다이크는 이 셋에 대해서 좀 더 상술하고 있다. (1) 그는 다드(C. H. Dodd)와 함께 사도적 설교인 케뤼그마는 엄격하게 객관적이라고 한다. 호켄다이크에 따르면, 이 케뤼그마 안에 구속사가 있는데, 사람들은 이것이 계시로 선포되기 전까지는 이것에 대해서 알 수 없었다고 한다. 그리고 이 객관적 실재는 인간의 그 어떤 경험과도 접촉점을 가질 수 없다고 한다. 그는 사도들의 케뤼그마가 구속사라고 하는 거대담론을 배경으로 하고 있다고 하는 것이다. 그는 바르트처럼 이 성서의 세계를 '놀랍게도 새로운 세계'라고 한다. (2) 코이노니아란 샬롬이 삶으로 옮겨지는 장소이다. 때문에 기독교 공동체는 새로운 시대에 속한다. 이것은 동일한 구원에 동참한 사람들의 교제란 '나그네와 행인'(벧전 2:11) 이외에 아무것도 아니라고 한다. (3) 끝으로 다이코니아란 마태복음 25장이 말하는 단순히 자선(charity) 차원의 그것이 아니라 하나의 주어진 사회의 구조악에 대한 개혁을 위한 그것이다. 물론 메시아적 샬롬에 대항하는 모든 문제들이 전적으로 파괴될 수는 없어도, 적어도 하나님 나라의 표지판들을 세워 나가야 한다고 한다(27-31).

2. 종말론적 비전하의 교회

후켄다이크는 '구약에서 약속된 메시아적 성취란 세상을 위한 하나님의 나라'로 본다. 자신의 오심 안에서 그리고 이 오심을 통하여 하나님의 나라를 가까이 도래하게 하신 부활승천하신 주님은 이 하나님 나라의 문을 이 세상에 활짝 여셨다. 하나님 나라의 대응물(correlate)로서 '세상'은 메시아적 개념이다. 땅과 시간의 끝은 동일 귀속한다. 종말론과 보편주의는 메시아적 충만의 차원들이다. 이것이 역사의 의미이다. 즉 시간이 끝날 때까지 전(全) 오이쿠메네가 하나님 나라와 대면한다(마 24:14 "이 천국복음이 모든 민족에게 증거되기 위하여 온 세상에 전파되리니 그제야 끝이 오리라.")는 말이다. 때문에 신약성서는 선교를 종말론의 요청이라고 말한다. 후켄다이크는 이것을 세 가지 전망(묵시적, 구속사적, 사도적)으로부터 이해한다(32).

이 셋을 요약하면 아래와 같다.

1) 신약성서에서 묵시적 구절들은 선교에 대한 언급을 항상 동반한다. 즉 전쟁, 기근, 우주적 재해, 핍박 및 적그리스도가 언급되는 곳에서는 틀림없이 종말의 징표로서 이방사람들에 대한 선교가 언급되고 있다(막 13:10, 마 24:14, 계 6:1-8, 11:3, 14:6-7, 살후 2:6-7). 인류역사가 하나님의 은혜로 계속 존속하고 지탱되고 있는 것은 복음이 이방세계에 전파되기 위한 하나님의 조치이다(32-33).

2) 복음을 모든 이방세계에 전파하라고 하는 교회에 대한 사도직의 명령은 "두개의 직설법, 즉 구약에서 약속되었던 메시아적 성취

와 성령의 약속에 근거한다."고 한다. 후다이크는 마 28:19절의 '위대한 위탁'은 마 28:18절의 '메시아적 권능 선포'와 마 28:20절의 '성령의 약속' 사이에 위치하고 있다고 주장한다. 구약의 구속사의 메시아적 완성과 성령의 약속이 교회의 사도직의 대(大)전제(前提)라는 것이다. 여기에서 후켄다이크는 마 28:18절이 단 7:13-14절의 성취로 보면서, 종말론적 인물인 인자(예수 그리스도)가 이미 영광 가운데로 진입하셔서, 장차 다가올 영광의 빛을 비추고 계신다고 한다. 바로 이 인자가 하늘과 땅의 모든 권세를 위탁받으셨다. 후켄다이크는 구약에서 이미 약속되었던 이방사람들의 회심을 언급한다(사 2:2, 미 4:1-3, 사 11:10, 25:6-8, 사 40:4, 45:6, 18, 20-24, 시 22:29 등). 그리고 그는 이것이 신약에서 성취되었다고 한다(롬 14:11, 빌 2:11)(34-36).

3) 후켄다이크는 예수님은 유대인이시요, 다윗의 아들이기도 하신 인자로서 구속사의 의미와 끝은 이스라엘의 구원이라고 한다. 하지만 그는 이 이스라엘이 메시아를 저버리는 역사를 구속사적으로 본다. 즉 그는 이 저버림 후에 그리고 십자가와 부활 후에, 승천하신 그리스도께서 이방사람들에게 선교의 길을 개방하신 것은 구속사적 의미를 갖는 것이라고 한다. 바야흐로 사도들이 회당 선교로부터 이방민족들에 대한 선교로 나갈 수 있었던 것은 다름 아닌 이스라엘의 이방사람들에 대한 박해 때문이었다. 하지만 결국 하나님께서는 종말에 가서 이들 이스라엘을 모두 구원하실 것이라고 하는 것이다. 때문에 이방세계에 대한 선교는 이스라엘이 타락과 회복 사이에 놓여 있는 가능성이다(36-37).

이미 이방선교는 마 28:18 - 20절에 명시되었으나, 성령의 선물은 이방선교의 전제이다(행 1:8, 눅 24:49). 특히, 눅 24:46절 이하는 메시아의 고난과 부활(46절), 이방사람들에 대한 설교(47절) 및 성령의 약속(49절)을 말씀하고 있으니, 이는 구속사적 계획의 측면들(46절)이다. 이제 후켄다이크는 이와 같은 구속사적 측면과 묵시적 측면을 연결시키면서, 이렇게 결론을 내린다. 이방세계에 대한 선교는 이방 민족들의 회심에 관한 메시아적 약속의 성취에 뿌리를 두고 있는바, 하나님에 의해서 주어진 가능성이다. 그것은 그리스도의 부활승천과 그분의 재림 사이에, 즉 마지막 때에 일어난다. 그것은 하나님의 종말론적 행동들의 일부이다. 하나님께서는 이를 통해서 그의 구속사를 완성하시고, 성령을 통하여 우리의 반항과 거부를 극복하심으로써, 복음을 전(全) 오이쿠메네로 몰아넣으신다. 성령과 선교는 종말 국면의 징표들로서, 우리는 이 속에서 살고 있고, 이것은 미래에 의해서 규정을 받는다(37 - 38).

후켄다이크에 의하면 이상과 같은 주제들은 묵시적(살후 2:6절 이하), 구속사적 및 성령론적 동기를 지닌 성서적 사도직(the apostolate) 개념에 관련하여 반복되고 있다. 사도들은 마지막 때의 메신저들이요, 장차 다가오는 주님의 날에 대한 선포자들(사 52:7절이 롬 10:13 -19에서 인용되었음)이요, 메시아적 약속들의 성취를 선포하는 사람들이다(사 49:8절이 고후 6:1 - 2절에 인용되었음). 후켄다이크는 메시아의 부활승천 후, 12제자들은 종말론적 사도들로 최종적 권한 부여를 받았으니, 이들의 사도직은 부활 이전의 그것과 다르다고 본다. 사도 바울이 자신을 '이방인을 위한 사도'라고 칭할 때에 그는 하나님의 종말론적이고 구속사적인 관여를 가리키고 있다고 한다. 그것은 단순히 바울이 유대인을 위한 사도가 아니라 이방인들을 위한 사도라는 것을 뜻하는 것이 아니라고 한다. 이것은 복음이 우선 이방인들에게 전파되어야 한다고 하는 롬 9-11장의 내용과 관계가 있다. 즉 그것은 복음이 모든 이방세계에 전파되면, 주님께서 오신다고 하는 종말론적 비전과 관계가 있다(38).

바울은 자신의 사도직 수행을 '성령의 디아코니아'(고후 3:8)로 보는바, 사도직과 성령은 긴밀하게 관련되어 있다. 성령께서는 사도 바울을 하나님의 구속 계획 속으로 합체시키신다. 바울 자신의 복음전도 계획은 항상 성령의 지시에 의해서 인도되었다(행 16:6절 이하). 그는 신적인 강권하심 밑에서 살았다(고전 9:16). 그가 이것을 거부할 때에도 그는 포로된 자처럼 신적인 승리적 행진대열에 휩쓸려 들어갔다. 사도 바울은 하나님의 종말론적 계획의 실현을 위한 도구였다. 성령께서 이 신비를 바울에게 계시해 주셨다. 그래서 골로새서(1:22-29)는 사도직과 경륜과 신비를 한숨에 말하고 있다고 한다. 그리스도께서는 사도 바울을 통해서 이 세상을 끝으로 인도해 가시는 것이다(39).

그리하여 후켄다이크는 하나님 나라-사도직(온 세계에서 종말론적 하나님 나라를 선포하는 사도직)-오이쿠메네(the Kingdom-apostolate-oikoumene)라고 하는 구도 속에서 제도적 교회를 극소화한다. 바로 이런 뜻에서 후켄다이크는 '하나님-교회-세상'이라고 하는 도식보다도 '하나님-세상-교회'라고 하는 도식을 선호한다.[114] 그에게 있어서 '교회론'이란 기독론의 한 단락 정도(메시아의 세계

관여)이고, 종말론의 한 문장 정도(메시아의 세계 관여)이다. 후켄다이크는 '하나님 나라－사도직－오이쿠메네' 구도에 있어서 교회의 자리 매김에 대해서 이렇게 말한다(40).

　교회는 자신을 하나님의 오이쿠메네 관여의 일부로서 사용되게 하는 한에 있어서 교회이다. 이런 이유로 교회는 다만 '에큐메니칼'하다. 즉 교회는 오이쿠메네, 곧 온 세계로 정위되어 있다(40).

따라서 구속사적이고 종말론적이며 성령론적인 사도직 수행을 위하여 오이쿠메네에 관여하지 않는 '교회 중심적 선교'를 후켄다이크는 거부한다. 그는 '우리의 교회론을 하나님 나라－복음－사도직－세상의 틀 거리 안에서 다시 생각하는 시도'를 해야 할 것을 제안한다. 그는 교회가 선교의 출발점이나 종착지점으로 보는 것을 반대한다. 후켄다이크에 의하면, 하나님 나라는 이 오이쿠메네를 향하고 있고, 세상(kosmos / oikoumene)과 하나님 나라는 상관 개념이다. 이 세

---

114) 참고: The Church Inside Out, pp.70－71: 'Ⅳ. 변화된 사회 속에서 변화된 교회'에서 후켄다이크는 1960년대 초반 에큐메니칼 상황을 논한 다음에 "우리의 하나님은 이 세상의 어떤 부분에 족쇄사 채워져 있는 바알이 아니시다…….", "우리의 하나님은 성전 거주자가 아니시다."라고 하면서 하나님은 "현상유지의 하나님이 아니시고 오히려 미래의 주님이시고 이 세계역사의 왕이시며 그와 같은 분으로서 교회의 머리시다."라고 하였다. 그리고 이어서 그는 '하나님－세상－교회'를 바른 순서라고 하면서, "우리가 성경에서 보고된 것으로 발견하는바, 역사는 단순히 에덴동산으로 시작하여 도성으로 끝난다."고 한다. 즉 에덴동산에도, 도성에도 성전이라고는 발견되지 않는다고 한다. 여기에서 후켄다이크는 적어도 하나님을 교회나 '기독교 세계' 안에 가둘 수 없음을 힘주어 말하고 있는 것으로 보인다.

상은 하나님의 놀라운 행동들이 일어나는 무대이다. 이 세상은 예수 그리스도를 통해서 화해된 세계요(고후 5:19), 하나님이 사랑하시는 세계요(요 3:16), 하나님이 그의 사랑으로 극복하신 세계(요 16:33)이다. 따라서 이 세상은 하나님 나라가 선포되어야 할 장(場)이다. 반역하는 전 이방세계(oikoumene)를 향하여, 하나님 나라가 선포되어야 한다. 후켄다이크는 "마치 화해의 교역이 제정된 것이 화해의 본질적 부분인 것처럼 하나님 나라가 선포되어야 하는 것이 복음의 본질에 속한다."(41)라고 한다. 따라서 "복음을 선포하는 것이 복음의 본질적 부분이다."(41)이라고 한다.

후켄다이크는 "복음과 사도직이 본래적으로 동일 귀속한다."(41)라고 하면서, "이 사도직을 통해서 복음이 성취되고(롬 15:19, 골 1:24), 하나님께서는 이 사도직으로 이 세상을 위해서 이 세상과 계속해서 고투하신다."고 한다. 그는 사도직의 주체를 '예수 사도'(히 3:1)로 보고, 그리스도의 행동들(마 11:2)이 '주님의 사도적 교역'(고전 15:58, 16:10)으로 이어진다고 한다. 그리하여 그는 사도직의 장과 사도직의 내용과를 아래와 같이 주장한다.

> 사도직의 장은 오이쿠메네요, 사도직의 내용은 하나님 나라 구원(kingdom-slavation), 곧 샬롬의 표지판들을 세우는 것이요, 사도직은 케뤼그마에 의해서(선포로써 샬롬을 표현한다), 코이노니아로(샬롬의 공동체적 참여), 그리고 디아코니아로(겸허한 섬김으로 샬롬을 나타낸다) 성취된다(42).

그러면 교회의 자리 매김은 무엇인가? 후켄다이크는 교회를 사건으로 본다. 그는 "교회가 실제로 하나님의 나라를 이 세상을 향하여 선포하는 한 사건화한다."(42)라고 한다. 즉 "교회란 그리스도의 행동, 즉 사도의 행동 안에서만 그것의 실존을 갖는다."는 것이다. "그의 몸은 하나의 새로운 종교적 공동체가 아니라 새로운 인류의 생성이다. 인자와 하나님의 종은 인류 전체를 구원하시기로 되어 있으시기 때문이다."(42) 후켄다이크는 교회의 본성은 그리스도의 사도적 교역에의 참여 기능에 의해서 결정된다고 한다. 하나님 나라의 복음을 오이쿠메네에 선포하는 것이 교회의 본연의 일이다(42). 후켄다이크는 교회를 하나님 나라에 대한 징표요 예언자적 증거자로서 그의 실존 속에서 하나님 나라의 표지판을 세운다고 보고 교회는 자기로부터 하나님 나라를 가리킬 뿐이라고 한다(43).

후켄다이크는 "교회는 사도직의 기능이다."(43)라고 하면서, 두 가지 사실로 이를 예증하고 있다. 첫째로 그는 선교란 교회의 여러 기능 가운데 하나가 아니라 교회의 존재 이유 그 자체라고 하면서, 이 선교와 오이쿠메네 안에서의 코이노니아는 서로 불가분리하다고 한다. 후켄다이크는 에큐메니칼 운동의 의도를, 그리스도교적 코이노니아의 나타남으로 정식화하면서(44), 이 코이노니아란 정태적인 것이 아니라 '그리스도에의 공동체적 참여와 이 세상 속에서의 메시아적 교역에의 공동체적 참여'(44)라고 본다.[115] 그리하여 교회는 그리스

---

115) 참고: Ibid., pp.71 - 72: 후켄다이크는 메시아적 공동체란, 그리스도처럼 '자기 비움과 섬김과 사람들과의 연대성'을 지닌 공동체로 본다. 그리하여 그는 이와 같은 교회를, 타자를 위한 교회하고 한다. 즉 교회는

도교적 오이쿠메네 안에서의 코이노니아를 통하여 일치와 공동체성을 추구하면서, '이교적 오이쿠메네(the pagan oikoumene)'를 향하여 공동체적으로 증거해야 할 것이라고 한다.

둘째로 호켄다이크는 유대교가 원하는 '개종(proselytism)'이 유대교 안으로 내향하여 게토적 공동체를 지향하는 것처럼 교회 역시 밖으로부터 안으로 움츠리드는 전도를 해서는 안 된다고 한다. 하나님의 선교란 구심력적인 운동이 아니라 원심력저인 운동을 한다고 주장한다. 후켄다이크는 개인구원, 개교회 개척, 교회의 이식, 교파주의적 전도를 거부하고 있다.

IV. 제2바티칸 공의회(the Second Vatican Council)와 그 후

1. 제2바티칸 공의회를 전후로 한 로마가톨릭교회의 선교활동과 선교신학의 동향

베반스와 슈레더는 로봇 슈라이터와 더불어 1919년 "막시뭄 일루드(Maximum Illud)"(부제: 세상에서 가톨릭신앙을 전파하는 것)로부

그 자신 안에서 그리고 확실히 그 자신을 위하여 실존하는 것이 아니다. 마치 메시아께서 그 자신 안에 그리고 그 자신을 위하여 실존하시지 않은 것처럼 말이다.

터 1960년대의 제2바티칸 공위회(1962~1965) 전까지는 선교에 있어서 '확실성'의 시대이고, 제2바티칸 공의회를 '동요'의 시기로, 공의회 이후 10년을 '위기'의 시기로, 그리고 1974년 "에방겔리 눈치안디(EN)"를 '재탄생'의 시기로 보았다.[116] 첫 번째 시기는 선교 목표를 개종자를 얻고 영혼구원(conversio animarum) 원리를 추구하며 지역 교회를 세우는(plantatio ecclesiae) 선교, 곧 18~19세기적 '복음전도(evangelism)'에 치중하는 선교에 의해서 특징지어졌다. 그럼에도 불구하고 베반스와 슈레더의 주장을 읽어 보면, 이와 같은 제1차 세계대전 이후의 '확실성'의 선교에 있어서도 선교실천의 패러다임 이동이 엿보였던 것으로 보인다.

즉 레베의 탈민족주의 선교와 비서구화 기독교의 요청, 푸코(Charles Foucauld) 기독교적 현존모델, 피우스 11세의 선교를 중심에 두는 교회비전, 가톨릭의 사회교육과 행동을 발전시키는 전통, 도로시 대이의 비폭력과 구조적인 악에 도전하는 예언적 증언, 가톨릭 행동, 안나 뎅겔, 성배운동, 중국의 메리놀 수녀회와 여성과 평신도가 교회와 선교에서 주도적이고 적극적으로 일할 수 있도록 한 평신도 선교운동, 토착지역 교회와 비강제적인 복음화를 꾀한 포스 비숍의 비전, 후기 기독교 유럽을 선교대상으로 한 사제-노동자 운동, 그리고 문화와 사회과학을 선교와 중요하게 연결시킨 빌헬름 슈미트이다.[117]

---

116) 예언자적 대화의 선교(Constants in Context: A Theology of Mission for Today), 스티븐 B. 베반스와 로저 P. 슈레더 지음 / 김영동 옮김(서울: 크리스천헤럴드, 2007), p.491 이하.
117) Ibid., pp.500-501.

그러면 두 번째 시기인 '동요'의 시기는 어떠한가? 제2바티칸 공의회 문서 중 선교에 관한 것은 1965년에 확정된 "교회의 선교활동에 관한 교령(Ad Gentes)"인데, 베반스와 슈레더는 AG에서 발견되는 3가지 선교신학적인 발전을 제시하고 있다. 하나는 선교기원이 삼위일체 하나님이시라고 하는 것이요, 둘은 교회를 종전처럼 계층질서적 성직제세 중심으로 이해하지 않고, 하나님 나라를 향한 하나님의 순례하는 백성이요, 하나님 나라의 완성을 추구하는 사람들의 모임인 교회(Lumen Gentium=LG=교회에 대한 교리헌장)로 교회이해의 확장이다. 그리고 이 교회는 이 세상과 적극적으로 대화하고(Gaudium et Spes=GS=세계 속의 교회에 대한 사목헌장), 다른 그리스도교회와 에큐메니칼 관계를 가져야 한다고 보았으니(Unitatis Reintegratio=에큐메니즘에 대한 교령), 이미 LG는 그리스도 교회가 가톨릭교회 안에 존속하고 있는 것이지('subsists in……') 그리스도 교회와 가톨릭교회가 등식의 관계는 아니라고 하였다. 셋은 타 종교의 본질에 대한 새로운 이해였다. 즉 가톨릭교회는 AG에서 타 종교들 안에 있는 좋은 것을, 복음을 받아들이기 위한 준비로 보았고, 한 걸음 나아가서 '교회의 비기독교 종교와의 관계선언(Nostra Aetate)'에서는 그리스도를 통한 구원을 주장하면서도 타 종교들과의 대화의 문을 활짝 열어 가톨릭교회가 타 종교와 대화하여 배우고 협력할 것을 권하였다. 그리고 여기에 더하여 '종교의 자유에 대한 선언(Dignitatis Humanae)'은 좀 더 열린 선교, 즉 모든 사람은 강제가 아닌 평안한 마음에서 하나님을 자유롭게 찾을 수 있이야 한다고 하는 사실을 인정하였다.[118]

세 번째 시기, 곧 '위기: 공의회 이후의 10년'에 대하여 알아보자. 저자는 방금 위에서 기술한 1960년대의 가톨릭선교는 동요와 위기를 가져왔다고 본다. 바로 이 시기에는 많은 식민지들이 독립을 향해 질주하고, 세속화 신학의 지나친 낙관론을 지향했으며, 수천의 사제와 수녀와 수도사가 종교 공동체를 떠나는 등, 공의회가 새로운 삶을 낳기도 하였으나, 많은 혼란을 가져왔다. 그리고 공의회의 신학적 발전은 선교해야 하는 확신과 확보를 손상시켰다. 그리고 1966년에 세워진 남녀 선교 수도회는 선교에 대한 회의를 보였고, 칼 라너는 익명의 그리스도인을 주장하여, 선교에 대한 확신을 감소시켰으며, 그리스도를 인간 역사의 중심으로 보고 모든 문화들 안에서 그리스도의 성육신 과정이 진행되는 것으로 보면서 평화와 화해를 위하여 일하는 것이 결국 만유를 그리스도와 궁극적인 연합(에1 1:10)으로 인도한다고 하는 종말론적인 비전 역시 선교를 약화시켰다고 한다. 그리고 저자는 해방신학에 대해서도 선교의 관점에서 부정적으로 언급하고 있다.[119]

끝으로 4번째 시기인 '재탄생: 에반겔리 눈치안디'에서 대화와 선포까지'에 대하여 짚고 넘어가자. 1974년에 공의회 이후 세 번째 주교회의로서 '현대세계의 복음화'라고 하는 주제로 모였고, 1975년엔 교황 바오로 6세가 "에반겔리 눈치안디"를 발행하였으니, 이는 가톨릭교회에 있어서 선교운동의 부활을 의미하였다. 저자는 이와 같은 교황의 회칙과 관련하여 다음과 같은 의미 부여를 제시하고 있다.[120]

---

118) Ibid., pp.501–503.
119) Ibid., pp.503–507.

위기와 불안정의 과정을 거쳐 나온 EN은 공의회 이후 첫 10년의 반영과 경험에 비추어 AG의 많은 기본 원리들을 발전시켰다. EN은 교회의 본질을 선교로 재확인하였고(EN 14-15), 하나님 나라를 선교 신학의 신학적인 핵심으로 보았다. 2장에서는 복음화의 복잡한 본질이 설명되어 있는데, 거기에는 명백한 선포와 삶의 증언과 교회 공동체와의 협력과 새로운 전도자들을 파송하는 것이 포함되어 있다. 문서의 한 부분에서는 해방신학에 대한 관심과 문화화와 지역 교회에 의한 자치의식의 등장이 언급되어 있다. 동시에 EN은 문화의 복음화(20), 복음화의 해방시키는 본질(30), 대중적인 경건(48), 기초 교회 공동체(58)에 대한 새로운 진술에서 제2차 바티칸 공의회 이후의 교회의 경험을 지지하고 있다.121)

그리고 그다음 15년 동안에 많은 공식적인 선교문서들이 나왔는데, 그중에 몇 개만을 소개한다면, 1981년에 SEDOS(1966년에 세워진 남녀 선교 수도회)는 선포와 대화와 문화화와 가난한 자의 해방을 선교의 4가지 요소로 보았고, 1986년 미국 가톨릭 주교들이 내놓은 2개의 문서 중 하나는 "모두를 위한 경제정의: 가톨릭 사회 지침과 미국경제"요 다른 하나는 "땅 끝까지"인데, 후자는 미국교회의 선교에 대한 일반적인 책임을 환기시키고 있다. 그리고 AG 25주년을 기념하는 교황의 회칙인 Redemptoris Missio는 아직도 복음을 듣지 못한 사람들에 대한 이방선교와 교회 개척을 강조하였다. 그리고 이 회칙은 '인종과 종교의 경계를 넘어서'(25), 또한 도시와 '현대의

---

120) Ibid., pp.507-508.
121) Ibid., p.508.

아레오파고'(35)와, 기독교인이 사회적 소통과 평화와 개발과 해방과 과학적 연구와 구제관계 같은 영역에서 일하는 곳에 선교를 확장하는 것을 뜻한다. 끝으로 1991년엔 종교간대화평의회와 인류복음화성(Congregation for the Evangelization of Peoples, 포교성성의 새 이름)이 연합으로 "대화와 선포(Dialogue and Proclamation)"라고 하는 공식문서를 작성하였다. 이 문서는 RM보다 더 대화에 대하여 열린 자세와 뉘앙스를 가지고 있다.122)

그리고 저자는 테레사를 비롯하여 많은 남녀 가톨릭 신자들이 특별한 상황에서 '밑바닥부터'의 선교활동에 열성적으로 참여했다고 하고, 20세기 후반에 선교에 참여한 미국 가톨릭 선교사들 가운데 45퍼센트가 여성이라고 하고, 미국 가톨릭 선교연합(USCMA)은 종교 공동체 소속의 '백발'의 장기 선교사와 평신도 단기 선교사들이 많았다고 하고, 두 번째 천년의 말에는 가톨릭 선교사의 대다수가 제3세계 출신이라고 한다.123)

2. 제2바티칸 공의회의 "교회의 선교활동이재에 대한 교령" (Ad Gentes)

이상과 같은 로마가톨릭교회의 제2바티칸 공의회를 전후로 한 선교활동과 선교신학의 동향을 염두에 두면서, 제2바티칸 공의회의

---

122) Ibid., pp.508 – 509.
123) Ibid., p.511.

"교회의 선교활동에 대한 교령(Ad Gentes＝AG)"에서 세 가지 측면
만을 살펴볼 것이다. 하나는 '삼위일체 하나님과 선교'요, 둘은 '하나
님 나라와 교회'요, 셋은 '하나님의 선교와 복음전도'이다.

1) '삼위일체 하나님과 선교'

AG는 "순례하는 교회가 본성상 선교적이다."라고 하면서 이 교회
의 기원과 존재이유와 존재목적을 파송의 삼위일체 하나님 혹은 경
세적인 삼위일체 하나님의 활동에 두고 있다. 즉 AG에 따르면, "교
회는 아들의 선교(the mission of the Son)와 성령의 선교(the mission
of the Holy Spirit)에서 기원하였는데, 이는 아버지 하나님의 결의
(decree)에 일치하는 것이다."[124] 그리고 AG는 이와 같은 삼위일체
하나님의 파송 혹은 경세(economia)가 창조와 구속과 종말론적 완성
을 지향하는 것으로 본다. 다음의 인용은 내재적 삼위일체 하나님의
파송 혹은 경세에 의한 모든 활동을 큰 틀에서 묘사하고 있다.

> 그와 같은 결의는 아버지 하나님 자체 내의 '사랑의 원천'으로부터
> 흘러나온다. '기원이 없으신 기원이신' 아버지 하나님으로부터 아들이
> 탄생되시고 성령께서는 이 아들을 통하여 발출하신다. 아버지 하나님께
> 서는 그의 신적인 선하심을 아낌없이 부어주시고 끊임없이 그렇게 하
> 시어서, 우리들을 그분의 탁월하고 자비스러운 호의로부터 창조하시고
> 더군다나 은혜로 우리들을 부르사 그 자신과 생명과 영광 가운데 소통

---

124) The Documents Of Vatican II, ed. Walter M. Abbot, S.J. and tr. Very
Rev. MSGR. Joseph Gallagher(America Press, 1966), AG I. 1.

하게 하신다. 이런 식으로 만유를 창조라신 그분이 종말에는 '만유의 주로서 만유 안에 계시……'(고전 15:28)고, 동시에 만유 위에 하나님 자신의 영광을 충만케 하시고 우리의 행복도 충만케 하실 것이다.[125]

그리고 AG는 위와 같은 삼위일체 하나님의 파송의 신학 혹은 경세의 틀 거리 안에서 하나님의 아들 예수 그리스도의 파송과 구속사역을 통한 인류구원과, 나아가서 종말론적으로 만유구원을 내다보고 있다. 다음의 인용을 읽어 보자.

> 하나님께서는 죄 된 인류와 자기 자신 사이에 평화 혹은 교제를 수립하고, 이들을 형제애가 넘치는 공동체로 만들기 위하여 인류역사 속에 새롭고 획정적인 방법으로 개입하시기고 결의하셨다. 그도 그럴 것이 하나님께서는 자신의 아들을 우리의 육신을 입혀 파송하시어, 이 아들을 통하여 인류를 흑암과 사단의 권세로부터 빼앗으시고(참고: 골 1:13, 행 10:38), 이 아들 안에서 온 세상을 자신에게 화해시키셨다 (참고: 고후 5:19). 하나님께서는 아들을 통하여 만유의 질서들을 지으셨다(히 1:2, 요 1:3, 고전 8:5, 골 1:16). 그리고 한 걸음 더 나아가서 하나님께서는 아들을 만유의 후사로 삼으셨으니, 하나님께서는 아들 안에 만유를 회복하실 것이다(AG. 3.).

그리고 AG는 정통 기독론에 입각한 모든 인류의 구원을 지적하고, "일찍이 주님에 의하여 선포된 것 혹은 인류구원을 위하여 주님 안에서 일찍이 성취된 것은 예루살렘으로부터 시작하여 땅 끝까지

---

125) Ibid., AG Ⅰ. 2.

선포되고 확산되지 않으면 안 된다."(AG 3.)고 하면서, 급기야 이상과 같은 하나님의 선교의 맥락에서 성령파송에 의한 교회의 선교를 언급하고 있다. 이처럼 교회의 본성이 선교적이라고 하는 주장은 이미 LG에서도 동일하게 언급되고 있으나, AG야말로 이상에서 살펴본 대로 인간구원과 인간 승귀에 대한 하나님의 계획의 종말론적인 보편성과 포괄성을 언급하고, 교회는 역사의 지평 안에서 이를 구현하기 위하여 파송되었다고 하는 것이다. 다음의 인용에서 교회의 선교에 선행하는 성령의 파송과 사역이 두드러진다.

> 이 목적을 수행하기 위하여 그리스도께서는 성령을 아버지로부터 파송하셨다. 성령께서는 그리스도의 구원사역을 사람들 속에서 내적으로 수행하시고 교회를 추동하여 확장케 하신다. 의심의 여지없이 성령께서는 그리스도께서 영화롭게 되시기 전에 이미 이 세상 속에서 역사하셨다. 그러나 성령께서는 오순절 날에 제자들에게 내려오시어 그들과 영원토록 함께 머물러 계셨다(참고: 요 14:16). 바로 이날에 교회가 무리들에게 공적으로 계시되었고, 복음이 설교를 통하여 열방들 사이에 확산되기 시작하였으며, 결국은 하나의 보편적인 신앙 안에서의 만인의 연합이 미리 보인 것이다(AG 4.).

그런데 AG는 성령의 파송과 사역에 의한 교회의 선교를 그리스도 자신의 선교실행으로 본다.

> 이 선교는 하나의 지속적인 것이다. 역사의 과정 속에서 교회는 가난 자들에게 복음을 전하기 위하여 보내심을 받은 그리스도 자신의

선교를 펼치는 것이다. 이런 이유로 교회는 성령의 추동을 받아서 그리스도께서 걸으신 길과 같은 길을 걷지 않으면 안 된다. 즉 그것은 빈곤과 순종의 길, 섬김과 죽음에 이르는 고난의 길을 가야 하는데, 우리 주님은 이와 같은 죽음으로부터 그의 부활에 의하여 한 승리자가 되셨다……(AG 6.)

2) '하나님 나라와 교회'

제2바티칸 공의회 문서 중, "교회 교리헌장(Dogmatic Constitution on the Church)"의 제7장에서 종말론이 논의되고 있다. 이 제7장의 제목은 '순례하는 교회의 종말론적 본성과 이 교회의 하늘 교회와의 연합(the eschatological nature of the pilgrim church and her union with the heavenly church)'으로 확정되었다.[126] 제7장 초두에 나오는 다음의 인용문은 상당한 정도로 인류와 나머지 피조물의 종말론적 차원을 암시하면서, 교회의 종말론적 완성을 주장한다.

우리가 그리스도 안에서 부름 받았고, 그 안에서 우리가 하나님의 은혜로 거룩성을 획득하는 교회는 하늘의 영광 안에서만 그것의 충만한 완성에 도달할 것이다. 그때가 되면, 만유가 회복될 것이다(행 3:21). 그때에는 인류뿐만 아니라 이 인류와 긴밀하게 관련되어 있고, 이 인류를 통하여 그것의 목적을 달성하는 온 세계까지도 그리스도 안에서 완전하게 재확립될 것이다(비교: 엡 1:10, 골 1:20, 벧후 3:10-13)(LG 48).

---

126) The Documents of Vatican II(1963~1965), ed. by Walter M. Abbot, S. J. and trans. by Very Rev. MSGR. Joseph Gallagher(The America Press, 1966)(12th Printing, printed by Western Publishing Company), p.78.

다음의 인용문 역시 비록 부활승천하신 그리스도께서 "모든 사람들을 자신에게로 끌어올리실 것이다."(요 12:32)라고 하는 만인구원론적 비전을 가지고 있으나, 그것의 주된 관심은 교회로 집중되고 있다.

> 죽은 자들로부터 부활하신 그리스도께서는 자신의 제자들에게 생명살리는 성령님을 보내 주셨고, 그의 성령님을 통하여 자신의 몸, 곧 구원의 우주적 징표로서의 교회를 세우셨다. 그리하여 하나님 아버지 우편에 앉아 계신 그리스도께서는 세상 속에서 활동하시되, 사람들을 교회로 인도하시고, 교회로 하여금 이 사람들을 자기 자신에게 더욱 친밀하게 연합하게 하시며, 이들을 자신의 살과 피로 먹이시사, 이들로 하여금 그리스도의 영광스러운 삶에 동참케 하신다(LG 48).

따라서 본 문서는 만유구원론적 종말론의 전망에서 교회의 실존과 사명을 규정하고 있다. 즉 본 문서는 "우리가 고대하고 있는 약속된 회복은 이미 그리스도 안에서 시작되었고, 성령님의 파송에 의하여 계속 수행되고 있으며, 그리스도를 통해서 교회 안에서 이어지고 있다."(48항)고 한다. 그리하여 본 문서는 교회의 종말론적 특징을, '이미'와 '아직 아님'의 긴장 속에 있는 것으로 묘사한다.

> 이 세계의 마지막 시기가 이미 우리 위에 도래하였다(고전 10:11). 이 세계의 혁신은 이미 취소 불능하게 포고되었고, 이 시대에 그것은 이미 어떤 실질적 방법으로 예기(豫期)되고 있다. 그도 그럴 것이 심지어 지금 이 땅 위에서 교회는 불완전하긴 하지만 진정한 거룩성으로

특징지어져 있기 때문이다. 그러나 의(義)가 지배하는 새 하늘과 새 땅이 있기까지(비교: 벧후 3:13), 이 현시대에 관련된 성례전들과 제도권 안에 있는 순례하는 교회는 지나가는 세상(this passing world)의 모습을 하고 있는 것이다. 교회는 지금까지 탄식하며 고통하는 피조물들 사이에 거주하면서, 하나님의 아들들의 나타남(the revelation of the sons of God)을 기다리고 있다(롬 8:19-22). (LG 48)

　　비록 우리 교회는 그리스도와 연합하였고, '우리 기업의 보증'(엡 1:14)이 되시는 성령님에 의하여 인침을 받은바, 진실로 하나님의 자녀들로 부름을 받아, 이제 우리는 하나님의 자녀들(요일 3:1)이지만, 아직 재림하실 그리스도와 함께 영광 중에 나타난 것이 아니기 때문에(골 3:4), 하나님을 계신 그대로 볼 수 없고, 아직 하나님과 같지 아니하다(요일 3:4)는 것이다(LG 48). 따라서 본 문서는 "우리가 항상 담대하여 몸에 거할 때에는 주와 따로 거하는 줄 아노니 이는 우리가 믿음으로 행하고 보는 것으로 하지 아니함이로다."(고후 5:6-7)라고 하고, 우리가 성령의 첫 열매를 가졌으나 우리들 자신 안에서 탄식하면서(비교: 롬 8:23), 그리스도와 함께 있기를 갈망한다(비교: 빌 1:23)고 말한다. 따라서 우리는 우리를 위해서 죽으시고 부활하신 그분을 더욱 사랑해야 하고(비교: 고후 5:15), 모든 일에 있어서 주님을 더욱 기쁘게 해 드려야 한다(비교: 고후5:9). 동시에 우리는 하나님의 전신 갑주를 입고 악마의 간계와 죄악에 대항해야 할 것이다 (LG 48).

　　그럼에도 불구하고 본 문서는 교회에 속한 사람들만이 '어린양과 혼인잔치'를 누릴 것이고, 복 받은 사람들(비교: 마 25:31-46)로 간주될 것이라고 한다. 즉 본 문서는 마지막 심판의 이중적 결과를 암시하고 있다. 즉 교회는 악하고 게으른 종들(비교: 마 25:26)처럼 영원한 불로 들어가고, 바깥 어둠(마 22:13, 25:30)으로 던져져서 슬피 울고 이를 갈게 되도록 명령을 받은 것이 아니라고 한다. 따라서 본 문서는 교회에 속한 사람들은 영광스러운 그리스도와 함께 다스리기 전에, 그리스도의 심판대 앞에 나타나서 몸으로 행한 선행과 악행에 따라서 심판을 받으며(고후 5:10), 결국 이 세상의 끝에 가서 선을 행한 사람들은 생명의 부활로, 악을 행한 삶들은 심판의 부활로 나오게 될 것이라고 한다(요 5:29, 비교: 마 25:46)(LG 48).

이상 "교회교리 헌장" 제7장은 지극히 로마가톨릭교회의 전통적인 종말론으로부터 겨우 벗어나고 있다. 즉 위의 인용문들이 보여주듯이, 본 문서는 적어도 우주적 혹은 만유구원론적 비전하에서 교회를 보며, 교회의 기간을 '이미'와 '아직 아님'의 종말론적 긴장 가운데 있는 것으로 보지만, 아직도 이원론적 종말론, 다시 말하면 최후심판 후의 이중적 결과(the double outcome of the Last Judgment)를 극복하지 못하고 있다.

그러나 바르나바스 아헤른(Rev. Barnabas Ahern, C.P.)은 제7장의 약점은 '그것의 불완전성'에 있다고 하면서, 그것을 'Gaudium et Spes'의 내용에서 보완하였다. 비록 그것의 초안은 '하나님의 계획의 목적론을 다만 인간에 관련시켜서만, 즉 물질계와 이 세상과는 거의 무관하고, 인간에 관련시켜서만 논하였으나',[127] 새로 개정된 'Gaudium

---

127) Ibid., p.296.

et Spes'의 종말론 부분은 이분법적 사고를 극복하고, 히브리 전통에 입각한 '전 자아(the whole person)', '온 세상(the whole world)' 그리고 '모든 백성(the whole people)'을 강조함으로써, 교회와 인류와 지구생명 공동체와 모든 물질의 종말론을 크게 고려했다는 말이다. 따라서 인간이 죄를 범하면, 그의 전 자아가 그것에 말려들고, 그의 주위 사람들이 영향을 받으며, 그가 속한 세계가 고통을 받는다. 반대로 인간이 하나님을 위해서 살면, 온 세상이 평온하고 안정된 거처가 될 것이다. 바르나바스 아헤른은 "하나님이 합쳐 놓으신 것을 사람이 나눌 수 없다."라고 한다.[128]

그런데 'Gaudium et Spes'의 종말론이 확정되는 과정에서 시카고의 마이어(Meyer) 추기경과 나무르의 샤류(Charrue of Namur) 주교의 공헌이 컸다. 이들은 이분법을 극복하고, "인간을 위해서 세상을 창조하셨고, 인간으로 하여금 세상을 완전케 할 것을 의도하심으로써, 세상으로 하여금 하나님 자신의 목적에 동참케 하셨다."[129](298)는 점을 강조하였다. 특히, 이들은 우리는 교회뿐만 아니라 인류와 지구생명 공동체 및 모든 물질세계가 새 하늘과 새 땅에서 완전히 회복될 것을 주장한다. 마이어는 아래의 인용에서 교회 공동체가 역사 지평 속에서 신인협동론적 하나님의 은혜로 완전을 향하여 성장하는 것처럼 인류사회와 지구생명 공동체 역시 신인협동론적 하나님의 은혜로 완성을 향하여 성장하여, 결국 만유가 마지막 때에 회복될 것을 말한다.

---

128) Ibid.
129) Ibid., p.298.

……세상은 인간을 위해서 만들어졌고, 인간은 그것을 '지배(dominate)' 하도록 되어 있다. 인간은 자신의 노고에 의하여 세상을 완성시킴으로써, 그것의 모든 비밀들을 다 알아내고 그것의 잠재력을 개발시켜야 한다. 그래야 어느 날 이 세상은, 그리스도 자신이 완전한 일치와 사랑 가운데 다시 세우실 하나님의 가족들의 빼어난 거처(居處)가 될 것이다. 마이어 추기경은 '새 하늘과 새 땅'이라고 하는 성서적 주제를 강조한다. 그는 이 지구생명 공동체가 '구속을 기다리면서 탄식하며 함께 고통하는 것'을 그린 바울의 분명한 가르침에 의존한다. 마이어는 그리스도께서 이 모든 것을 완성하시어, 아버지께 넘겨주실 하나님의 나라는 인류의 세계뿐만 아니라 지구생명 공동체와 모든 물질의 세계를 포함하기 때문에, '하나님이 만유의 주(主)로서 만유 안에 계신다.'(고전 15:28)는 것이다.[130]

본 문서는 죽음이 극복되고, 하나님의 자녀들이 그리스도 안에서 부활할 것(고전 15:42, 53)이라고 말하면서, 하나님께서 인간을 위하여 만드신 모든 창조세계가 허무한데 노예 됨으로부터 해방될 것이라고 주장한다(GS 39). 그럼에도 불구하고 "새 땅에 대한 기대가 우리의 세계 참여를 결코 약화시킬 수 없다."(GS 39)고 한다. 즉 교회는 '새로운 시대를 미리 보여줄 수 있는 하나의 몸, 곧 하나의 새로운 인간 가족'으로서 종말론적 비전을 가지고 세계를 변화시켜 나가야 한다는 것이다. 그리하여 본 문서는 "지상적 진보가 그리스도의 왕국의 성장과 조심스럽게 구별되어야 하지만 그것이 인류사회의 개선에 공헌하는 한, 하나님 나라를 위해서 중대 관심사이다."라고 한다(GS 39).

---

130) Ibid.

끝으로 "교회의 선교적 활동에 대한 교령(the Decree on the Missionary Activity of the Church)" 역시 하나님의 구원 계획이 인간뿐만 아니라 모든 지구생명 공동체와 만물을 포함한다고 보고, 교회의 선교활동이 복음전도뿐만 아니라 이 땅 위에서 실현될 하나님의 온전한 뜻을 포함한다고 한다(제9항). 즉

선교활동이란 하나님의 뜻이 세상에 나타나는 것 이외에 아무것도 아니다. 그것은 이 세상과 이 세계의 역사 속에서 하나님의 뜻을 실현하는 것이다. 하나님께서는 분명히 이 역사의 과정 속에서 선교를 통하여 구원 역사를 일구어 가신다(제9항).

그리하여 본 문서는 "선교활동은 마지막 때에 올 완성을 향해서 나가는 것이다."(제9장)라고 말한다. 그러면서도 본 문서는 예수 그리스도를 모퉁잇돌로 하고, 예언자들과 사도들의 터 위에 세워진 교회(엡 2:20)의 완성에 중점을 두고 있다.

3) '하나님의 선교와 복음전도'

이상과 같은 하나님 나라와 교회의 긴장관계를 염두에 두면서, 여기에서는 AG에서 발견되는 교회의 선교에 대하여 논한다. 즉 이상의 논의에서 하나님의 선교는 인류구원으로 모든 초점을 맞추는 것이 아니라 인류의 보편사와 창조세계 전체를 만유구원을 향하여 이끌어 간다고 하는 것이었는데, 이제 이와 같은 전제하에서 교회의 선교가 어떠한가를 제시하려고 하는 것이다. AG는 '선교(missions)'

를 정의하기를, 교회에 의하여 파송을 받은 복음의 메신저들이 복음 설교와 교회 심기를 위하여 온 세계로 나가는 것이라고 한다(AG 6.). 본 문서는, 선교를 주로 복음을 아직 듣지 못한 사람들에 대한 '복음화와 교회 심기(evangelization and the planting of the Church)' (Ibid.)로 본다. 그리고 그것의 주된 수단은 '예수 그리스도의 복음설 교(the preaching of the gospel of Jesus Christ)'라고 하고, "이 교회 의 설교를 통해서 예수 그리스도께서 일려지실 때에 모든 사람들은 그분에게로 회심하여야 한다."(AG Ⅰ.7)고 한다. 그래서 AG는 LG를 인용하여 이렇게 주장한다. 즉 그리스도 자신이

> 명시적인 용어로 신앙과 세례의 필요성(참고: 막 16:16, 요 3:5)을 긍정하시고⋯⋯이로써 또한 교회의 필요성을 긍정하신 것이다. 그도 그럴 것이 믿는 자는 세례를 통하여 마치 문을 통하여 들어가듯 교회 안으로 들어가기 때문이다. 때문에 보편교회가 예수 그리스도를 통하 여 하나님에 의하여 필연적이 되었다고 하는 사실을 알면서도 이 교 회 안으로 들어와서 그 안에 머물기를 거부하는 사람들은 모두 구원 을 받을 수 없다(LG, 14).

그리고 이상과 같은 교회의 선교활동 시기는 주님의 초림과 재림 사이에 일어나는 것이요, 마지막 때에는 교회가 사방팔방으로부터 하나님 나라 안으로 추수되어 수확될 것이니, 주님이 오실 때까지 복음이 모든 열방들에게 설교되어야 할 것이라고 한다(AG Ⅰ. 9). 그 리고 하나님께서는 그와 같은 선교를 수단으로 '구원의 역사'를 일 ㅜ어 가신다고 한다. AG는 세계인구 중 아직 복음을 듣지 못한 20

억 사람들에 대한 '하나의 거대한 선교과제'가 교회에 주어진 것으로 보는데, 특히, 로마가톨릭교회는 아시아, 아프리카, 오세아니아에 대하여 복음을 전해야 한다고 역설한다. 본 문서는 로마가톨릭교회가 이들 가운데 '현존'하고 '대화'하며 '증언'해야 하고 하면서, 성육신적 선교를 주장하고 있다(AG 11).

로마가톨릭교회는 AG에서 복음설교와 회심과 세례에 따른 개교회의 개척과 성장을 선교로 본다. 그리고 이 개교회를 '하나님의 세상 현존'의 한 징표라고 한다. "때문에 선교사들은 하나님의 동역 자들로서(참고: 고전 3:9) 개교회들(the congregations of the faithful)을 세워 나가야 하고, 그럼으로써 믿는 사람들로 하여금 부름 받은 소명에 합당하게 살게 해야 하며, 하나님께서 이들에게 맡겨 주신 제사장직과 예언자직과 왕직을 잘 수행케 해야 한다."(AG Ⅰ. 15)고 한다. 그리고 AG는 이와 같은 개교회가 복음의 정신을 가지고 토착민과 토착문화에 깊이 침투하고 스며들 것을 말한다. 나아가서 갈라진 형제들(개신교회들) 하고도 "에큐메니칼 교령"에 따라서 에큐메니칼 관계 속에서 살아야 한다고 한다(Ibid.). 그리고 개교회 역시 복음전도를 위해서 존재할 것을 말한다. "개교회들이 조직되고 현존하는 것은 그리스도를 말과 행동으로 비그리스도교인들에게 선포하고 이들로 하여금 그리스도를 온전히 받아들이도록 도와주는 데에 그 목적이 있다."(Ibid.)고 하였다.

AG는 "전 교회가 선교적이고 복음화가 하나님의 백성의 기본적인 의무이기 때문에 본 공의회는 모든 가톨릭 그리스도교인들을 내적인 갱신으로 부른다."(AG Ⅰ. 35)고 하고, 세례와 견진성사와 미사에 의

하여 그리스도와 합체된 모든 그리스도의 지체들은 "그리스도의 몸의 확장과 성장을 위하여 협력함으로써 가능한 빠르게 그것을 충만한 단계로 가져가도록 해야 한다(엡 4:13)."고 할 때, 본 공의회는 그리스도의 몸으로서의 교회의 확장과 성장을 힘주어 말하고 있다. 그리고 이와 같은 그리스도의 몸인 교회는 '심오하게 그리스도교적인 삶'을 영위하고 거룩한 삶을 살 것을 주장하고 있다. 이상의 모든 선교활동들은 로마가톨릭교회의 계층질서적 구조와 직제 안에서 일어나야 한다(AG Ⅰ. 37, 38, 39, 40). 즉 이들에게 있어서 자발적인 선교단체들은 결코 허용될 수 없다. 그리고 이와 같은 구조 안에서 평신도의 선교역할을 역설하고 있다.

평신도들은 교회의 복음화에 있어서 협력한다. 이들은 증인들과 동시에 살아 있는 도구들로서 교회의 구원하는 선교에 동참한다. 이것이 특별히 그러한 이유는 그들이 하나님에 의하여 부름을 받았고, 감독에 의하여 이 일을 위하여 받아들여졌기 때문이다(AG Ⅰ. 41).

Ⅴ. 로잔언약(1974)

복음주의자들의 세계대회(The International Congress on World Evangelism)는 1974년에 본 "로잔언약(The Lausanne Covenant)"을 작성해 냈다. 본 대회의 구성은 WCC의 경우처럼 공교회(the catholic Church)의 구성 교회인 교파별 대표들이 아니라 복음주의 지도자들로 되어 있다. 그리고 이와 같은 복음주의자들의 세계대회가 내놓은 문서들은 에큐메니칼 운동이 지향하는 하나님의 선교신학에 대한 비판적 반동으로 동기 지어져 있다. 그러니까 예를 들면, 1974년 로잔은 1973년 방콕 CWME에 대한 반동으로, 1989년 마닐라는 1989년 산 안토니오 CWME에 대한 반동으로 일어났다.

이제 이 글은 "로잔언약"이 빌링겐 이후 에큐메니칼 운동이 지향하는 하나님의 선교에 반대하여 과연 어떤 점들을 부각시키고 있는가를 살필 것이다. '1. 하나님의 목적'에서 로잔은 삼위일체 하나님의 선교를 '복음전도'로 축소하고 있다. 그도 그럴 것이 "삼위일체 하나님께서는 이 세상으로부터 한 백성을 자신을 위하여 부르시고, 이 백성을 다시 세상 속으로 파송하시어 자신의 종들과 증인들로 삼으시는데, 그 목적은 그의 나라의 확장과 그리스도의 몸의 세움과 그의 이름의 영광을 위한 것이다."131) 그리고 '2. 성경의 권위와 능력' 및 '3. 그리스도의 유일무이성과 보편성'에서 본 언약은 성령으로 영감된 기록된 말씀을 하나님의 말씀이라 하고, 이와 같은 성경의 중심을 '복음'으로 보고, '3. 그리스도의 유일무이성과 보편성'에서는 그리스도의 유일무이성과 보편성, 그리고 구원의 유일한 가능성과 믿지 않는 사람들의 멸망에 관하여 다음과 같이 주장하였다.

우리는 오직 한 분 구세주만이 계시고 오직 하나의 복음만이 있다

---

131) Roots of the Great Debate in Mission: Mission in Historical and Theological Perspective, Revised and Enlarged by Roger E. Hedlund (Bangalore, India: Theological Book Trust, 1993), p.304.

고 하는 사실을 확언하고……예수 그리스도께서는 그 자신을 죄인들을 위한 속죄물로 내어 주신 유일하신 신인으로서 하나님과 인간 사이의 유일한 중보자이시다. 우리를 구원할 그 어떤 다른 이름도 없다. 모든 인간은 죄로 인하여 멸망하고 있다. 하지만 하나님께서는 그 누구도 멸망당하는 것을 원치 아니하시고 모든 사람들이 회개하기를 원하시어 모든 인간들을 사랑하신다. 그러나 그리스도를 거부하는 사람들은 구원의 기쁨을 거부하는 사람들이요 그들 자신을 하나님으로부터의 영원한 분리에로 정죄하는 것이다.[132]

본 언약의 주된 내용은 '복음전도(evangelism)'에 있다. 우리는 '6. 교회와 복음전도', '7. 복음전도에 있어서 협력', '8. 복음전도를 위한 동반자 관계 속에 있는 교회들', '9. 복음전도의 과제의 긴급성', '10. 복음전도와 문화'에서는 물론이고, '14. 성령의 능력'과 '15. 그리스도의 다시 오심'에서조차도 '복음전도'에 관한 내용으로 충일해 있다. 이는 분명히 에큐메니칼 운동이 지향하는 '하나님의 선교' 개념에 대한 반동으로 이해된다. 그러면 '복음전도'란 무엇인가? '4. 복음전도의 본성'에서 본 연약은 다음과 같이 기술할 때, 그것은 주로 구두로 전하는 복음전파를 의도하고 있다.

복음화라고 하는 것은(to evangelize) 예수 그리스도께서 우리의 죄를 위하여 죽으시고 성경대로 죽은 자들로부터 다시 살아나셨으며, 통치하시는 주님으로서 지금 그는 회개하고 믿는 모든 사람들에게 죄사함을 제공하시고 성령의 자유케 하시는 선물을 부어 주신다고 하는

---

132) Ibid., p.305.

복음을 확산시키는 것이다. 우리 그리스도교인들의 이 세상에의 현존은 복음전도(evangelism)를 위하여 꼭 필요하다. 그것은 이해하기 위해서 감수성 있게 경청해야 하는 목적을 가진 대화일 것이다. 하지만 복음전도(evangelism) 그 자체는 개인적으로 그리스도께로 돌아오고 그렇게 함으로써 하나님과 화해되어야 한다고 사람들을 권유하기 위한 목적으로 역사적이고 성경적인 그리스도를 구세주와 주님으로 선포하는 것이다. 그리고 우리는 이와 같이 복음에 의한 초청장을 발할 때에 값비싼 제자의 도를 은폐시킬 수 있는 자유를 갖지 못한다……. 133)

하지만 본 언약은 에큐메니칼 운동이 추구하는 하나님의 선교에 해당하는 '5. 그리스도교적 사회적 책임'에 대하여 논한다. 본 섹션에서 교회의 사회참여의 신학적인 전제는 하나님께서는 '모든 인간들의 창조주와 심판주'로서 보편사 속에서 심판과 정의와 해방에 관여하신다고 하는 것이다. "때문에 우리는 인간 사회를 통한 그의 정의와 화해를 위한 하나님의 관여와 온갖 억압들로부터의 인간의 해방을 위한 하나님의 관여에 동참해야 한다."134)는 것이다. 그리고 본 언약은 하나님의 형상의 보편성 차원에서 보편사 속에서 인류가 지향해야 할 올바른 삶을 제시하면서, 교회 역시 이와 같은 노선을 따라 살 것을 주장하고 있다. 즉 그것은 "인류는 하나님의 형상으로 지음을 받았기 때문에, 인종과 종교와 피부색과 문화와 계층과 성이나 나이에 관계없이 하나의 본유적인 존엄성을 지니고 있으니, 이런 이유로 인간은 착취를 당해서는 안 되고 존경을 받아야 하고 섬김을

---

133) Ibid.
134) Ibid., pp.305 – 306.

받아야 한다."[135)라고 주장하고 있다.

따라서 본 언약은 "그동안 우리는 한편 사회참여를 소홀이 여겼고 다른 한편 복음전도와 사회참여를 상호 배타적인 것으로 보와 온 것에 대하여 참회한다."고 하면서 복음은 개인을 중생시킬 뿐만 아니라 전적으로 변화시켜서 사회적 책임까지도 감당케 한다고 한다. 다음의 인용은 복음주의자들의 교회 혹은 그리스도교인들의 사회참여에 대한 중요한 본문이다.

> 비록 인간과의 화해는 하나님과의 화해는 아니고, 사회적 행동이 복음전도는 아니며, 정치적 해방이 구원은 아니지만, 우리는 복음전도와 사회정치적 참여 모두가 우리 그리스도교인들의 의무에 속한다고 하는 사실을 확언한다. ……사람들이 그리스도를 영접할 때, 이들은 중생하여 하나님의 나라로 들어가고, 나아가서 불의한 세상 한복판에서 정의를 보일 뿐만 아니라 그것을 확산시키려고 노력해야 한다. 우리가 주장하는 구원이란 우리를 변혁시키되, 우리의 개인적이고 사회적인 책임 전체에 걸쳐서 그래야 한다.[136)

끝으로 본 언약은 교회가 이 세상으로부터 고립되고 격리되어 게토화해서는 안 되고, 비그리스도교적인 세계 속으로 침투해 들어가야 한다고 역설하지만, "희생적인 사회봉사로서의 교회의 선교에 있어서도 복음전도가 우선적이다."라고 한다. 그러나 본 언약은 "세계복음화는 온 교회가 온전한 복음을 온 세상으로 가져가야 한다."[137)

---

135) Ibid., p.306.
136) Ibid.

라고 한다. 즉 복음을 믿는 사람들의 세계에 국한시키지 않고, 세상 전체와 관련시키려는 시도로 보인다. 그리고 "교회는 하나님의 우주적인 목적의 바로 중심부에 놓여 있고, 주님으로부터 복음을 전파하는 수단으로 지명을 받은 것이다."[138]라고 한다. 이와 같은 주장은 삼위일체 하나님의 하나님 나라 선교가 우선이고, 교회는 이것을 위해서 존재해야하는 것과는 다른 입장을 보여주고 있다.

Ⅵ. 동방정통교회의 선교신학

동방정교회는 제1차 세계대전과 러시아 공산혁명(1917)으로 약화되었고, 서구의 세속주의가 동유럽과 중앙유럽으로 침투하며, 중동에서 무슬림이 강세를 보이면서, 1945년 이후엔 더욱더 위축되었다. 그래서 제2차 대전 이후로 정교회는 디아스포라 선교를 할 수밖에 없었다. 정교회 이민자들은 '새로운 사회에 자신들을 동화시키고, 신학교를 세우며, 미국에서 영국인이 그랬듯이 예배를 그 지역의 언어를 사용하는 정교회의 성육신 모델을 따랐다. 그리고 디아스포라 공동체는 이민자들을 섬기고 그들의 종교·문화의 정체성과 신앙을 보존하는 데에 힘썼다.'[139]

---

137) Ibid.

138) Ibid.

139) 예언자적 대화의 선교(Constants in Context: A Theology of Mission for Today), 스티븐 B. 베반스와 로저 P. 슈레더 지음 / 김영동 옮김(서

정교회는 1920년에 '세계교회들의 코이노니아(koinonia ton Ekkle-sion=a League of Churches)'를 제안하여 WCC 형성과정에 기여하였고, 1961년 제3차 뉴델리 WCC 총회 때에 WCC의 회원권을 획득하였다. 그런즉 정교회는 이와 같이 자신들의 경계를 넘어 서방세계로 진출하고 이 세계와 접촉하면서 선교활동에 크게 힘을 썼다.[140] 그리하여 1970년대부터는 정교회가 WCC의 '세계선교와 전도위원회(Committee on the World Mission and Evangelism=CWMW)' 운동에도 기여하였다. 이와 같은 흐름 속에서 '1973년에 설립한 WCC의 CMME를 위한 정교회 자문위원회(Orthodox Advisory Group to WCC-CWME)는 정교회 선교문제를 연구하기 위해서 지역 교회가 주최하는 연례선교대회를 구성하였다.'[141] 이와 같은 작업이 10년간 축적되어 나온 공식 선교문서가 이온 브리아(Ion Bria)에 의하여 1986년에 편집되었고, 1989년 WCC에 의해서 출판되었으니, 그 제목은 『평안히 가라: 정교회의 선교관(Go Forth in Peace: Orthodox Perspectives on Missions)』이었다. 그리고 1990년 정교회의 CWME 자문위원회의 최종 보고서(Final Report of CWME Orthodox Advisory Group, Boston, 1990) 역시 정교회 선교관에 기여한 것으로 보인다. 여기에서 이 글은 이 두 문서에 나타난 정교회의 선교신학을 소개하려고 한다.

올: 크리스천헤럴드, 2007), p.530.
140) 참고: Ibid.
141) Ibid., p.531.

1. 『평안히 가라: 정교회의 선교관』「Go Forth in Peace: Orthodox Perspectives on Missions)」, 1986:

본 문서는 나이로비 WCC(1975), 멜보른 CWME(1980), 밴쿠버 WCC(1983), 산 안토니오 CWME(1989) 그리고 캔버라 WCC(1991) 의 선교신학과 기타 신학적인 문제에 공헌도 하고 비판도 하였다. 본 문서는 여러 해 동안에 걸쳐 준비된 글들인데, 앞에서 지적한 대로 이온 브리아 교수에 의하여 재편집되어 출판된 것이다. 이 문서는 정교회가 1975년 나이로비 WCC 이후 에큐메니칼 선교논의에 얼마나 영향을 주었는가를 보여주고 있다. 이 문서는 정교회가 오늘날 '공동의 증언'과 선교에 대한 대화에 관하여 남겨 놓은 하나의 풍요로운 신학적이고 영적인 유산을 증언하고 있다.[142] 본 문서는 1. 선교를 위한 신학적인 근거, 2. 교회와 선교, 3. 예전과 선교, 4. 성경, 선포와 예전, 5. 복음과 복음주의적인 증거, 6. "'예전 후의 예전 (Liturgy after Liturgy)'로서 선교"를 논하는데, 필자는 1번과 2번과 3번과 6번 그리고 5번을 소개하려고 한다.

---

142) New Directions in Mission and Evangelization Ⅰ: Basic Statements 1974~1991, ed. by James A. Sherer and Stephen B. Bevans (Maryknoll, New York: Orbis Books, 1992), p.203.

1) 삼위일체 하나님의 선교, 그리스도의 선교,

　　　그리고 성령의 선교에 응답하는 교회의 선교

　본 항목(선교를 위한 신학적인 근거)은 교회의 선교(파송)란 그리
스도의 선교(파송)에 기초하고 있다고 하면서, 그리스도의 선교가 삼
위일체 하나님에 의하여 수행되었다고 한다. 즉 "그리스도의 사도들
파송은 그리스도 자신이 성령 안에서 아버지 하나님에 의하여 파송
되셨다고 하는 사실에 근거한다."143)고 한다. 그리고 본 항목은 내재
적 삼위일체 하나님의 자체 내의 코이노니아(생명)가 경세 차원으로
나타나, 인류역사와 창조세계를 삼위일체 하나님의 내재적 생명(코이
노니아)에 동참케 하신다고 주장한다. 즉 "삼위일체적 신학은 하나님
께서는 그 자신에게 있어서 코이노니아의 생명과 삶이시고, 이 하나
님의 역사 참여란 인류와 창조세계를 하나님 자신의 생명과의 교제
안으로 끌어들이는 것을 목표로 한다고 하는 사실을 가리킨다."144)
그래서 선교란 지식의 확신이나, 교리나, 윤리를 전파하거나 전수시키
는 것이 아니라 하나님 안에 있는 코이노니아의 생명과 삶을 전수시
키는 것이라 하였다. 즉 "선교의 '파송'이란 말은 본질적으로 코이노
니아로서 하나님의 생명과 삶을 정확하게 나타내는(고전 13:13) 성령
의 파송에 다름 아니다."145) 그런즉 "세상구원은 창조세계 전체를 위

---

143) Ibid.
144) Ibid., p.204.
145) Ibid. 참고: '선교(mission)'란 말은 이미 지적한 대로 라틴어로 '내가
　　보낸다(mitto)'에서 파생된 명사형이다. mitto의 완료형은 missi이고 과
　　거분사는 missum이다.

한 삼위일체 하나님의 '프로그램'으로 여겨지지 않으면 안 된다."[146] 따라서 하나님의 나라란 삼위일체 하나님 안에 있는 인류역사와 우주만물의 내적인 운동이요 동시에 이 운동의 최종적인 목표로서 인류역사와 창조세계 모두가 삼위일체 하나님의 코이노니아에 동참하는 것일 것이다.

그리고 본 항목은 '그리스도의 중심성', '성육신', '십자가', '부활'과 같은 기독론을 논하고, 이어서 '성령의 사역'에서 성령론을 논하고 있다. '그리스도의 중심성'에서 본 항목은 정통 기독론에 충실하면서 이미 그리스도 안에서 성령의 사역으로 인류의 치유와 회복과 삼위일체 하나님의 코이노니아에 동참하는 일이 일어난 것으로 본다. 다음의 인용을 읽어 보자.

> ······교회의 성서적이고 케뤼그마적 전통에 따라서 우리는 하나님 아버지의 로고스의 성육신을 고백하는데, 이 로고스는 그리스도의 신인위격 안에서 보혜사의 사역을 통하여 우리의 중생과 하나님과의 코이노니아 회복을 가져오시는 중보자이시다······.
>
> 하나님의 아들은 우리 인간성의 충만을 자신의 것으로 삼으셨는데, 그는 이 과정에서 우리의 인간성을 그 자신 안에서 긍정하시고, 치유하시며, 회복하셨으니, 성 삼위일체 하나님 안에서 그렇게 하신 것이다. 그런즉 하나님과 인간의 완전한 연합이라고 하는 위대한 신비야말로 이 세상의 새로운 생명과 새로운 삶의 원천인 것이다······.[147]

---

146) Ibid.
147) Ibid.

그리고 '십자가' 부분에서 본 항목은 로고스 혹은 하나님의 아들의 성육신이신 그리스도를 단순한 선생이나 모범이 아니라 삼위일체 하나님의 생명과 삶의 부대자(a bearer of this divine life)요 매개자라고 말한다. 그래서 초기 교회는 하나님의 로고스로서 그리스도에 대한 이해를 두 가지로 하였던바, 이것은 선교를 위하여 중요하다고 한다. 즉

> 한편 그것은 삼위일체 하나님의 한 분으로서 하나님 안에 영원히 거하시는 로고스로서 그리스도께서는 단순한 개별적인 개인으로서가 아니라 삼위일체적 생명의 부대자로서 이 세상에 보내심을 받았다고 하는 것을 의미하였다. 다른 한편 그것은 그리스도께서 이 세상을 지탱하시는 우주적인 로고스로서 이 세상을 하나님의 생명과 삶 속으로 재편시킬 목적으로 이 세상으로 파송되신 것을 의미하는 것이다. 때문에 그리스도의 선교란 본질적으로 삼위일체 하나님의 자기 내어주심이요, 이것의 목적은 이 세상이 하나님의 생명과 삶에 참여자가 되는 데에 있는 것이다.[148]

그런데 그리스도의 선교는 타락한 세상 속에서 악과 죄의 권세와 공중의 권세 잡은 자들의 저항 속에서 일어났으므로 십자가 사건이 있을 수밖에 없었다. 이 때문에 선교란 투쟁 속에서 일어나는 것이고 이 세상이 새 창조의 세계로 회심하는 것이요, 이 세상이 하나의 유월절적이고 세례적인 이월(a paschal and baptismal passage)을 경험하는 것이다. 이와 같은 회심과 이월은 개인들의 영혼들 안에서만

---

148) Ibid., p.205.

일어나는 투쟁이 아니라 부정의와 억압 등으로 얼룩진 사회생활 전체와 병과 죽음으로 위협받는 전 자연적인 실존 속에서도 일어나야 한다고 한다.149)

'부활' 부분에서 본 항목은 그리스도의 부활이야말로 두 가지 점에서 선교에 빛을 던져 준다고 한다. 하나는 선교의 결과가 그것의 사회적 차원이든 자연적 차원이든 죄와 죽음에 의해서 정복당할 수 없다고 하는 것이고, 다른 하나는 선교의 결과란 결코 역자적인 힘에 의하여 제어되는 것이 아니라 본성상 종말론적이라고 한다. 다음의 인용은 선교의 종말론적인 비전에 대한 주장이다.

> ……그리스도를 죽은 자들로부터 부활시키신 분은 하나님의 영이시다(롬 8:11). 교회의 선교가 하나님 나라를 건설하거나 초치하는 것이 아라, 부활의 케뤼그마를 통하여 그것의 도래를 선포할 따름이요, 하나의 성례적인 방법으로 그것을 가리킬 뿐이다.
> 모든 것이 종말(the eschaton)에 가서 계시될 것이요 실현될 것이다. 그 어간에 교회는 성령의 첫 열매들을 통하여 이미 이 종말에 동참하고 있는 것이다. 때문에 교회는 이와 같은 종말이 로고스를 통하여 성령의 첫 열매들 안에서 개방되어 있다고 고백한다. 이와 같은 첫 열매들은 모든 인류를, 오고 있는 하나님 나라를 향하여 전진시키고, 나아가서 이 세상에 십자가의 희생에 뒤따르는 신빙할 만하고 영원한 생명과 삶에 대한 기쁜 희망을 주기 위한 원천이요 능력이다.150)

---

149) Ibid.
150) Ibid., p.206.

'성령의 사역' 부분도 중요하다. 본 항목은 이상에서 성령의 사역을 종말에 관련시켜 논하였으나, 여기에서는 창조론과 영 그리스도론과 관련하여 논한다. 우선 본 항목은 성령의 행동을 교회, 개인의 마음 혹은 성서의 영감과 조명에 국한시키지 않고, 우주적 차원의 사역을 언급한다. 즉

> 하지만 성령은 창조의 시작부터 그리스도와 함께 계시어, 그것을 암탉이 병아리를 품듯이 품었고, 그것에게 생명을 주었으며, 만유에게 형상과 완전성을 부여하셨다. 인류가 지구상에 나타나기 훨씬 전에 성령께서는 아버지로부터 영원히 발출하시어 이 세상 속에서 사역하였다.[151]

그런즉

> 생명의 시여자와 완전케 하시는 분으로서 성령의 사역은 그것의 우주적인 의미에서 보여야만 한다. 결코 그것은 하나의 협소한 교회적 혹은 개인적 의미로만 보여서는 안 될 것이다. 그것은 만유를 새롭게 하시는 성령이시기 때문이다. 그분은 새 창조의 영이시다.[152]

때문에 "교회는 성령께서 생명의 시여자시요 그것의 완전케 하시는 분이시기 때문에 성부와 성자와 더불어 이 성령을 여원토록 찬양한다. 그분은 항상 그리스도와 함께 계신다."[153] 바로 이 성령께서

---

151) Ibid.
152) Ibid.
153) Ibid.

영 그리스도론의 성령이시다. 즉

> 성령께서는 세례 시에 예수님 위에 임하셨고, 그에게 기름을 부으
> 시어 복음을 전하게 하셨다(눅 4:18 - 19). 그리고 이 성령께서 생명을
> 주셨다(요 6:63). 그도 그럴 것이 예수님을 죽은 자들로부터 살리신
> 분이 다름 아닌 성령이시기 때문이다(롬 8:11). 마음을 성령께 고정시
> 키는 것은 생명과 평화이다(롬 8:6).[154]

본 항목은 이상과 같이 삼위일체론에 이어서 기독론과 성령론을
제시한 다음에 그리스도의 생명과 삶을 이 세상에 매개시키기 위해
서 필요한 그리스도인들의 '신인협동론'과 '회개와 하나님의 뜻에 대
한 순종에로의 부름'에 대하여 논한다. 정교회는 이상과 같은 선교의
신학적인 근거에 다가 '신화(theosis=deification)'에 도달하는 그리스
도인들의 회개와 신앙과 순종을 포함시킨 것은 이것이 선교를 위해
서 필수적이라고 생각하는 것으로 보인다. 다음의 인용을 읽어 보자.

> 그리스도의 생명과 삶을 이 세상에 효과적으로 매개시킴에 있어서
> 첫 발걸음은 우리들 자신을 회개와 새롭게 된 신앙과 하나님의 뜻에
> 대한 훈련된 순종으로 부르는 것이다. 먼저 그리스도인들이 훈련받은
> 치유자들이 되어야 열방들의 치유되기 때문이다. 우리는 우리 안에
> 있는 옛 아담을 죽여야 하고, 그리스도 안에서 새사람으로 옷 입어야
> 한다. 성령을 통하여 매일 매일 우리들 자신에 대하여 죽고 그리스도
> 안에서 새사람으로 거듭나는 심오하게 영적인 훈련(askesis)은 수도원

---

154) Ibid.

안에서든, 밖에서든 모든 그리스도인들에 의하여 실천되어야 한다. 신화(theosis)란 삼위일체 하나님의 무한한 사랑에 대한 묵상과 관상일 뿐만 아니라 경배와 기도와 감사드림과 예배와 중보기도의 지속적인 상태이다…….155)

2) 하나님 나라와 교회의 선교

본 항목(교회와 선교)에서 정교회는 히랍어의 '에클레시아(ekklesia ← Ek-kalo)'를 하나님께서 불어 모으신 하나님의 백성으로서 '하나님 나라에 대한 한 징표요 나타남'이라고 하고, 이와 같은 교회에 대한 바른 이해는 "너희는 가서 모든 족속으로 제자를 삼아라."(마 28:19) 고 하는 주님의 위탁을 수행하는 것이라 한다. 그리고 교회는 복음을 이 세상에 매개하는 일에 헌신할 뿐만 아니라 '이 한 몸의 성장과 성화와 안녕'을 추구해야 한다고 한다.156) 본 항목은 '교회의 사도성', '교회 본성에 속한 선교', '성만찬적 공동체', '교회의 선교적 부름에 대한 도전들', '선교하는 하나님의 백성', '여성의 참여', '청년과 선교', '공동의 기도교적 증거' 그리고 '선교의 원리'에 대하여 논하였다. 이들 가운데서 이 글은 방금 위에서처럼 하나님 나라와 긴장관계 속에서 교회와 교회의 선교를 보고 있는 '교회의 사도성'과 '교회 본성에 속한 선교'를 논하고, 이어서 모든 평신도의 선교활성화를 주장하는 '선교하는 하나님의 백성'과 에큐메니칼 선교에 해당하는 '공동의 기독교적 증거'에 대해서만 소개하려고 한다.

---

155) Ibid., p.208.
156) Ibid., p.208.

본 항목(교회와 선교)은 첫째로 '교회의 사도성'에서 그리스도의 몸인 교회는 회개하고 용서받은 죄인들의 공동체로서 이미 왔고 장차 올 하나님 나라를 이 세상에 제시해야 한다고 한다. 교회는 그 구성원들의 죄에도 불구하고 그 안에 말씀이 살아계시기 때문에 하나님 나라를 이 세상에 선포해야 하고, 하나님 나라의 보증으로서 성령의 현존이 교회에 주어졌기 때문에, 하나님 나라는 우리들 가운데 있는 것이고, 이미 종말이 이 세상에 온 것이라고 한다. 때문에 "교회는 교회의 주님의 재림을 열심히 고대하면서 이 세상 앞에서 그를 증언하며 살고 있는 한 순례하는 백성으로서 종말론적인 공동체이다."157) 그리하여 정교회는 이상과 같은 하나님 나라와의 긴장관계 속에 있는 교회의 선교를 말한다.

선교란 하나님 나라의 오심에 대한 기쁜 소식에 대한 선포를 의미한다. "때가 찼고 하나님 나라가 가까웠으니 회개하고 복음을 믿으라 하시니라."(막 1:15) 하지만 예수님은 '이스라엘집의 잃어버린 양'에게만 이 복음을 선포하신다. 주님께서는 부활 후에야 비로소 자신의 제자들을 이스라엘의 경계를 넘어선 지역으로 파송하신다. "그러므로 너희는 가서 모든 족속으로 제자를 삼아 아버지와 아들과 성령의 이름으로 세례를 주고"(마 28:19)라 하였다. 그러나 주님께서는 자신이 '아버지께서 약속하신 성령'을 너희에게 보내리니 너희는 '위로부터 능력을 입히울 때까지' 예루살렘에서 기다리라고 명령하신다(눅 24:49).158)

---

157) Ibid.
158) Ibid., pp.208–209.

정교회는 둘째로 '교회 본성에 속한 선교'에서 교회가 성령의 힘을 입어 하나님 나라를 선포하는 것이 다름 아닌 교회의 소명이라고 한다. 이와 같은 선교는 교회의 본성에 속한다고 하는 말이다.

> 하나님 나라에 대한 선포가 이 세상 속에서 교회 소명의 핵심이다. 선교는 교회의 본성에 속한다. ……그런데 오직 성령의 오순절적 부어짐에 의하여서만 교회의 선교는 가능하고 성령의 능력을 부여받은 사도적 공동체라야 우리의 구원을 위하여 죽으셨다가 부활하신 그리스도의 복음을 선포할 수 있다. 성령의 오심만이……이미 시발된 하나님 나라를 증언할 수 있다.[159]

끝으로 본 항목은 선교를 교회의 사도성에만 적용하지 않고, 교회의 나머지 표지(標識)들, 곧 교회의 하나 됨, 거룩성 그리고 보편성에도 적용한다.

본 항목은 셋째로 '선교하는 하나님의 백성'에서 "지속적인 하나님의 선교에 동참하는 것은 교역자이든 평신도이든 젊은이든 노인이든 여성이든 남성이든 성만찬적 공동체들의 모든 구성원들이 지닌 특권이다."[160]라고 한다. 그런즉 "믿는 사람들은 그들이 살고 있는 상황들과 사회의 특수한 필요에 적합한 최선의 여러 방법으로 복음을 선포하고 주님을 증거하는 놀라운 자유를 누리고 있다."[161]라고 한다. 넷째로 본 항목은 '공동의 기독교적 증거'에서 WCC의 다른

---

159) Ibid., p.209.
160) Ibid., p.210.
161) Ibid.

회원 교회들과 오늘의 이슈들에 대한 공동 증거를 주장한다. 정교회는 결혼의 신성성, 가정의 안정, 인권, 낙태, 평화, 핵무기 감축, 세계의 어떤 지역에서의 이민 노동자들의 증가, 그리고 여행자들과 학생들과 정치적 난민들의 기동성 문제 등에 대하여 다른 교회들과 더불어 공동 증언을 위해서 준비되어 있다고 한다. 그래서 정교회는 두 개의 선교문서인 『공동 증언』과 『선교와 복음전도 – 하나의 에큐메니칼 확언』과 같은 문서야말로 자신들의 노력을 인도하는 데에 도움을 준다고 주장한다.

3) '예전 후의 예전'으로서 선교

여기에서 이 글은 3. 예전과 선교 및 6. "'예전 후의 예전(Liturgy after Liturgy)'으로서 선교"를 함께 논한다. 첫째로 '예전과 선교' 부분을 살펴보자. 정교회는 교회의 예배를 신적인 계시의 표현과 수호자라고 한다. 그런데 교회는 그리스도의 삶, 죽으심, 부활과 승천이라고 하는 사건들을 표현하고 나타낼 뿐만 아니라 장차 임할 하나님 나라를 기대한다고 한다. 정교회는 계시 개념에 '하나님 나라' 개념을 포함시킨다. 그래서 본 문서 전체를 통하여 '하나님 나라의 복음'이라고 하는 용어를 빈번히 사용한다. 그리고 정교회는 "성령에 의하여 생명을 얻은 그리스도의 몸인 교회는 예배에서 하나님의 입양된 아들들과 딸들로서 모든 믿는 사람들을 아버지 하나님과 연합케 한다."고 하면서, 이와 같은 공동체는 성만찬을 중심에 두고 있는바, '예전적 예배 전체가 하나의 분명한 형태의 증거요 선교'[162]라고 한다. 이런 뜻에서 정교회는 '성만찬적 예전을 하나의 선교적 사건'이라고 주장한다. 그도 그럴 것이 '성만찬적 예전이란 모든 평신도들을 신적 로고스의 성육신에 의하여 초래된 구원에 충만하게 동참하게 하고, 이들을 통하여 그 구원을 온 우주 속으로 가져가기 때문이다.'[163]

그리고 정교회는 이와 같은 성만찬적 예전을 하나님 나라와 직결시키고 있다. "전(全) 성만찬적 예전은 그것의 존재이유요 그것의 존재목적인 하나님 나라에 대한 비진하에서 전개된다."[164]고 한다. 다음의 인용을 읽어 보자.

　　이 하나님 나라는 하나의 역동적인 실재이다. 그것은 임했고, 임할 것이다. 그리스도께서 오셨고, 오실 것이기 때문이다. 때문에 교회의 선교란 모든 열방들과 모든 시대의 사람들을 불러서 하나의 하나님 나라를 향하여 순례하는 백성이 되게 하는 것이다. 예전이란 주님과 연합하여 주님과 함께 여행하자고 하는 초청장이다⋯⋯.

　　창세전에 우리를 위하여 예비되었고(마 24:34), 그리스도의 설교 전체를 통하여 선포된 하나님 나라는 십자가에서 자신을 내어주신 하나님의 어린양과 그의 죽은 자들로부터 다시 살아나심에 의하여 이 세상에 주어졌다. 교회는 그의 예전에서 이와 같은 놀라운 선물에 대하여 다음과 같은 말로 감사를 올린다. "당신은⋯⋯우리를 하늘로 인도하시고 장차 임할 당신의 나라를 우리에게 베풀어 주시기 위하여 모든 것을 다 이루셨습니다." 그리하여 교회는 이와 같은 감사기도와

---

162) Ibid., p.213.
163) Ibid.
164) Ibid.

성만찬에 의하여 하나님 나라라고 하는 선물을 받는다.[165]

둘째로 정교회는 "'예전 후의 예전(Liturgy after Liturgy)'으로서 선교"에 대하여 주장한다. 우선 그리스도교인들은 예전에서 복음 메시지를 들을 뿐만 아니라 죄로부터의 해방이라고 하는 큰 사건 속에서 성령의 실질적 임재를 통한 그리스도 위격과의 연합을 기대한다. 그리고 이와 같은 '예전이 매일 매일 개인적인 상황에서 계속되어야 한다.'고 할 때, 이것이 다름 아닌 '예전 후의 예전'으로서 그리스도교 윤리와 선교의 지평이다. 예전이 사단적 권세로부터 해방되는 사건에의 동참이라면 이와 같은 예전이 예전 후의 삶 속에서 계속된다고 하는 것은 우리들 안에서 역사하고 있는 악의 권세들(부정의와 착취와 고뇌와 고독 등)로부터의 하나의 지속적인 해방을 의미한다고 한다.[166] 따라서 '예전은 성만찬적 회중이 흩어지는 순간에 끝나는 것이 아니다.' 다음의 긴 인용은 예전 후의 예전으로서 윤리와 선교의 지평에 해당한다.

"우리는 평안히 갑시다."라고 하는 예전을 끝맺음하는 말은 성도 한 사람 한 사람을 그 혹은 그녀가 살고 있고 일하고 있는 세상 속으로 파송하여 선교를 하게 하는 것이고, 나아가서 공동체 전체를 세상 속으로 파송하여 하나님 나라가 오고 있는 사실을 그들의 정체성에 의하여 증거하게 하는 것이다. 말씀을 들었고 생명의 말씀을 받은 그리스도교인들은 오고 있는 하나님 나라에 대한 살아 있는 예언자적

---

165) Ibid.
166) Ibid., p.226.

징표이다······.167)

그런즉 각 그리스도교인과 교회는 하나님 나라를 선포하고 그것의 능력을 증시(證示)하기 위하여 부름을 받았으니, 예전 후의 예전으로서 윤리와 선교의 예들은 아래와 같이 다양하다.

- 축귀: 인종주의, 금전, 민족주의, 이념들, 그리고 인간의 로버트화와 착취라고 하는 우상타파.
- 병자 치유: 교회는 고해성사와 병든 자에 대한 기름 바르기 성례에 있어서뿐만 아니라

  인간과 사회의 모든 병폐들과 무질서들을 바로잡는 일에 있어서도 일어나야 할 치유행위. 교회는 이와 같은 일을 십자가의 능력으로 한다. 예컨대 병든 자들과 갇힌 자들에 대한 자기희생적인 봉사, 그리고 고문당하고 억압당하는 사람들, 특히 그들의 의견발표로 고난을 당하는 사람들과의 연대하기가 그것이다. 교회는 목소리 없는 자들의 목소리로서 그의 소명을 수행함에 있어서 각 개인 안에 있는 하나님의 형상과 모든 사람들 사이에서의 교제를 회복할 목적으로 각 인간을 존경하도록 가르치고 그것을 실천하지 않으면 안 된다······.

- 가난한 왕과 연대하여 자발적으로 스스로가 가난해져야 한다.
- "사람이 떡으로만 살 것이 아니요."라고 말씀하신 분과 더불어 금식해야 한다. 그도 그럴 것이 "하나님 나라는 먹는 것과 마시는 것이 아니요 오직 성령 안에서 의와 평강과 희락이라."(롬

---

167) Ibid.

14:17)라고 하셨기 때문이다.

- 모든 굶주리는 사람들과 자신을 동일시해야 한다.
- 수도원적인 삶에 있어서만이 아니라 결혼생활과 출산에 있어서도 순결해야 한다.
- 다른 사람을 새롭게 변화시킬 수 있는 자기 비움을 다시 평가하자.
- 교회를 통해서 말씀하시는 성령의 소리에 귀를 기울이면서 상호 간에 순복하자.
- 위협에 의해서 협박받기를 거부하고 거짓 약속들에 사로잡히기를 거부하기.
- 매일 매일의 삶에서 경험하는 모든 파란만장에도 불구하고 내적인 기도를 쉬지 말자.[168)]

4) 복음과 복음전도

본 문서는 '5. 복음과 복음적인 증언'에 대하여 논하였다. 필자가 이 부분을 잠시 짚고 넘어가려고 하는 이유는, 이미 우리가 논한 3 가지 제목에서 이 주제가 본격적으로 다루어지지 않았기 때문이요, 개신교가 그렇게나 중요시하는 '복음과 복음전파'가, 첫째로 예수 그리스도와 성령의 선교에 의하여 인류역사와 우주만물이 삼위일체 하나님의 생명과 삶에 재편된다고 하고, 둘째로 하나님 나라와의 긴장 관계에서 교회를 보며, 셋째로 '예전 후의 예전'으로서 윤리와 선교를 주장하는 정교회에 있어서 얼마나 중요하고 그와 같은 신학적인

---

168) Ibid., pp.226 – 227.

틀 안에서 어떤 자리를 차지하고 있는가를 보는 것이 중요하기 때문일 것이다.

정교회는 '복음증거'가 교회 선교의 다양한 차원들 가운데 하나라고 한다. 본 항목은 복음증언을 무엇보다도 자기 자신들을 그리스도교인들이 아니라고 생각하는 사람들과 명목상의 그리스도교인들에게 그리스도를 전하는 것이라고 한다. 그런데 정교회는 개신교의 경우처럼 예수 그리스도의 복음이라고만 말하지 아니하고, '복음증거란 하나의 거룩하시고 나뉨이 없으신 삼위일체 하나님의 메시지요, 심판이요, 사랑이요, 현존이요, 구속이요, 명령이요, 변화시키는 에너지들에 의해 인류와 대면하는 것'[169]이라고 본다. 그리고 복음증거는 구원으로 부르는 것인데, 그것은 정교회의 온전한 구원단계인 '신화(theosis=deification)'를 지향한다. 그런즉 정교회의 복음증거는 이상과 같은 삼위일체론적 복음에 의하여 '신화'를 지향하는 의미에서 하나의 '회심'이요, 나아가서 '세례'로 인도하는 것이다.[170] 다음의 인용을 읽어 보자.

복음증거의 목표는─비록 그것이 여러 단계들을 통과하고 많은 중간 단계들에서 머물기는 하지만─최종적으로는 하나이다. 그것은 회심이다. 그것은 죄, 하나님으로부터의 소외, 악에 대한 굴복과 실현되지 못한 하나님 형상의 잠재력으로부터 죄들의 용서, 하나님 명령에의 순종, 삼위일체 하나님과의 갱신된 관계, 하나님 형상 회복에 있어서 성장, 우리들 가운데서 그리스도 사랑의 원형 실현으로의 회심이다.

---

169) Ibid., p.221.
170) Ibid., p.221.

좀 더 간략하게 그리고 명쾌하게 말한다면, 복음증거의 최종목표는 회심과 세례이다. 회심은 죄와 죽음과 악으로부터 하나님의 참생명과 삶으로의 의지적인 전향이다. 세례란 한 새로운 구성원을 하나님의 백성, 곧 교회라고 하는 공동체의 새 생명과 새로운 삶 속으로 받아들임이다.[171]

그런데 정교회는 복음증거의 최종목표를 모든 인간의 회심과 세례라고 하면서, 다음과 같은 그리스도교인들과 비그리스도교인 사이의 대화나 사회정의나 이 세상의 잘못된 가치들에 대한 예언자적 도전 같은 것들을 회심과 세례를 향한 전 단계들로 본다.

- 그리스도교인들과 비그리스도교인들 사이의 사랑의 증진과 대화.
- 비그리스도교인들의 언어와 사고구조에 걸맞은 복음 메시지 형성.
- 사회의 구조들 속으로 파고들기.
- 우리들 사이에서 정의에 관련된 하나님의 뜻에 대한 선포.
- 이 세상의 가치들에 대한 예언자적 도전.[172]

2. 정교회의 CWME 자문위원회의 최종 보고서(Final Report of CWME Orthodox Advisory Group, Boston, 1990)

이 보고서는 제7차 WCC 총회(캔버라, 1991)의 주제('성령이여 오

---

171) Ibid., pp.221 – 222.
172) Ibid.

소서 - 창조세계 전체를 새롭게 하소서')에 대한 정교회의 선교신학적 숙고를 정리한 것이다. 그리고 이 보고서는 그동안 지속되어 온 정교회의 CWME와 WCC에의 참여를 돌이켜 보았다. 정교회 신학자들은 캔버라 WCC를 전후하여 여러 나라들과 지역들의 정교회들의 보고서들을 접수함으로써 여러 신학적인 이슈들에 대하여 WCC 지도자들과 날카로운 의견을 교환하면서 에큐메니칼 활동은 지속적으로 성경과 기독교적 전통에 근거를 두어야 한다고 하는 정교회의 깊은 확신을 증거하였다. 특히, 아래의 본문은 교회가 창조세계 전체의 구원과 생명과 삶을 위한 하나님의 선교에 동참하는 것은 성령의 능력으로 가능한 것이라고 하는 정교회의 견해를 표현하고 있다.

정교회는 모든 그리스도교인들의 열망이야말로 성령의 오심을 통하여 온 세계가 그리스도 안에 계신 하나님과 교제하게 되는 것이기 때문에, 캔버라의 주제는 정교회에 특별한 선교적인 의미를 지닌다고 한다. 그도 그럴 것이 모든 선교활동들의 출발점이 부활하신 예수님의 약속과 명령, 즉 "아버지께서 나를 보내신 것과 같이 나도 너희를 보내노라……성령을 받으라."(요 20:21 - 22)고 하신 말씀에 있기 때문이라고 한다. "내가 아버지께로서 너희에게 보낼 보혜사 곧 아버지께로서 나오시는 진리의 성령이 오실 때에 그가 나를 증거하실 것이요."(요 15:26) "그러나 진리의 성령이 오시면 그가 너희를 모든 진리 가운데로 인도하시리니……그가 내 영광을 나타내리니 내 것을 가지고 너희에게 알리겠음이라."(요 16:13 - 14) 정교회는 이 같은 성경 구절에 근거하여 선교를 전적으로 성령과의 관계에서 이해한다.

따라서 교회의 선교란 성령께서 선포하시고 알리시는 바를 증거하는 것이다. 성령께서는 그리스도의 말씀을 해석할 뿐만 아니라 그의 생명과 능력을 우리에게 전달하신다. 성령께서는 우리를 그리스도에게 접붙여 주심으로, 우리가 그리스도 안에 그리고 그리스도께서 우리 안에 거주하게 하신다.[173]

정교회는 성령의 부어지심으로 교회가 형성될 뿐만 아니라 동시에 성령께서 이 세상 속에 지속적으로 현존하신다고 하고, 이로써 인류를 고양시키고 우주를 변형시키는 인간의 삶의 변형과정이 시작되었다고 한다. 그리하여 선교란 그리스도의 몸을 세움으로써 인류를 그리스도 속으로 합체시키고, 이 세상과 우주를 악과 죽음의 권세로부터 정화시키고 해방시킨다고 한다.

따라서 선교란 그의 몸을 세움에 의하여(엡 4:12), 즉 사람들이 복음의 진리를 받아들이고 성령의 능력으로 세례를 통하여 삼위일체 하나님과의 교제 속으로 들어가는 곳에서마다 성만찬적 공동체들을 형성함에 의하여, 인류를 그리스도께 합체시키는 것을 목표로 한다. 바로 이 교제를 통하여 세계는 악과 죽음의 권세로부터 정화되고 해방된다. 인류는 하나님의 영에 의하여 새롭게 되고 성화됨으로써 분열로부터 일치로, 거짓으로부터 진리로, 증오로부터 사랑으로, 자기중심으로부터 하나님과의 교제의 삶으로, 그리고 결과적으로 하나님의 창조세계 전체와의 교제로 이동한다.[174]

---

173) Ibid., p.243.
174) Ibid.

정교회는 자체 내에서 사랑의 교제 가운데 계신 내재적 삼위일체 하나님께서 경세 차원으로 운동을 하신다고 하는 뜻에서 "삼위일체 하나님께서는 그의 사랑 까닭에 '선교하시는 하나님(God-in-mission)' 이시다."라고 하고, "하나님께서 창조세계와 인류역사에 개입하시는 목적은 인류에게 그리고 이 인류를 통하여 창조세계 전체에 그것들의 한계를 초월하여 하나님의 영광과 생명 안으로 들어갈 수 있는 가능성을 제공하는 데에 있다."[175]고 한다. 정교회는 예수 그리스도 안에서 그리고 종말론적으로 성령의 역사로 인간만이 신화에 이르는 것이 아니라 우주만물도 신화에 해당하는 변형에 이르는 것으로 본다.

그런즉 "교회는 온 세상의 구원을 위한 하나님의 선교에서 자신의 진정한 소명을 발견한다."고 본다. 정교회는 교회란 그리스도의 몸으로서, 즉 성만찬적 공동체로서의 정체성을 분명히 하면서, 이 세상으로 나아가서 구속을 찾는 모든 사람들에게 복음을 선포해야 한다고 한다. 이로써 "선교와 복음전도가 교회의 존재를 구축한다."고 하면서, "이것들은 교회의 보편성의 없어서는 안 되는 표현들이고 또한 세상 전체의 구원을 위한 하나님의 선교에 대한 교회의 참여이다."라고 한다. 정교회는 캔버라의 주제에 걸맞게 하나님의 선교가 인류 역사뿐만 아니라 창조세계 전체의 변형을 포함하는 것으로 여겼다. 다음의 인용은 중요하다.

성령의 능력을 통하여 하나님의 선교에 적극적으로 동참한다고 하는 것은 교회가 창조세계 전체의 구원과 생명을 위하여 기도하고 행

---

175) Ibid.

동하는 것을 뜻한다. 교회는 그의 성례적인 삶을 통하여 창조된 세계 전체를 지탱하고 구속하며 성화시킬 뿐만 아니라 믿는 자들이 그리스도 안에서 성화되고 하나 될 것을 위하여 만유 위에 성령을 보내 달라고 하나님께 성령초대의 기도를 올린다. 이 세상 안에서 적극적이고, 창의적이며, 공동체적이고, 정의로우며, 평화로운 것은 무엇이든지 그의 창조세계를 위한 하나님의 섭리적인 사랑에 돌려지지 않으면 안 된다…….176)

Ⅶ. 『선교와 복음전도: 하나의 에큐메니칼 확언』(1982)

본 문서는 WCC 중앙위원회의 요구에 따라서 CWME에 의하여 작성되었다. 이는 모든 지역들과 모든 교파들을 대표하는 교회들의 오랜 토론의 결과로서 에큐메니칼 운동에 의하여 만들어진 선교신학 지침서들 가운데 가장 포괄적이고 가장 영향력이 큰 지침서이다.177)

본 지침서는 이미 지적한 대로 복음주의 계통의 목소리를 반영하고 있다. 즉 그것은 '회심'에 대해서 심도 있게 논하였다. 다음의 인용은 개인 차원의 복음에 대한 수용과 결단과 회심을 말한다.

복음에 대한 선포는 그리스도의 구원하시는 주권을 개인적인 결단의 방법으로 인정하고 수용하라고 하는 초청을 포함한다. 그것은 성

---

176) Ibid., p.244.
177) Mission and Evangelism — an Ecumenical Affirmation, in The Ecumenical Movement: An Anthology of Key Texts and Voices, ed. by Michael Kinnamon and Brian E. Cope(Geneva: WCC Publications, 1997), p.372.

령에 의하여 매개되는바 살아계신 그리스도와의 인격적인 해후로서 그의 사죄를 받아들이고 제자의 도와 섬김의 삶에로의 부름을 개인적으로 수용하는 것에 대한 선언이다. 하나님께서는 온 인류에 대해서뿐만 아니라 그의 자녀들 각각에게 말씀을 하신다. 각 인격은 복음을 들을 자격이 있다⋯⋯.[178)]

본 문서에 따르면 신약성경은 위의 결단을 심지어 '중생'(요 3:3)이라 부르고, 그것은 또한 '회심, 회개, 혹은 우리의 삶의 태도와 스타일의 총체적인 변혁'[179)]이라 불리기도 한다고 한다. 그래서 "회심이란 역동적이고 지속적인 과정으로서 '그 무엇으로부터 돌아서서 그 무엇으로 향한다.'고 하는 것을 뜻한다."[180)]고 한다.

하지만 한 걸음 나아가서 본 문서는 개인의 회심뿐만 아니라 나라들과 민족들과 집단들과 가정들의 회심에 대해서도 언급한다. 즉

전쟁으로부터 평화에로, 부정의로부터 정의로, 인종주의로부터 연대성으로, 증오로부터 사랑으로의 변화의 필요를 선포하는 것은 예수 그리스도와 그의 나라에 대해서 행해진 증언이다. 구약의 예언자들은 항상 이스라엘 백성의 집단적인 양심에 호소하면서, 통치자들과 백성을 회개와 언약의 갱신에로 부른다.[181)]

그리고 본 지침서는 좀 더 나아가 복음을 삶의 모든 영역(all the

---

178) Ibid.
179) Ibid.
180) Ibid., p.373.
181) Ibid.

realms of life)에 적용할 것을 주장하면서, '관계들과 구조들의 갱신'
까지도 역설하고 있다. 다음의 인용을 읽어 보자.

> 성경에서 종교적인 삶은 결코 성전에 국한될 수 없거나 일상생활로
> 부터 고립될 수 없다(호 6:4-6, 사 58:6-7). 예수님의 하나님 나라에
> 대한 가르침은 하나님의 온 역사에 대한 사랑의 주권을 말씀하고 있
> 다. 우리는 우리의 증언을 삶의 사사로운 차원에 국한시킬 수 없다.
> 그리스도의 주권은 삶의 모든 영역들에 선포되어야 한다. 위대한 위
> 탁(마 28:19-20)에서 예수님은 제자들에게 이렇게 말씀하셨다. ……하
> 나님 나라의 복음은 개인들을 회개로 부르는 동시에 사회의 구조에
> 대한 도전이기도 하다…….(엡 3:9-10, 6:12)[182]

이상의 주장에서 본 선교신학 지침서는 복음주의의 복음이해로부
터 점차 에큐메니칼 복음이해로 확장되어 가고 있는바, '그리스도의
방법에 의한 선교'에서는 빌링겐 IMC 전통을 잇고 있다. 즉 그것은
삼위일체 하나님의 파송의 신학에 근거하는 그리스도 선교 중심으로
나간다.

> "아버지께서 나를 보내신 것같이 나도 너희를 보내노라."(요 20:21)
> 사람들 사이에 살면서 이들의 희망들과 고난들을 함께 나누면서 자신
> 의 생명을 모든 인류를 위하여 십자가에서 바치신 종의 자기 비움-이
> 것이 다름 아닌 복음을 선포하는 그리스도의 방법이었으니, 우리는
> 그분의 제자들로서 동일한 길을 걷도록 부름을 받고 있는 것이다.

---

182) Ibid.

"종이 상전보다 크지 못하고 보냄을 받은 자가 보낸 자보다 크지 못하니."(요 13:16)[183]

끝으로 본 지침서는 1970년대 말 해방신학 전통으로부터 영향을 받은 1980년 멜보른 CWME의 전통을, 위에서 본바 통전적인 선교 신학의 맥락 속에서 받아들인 것으로 보인다.

다음의 인용을 읽어 보자.

이 세계의 대부분의 가난한 자들이 예수 그리스도의 복음을 들어 본 적이 없거나 그것이 주어지는 방법 때문에 복음으로 인정될 수 없 기 때문에 받아들일 수 없다고 하는 것은 역시 하나의 비극적인 우연 의 일치이다. 이것은 이중적인 부정의이다. 즉 그들은 불의한 경제질 서나 권력에 대한 불의한 정치적 분배로 인한 억압의 희생자들이거나 동시에 이들에 대한 하나님의 특별한 배려에 대한 지식을 박탈당하고 있기 때문이다. 가난한 자들에게 복음을 선포하는 것은 이들에게 마 땅히 돌려야 할 정의를 돌리기 시작하는 것이다. 예수 그리스도의 교 회는 가난한 자로 성육신하시어 이들 가운데 사셨으며, 이들에게 하 나님 나라에 대한 약속을 주신 교회의 주님의 모범을 따라서 가난한 자들에게 복음을 설교하도록 부름을 받은 것이다. 예수님은 따뜻한 긍휼을 가지고 무리를 바라보셨다. 그는 가난한 자들을 죄의 피해자 들과 개인적인 죄와 구조적인 죄의 희생자들로 인식하셨다.[184]

---

183) Ibid., p.377.
184) Ibid., p.378.

Ⅷ. 산 안토니오 CWME(1989)

산 안토니오의 분과 보고서는 네 섹션으로 되어 있다. 하나는 '살아계신 하나님께로 돌아가기', 둘은 '고난과 투쟁에 동참하기', 셋은 '땅은 주님의 것', 넷은 '선교 안에서 갱신된 공동체들을 향하여'로 보고되었다. 이 글은 이 중에서 복음과 교회를 중요시하는 '삼위일체 하나님의 선교'를 논하는 첫 번째 섹션과 창조세계의 보전을 선교개념에 포함시키는 세 번째 섹션에 대하여 소개하려고 한다.

첫 번째 섹션은 "이 세상에서의 교회의 소명의 핵심부에는 십자가에 달리셨다가 부활하시어 성령으로 우리들 사이에 현존하게 되신 주 예수님 안에서 시발된 하나님 나라에 대한 선포가 있다."[185]고 하면서 교회의 선교는 그것의 근원과 지탱하는 힘을 삼위일체 하나님의 선교에 두고 있는 것으로 본다.

> 성부, 성자, 성령 삼위로 일체 되시는 하나님께서는 선교하시는 하나님이시요, 교회의 선교의 근원이시요, 지탱자이시다(요 20:21, 행 2). 교회의 선교란 다름 아니라 창조세계 전체에 대한 하나님의 보살핌, 모든 인간들에 대한 무조건적인 사랑, 그리고 모든 인간들 상호 간에 일치와 교제에 대한 관심으로부터 흘러나온다.[186]

---

185) The San Antonio Report, ed. by Frederick R. Wilson(Geneva: WCC Publications, 1990), p.25.
186) Ibid.

그리고 하나님의 선교에 응답하는 교회의 선교는 종말론적인 비전 하에서 우주적 차원을 갖는다고 한다.

> "사랑과 정의와 평화가 주장하는 새 하늘과 새 땅에 대한 성경의 약속은……역사 속에서 그리스도교인들로서 우리의 행동을 초청하고 있다."(ME Preface) 우리의 선교는 하나님 나라의 오심을 섬기는 것이기 때문에, 그것은 미래를 현재 속으로 가져오고, 새 창조라고 하는 하나님의 통치의 목적을 섬기는 일에 관심을 집중한다.[187)

그리고 본 보고서는 하나님의 나라와 하나님의 선교와의 관계에서 교회의 자리를 규정하고 있다.

> 하나님 나라의 메시지를 받아들인다고 하는 것은 성령께 그것의 창시자요 지탱자이신 그리스도의 몸인 교회 속으로 합체되어지는 것이다. 그리하여 교회들은 이 세상을 위한 하나의 징표가 되어야 한다. 이들은 주님께서 하신 것처럼 그렇게 중재를 해야 하고 주님께서 하신 것처럼 그렇게 섬겨야 하는 것이다. 이런 식으로 그리스도교적 선교란 인류역사 속에서의 그리스도의 몸의 행동인 것이다. 그것은 오순절의 연속이다(ME 28).[188)

다음에 우리는 '땅은 주님의 것'을 소개한다. 본 CWME는 1970년대부터 부각된 창조세계 보전의 문제를 선교에 관련시켜 논했다. 물론, 산 안토니오는 1975년 나이로비 WCC의 JPSS와 1983년 밴쿠버

---

187) Ibid., p.26.
188) Ibid., p.33.

WCC의 JPIC를 뒤로하고 있고, 1990년 WCC 서울 JPIC 대회를 1년 앞두고 있는 시점에서 창조세계의 문제를 선교의 관심사로 삼았다. 본 섹션은 그것의 전문에서 창조세계 보전을 하나님의 선교로 보아야 할 전제에 해당하는 내용을 소개하고 있다.

> 우리는 창조세계 전체가 삼위일체 하나님의 것임을 확언한다. 사람이 거주하고 있는 땅의(territory) 모든 부분들과 땅(land)의 모든 부분들이 하나님의 것이요 계속해서 하나님의 것이다. 하나님께서는 이 땅을 인류에게 주시어, '다스리고 지키게 하셨다.'(창 2:15)
> 그리하여 하나님께서는 우리를 부르시어,
> ─우리의 청지기직을 정의롭게 행사하고,
> ─창조세계의 온전성을 유지하며,
> ─땅의 제한된 자원을 사용하고 함께 나누며,
> ─모든 생명들을 지탱시키고 충만하게 하도록 하셨다.
> 그런즉 땅에 대한 하나님의 소유권에 대한 확언은 다음과 같은 소유권의 개념들과 실천들에 대한 도전으로 다가온다.
> 자연을 착취하고,
> 땅을 하나의 상품으로만 보며,
> 땅의 해당 부분에 대하여 배타적인 국가적 소유권을 주장하고,
> 특권들을 보호하기 위하여 문화적인 요인들을 창안해 내고 유지시키는 개념들과 실천들 말이다.[189]

그런즉 산 안토니오는 창조세계 보전의 문제를 하나님의 선교와 이에 동참하는, 그리스도의 방법으로 하는 선교인 교회의 선교로 보

---

189) Ibid., p.52.

았다. 교회는 오늘의 환경파괴의 상황에서 "당신의 뜻이 이루어지이다."라고 하는 주님 가르쳐 주신 기도의 의미를 깊이 생가하면서 '그리스도의 방법에 의한 선교'를 해야 할 것이다.

그리스도의 방법에 의한 선교란 하나님의 창조로 확장되지 않으면 안 된다. 땅이 주님의 것이기 때문에, 이 땅에 대한 교회의 책임은 교회의 선교의 중요한 부분이다. 그리하여 이와 같은 선교는 부활에 근거한 희망의 복음을 온 창조에게 갖다 준다. ……주의 식탁에 대한 우리의 축하는 창조세계 전체에 대한 하나님의 구속하시는 사랑을 긍정해야 하고, 떡을 함께 뗀다고 하는 것은 땅의 선물들을 우리들 상호 간에 함께 나누도록 우리에게 힘을 실어 주는 것이다. 이것은 그리스도의 방법에 의한 선교의 일환으로서 삶의 스타일의 변화를 요구한다.[190]

IX. 마닐라 마니페스토(1989)

로잔으로부터 마닐라까지는 15년이 경과하였다. 이 기간 동안에 '복음과 문화', '복음전도와 사회적 책임', '단순한 삶의 스타일', '성령' 그리고 '회심'에 대한 연구결과물들이 나왔다. 그런즉 이와 같은 결과물들이 로잔으로부터 마닐라에로의 발전에 도움을 주었다. 본 필자는 로잔을 읽었던 동일한 시각을 가지고 본 문서를 읽어 내려고 한다. 즉 그것이 에큐메니칼 운동이 추구하는 하나님의 선교에 비추

---

190) Ibid., p.54.

어서 어떻게 다른가를 읽어 내고, 로잔으로부터 얼마나 발전하였나를 살펴볼 것이다. 본 문서는 21개의 확언들과 이것들 가운데 어떤 것을 좀 더 상세히 언급하는 12개의 섹션으로 구성되어 있다. 필자는 주로 후자를 읽고 소개하려고 한다. 거기에 중요한 내용이 담겨 있다고 보기 때문이다. 12섹션의 전체 내용구조는 'A. 온전한 복음, B. 온전한 교회 그리고 C. 온 세상'으로 되어 있다. 이는 '전 인격, 온전한 복음, 온 교회 그리고 온 세상'을 주장했던 나이로비 WCC를 생각나게 한다.

온전한 복음: 'A. 온전한 복음'에서 본 문서는 사람들이 믿음으로 수용하기 전의 객관적이고 보편적이며 종말론적인 복음을 선포한 다음에 그리스도께서 우리들과 믿음으로 관계를 맺으셨다고 한다. 그리고 본문은 '내재적 삼위일체 하나님'과 '경세적 삼위일체 하나님'의 구별도 암시하는 것으로 보인다. 이는 로잔으로부터의 발전이요, 에큐메니칼 복음이해에 근접하고 있다.

> 복음이란 악의 권세로부터의 하나님의 구원, 영원한 하나님 나라의 수립, 그리고 그의 목적을 방해하는 모든 것에 대한 그분의 최종적인 승리에 대한 기쁜 소식이다. 하나님께서는 이 세상이 시작되기 전에 사랑 가운데 이와 같은 일을 하시기로 의도하셨고 우리 주 예수 그리스도를 통하여 죄와 죽음과 심판에 대한 그분의 자유케 하시는 계획을 실행하신 것이다. 이제 우리를 그 자신과의 구속받은 교제 가운데서 자유케 하시고 연합시키시는 분은 다름 아닌 그리스도이시다.[191]

---

191) The Whole Gospel for the Whole World: Story of Lausanne II Congress on World Evangelization, Manila 1989(Charlotte, NC: the

본 문서는 '우리 인간의 곤궁'에서 인간 안에 있는 하나님의 형상이 타락과 죄로 인하여 크게 망가졌다고 하는 내용을 다루고 난 다음, '오늘을 위한 복음'에서 복음을 받아들이는 사람들의 구원, 하나님 나라에로의 진입, 자연의 구속, 그리고 가난한 자를 위한 복음을 주장한다. 이것은 로잔으로부터의 발전이다.

우리는 살아계신 하나님께서 우리의 상실됨과 절망에도 불구하고 우리를 버리지 아니하심을 기뻐한다. 그도 그럴 것이 하나님께서는 우리를 구출하여 다시 만드시려고 예수 그리스도 안에서 우리 뒤를 따라오셨다. 그런즉 복음은 그것의 초점을, 하나님 나라를 선포하시고 겸허한 섬김의 삶을 사시기 위하여 오셨고, 우리를 대신하여 죄와 저주가 되시어 우리를 위하여 죽으셨으며, 죽은 자들로부터 다시 사심으로 하나님의 정당화를 받으신 예수님의 역사적인 인격에 두고 있다. 그리하여 회개하고 그리스도를 믿는 사람들에게는 하나님께서 새 창조에 동참케 하신다. 주님은 죄의 용서와 성령의 내주하시고 변혁시키시는 능력을 포함하는 새로운 생명을 우리들에게 주신다. 주님께서는 모든 인종들과 나라들과 문화들로 구성된 그의 새로운 공동체로 우리를 환영하신다. 그리고 그는 어느 날 우리들이 악의 권세가 모두 멸절되고 자연까지도 구속되며 하나님께서 영원히 다르실 그의 새로운 세계로 들어갈 것을 약속하신다. —중략—

우리는 복음이 가난 자들을 위한 기쁜 소식이라고 하는 누가의 강조점에 다시 직면하게 되었고, 이것이 가난하고 고난을 당하며 억압을 받는 이 세계 인구의 다수에 대하여 무슨 의미가 있는가를 우리들 자신에게 질문하였다. ……성경은 또한 자비를 구하기 위하여 오직 하나님만

Lausanne Committee for World Evangelization, 1989), p.112.

을 바라보고 있는 영적으로 가난한 자들에 대해서도 언급한다…….[192]

그리고 로잔에서도 논하였던, 본 문서의 '예수 그리스도의 유일무이성'에서 우리를 연합시키는 것은 예수 그리스도에 대한 공통의 확신이라고 하였는데, 이는 방금 위에서 인용한 복음내용에 의하여 보완되고 있는 것으로 보인다. 아마도 이는 본 문서가 주장하는 '온전한 복음'에 대한 보완으로 보인다. 이래의 인용을 읽어 보자.

> ……우리는 예수 그리스도를 하나님의 아들로 고백하는바, 그는 전적으로 하나님으로 머물러 계시면서 참인간이 되신 것이고, 십자가상에서 우리의 대리자가 되셨다. 즉 그는 십자가상에서 우리의 죄를 대신 걸머지셨고 우리의 죽음을 죽으셨으며 우리의 불의를 그 자신의 의로 대치하셨다. 그리고 그는 죽음을 이기고 부활하시어 변화된 몸을 지니셨고 장차 이 세상을 심판하시기 위하여 재림하실 것이다. 오직 그분만이 성육신하신 하나님의 아들이요, 구세주시요, 주님이시요, 심판주이시요, 오직 그분만이 성부와 성령과 더불어 모든 사람들의 예배와 신앙과 순종을 받으실 만하시다. 오직 한 분 그리스도만이 계시기 때문에 오직 하나의 복음만이 있는 것이다. 이 그리스도께서는 그의 죽으심과 부활로 인하여 유일한 구원의 길이시다…….[193]

역시 본 문서는 '온전한 복음'을 주장하기 위하여 로잔이 다루었던 '복음과 사회적 책임'을 더 힘주어 논한다. 복음이 교회와 그리스도인들의 사회적 책임수행과 불가분리하다고 하는 주장이다. 그것은

---

192) Ibid., p.113.
193) Ibid., p.114.

복음과 삶, 그리고 하나님 나라와 삶의 불가분리성을 말하고 있다. "신빙성 있는 복음이란 남성들과 여성들의 개변된 삶 속에서 가시적이 되지 않으면 안 된다. 우리가 하나님의 사랑을 선포할 때, 우리는 사랑의 섬김에 참여해야 하고, 우리가 하나님 나라를 설교할 때, 우리는 정의와 평화에 대한 그것의 요구에 헌신하지 않으면 안 된다."194)고 한다. 그리고 본 문서는 사람들이 예수 그리스도를 주님과 구세주로 영접하게 하기 위하여 복음전도가 우선적이지만, 예수님의 하나님 나라 선포에 있어서 하나님 나라가 요구하는 행동이 동반되었다고 하는 사실에 근거하여, 말과 행동에 의한 복음과 하나님 나라 선포를 역설하고 있다.

> ……하지만 예수님은 하나님 나라를 선포하셨을 뿐만 아니라 자비와 능력의 사역들을 통하여 그것을 증시(證示)하셨다. 오늘날 우리는 이와 비슷한 말과 행동의 통합에로 부름을 받고 있다. 우리는 겸허한 정신으로 설교하고 가르치며 병든 자들에 대한 교역을 해야 하고, 배고픈 자들에게 양식을 주며, 갇힌 자들을 돌보고, 불리한 자들과 장애인들을 도와주고 억압받고 있는 사람들을 구출해 내야 한다…….195)

그리고 본 문서는 "하나님 나라에 대한 선포는 이 하나님 나라와 모순되는 모든 것에 대하여 예언자적인 선포를 해야 한다."고 하면서, '제도화된 폭력, 정치적인 부패, 사람들과 땅에 대한 온갖 종류의 착취, 가정파괴, 마약 그리고 인권에 대한 남용을 포함하는 파괴

---

194) Ibid., p.115.
195) Ibid.

적인 폭력'196)에 대하여 언급하고 있다.

온전한 교회: 본 문서는 여기에서 온전한 복음은 온 교회에 의하여 선포되어야 하고, "하나님의 모든 백성이 이와 같은 복음전도적 과제에 참여하도록 부름을 받는다."고 한다. 본 문서는 복음전도를 위하여 모든 평신도들의 전도 활성화를 주장하고 있다. 본 문서는 "하나님 자신이 으뜸가는 전도사이다." 그리고 "성령께서 진리와 사랑과 거룩성과 능력의 영이시니, 복음전도란 이 성령이 없이는 불가능하다."고 하면서, "복음전도자이신 하나님께서는 자신의 백성들에게 그의 동료 사역자가 되는 특권을 주신다."197)고 한다. 바로 "이 하나님께서 어떤 이들은 복음전도자들로, 어떤 이들은 선교사들로, 그리고 어떤 이들은 목사들로 부르시고, 그의 교회 전체와 교회의 모든 구성원들을 자신의 증인들이 되도록 부르신다."고 한다. 본 문서는 안수례 받은 특수 교역직이 평신도들을 지배하는 구조가 아니라 평신도의 복음전도 활성화를 역설하고, 나아가서 남녀 성도 모두의 복음전도 참여를 주장한다.

목사들과 교사들의 특권에 해당하는 과제는 하나님의 백성(laos)을 성숙함에로 인도하고(골 1:28), 교역을 위하여 이들을 무장시키는 것이다(엡 4:11-12). 목사들은 교역직들을 독점하지 말고 다른 사람들로 하여금 그들의 은사들을 사용하도록 격려하고 제자들을 만들기 위

---

196) Ibid.
197) Ibid., p.117.

하여 제제들을 훈련함으로써 그와 같은 교역직들을 증대시켜야 할 것이다. 교역자에 의한 평신도 지배는 교회의 역사에서 하나의 큰 악이다. 그것은 평신도와 교역자 모두에게서 하나님께서 이들에게 의도하신 역할을 앗아버리는 것이고, 교역자들을 넘어지게 하는 것이며 교회를 약하게 만드는 것이고 복음의 확산을 방해하는 것이다. ―중략―

하나님께서는 남자들과 여자들을 하나님의 형상의 동등한 부대자로 창조하셨고(창 1:26−27), 이들을 그리스도 안에서 동등하게 받아들이시며(갈 3:28), 모든 육체 위에, 곧 아들들과 딸들 위에 성령을 부으셨다(행 2:17−18). 그리고 여기에 더하여 성령께서는 그의 은사들을 남성들에게만이 아니라 여성들에게도 나누어 주시기 때문에, 이들은 모두 그와 같은 은사들을 활용할 수 있는 기회를 얻은 것이다…….[198]

다음에 이어지는 '증인들의 온전성'과 '개교회'와 다른 교회들과의 관계맺음에 관한 '복음전도에 있어서 협력'에 대한 주장 역시 '온전한 교회'를 구축하는 내용이다. 특히, 본 문서는 복음전도에 있어서 '개교회'의 책임을 강조한다.

각 개교회는 그리스도의 몸의 한 지역적인 표현이요 동일한 책임들을 가지고 있다. 교회는 예배의 영적 희생 제사를 하나님께 드리는 '하나의 거룩한 제사장'이요, 동시에 하나님의 탁월성들을 증언으로 확산시키는 '하나의 거룩한 나라'(벧전 2:5, 9)이다. 이와 같이 교회란 회집되고 흩어지고, 부름 받고 파송받은 하나의 예배하는 공동체요 하나의 증언 공동체이다. 예배와 증언은 불가분리하다.

우리는 지역별 개교회가 복음전파를 위한 우선적인 책임을 지고 있

---

198) Ibid., pp.117−118.

다고 믿는다. ……이런 식으로 복음은 복음을 전파할 교회를 창조하고 복음은 지속적인 연쇄로 더 많은 교회들을 창조한다…….199)

그리하여 본 문서는 개교회에 대한 논의에서 출발하여 '복음전도에 있어서 협력'에서는 복음전파를 위한 교회일치를 주장한다.

> 복음전도와 일치는 신약성경에서 긴밀하게 관계되어 있다. 예수님은 그의 백성의 일치가 그 자신의 아버지와의 일치를 반영하고 이로써 세상이 자신을 믿게 해달라고 아버지께 기도하셨다. 그리고 바울은 빌립보 교인들에게 "복음의 신앙을 위하여 협력하라."(빌 1:27)고 권고하였다. ……우리는 복음전도에 있어서 협력이 꼭 필요하다고 확언한다. 그 이유는 그것이 하나님의 뜻이기 때문이요, 화해의 복음이 우리의 분열로 신빙성을 상실하기 때문이요, 세계 복음화의 과제를 수행하기 위해서는 우리가 교회일치에 함께 힘써야 하기 때문이다.
> '협력'이란 다양성 속에서의 일치를 의미한다. 그것은 서로 다른 기질들, 은사들, 직업들과 문화들, 민족 교회와 선교단체들, 함께 일하는 모든 나이들과 성들을 포함한다.200)

온 세상: 끝으로 온전한 복음이 온전한 교회에 위탁된 것은, 그것이 이 온 세상에 알려지기 위한 것인데, 우리는 우리가 파송된 이 세상을 반드시 이해하여야 한다고 한다. 본 문서는 여기에서 복음과 컨텍스트의 관계를 논하면서, 우리는 복음을 전하기 위하여 컨텍스트를 알아야 하지만 그 어떤 컨텍스트도 복음을 왜곡하도록 허락되

---

199) Ibid., p.119.
200) Ibid., p.120.

어서는 안 된다고 한다. 그런즉 본 문서는 오늘의 모든 맥락들의 맥락인 모더니티의 역기능과 순기능을 소개하고 있다. 그것은 '기술을 동반한 산업화과 경제질서를 동반한 도시화에 의해서 산출된 신생 세계문화'라고 하고, 이와 같은 요인들이 오늘날 우리가 세상을 바라보는 환경을 조성한다고 한다.[201] 뿐만 아니라

　　세속주의는 하나님과 초자연적인 것을 무의미하게 만듦으로써 신앙을 짓밟고, 도시화는 많은 사람들의 삶을 비인격화시키며, 대중매체는 말씀을 이미지와 대치시킴으로써 진리와 권위를 가치 절하시키는 데에 기여하였다. 종합적으로 모더니티의 이와 같은 결과들은 많은 사람들이 설교하는 메시지를 왜곡시키고 그들의 선교적 동기를 무너뜨린다.[202]

하지만 본 문서는 모더니티의 순기능 차원도 언급하고 있다.

　　근대화(modernization)는 위험들뿐만 아니라 축복들도 가져왔다. 그것은 온 지구에 소통과 상거래를 연결시킴으로써 전례 없이 복음에 대하여 문호를 개방하였으니, 옛 전선들을 넘어서고 전통적이든 전체주의적이든 폐쇄된 사회들을 파고 들어갔다. 기독교 매체는 복음의 씨앗을 뿌리고 토양을 준비하는 일에 있어서 강력한 영향력을 가지고 있다. 2000년에 이르면 주된 선교 방송국들이 모든 주된 언어로 복음 증언을 라디오로 방송하는 일에 헌신하고 있다.[203]

---

201) Ibid., pp.121－122.
202) Ibid., p.122.
203) Ibid.

끝으로 본 문서는 믿지 않는 사람들에 대한 복음전파를 말한다. 오늘날 세계 인구가 60억인데, 이 중에 3분의 1이 명목상으로나마 그리스도를 고백하고, 그 나머지 가운데 2억은 그리스도에 대하여 들었고, 또 나머지 2억은 듣지 못하였다고 한다. 이 같은 상황에서 믿는 사람들 안에도 복음전도에 헌신한 사람들이 40~50천만 정도이고, 그 나머지는 세례를 받고 교회생활은 영위하지만 헌신은 하지 않고 있으며, 그 다음엔 복음에 대하여 최소한의 지식은 가지고 있지만 복음에 대하여 마땅한 반응을 보이지는 않고 있고, 끝으로 전혀 복음이 아직도 와 닿지 않은 그런 사람들이 있다고 하는 것이다. 그런즉 본 문서는 믿지 않는 사람들에 대한 복음전파를 역설하고 있다. 우리는 이와 같은 사실을 본 문서의 '결론: 주님이 오실 때까지 그리스도를 선포하라'에서 확인할 수 있다.

> ······우리는 정신 차리고 준비하도록 명령을 받았다. 주님의 초림과 재림 사이의 간격은 그리스도교적 선교적 기획으로 채워져야 한다. 우리는 복음을 가지고 땅 끝까지 가도록 명령을 받았고, 우리가 그렇게 복음을 땅 끝까지 전할 때에 이 시대의 끝이 올 것이라고 하는 약속을 받았다. 땅이라고 하는 공간의 끝과 역사적 시간의 끝은 일치한다. 그때까지 주님께서는 우리와 함께 하시겠다고 약속하셨다.
>
> 그렇게 그리스도교적 선교는 하나의 시급한 과제이다. 우리는 시간이 얼마나 남았는지 모른다. 확실히 우리는 허비할 시간이 없다. 긴급하게 우리의 책임을 수행하기 위하여 다른 특성들이 우리에게 꼭 필요하다. 특히, 일치와 희생과 같은 것 말이다. 로잔에서 우리의 언약은 '세계 복음화를 위하여 기도하고 기획하며 함께 일하자고 하는 것'이

었다. 이제 마닐라에서 우리의 마니페스토는 온전한 교회가 온전한 복음을 온 세상에 가져가도록 부름 받았으니, 그가 오실 때까지 모든 필요한 긴급성과 일치와 희생으로써 그리스도를 선포해야 할 것이다.[204]

X. 『오늘날 교회일치 안에서 선교와 복음전도』(1998)

1989~1990년 어간에 일어난 공산 동구권과 구소련 연방의 붕괴, 그리고 시장경제의 지구화 이후, 세계정세가 급변하는 상황에서 새로운 선교성명서가 요청되었다. 1982년에 나온 에큐메니칼 선교성명서에 해당하는 『선교와 복음전도(Mission and Evangelism: An Ecumenical Affirmation)』가 결코 무효화되지 않으면서, 1990년대와 21세기 세계상황에 더 걸맞은 선교성명서가 나와야 했다는 말이다. 그래서 이번의 새로운 선교성명서(Mission and Evangelism in Unity Today)[205]는 1982년 이래의 변화된 세계정세에 대하여 다음과 같이 말한다.

1982년 이래로 세계정세는 크게 변했다. 교회들은 새로운 선교도전들을 받고 있다. 이미 WCC는 두 차례에 걸쳐 세계선교대회(CWME = Conference on World Mission and Evangelism)를 열었다. 하나는 1989년 산 안토니오에서였고, 다른 하나는 1996년 엘 살바도르에서였다. 1991년 호주의 켄버라에서 열린 제7차 WCC 총회 역시 여러 중요한

---

204) Ibid., p.126.
205) IRM 2001.Oct. 427 - 443.

선교 이슈들을 제기했다. 여러 WCC 회원 교회들은 새로운 세계상황과 새로운 선교통찰과 학습의 맥락에서 새로운 선교와 전도에 대한 성명서가 작성됨으로써, 교회들로 하여금 적절하고 의미 있는 선교 프락시스로써 함께 응답하는 일을 도와줄 것을 요청하였다(Intro., 4).

이번 성명서는 오늘의 세계정세를 특징짓는 것들 가운데 '지구화'를 가장 중요한 것으로 꼽고 있다.

> 오늘날 선교적 맥락의 주된 측면은 지구화이다. 이것은 상당히 최근의 현상으로서 경제발전, 지구적 통신수단을 통한 인류사회의 변화 및 이에 따르는 새로운 단일문화(a new monoculture)와 일련의 관련 가치들을 대부분의 사회들에 부과하기에 관한 것이다. 이와 같은 흐름들은 전적으로 새로운 것은 아니다. 1980년대 말의 정치적 변혁(공산 동구권 및 구소비엘 연방의 붕괴: 역자주)이 이런 흐름들로 하여금 그 어떤 지구적 대응세력에 의해서도 방해받음이 없이 이제 전 세계를 지배하도록 허락했다(B. 18).

이처럼 에큐메니칼 선교운동은 여러 에큐메니칼 운동들의 흐름 가운데 항상 세계정세의 변화에 민감하다. 아무래도 그것은 선교 현장과 긴밀한 관계를 갖고 있기 때문이다. 예컨대 에큐메니칼 선교운동은 '인종문제'와 '산업사회'에 대응하는 선교를 이미 1930년 이전에 (1929년 예루살렘 IMC) 제시하였고, '복음'을 인간의 삶의 모든 차원들에 연결시키는 '삼위일체 하나님의 선교(Missio Dei)'를 이미 1952년에 제시한 바 있다. 그리고 '복음과 문화' 문제 역시 에큐메니칼 운동 초기부터 에큐메니칼 선교운동이 제기하는 문제였다.

그러면 『오늘날 교회일치 안에서 선교와 복음전도』에 있어서 '선교'란 무엇을 뜻하고, '복음전도'란 무엇을 뜻하는가? 본 문서는 이 두 개념을 아래와 같이 구별하였다.

'선교'란 하나의 통전적인 이해를 지니고 있다. 즉 그것은 말씀(kerygma)과 행동(diakonia), 기도와 예배(leiturgia), 그리고 그리스도교적 삶의 일상적인 증언(martyria)에 의해서 복음을 선포하고 나누는 것이요, 사람들(people)을 세워서 하나님 및 인간 상호 간의 관계를 공고히 하도록 가르치는 것이요, 이들로 하여금 온전성과 화해를 이루어 코이노니아에 이르도록 치유하는 것이다. 코이노니아란 하나님과, 사람들과, 창조세계 전체와의 코이노니아를 뜻한다.

'복음전도'란 선교의 여러 차원들을 배제시키지 않으면서 명시적으로 그리고 의도적으로 복음의 소리를 발하는 데에 초점을 두고 있는데, 그리스도 안에서의 새로운 삶과 제자의 도로의 초청을 포함한다(Intro. 7).

이상과 같은 '선교'와 '복음전도'의 구별에 있어서 하나님의 선교는 아무래도 전자에 속하는 것으로 이해된다. 본 문서는 성경에 계시된 하나님은 '정태적이 아니라 오히려 관계적이고 선교적'이라고 하면서 구속사를 통해서 나타난 하나님의 선교가 인류역사와 창조세계 전체를 종말론인 구원과 완성으로 이끌어 갈 것이라고 말한다.

……: 하나님의 백성을 언약과 율법을 통하여 그리고 하나님의 뜻을 발하고 시대의 징표들을 해석하였던 예언자들을 통하여 충만한 생명

과 삶으로 인도하시는 역사의 주님으로 계시된 하나님, 육신을 취하시어 우리 인간의 조건을 함께 공유하시고 우리들 가운데 한 분이 되시어 십자가에서 죽으시고 죽은 자들로부터 다시 살아나신 하나님의 아들, 곧 우리 주 예수 그리스도를 통해서 이 세상 속으로 들어오신 하나님, 그리고 성령의 능력으로 인류와 창조세계 전체를 사랑하시고 보듬으시며 지탱하시어 구원과 변형으로 인도하시는 하나님(A. 10).

하지만 본 문서는 하나님의 선교란 방금 위에서 제시한 구속사 안에 갇혀 있는 것이 아니라 온 인류역사와 온 창조세계 속에서 이미 주어졌고, 역사해 왔다고 한다. 선한 사마리아 사람의 비유, 양과 염소의 비유, 그리고 예수님의 헬라인이요 수로보니게 족속인 한 여인과의 대화가 이것을 증거한다고 한다. 다음의 인용은 보편적인 인류역사와 창조세계 전체 속에서 일하시는 삼위일체 하나님께서 성육신하시어, 우리들 가운데 거하게 되셨다고 하는 것을 주장한다.

초기 교회의 변증신학자들은 자기들 시대의 사람들과의 대화에서 그와 같은 생각을 더 발전시켰다. 이들은 요한복음 제1장에 근거하여 하나님과 공히 영원하시고 하나님과 본질을 공유하신 하나님의 아들이신 로고스(Word)는 아버지와 성령과 함께 하나님의 모든 행동들 속에 과거에도 계셨고, 현재에도 계시며, 이 세계는 이 말씀을 통하여 창조되었다고 설명하였으니, 하나님은 말씀하셨고, '성령께서 수면에 운행하셨다.'(창 1:2) 그리고 이들은 말하기를 성령 안에서 하나님께서는 말씀을 통하여 구약의 예언자들에게 분명히 그리고 명시적으로 말씀하셨을 뿐만 아니라 또한 (다른 방법으로) 타 민족들과 타 종교들의 사람들에게도 말씀하셨다고 한다. 그리고 때가 찼을 때에 바로 이 동일한 말씀이 '자기 땅'(요 1:11)에 오시어 '육신이 되어 우리 가운데 거하셨다.'고 하는 것이다(A. 11).

이상과 같은 삼위일체 하나님의 보편적인 임재와 사역은 오늘날 교회 밖의 세계에서의 삼위일체 하나님의 임재와 통치와 사역을 말할 수 있는 근거로서, 하나님의 선교의 폭을 넓히는 것으로 보인다.
　그래서 본 문서는 "하나님의 선교(missio Dei)가 그리스도의 몸인 교회 선교의 원천이요, 기초이다."(Ibid., p.3.)라고 하면서, 삼위일체 하나님과 교회의 생명적인 관계가 교회로 하여금 하나님의 선교로 나가지 않으면 안 되게 만든다고 한다.

　　하나님께서는 성령 안에서 그리스도를 통하여 교회 안에 거하시면서 그 구성원들에게 힘을 실어주시고 에너지를 공급하신다. 그래서 선교란 그리스도교인들에게 있어서 하나의 화급한 내적 충동이요, 다른 사람들을 그리스도께서 주시기 위하여 오신 그 충만한 생명과 삶(요 10:10)을 함께 나누라고 하시는 그리스도의 사랑의 심오한 요청들에 뿌리내린 그리스도 안에서의 신빙할 만한 삶에 대한 하나의 강력한 검증이요 표준인 것이다. 때문에 하나님의 선교에 동참한다고 하는 것은 모든 그리스도교인들과 모든 교회들에, 특정 개인들이든 특수 집단이든지 간에, 당연해야 하는 것이다. 성령께서는 그리스도교인들을 변혁시키어, 살아 있고, 용기 있으며, 과감한 증거를 하게 한다……(Ibid.).

　그런즉 교회는 하나님의 선교의 대행자로서 하나님의 현존의 징표들을 잘 분별하면서, 모든 신한 뜻을 지닌 사람들과 협력하여야 하고, 이 세상 속으로 파송받아 하나님의 선교를 수행해야 한다고 한다.

그리스도교인들은 메타노이아를 통하여 '그리스도의 마음을 지니고'(고전 2:16), 이 세상 속에서 하나님의 선교의 대행자들이 되며(마 28:19-20, 막 16:15), 하나님의 현존의 징표들을 확인하여 그것들을 증언을 통하여 주장하고, 선한 뜻을 지닌 모든 사람들과 협력하며, 창조세계 전체의 변형을 위해서 하나님과 동역자들(고전 4:1)이 되도록 부름을 받고 있다. 따라서 선교의 목표는 '하나의 화해된 인류와 새롭게 된 창조세계'요, '그리스도 안에서 만유를 통일시키려는 하나님의 비전이야말로 모든 것의 생명과 나눔의 추동력이다.' '교회는 이 세상 속으로 파송되어, 모든 사람들과 나라들을 회개로 부르고 예수 그리스도 안에서의 사 죄와 하나님과 이웃과의 관계에 있어서 새로운 시작을 선포하는 것이다.'(Ibid.)

그리고 본 문서는 이상과 같이 하나님의 선교와 교회의 관계를 논한 다음에 좀 더 협소한 뜻에서 '복음전도'에 대하여 주장한다. 아마도 본 문서는 이상의 주장들에서 '복음전도'를 하나님의 선교의 틀 안에 포함시키면서, 그것의 특수한 자리와 의미와 기능을 주장하는 것으로 보인다. 다음의 인용 역시 '하나님의 전반적인 선교' 안에서 복음주의 계통의 복음과 복음전도를 언급하고 있다.

'(예수 그리스도에 대한) 이야기를 한다고 하는 것은 하나님의 전반적인 선교 안에서 교회들의 특수한 특권이다.' 복음전도란 삼위일체 하나님을 믿고 그리스도의 제자가 되며 하나의 기존하는 개교회의 공동체에 가입하라고 하는 하나의 초청장일 뿐만 아니라 복음에 대한 해석 -'너희 안에 있는 소망에 관한 이유를 묻는 자에게 대답하기'(벧전 3:15)-이다. '예수 그리스도에 대한 선포는 한 개인의 인격적인 반응을 요구한다. 하나님의 살아계신 말씀은 결코 외적이거나 비관계적이거나 비연결적인 것이 아니라 항상 개인의 인격적인 회심과 관계적인 교제를 요청한다. 그와 같은 회심은 하나의 메시지에 대한 수용 그 이상이다. 즉 그것은 하나의 가시적이고 실감나는 방법으로 그리스도의 십자가와 부활을 닮음으로써 그리스도께 헌신하는 것이다. 그런즉 개인의 인격적인 헌신으로 시작하여 믿는 자는 즉시 하나의 증언하는 지역 공동체인 그리스도 몸의 다른 지체들과의 관계 속으로 들어간다.'(Ibid.)

끝으로 본 문서는 시장경제의 지구화의 상황과 포스트모던 상황에서 새로운 패러다임의 선교가 요청된다고 하면서, '우리 시대를 위한 선교 패러다임(Mission Paradigms for our Times)'이란 제목하에 6가지 항목을 논하고 있다. 1. 우리는 충만한 삶을 위해서 하나님의 선교에 참여하도록 부름 받았다. 2. 우리는 공동체 안에서 살도록 부름 받았다. 3. 각 문화 속에 복음을 성육신시키기 위하여 부름을 받았다. 4. 증거와 대회를 위하여 부름을 받았다. 5. 복음진리를 선포하도록 부름을 받았다. 6. 교회들이 하나 되어 증거하도록 부름을 받았다. 대체로 이와 같은 항목들은 하나님의 선교에 해당하는 선교 내용을 담고 있는바, 우리는 1번, 2번, 3번 그리고 5번의 내용을 소개한다.

1. 우리는 충만한 삶을 위해서 하나님의 선교에
참여하도록 부름 받았다.

급속하게 확산되는 지구화는 모든 현실의 가치를 경제적이고 새징적인 범주들로 축소시킨다. 그리고 이것은 야비하고 제어를 벗어난 자유시장경제와 최첨단 기술로 표현되는바, 점증하는 비인간화 현상으로써 교회의 선교를 도전해 오고 있다……(1.31)

이와 같은 도전들에 대응하여 교회의 선교는 사람들의 필요와 갈망을 알아내면서, 이들로 하여금 성경과 오랜 역사를 통한 교회의 경험에 근거하여 적절한 대답과 방향제시를 해야 한다. 지금은 바야흐로 삶과 의미와 성취의 원천이 나사렛 예수님의 삶을 통해서 충만히 계시되고 나타난 삼위일체 하나님이시라는 사실을 말과 행동으로써 증거해야 할 적절한 때이다. 그분의 죽으심으로 죽음은 정복되었고, 그분의 부활을 통해서 인류의 본연의 의미와 최종목표와 소명이 충만한 삶으로 변화되어 나타났다. 따라서 우리 기독교인들은 옛사람의 죽음이 함축하는 모든 고통을 감수하면서 자신의 십자가를 걸머질 때, 항상 새 창조에로의 부활(고후 5: 17)을 기쁘고 충만하게 경험하게 될 것이다. 따라서 수세기를 통한 '구름 같은 허다한 증인들'의 경험에 비추어 보아 우리는 기독교적 영성이 통전적 치유에로 인도하고, 하나님과 다른 사람들과 모든 창조세계와의 공동체를 이룩하며, 충만한 삶으로 인도한다고 하는 기독교 메시지를 전하지 않으면 안 된다(1.34).

2. 우리는 공동체 안에서 살도록 부름 받았다.

우리 시대에 있어서 특히 복 반구에서 기독교 선교에 엄습해 오는 또 다른 큰 도전은 삶의 모든 차원으로 침투해 들어오는 개인주의이다. 개인이 실재와 실존의 유일한 규범이라고 생각되는 것 같다. 사회와 공동체가 자신들의 전통적이고 역사적인 의미와 가치를 상실해 가고 있다. 인간관계에 있어서 이와 같은 경향은 구원론 및 기독교인들과 교회와의 관계에 대한 전통적인 이해에도 영향을 주고 있다. 많은 사람들이 구원을 개인과 하나님과의 관계로 이해하고, 신앙의 공동체인 교회의 역할을 보지 못한다……(2.37)

인류사회 일반과 특히 기독교 공동체의 구조 자체에 영향을 주는 이와 같은 흐름에 대응하여, 교회는 이 세계를 향한 하나님의 의지와 뜻을 선포하도록 부름 받았다. 인간은 생명과 사랑의 영원한 코이노니아를 누리고 계시는 삼위일체 하나님의 형상으로 지음 받았기 때문에 본성상 관계적이다. 인간의 삶의 관계적 차원은 하나의 주어신, 존재론적 실재이다. 따라서 진정한 인간론이란 관계적이고 공동체적이어야 한다(2.38).

우리의 실존의 원천이요 원형이신 삼위일체 하나님은 하나의 공동체를 형성함에 있어서 다양성과 타자성과 본유적 관계의 중요성을 계시하고 있다. 한 공동체의 구성원들은 여러 은사들, 기능들, 장점과 단점들 때문에 다양하다. 구성원들이 모두 동일하면, 몸이 구성될 수 없다(고전12). 따라서 공동체는 다양성과 타자성을 요구한다. 이런 다양성들은 상호 보완적인 것이지, 서로 상충되거나 평행되어서는 안 된다(2.39).

3. 각 문화 속에 복음을 성육신시키기 위하여 부름을 받았다.

하나님의 선교는 성육신적인 것으로 계시되었다. 그런즉 그리스도의 방법에 의한 선교란 그 어떤 맥락 속에 뿌리를 내리고, 그와 같은 특수한 맥락 속에서 제반 도전들에 구체적으로 대응하지 않을 수 없나. 때문에 복음은 '번역'될 수 있고, '번역'되어야 한다. 각 그리고 모든 상황에서 교회의 그리스도에 대한 증거는 지역문화에 뿌리를 내려야, 그 결과 신빙할 만하게 문화화된 신앙 공동체들이 발전될 수 있다. 분명히 모든 문화는 하나님의 사랑을 표현할 수 있지만 그 어떤 문화도 그 자체가 하나님과 인간의 관계를 나타내는 배타적인 규범이라고 생각할 권리를 갖지 못한다(3.48).

……복음은 한 문화의 어떤 측면들을 긍정하는가 하면, 다른 문화들을 도전하고, 비판하며, 변혁시킨다. 이와 같은 과정을 통하여 문화들은 변형될 수 있고, 복음의 운반자들이 될 수 있다. 동시에 문화들은 복음에 대한 이해와 분명한 표현에 영양을 공급하고 조명하며 풍요롭게 하고 도전한다(3.49).

복음은 부정의를 생산하고 영속화시키며 인권을 억압하거나 창조세계에 대한 지속가능한 관계를 방해하는 문화들의 측면들에 대하여 도전한다. 우리는 바야흐로 문화화 신학들을 넘어서야 할 필요를 느낀다. 문화적 정체성과 소수 민족적인 정체성은 분명히 하나님의 선물이다. 하지만 그것이 다른 정체성들을 배격하거나 억압하기 위해서 사용되어서는 안 될 것이다. 정체성은 다른 정체성들과의 대립관계나 경쟁관계나 두려운 관계에서 정의될 것이 아니라 상호 보완적인 관계로 정의되어야 할 것이다. '복음은 그 어떤 정체성을 지닌 사람들이라고 해도 이들을 화해시키고 새로운 공동체 안으로 통일시킨다. 우선적이고 궁극적인 정체성은 예수 그리스도 안에서의 정체성이기 때문이다.'(갈 3:28)(3.50)

4. 복음진리를 선포하도록 부름을 받았다.

우리 시대의 가장 큰 도전들 가운데 하나 – 그리고 그리스도교 메시지의 핵심에 관한 것 - 는 특히 서양의 철학자들과 과학자들 사이에서 발전되어 온 점증하는 상대주의 현상이다. 포스트모던 사고에 있어서 절대적이고 보편적인 진리개념은 정치적 영역이든 경제적인 영역이든 종교적인 영역이든 과격하게 의문시되고 있고 배격되고 있다. 오히려 진리란 개인의 취사선택과 경험과 결단을 통한 개인적인 분별의 문제로 보인다. 객관적이고 보편적이며 절대적인 ‘진리’보다는 상호 간에 평행하고 동거하는 ‘진리들’이 있을 뿐이다(3.63).

에큐메니칼 영역에서 ‘일치’, ‘컨센서스’ 그리고 ‘사도적 신앙’은 의문시된다. 어떤 이들에게 있어서는 이와 같은 개념들이 경멸적인 의미를 갖는다. 하지만 좀 더 최근의 에큐메니칼 비전은 하나의 지붕 밑에 진리들의 다양성을 아우를 수 있는 하나의 새로운 패러다임 혹은 이미지에 대한 탐구를 포함하고 있다. 그렇다고 이것이 하나의 공통적이고 구속력 있는 사도적 신앙에 도달하기 위하여 그와 같은 다양성들을 수렴시키는 과정에서 그와 같은 다양성 중 그 어떤 것도 희석시키거나 무화시키지 않는다(3.66).

맺는 말

이미 제1장에서 지적한 대로 1928년 예루살렘 IMC를 계기로, 1937년 탐바람 IMC를 거쳐, 그리고 본격적으로는 1952년 빌링겐 IMC에서 18~19세기 ‘복음전도’의 선교신학으로부터 ‘하나님의 선교’의 선교신학으로 패러다임 이동이 일어났다. 무엇보다도 이와 같은 이동에 기여한 것은 세계 제1, 2차 대전이었을 것이다. 하지만 제2장에서 밝힌 대로 에큐메니칼 운동이 추구하는 선교는 '복음전도'로부터 '하나님의 선교'에로의 확장으로서 오늘에 이르기까지 '복음전도'의 차원을 항상 아우르고 있다. 비록 'IMC(국제선교협의회)'가 1961년 WCC에 가입하여 WCC가 명실 공히 세계교회 차원에서 선교를 수행할 수 있게 되었고, 복음주의자들이 이에 동조하지 않고, IMC로부터 떨어져 갔지만, 'CWME(세계선교)'와 복음전도위원회(Committe on World Mission and Evangelism, 1963년 멕시코 DWME로부터 1971년에 CMWE로 개칭되었음)라고 하는 위원회의 이름이 보여주듯이 에큐메니칼 세계선교운동은 하나님의 선교와 '복음전도'를 함께 아우르고 있다. 비록 에큐메니칼 운동이 지향하는 세계선교가 로잔언약과 마닐라 마니페스토가 보여주는 '복음전도'에 대하여 어느 정도 소홀이 여기는 경향이 있어서, 에큐메니칼 선교 진영은 이들의 목소리에 귀를 기울여야 하지만 말이다.

그러나 『선교와 복음전도』는 '회심'에 대해서 심도 있게 논하였다. 그것은 개인 차원의 복음에 대한 수용과 결단과 회심을 말한다. 즉 "복음선포란 성령에 의하여 매개되는바 살아계신 그리스도와의 인격적인 해후로서 그의 사죄를 받아들이고 제자의 도와 섬김의 삶에로의 부름을 개인적으로 수용하는 것에 대한 선언이다."[206] 그리고 『선교와 복음전도』는 신약성경에서 위의 결단은 심지어 '중생'(요 3:3)이라 불리고, 그것은 또한 '회심, 회개, 혹은 우리의 삶의 태도와 스타일의 총체적인 변혁'[207]이라 불리기도 한다고 한다. 그래서 "회심

---

206) Mission and Evangelism — an Ecumenical Affirmation, in The Ecumenical Movement: An Anthology of Key Texts and Voices, p.372.

이란 역동적이고 지속적인 과정으로서 '그 무엇으로부터 돌아서서 그 무엇으로 향한다.'고 하는 것을 뜻한다." 이처럼 『선교와 복음전도』는 복음주의자들의 '복음전도' 전통을 수용하고 있다 하겠다. 이것은 『오늘날 교회일치 안에서 선교와 복음전도』에서도 마찬가지이다.

그래서 이 글은 위와 같은 사실을 인정하고 받아들이는 입장에서, 로잔과 마닐라가 선언하는 '복음전도'에 대한 선언에서 제외되고 배제된 내용이 무엇인가를 나머지 에큐메니칼 문서들에서 찾아보려고 한다. 그리고 끝으로 제2바티칸 공의회와 동방정교회 선교신학의 주된 흐름을 에큐메니칼 운동의 선교신학과 비교하여 정리할 것인데, 그 목적은 가톨릭선교신학의 입장이 에큐메니칼 운동과 복음주의 진영의 그것에 비추어 어떤가를 밝히는 데에 있다.

첫째로 삼위일체 하나님의 선교가 그 특징이다. 모든 선교의 원천과 목적은 삼위일체 하나님이다. 아버지께서 한없는 사랑의 심연 가운데서 이 세상을 창조하셨고, 인류의 타락과 죄에도 불구하고 이 세상을 그렇게 사랑하시어 아들을 이 세상 속으로 파송하심으로 화해사역을 이룩하셨으며, 또한 성령을 파송하여 인류와 창조세계를 아버지와 연합하게 하신 것이다. 그리고 인류의 보편사와 창조세계를 향한 이와 같은 삼위일체 하나님 선교의 구조 안에서 성령을 통한 그리스도의 선교가 우선이고, 교회의 선교는 이와 같은 기독론적이고 성령론적인 선교에의 동참이다. "그리스도 안에서 택함을 받았

---

207) Ibid., pp.372-373.

고, 그리스도를 통하여 하나님께 화해되었으며, 성령을 함께 나눈 자들과 하나님 나라를 희망 가운에 유업으로 받은 자들로서 그의 몸의 지체들이 된 우리들은 이와 같은 사실들에 의해서 그리스도의 구속하시는 선교에의 온전한 참여에 헌신하고 있다. 이 세상에 대한 그리스도의 선교에의 참여가 없이는 그 어떤 그리스도에 대한 참여도 없다."(빌링겐) 때문에 그리스도의 몸 된 교회는 성령의 역사로 그리스도의 선교에 동참함으로 삼위일체 하나님의 선교에 동참한다. 이와 같은 삼위일체 하나님의 파송의 신학에 입각한 하나님의 선교신학은 빌링겐, 휘체돔, 『선교와 복음전도』, 그리고 산 안토이오에서 각각 발견된다. 하지만 후켄다이크에게 있어서는 메시아이시요, 샬롬의 왕자이신(사 9:6) 예수 그리스도, 그리고 이 메시아적 교회의 메시아적 특성들, 예수 그리스도를 통한 하나님과 이 세상의 화해, 그리고 미래 종말론적인 차원을 언급할 뿐 삼위일체 하나님에 대해서는 전혀 언급하지 않았다. 따라서 그는 지금 여기에서 제시하고 있는 '하나님의 선교' 신학의 특징들을 대부분 공유하고 있으나, 삼위일체론에 대해서는 진술하고 있지 않는 것으로 보인다.

둘째로 하나님 나라에 대한 미래 종말론적인 비전하의 선교가 그 특징이다. 빌링겐은 하나님 우편에 앉아계신 주님께서 십자가에 달리신 분으로서 하나님의 통치가 없어 보이는 보편사 속에 현존하시고 그의 주권을 나타내신다고 하는 뜻에서 하나님 나라의 현존을 주장하였고, 암울한 현재에 우리는 이와 같은 하나님 나라와 그 반대 세력 사이의 양자 중 택일할 것을 역설하고 있다. 그런즉 이처럼 현재적이고 또한 미래적인 "하나님 나라에 대한 이와 같은 복음은 모든 열방들에 대한 한 증언으로서 온 세상에 설교되어야 할 것인데, 그리고 난 다음에 끝이 올 것이다."라고 빌링겐은 주장하였다. 그리고 빌링겐은 시대의 징조를 분별할 것을 촉구하고 있고, '잠정 보고서(Interim Report)'는 부정성으로 가득 찬 인류의 보편사 속에서 세 가지 차원(개인의 삶에서, 사회저이고 정치적인 운동에서, 그리고 과학의 발견의 과정들에 관련하여)에서 하나님 나라의 현존을 분별하라고 한다.

휘체돔은 하나님의 선교란 우선은 인류의 보편사와 창조세계 안에 있는 '적대적인 영역' 모두에서 수행되는 삼위일체 하나님 자신의 선교라고 하고, 결국 미래 종말론적인 하나님 나라에서는 죄와 죽음과 사단 마귀의 모든 적대세력이 격파되고 새 창조의 세계가 전개될 것이라고 한다. 장차 "죄로 인하여 야기된 하나님의 창조세계 속에 있는 모든 대립갈등이 제거될 것이고, 새 창조의 세계가 등장할 것이다."라고 하였다. 그리고 "그리스도께서는 자신의 재림 때까지 그의 나라를 선포케 하실 것이고, 선교를 통하여 하나님 나라의 구성원들을 모을 것이며, 이들을 결단 앞에 놓을 것이고, 다시 오실 때까지 성령의 은혜들을 가지고 자신의 교회 안에 현존하실 것이다."라고 하였다. 휘체돔은 빌링겐에 못지않게 하나님의 선교와 하나님 나라의 현존과 미래적 도래를 긴장 가운데 보고 있다. 이와 같은 하나님이 선교와 하나님 나라의 긴장관계는 후켄다이크에게서 좀 더 상소되고 있다. 후켄다이크는 우리에게는 마지막 때가 동터 올랐고, 우리는 장차 올 영광의 징표들 가운데 살고 있다. 또한 우리는 장차 올 하나님 나라의 교제 속에서 사는 시대로 옮겨졌다. 그래서 후켄다이크는 종말이 임박했다고 하는 징표를, 하나님 나라의 복음이 도처에 전파되고 있는 사실에서 본다. "이 천국복음이 모든 민족에게 증거되기 위하여 온 세상에 전파되리니 그제야 끝이 오리라."(마 24:14) 후켄다이크는 이와 같은 종말론적 소망이 복음전도와 '하나님의 선교' 모두에 있어서 불변수라고 한다.

산 안토니오에게서도 하나님의 선교와 하나님 나라의 관계는 긴장관계 속에 있다. 그리고 산 안토니오에게 있어서 하나님의 선교에 응답하는 교회의 선교는 종말론적인 비전하에서 우주적 차원을 갖는다. 산 안토니오는 창조세계 보전을 선교의 장으로 보았다. 그리하여 "'사랑과 정의와 평화가 지배하는 새 하늘과 새 땅에 대한 성경의 약속은……역사 속에서 그리스도교인들로서 우리의 행동을 초청하고 있다.'(ME Preface)고 한다. 우리의 선교는 하나님 나라의 오심을 섬기는 것이기 때문에, 그것은 미래를 현재 속으로 가져오고, 새 창조라고 하는 하나님의 통치의 목적을 섬기는 일에 관심을 집중한다." 그리고 산 안토니오는 하나님의 나라와 하나님의 선교와의 관계에서 교회의 자리를 규정하고 있다. 즉 "하나님 나라의 메시지를 받아들인다고 하는 것은 성령께서 그것의 창시자요 지탱자이신 그리스도의 몸인 교회 속으로 합체되는 것을 뜻한다. 그리하여 교회들은 이 세상을 위한 하나의 징표가 되어야 한다. 이들은 주님께서 하신 것처럼 그렇게 중재를 해야 하고 주님께서 하신 것처럼 그렇게 섬겨야 하는 것이다. 이런 식으로 그리스도교적 선교란 인류역사 속에서의 그리스도의 몸의 행동인 것이다. 그것은 오순절의 연속이다."(ME 28)

셋째로 빌링겐 IMC로부터 『오늘날 교회일치 안에서 선교와 복음 전도』에 이르기까지 에큐메니칼 선교신학과 신앙과 직제의 '복음'이 해는 전적으로 구약의 구속사를 배경으로 하고 있다. 우리는 이것을 제2바티칸 공의회와 동방정교회의 선교시학에서도 발견한다. 18~19 세기 '복음주의 각성운동'이 이를 소홀히 여겼거니와, 로잔과 마닐라 의 복음주의 신하선언문 역시 이를 중요하게 부각시키지 않고 있다. 구속사적인 배경을 지닌 복음, 구약의 구속사를 잇는 메시아적 복음 이해, 그리고 구약의 구속사를 성취하면서 또 미래의 성취를 바라보 는 샬롬의 하나님 나라 희망, 그리고 이 구속사를 배경으로 성령강 림에 의한 사도직 수행 등 구속사적 복음이해는 하나님의 선교에 있 어서 매우 중요한 것으로 보인다.

넷째로 정치, 경제, 사회, 문화 그리고 창조세계 보전까지도 하나 님의 선교와 이 하나님의 선교에 동참하는 교회의 선교의 대상 영역 이라고 하는 것이 그 특징이다. 빌링겐은 "교회는 가까이 있든지 멀 리 떨어져 있든지 인류의 모든 사회적이고 정치적이며 종교적인 공 동체로 파송을 받는다."고 하였고, "선교는 지리적인 확장뿐만 아니 라 삶의 모든 영역들에로의 철저한 침투를 포함한다."고 하였다. 그 리고 후켄다이크는 "이 샬롬은 개인적 구원 이상의 것이다. 그것은 동시에 평화, 통전성, 공동체, 조화 및 정의이다."라고 하여 하나님의 선교의 대상이 교회의 '복음전도' 이상임을 힘주어 말한다. 그리고 후켄다이크는 "하나님께서는 전 창조세계의 구속(救贖)을 의도하셨 다."고 하였고, 산 안토니오는 창조세계 보전문제를 선교의 대상에 포함시켰다. 산 안토니오는 창조세계 보전의 문제를 하나님의 선교와 이에 동참하는, 그리스도의 방법으로 하는 선교인 교회의 선교로 보았다. 교회는 오늘의 환경파괴의 상황에서 "당신의 뜻이 이루어지이다."라고 하는 주님 가르쳐 주신 기도의 의미를 깊이 생각하면서 '그리스도의 방법에 의한 선교'를 해야 할 것이라고 한다. 즉 "그리스도의 방법에 의한 선교란 하나님의 창조로 확장되지 않으면 안 된다. 땅이 주님의 것이기 때문에, 이 땅에 대한 교회의 책임은 교회의 선교의 중요한 부분이다. 그리하여 이와 같은 선교는 부활에 근거한 희망의 복음을 온 창조에게 갖다 준다."

다섯째로 삼위일체 하나님의 선교, 미래 종말론적이고 현재 종말론적인 하나님 나라, 그리고 성령의 역사에 따른 그리스도의 선교가 교회의 선교와 복음전도에 선행(先行)한다고 하는 것이 그 특징이다. 복음전도를 포함하는 교회의 선교는 성령의 역사를 통한 그리스도의 선교에 동참함으로써 삼위일체 하나님의 선교에 동참하는 선교이다. 이상의 결론 부분 묘사에서 이미 그와 같은 교회의 자리 매김과 역할과 기능이 규정된바, 로잔과 마닐라의 경우보다 에큐메니칼 선교신학의 경우에 교회가 배타적 성격을 띠지 아니하고 전체 실재의 네트워크 속에 자신의 자리를 차지하고 있는 것으로 보인다.

이 글은 이미 칼 바르트와 몰트만 그리고 에큐메니칼 문서들에서 '하나님-교회-세상'의 패러다임이 아니라 '하나님-세상-교회'라고 하는 패러다임을 주장했거니와, 이상의 글들 가운데서는 후켄다이크의 글이 이 점을 가장 힘 있게 주장하고 있는 것으로 보인다.

후켄다이크는 임박한 종말론적 비전하에서 구속사적 배경을 지닌 메시아적 복음전도를 언급하면서 이 복음전도의 주체를 메시아 자신이라 하였다. 그리고 그는 구약의 구속사를 배경으로 하는 복음선포에 따른 교회를 다름 아닌 메시아적 샬롬 공동체로 보고, 이와 같은 샬롬이 케뤼그마, 코이노니아 그리고 디다케에 의하여 교회 자체 내에서 실현될 뿐만 아니라 이를 도구로 하여 이 세상 속에서 구현될 것을 주장하였다. 그리고 그는 묵시적, 구약을 잇는 구속사적, 그리고 그는 성령론적 사도직 수행을 통하여 샬롬 공동체 혹은 하나님 나라가 오이쿠메네 속에서 구현되는 것을 선교로 보았는데, 여기에서 제도적 교회의 혁명적 재구조화가 요청되는 것으로 보였다. 그는 선교를 교회의 여러 기능들 가운데 하나로 보지 않고, 교회의 본질로 보는바, 그것은 임박한 샬롬의 공동체인 보편적인 하나님 나라에 대한 종말론적인 사도직 수행이다.

후켄다이크는 다드와는 달리 미래지향적 초월적 하나님 나라를 힘주어 말하고, 동시에 그것의 현재적 실현을 말한다. 그는 쿨만과 더불어 중간 시기의 교회가 감당해야 할 '하나님의 선교'를 구속사적 필연성으로 보는 장점을 가지고 있다. 그는 불트만과는 달이 케뤼그마와 구속사와 묵시전통을 비신화화하지 않고, 미래지향적 초월적 하나님 나라를 제시하고 있다. 후켄다이크의 가장 큰 기여인 동시에 비판의 여지를 남겨두고 있는 것은 그의 교회론이라 할 수 있다. 그가 메시아적 '샬롬' 공동체와 오에쿠메네를 앞세우고, 교회는 이 오이코메네에서 메시아적 '샬롬' 공동체를 선포해야 한다고 하는 그곳에서 코이노니아와 다이코니아를 추구해야 한다고 할 때 그리고 사건으로서의 교회와 구심력적인 교회가 아니라 원심력적인 교회를 주장할 때, 과연 그의 교회론이 사도적 교회론일까 하는 의문이 생긴다. 본 논고는 후켄다이크가 교회론의 종말론적인 정위를 매우 잘 제시했다고는 보이지만, 몰트만이나 『Confessing the One Faith……』가 말하는 좀 더 적극적인 교회론을 제시하면서 그렇게 했으면 어떠했을까 하는 생각을 해 본다.

끝으로 부언하고 싶은 것은, 빌링겐, 휘체돔, 후켄다이크의 하나님의 선교에는 '창조세계보전' 문제가 포함되지 않았다. 그것이 세계적으로 부각된 것은 1970년대에 들어서였기 때문이다. 하지만 1974년의 로잔에는 그것이 거의 포함되지 않았고, 1989년 마닐라에서도 매주 적게 다루어졌다.

여섯째로 제2바티칸 공의회의 선교신학을 방금 위에서 지적한 4가지 에큐메니칼 선교신학의 특징과 비교하여 어떤가를 지적하자. 이 글은 제2바티칸을 논하면서, '삼위일체 하나님과 선교', '하나님 나라와 교회' 그리고 '하나님의 선교와 복음전도'에 대하여 소개하였다. 제2바티칸은 '삼위일체 하나님과 선교'에서 교회는 아버지 하나님의 결의에 따라서 아들의 선교와 성령의 선교에 근거하여 생겼으니, 교회의 본성은 선교라고 한다. 곧 교회는 이와 같은 삼위일체 하나님의 아들과 성령을 통한 선교(하나님의 선교)에 동참하는 것이라고 하였다. 제2바티칸은 선교의 기원과 목적을 삼위일체 하나님의 선교에 두고 있고, 이 삼위일체 하나님의 선교의 최종목적은 창조와 역사구속에 머무르는 것이 아니라 그것의 종말론적인 완성에 있는 것이다. 그리하여 제2바티칸은 성령의 파송과 사역에 의한 교회의 선교를 그리스도 자신의 선교실행이라고 볼 때, 이는 교회가 삼위일체 하나님의 선교에 동참하는 것을 뜻한다. 그도 그럴 것이 그리스도의 선교는 성령의 선교와 아버지의 결의를 전제하기 때문이다. 그리고 여기에 더하여 정통 기독론에 입각한 구속론을 펼쳤다.

그리고 제2바티칸 공의회는 '하나님 나라와 교회'에서 교회를 미래 종말론적인 비전하에서 본다. 즉 교회는 철저히 하나님 나라를 바라보고 하나님의 선교에 동참하는 순례하는 하나님의 백성이다. 그런데 '하나님의 선교와 복음전도'에서 지적한 대로 제2바티칸은 '회심', '세례', '개교회 개척' 등 복음주의 계통의 복음전도개념을 또한 전적으로 받아들이고 있으니, 이 점에서는 로잔과 마닐라의 복음전도 전통과 맥을 같이하는 것으로 보인다.

일곱째로 위와 같은 선교신학의 흐름 속에서 '동방정통교회'의 입장은 어떤가? 정교회의 선교신학 역시 '삼위일체 하나님의 선교, 그리스도의 선교, 그리고 성령의 선교에 응답하는 교회의 선교'에서 본 대로 삼위일체 하나님의 선교에 관한 한 로마가톨릭교회의 제2바티칸 공의회의 그것과 대동소이하다. 물론, 정교회는 동방교회의 삼위일체론의 전통을 잇고 있고, 로마가톨릭교회는 서방교회의 그것을 이어받고 있지만 말이다. 캔버라의 주제 가운데 '성령'에 주목하고 있는 '정교회의 CWME 자문위원회의 최종 보고서'는 서방교회(로마가톨릭교회)와는 달리 삼위일체 하나님의 선교의 틀 속에서 그리스도의 선교를 역사 지평 속에서 구현하고 종말론적으로 모든 것을 완성하실 성령의 선교에 역점을 두고 있다. 성령은 창조의 영이시고, 구속의 영(영 그리스도론)이시며, 역사 속에서 구속을 실현하시고, 모든 것을 종말론적인 완성으로 인도하시는 분이시다. 뿐만 아니라 동방교회의 삼위일체 하나님의 선교는 결국 아들의 선교와 성령의 선교를 통하여 인류역사와 창조세계 전체를 변형시키고, 나아가서 삼위일체 하나님의 생명과 삶(코이노니아) 속에 후자를 끌어안는 데에 이르게 하는 것이 그 특징이다. 그리고 여기에 더하여 정통 기독론에 입각한 구원론(신화)을 소개한 것도 그 틀에 있어서 제2바티칸과 동일한 것으로 보인다.

서방교회의 파송의 삼위일체 신학에 입각한 하나님의 선교가 교회로 하여금 역사와 사회참여, 나아가서 창조세계 보전에 적극적으로 참여하게 만드는 교회의 선교를 야기(惹起)시키는 반면에, 정교회는 코이노니아의 삼위일체 하나님, 성육신하신 코이노니아이신 하나님의 아들 예수 그리스도(복음)를 강조하고, 인간은 성령을 통하여 예수 그리스도와의 코이노니아를 회복하고, 나아가서 삼위일체 하나님과의 영원한 코이노니아에 참여할 것이고, 새롭게 된 우주만물 역시 삼위일체 하나님의 코이노니아에 동참할 것을 주장한다. 따라서 우리는 서방교회가 지향하는, 파송의 삼위일체 하나님 선교에 따른 역사 참여를 강조하는 선교신학과 코이노니아를 강조하는 정교회의 선교신학이 종합되어 서로 간의 상호 보완되어야 할 것을 주장한다.

정교회는 '하나님 나라와 교회의 선교'에서 교회의 선교를 철저하게 미래 지향적인 하나님 나라와의 관계에서 논하였다. 정교회가 "교회는 교회의 주님의 재림을 열심히 고대하면서 이 세상 앞에서 그를 증언하며 살고 있는 한 순례하는 백성으로서 종말론적인 공동체이다."라고 할 때, 이는 제2바티칸 공의회의 그것과 동일하다. 그런즉 정교회는 하나님 나라와의 긴장관계 속에 있는 교회의 선교를 말한다. 정교회는 교회의 "선교란 하나님 나라의 오심에 대한 기쁜 소식에 대한 선포를 의미한다."고 하였다. 그리고 무엇보다도 교회는 장차 올 하나님 나라의 미리 맛봄이요, 징표이다.

그리고 정교회는 교회 밖의 많은 윤리적인 이슈들에 대하여 WCC의 회원 교회들과의 '공동 증언'에 과감하게 참여할 것을 말한다. 그러나 정교회는 성만찬적인 공동체를 중심에 두는 교회의 정체성을 확고히 붙들면서, 이상과 같은 하나님의 선교에 응답하는 교회의 선교를 힘주어 말한다. 바로 이 맥락에서 정교회는 '예전 후의 예전'으로서 윤리와 선교의 지평을 매우 중요시 여기고, '복음과 복음전도'에서는 삼위일체론의 틀을 지닌 복음과, 성령의 사역에 의하여 예수 그리스도와의 연합에 의해 '신화(theosis=deification)'에 이르고, 나아가서 삼위일체 하나님과의 신비적인 연합에 도달하는 구원경험을 복음전도의 목표로 삼는다. 끝으로 정교회는 복음전도에 있어서 역시 제2바티칸 공의회의 그것과 대동소이하고, 로잔이나 마닐라의 그것과도 유사한 것으로 보인다. 그러니까 제2바티칸과 정교회는 삼위일체 하나님의 선교에 동참하는 교회의 선교, 미래 지향적인 하나님 나라를 향하여 순례하는 하나님의 백성으로서 교회의 선교, 그리고 복음전도에 있어서 서로 공유하고, 이 세 가지는 에큐메니칼 운동이 추구하는 선교신학의 특징들과도 동일한 것으로 보인다. 그리고 제2바티칸과 정교회가 복음전도를 선교개념 안에 포함시키고 있는 것은 우리가 위에서 살펴본 에큐메니칼 선교신학의 역사가 그런 것과 똑같은 것으로 생각된다. 하지만 제2바티칸 공의회와 정교회의 '하나님의 선교'는 WCC의 삶과 봉사운동과 CWME가 추구하는 하나님의 선교만큼 그렇게 첨예한 교회의 역사 참여와 창조세계 회복운동을 지향하는 것으로 보이지는 않는다.

그래서 아쉬운 점이 있다면, '사회의 구조들 속으로 파고들기', '우리들 사이에서 정의에 관련된 하나님의 뜻에 대한 선포', '이 세상의 가치들에 대한 예언자적 도전' 등을 복음전도를 위한 수단으로 보는 점이다. 필자가 보기에 이와 같은 차원은 하나님 나라를 구현해 가시는 '삼위일체 하나님의 선교'에 해당하는 것으로, 교회의 선교는 다름 아닌 이와 같은 하나님의 선교에 응답하는 선교라고 하는 것이다.

여덟째로 1990년대 이후 에큐메니칼 선교시학의 지침서로 작성 중인 『오늘날 교회일치 안에서 선교와 복음전도』는 1990년대의 상황과 JPIC 전통에 영향으로 『선교와 복음전도: 하나의 에큐메니칼 확언』(1982)보다는 '하나님의 선교'를 좀 더 힘주어서 말하고 있다. 우리는 그것이 시장경제의 지구화와 포스트모던 문화의 상황에 대응하여 하나님의 선교를 폭넓게 주장하고 있는 것을 발견하였다. 하지만 이 문서에서는 미래 종말론적인 하나님 나라와의 관계에서 교회와 교회의 사명이 언급되고 있지 않고, 비록 그 비중은 약하지만 '복음전도'에 관한 부분은 포함되어 있고, 이와 같은 '복음전도'를 하나님의 선교 안에서 이해하고 있다. 물론, 구속사적이고 종말론적이며 성령론적인 하나님의 선교 비전도 강하게 언급되고 있지만 말이다.

● 제4장 ●

생명 공동체로서의 하나님 나라—

하나님의 선교—교회208)

　　20세기는 1970년대에 들어서면서 '제한 발전(로마 클럽)'과 '하나의 정의롭고 참여적이며 지속가능한 사회(a Just, Participatory, and Sustainable Society)'(나이로비 WCC)를 인류와 세계교회의 의제로 삼았다. 바야흐로 기독교 신학 역시 하나님과 인간의 화해를 넘어서서, 생태학적 위기를 문제 삼기 시작하였다. 이와 같은 맥락에서 인류구원에 집중했던 19세기의 구속사 신학(호프만 등)과 20세기의 오스카 쿨만과 존 브라이트의 신학과 심지어 칼 바르트의 신학 – 전통

---

208) 본 장(章)은 『하나님 나라와 생명목회』, 대한예수교장로회총회생명 살리기운동10년위원회와 동일총회산하연구단체협의회 편(서울: 한국장로교출판사, 2007)에 실렸던 본 필자이 글인 "하나님 나라와 생명 공동체로서의 교회"에 '하나님의 선교' 차원을 가미하여 부분적으로 다시 작성하였다.

적인 복음주의 신학은 말할 것도 없고−까지도 창조세계 보전의 문제 혹은 창조세계와 인류사회가 상호 지탱 가능한 세계에 대한 신학적 비전을 결여하였다. 이와 같은 맥락에서 삼위일체 하나님과 생명 공동체 그리고 하나님 나라와 생명 공동체 문제는 신학적으로 매우 중요한 것으로 보인다.

이 글은 창세기 3~11장과 계시록 21~22장 사이에 하나님의 선교가 놓여 있고, 이 하나님의 선교에 응답하는 교회의 선교가 자리하고 있는 것으로 보았다. 즉 인류역사의 타락과 창조세계의 피해와 인류역사와 창조세계의 재창조 사이에 하나님의 선교와 이 하나님의 선교의 대행자인 교회의 선교가 위치하고 있다. 그래서 이 글은 'Ⅰ. 샬롬의 생명 공동체와 Ⅱ. 샬롬의 생명 공동체를 구현하는 한국교회: 통전적이고 총체적인 생명교역'을 논하였는데, 전자에서는 하나님 나라와 교회가 생명 공동체임을 밝혔고, 후자에서는 하나님의 선교에 응답하는 교회의 선교가 구현해야 할 생명 공동체에 대하여 구체적으로 논하였다.

그래서 이 글은 구약에서 신약으로 이어지는 하나님의 인간구원의 드라마를 중요시하면서도, 삼위일체 하나님의 '생명 공동체' 전체에 대한 구원 약속을 제시하려고 시도하였다. 즉 구약의 이스라엘 신앙 공동체와 신약의 예수 그리스도의 교회 공동체란 장차 완성될 보편적인 하나님 나라의 미리 맛봄과 그 징표와 그것을 일구는 도구로서, 결국 그것의 존재이유가 '생명 공동체' 전체를 구원하는 데에 있는 것으로 보려고 하였다. 때문에 이 글은 창세기 1~2장이 묘사하고 있는 에덴의 생명 공동체가 계시록 21:1~2절의 새 예루살렘과 하나님의 거룩한 도성에서 온전히 완성되는 것으로 보았다. 즉 미래 지향적인 새 하늘과 새 땅은 에덴의 특징들을 지닌 거룩한 도성으로 상징된 우주적인 생명 공동체라고 하는 비전을 본 글은 제시하였다. 교회라고 하는 생명 공동체의 존재이유는 바로 이와 같은 우주적인 생명 공동체를 위한 것이라고 하는 주장이다.

I. 샬롬의 생명 공동체

1. 에덴동산과 '거룩한 성 새 예루살렘': 생명 공동체

창세기의 처음 두 장은 '에덴동산'에 대해서, 계시록의 마지막 두 장은 '거룩한 도성 새 예루살렘'에 대해서 이야기한다. 성서의 이야기는 에덴동산으로 시작하여 '거룩한 도성'인 '새 예루살렘'으로 끝맺음한다. 성서는 얼핏 보면 '전원' 이야기로 시작하여 '도시' 이야기로 끝나는 것 같으나, 새 예루살렘은 에덴동산의 특징(계 22:1-2)을 가진 '전원도시(a garden city)'요, 에덴은 인간이 야생의 자연을 가꾸어 만든 전원이 아니라 하나님께서 가꾸시는 야생의 전원(겔 28:13) 혹은 하나님께서 본디 있기를 원하신 그 자연이다. 아담이 에덴의 정원사가 된 것은 인간이 자연에게 질서를 부여하는 그런 것이 아니라 하나님께서 그것에게 이미 주신 질서를 존중하고 관리하기 위한 것이었다.

에덴동산은 생명이 충만한 공동체로서 인간과 자연뿐만 아니라, 하나님과 인간 그리고 하나님과 자연이 함께 어우러지는 하나의 조화로운 생명 공동체였다. 이와 같은 에덴동산은 생명을 공급하는 자연의 심장으로서 이 세상의 생명이 그것으로부터 흘러나오고, 다시 공급을 받는 그와 같은 생명의 나라였다. 에덴동산으로부터 생명 수강이 흘러나와서, 네 개의 강줄기를 만들어 내는바, 이는 상징적으로 땅의 사방팔방을 포함한다(창 2:10-12). 에덴은 모든 동식물들을 살려내는 모든 땅의 비옥함의 원천이다. 에덴에서 산다고 하는 것은 마르지 않는 생명의 원천으로부터 사는 것이다. 그것은 생명수를 마시는 것일 것이고, 생명나무의 열매를 먹는 것일 것이다.[209]

보캠과 하트는 이상과 같은 에덴동산의 생명 공동체가 '거룩한 도성 새 예루살렘'에서 완성될 것으로 보고 있다. 즉 타락 전의 아담과 하와는 악으로부터 깨끗하였으나, 도덕적으로 완전했던 것은 아니었으니, 범죄할 수 있었고, 범죄하였으나, 새 창조의 세계에 있어서 부활한 인류는 하나님처럼 범죄할 수 없을 것이라고 하는 것이다. 보캠과 하트는 에덴동산의 생명 공동체의 모습을 떠올리면서 이렇게 말한다.

새 창조에 있어서는 사망이 멸절될 것이고, 모든 생명이 모든 생명의 원천이신 하나님과 직접적인 관계 덕분에 죽음에 이르지 아니하고

---

209) Richard Bauckham and Trevor Hart, Hope against Hope: Christian Eschatology at the Turn of the Millennium(Michigan, Grand Rapids: William B. Eerdmans, 1999), pp.147-149의 요약.

영원히 살 것이다. 성서적 이미지들에 의하면 새 예루살렘의 거주자들은 하나님과 그리스도의 보좌로부터 흘러나오는 생명수를 마실 것이고, 나라들은 생명 강가에서 자라나는, 언제라도 따 먹을 수 있는 생명 나무의 열매를 먹고 살 것이다(계 22:1-2, 비교: 2:7, 21:6, 22:17).[210]

그리고 보캠과 하트는 '거룩한 도성 새 예루살렘'에서 인류문명과 야생적 자연이 조화를 이룰 것인데, 이와 같은 생명 공동체의 조화는 하나가 다른 하나를 지배하는 형식으로가 아니라 하나님에 의한 이 둘의 화해에 의해서 이루어질 것이라고 한다. 그들은 "에덴의 특징들을 지닌 이상적인 도시란 문명과 야생적 자연의 화해에 대한 상징이고", "새 창조의 세계란 낙원일 뿐만 아니라 도시로서 에덴 이후 인류문명 안에 있는 모든 좋은 것들을 취하여 영원한 하나님 나라로 변형시킬 그와 같은 세계일 것이다."라고 한다.[211] 때문에 그것은 단순한 '복낙원'이 아니라 새 창조의 세계이다. '거룩한 성새 예루살렘'은 '에덴동산'과 마찬가지로 이 새 창조에 대한 이미지이다. 그리하여 보캠과 하트는 새 창조의 세계에 대하여 이렇게 주장한다.

그것은 틀림없이 에덴동산에서처럼 인류와 하나님이 하나 되고 인류와 자연이 하나 되는 것이요, 나아가서 전례 없이 인류문명이 야생적 자연과 조화를 이루는 장소일 것이다. 이것에 대한 또 다른 하나의 성서적 이미지는 마지막 때에 이루어질 거룩한 성의 평화에 대한 비전이다(사 11:609, 65:25).[212]

---

210) Ibid., p.149.
211) Ibid., pp.152-153.

새 하늘과 새 땅은 에덴동산의 모든 것이 새롭게 창조되고, 인간의 하나님 형상이 온전히 회복되기 때문에, 에덴동산보다 비교될 수 없을 정도로 탁월할 것이다.

2. 삼위일체 하나님과 인류와 창조세계가
함께 어우러지는 생명 공동체

어거스틴은 하나님 아버지께서는 성령으로 하여금 암탉이 달걀을 품듯이 아직 '공호하며 흑암이 깊음 위에 있는' 창조세계를 사랑의 열기로 감싸 안으시게 하시면서, 말씀이신 하나님의 아들 예수 그리스도를 통하여 질서의 세계(cosmos)를 하나하나 창조하신 것으로 본다.[213] 따라서 어거스틴의 경우는, 만유가 삼위일체 하나님으로부터 나왔고, 그를 통해서 있으며, 그분 안에 있다.[214] 이는 역사구원의 중보자이신 하나님의 아들 예수 그리스도께서 창조의 중보자시요, 이 역사구원을 구현하시고 창조세계를 새롭게 하시는 성령께서 오늘날에도 죄와 죽음과 흑암의 권세의 위협을 받고 있는 인류와 창조세계를 사랑의 열기로 품고 계시면서, 말씀을 통하여 새로운 질서를 재창조해 나가시고, 급기야 만물을 새롭게 하실 것이라고 하는 것을

---

212) Ibid., p.153.
213) St. Augustine: The Literal Meaning of Genesis, Vol. I. Book 1-6. tr. by John Hammond Tayler, S. J.(Mew York, N.Y.: Newman Press, 1982), p.41 이하.
214) *A Select Library of the Nicene and Post-Nicene Fathers of the Christian Church* Vol. II. p.524. 참고: Ibid., pp.25 이하.

암시하고 있다. 창조주 하나님 아버지는 이레네우스의 말대로 아들과 성령이라고 하는 두 손을 가지고 우주만물과 인간을 창조하셨고, 인간과 우주만물을 구속하시고 재창조하신다.

어거스틴은 천사들과 아담과 이브가 이 삼위일체 하나님께 참여하고 있는 모습을 그리고 있다.[215] 어거스틴은 '하나님의 도성'에서 천사와 같은 영적 존재들과 삼위일체 하나님의 형상으로 지음 받은 인간뿐만 아니라 창조세계 전체가 '빛(Light=the Word)'과 '삼위일체 하나님'에 참여하고 있는 것으로 본다. 어거스틴은 "그 빛이 하나님의 보시기에 좋았더라."(창 1:4)에서, '좋았더라'는 성령께서 타락 이전의 (인간뿐만 아니라) 모든 피조물들 안에 충만하신 것을 의미하는 것으로서, "삼위일체 하나님께서 이 창조세계 안에서 우리에게 자신을 계시하신다."[216]고 한다. 이는 하나님의 도성이 삼위일체 하나님께 참여하고 있는 모습을 그리고 있다. 이것은 고전 15:28이 말하는 삼위일체 하나님이 모든 것의 모든 것(all in all)이 되시는 종말론적인 샬롬의 '생명 공동체'를 준비하고 예기(豫期)하고 있는 것으로 보인다.

따라서 어거스틴에게 있어서 타락 전의 '하나님의 도성'은 부활과 최후심판 이후의 '새 하늘과 새 땅'과 관련이 깊다.[217] 이 둘은 모두 초역사적 차원이다. 비록 그것이 하나님의 영원 그 자체는 아니더라

---

215) Saint Augustine, Marcus Dods, tr., *City of God* (New York: The Modern Library, 1950), Book 11. 11-12.

216) Ibid.

217) 참고: 이형기, 『역사 속의 종말론』(서울: 대한기독교서회, 2004), pp.103-109. 어거스틴은 최후심판 후 이중적 결과를 주장하지만, 재창조의 세계인 '새 하늘과 새 땅'을 주장한다.

도 말이다. 그도 그럴 것이 그는 모든 천사들과 아담과 이브와 모든 창조의 세계가 '빛' 혹은 '삼위일체 하나님'께 참여하고 있다고 말했기 때문이요, '보시기에 좋았더라.'를 성령 충만한 상태로 보기 때문이다. 장차 우리가 참여할 새 하늘과 새 땅 역시 성령 충만한 가운데, 새롭게 창조될 인류와 만유가 삼위일체 하나님과 영원토록 코이노니아를 누리는 세계일 것이다.[218] 하나님 나라 혹은 새 창조의 세계란 부활한 인류와 새롭게 된 우주만물이 삼위일체 하나님의 페리코레시스적 연합과 교제 안으로 재편되어, 하나의 생명 공동체를 형성하는 것을 말한다.

하지만 하나님은 인간을 천사처럼 만들지 않으셨다. 천사는 범죄해도 죽지 않았지만 첫 인간은 범죄하여 죽을 수밖에 없었다. 인류도 그렇다. 위에서 언급한 천사들과 인류와 삼위일체 하나님의 샬롬 생명 공동체가 파괴된 것이다. 어거스틴은 죄로 인하여 도입된 죽음을, 즉 죄와 죽음을 '땅의 도성'의 특성으로 간주한다.

3. 구약성서가 지향하는 하나님 나라와 '생명 공동체'로서 이스라엘 백성

아담과 하와는 범죄로 인하여 낙원으로부터 추방당하였고, 창세기 3:17절은 "아담에게 이르시되 네가 네 아내의 말을 듣고 내가 너더

---

218) 참고: 이형기, 『알기 쉽게 간추린 몰트만 신학』, 59 이하(몰트만의 『생명의 영』(1991)).

러 먹지 말라 한 나무실과를 먹었은즉 땅은 너로 인하여 저주를 받고 너는 종신토록 수고하여야 그 소산을 먹으리라."고 선포한다. 인간의 죄로 인하여 자연파괴 혹은 생태계의 혼란이 일어났다고 하는 메시지이다. 그리고 창세기 4~5장은 가인의 폭력과 '가인의 성(城)'으로 대표되는 폭력문화가 등장한다. 이는 폭력에 의한 생명파괴와 자연파괴를 일삼았던 그 당시 중동지역의 난폭한 제국들의 행태를 잘 반사해 준다. 그리하여 '땅의 도성'이란 삼위일체 하나님과 인류와 창조세계가 함께 어우러지는 페리코레시스적 코이노니아219)의 세계가 아니라 분리와 분열과 죽음의 위협을 받는 생명파괴의 세계를 말한다. 그것은 적어도 샬롬 '생명 공동체'의 전도(顚倒)된 모습일 것이다.

하나님께서는 "사람의 죄악이 세상에 관영함과 그 마음의 생각의 계획이 항상 악할 뿐임을 보시고, 땅 위에 사람 지으셨음을 한탄하사."(창 6:5)라고까지 말씀하신다. 그리고 급기야 하나님께서는 노아의 가족을 방주 안으로 인도하시고, 홍수로 심판(창 7~10)하시며, 나아가서 바벨탑의 교만으로 언어혼잡의 심판(창 11)을 내리신다. 그리하여 언어와 문화의 다양성은 은혜로운 하나님의 심판으로 말미암은 것으로서, 장차 전개될 구속사는 이와 같은 다양한 언어와 문화들까지도 구원할 것이다. 하나님의 선교는 이런 식으로 시작되었다. 엄격히 말하면, 삼위일체 하나님의 창조사역(주로 아버지)과 구속사

---

219) 희랍어의 perichoresis는 라틴어로는 circuminsessio와 circumincessio를 뜻한다. 즉 하나는 삼위 상호 간의 내주를, 다른 하나는 삼위 상호 간의 침투를 뜻하는 것으로, 삼위의 사랑의 관계성을 뜻한다.

역(주로 아들의 사역)과 성화와 완성의 사역(주로 성령의 사역)이 모두 하나님의 선교인데, 이제 바야흐로 하나님께서는 그가 창조하신 인류와 창조세계가 잘못된 길로 가고 있었을 때, 그의 선교사역을 시작하신 것이다. 이는 인류의 구속사와 창조세계의 회복의 역사에 다름 아니다.

하나님의 선교는 은혜로 셋, 노아, 아브람이라고 하는 약속의 자손들의 명맥을 이어 가셨고(창 1-11장), 은혜와 사랑으로 인류를 구원하시기 위하여 이들을 세워주셨다. 그리고 하나님께서는 갈대아 우르에서 아브라함을 '출애굽(exodus)'시키시고, 약속의 땅으로 대표되는 샬롬의 생명 공동체인 하나님 나라에 대한 약속(희망)을 바라보고 나가게 하셨다. "믿음으로 아브라함은 부르심을 받았을 때, 순종하여 장차 기업으로 받을 땅에 나갈 쌔……이는 하나님의 경영하시고 지으실 터가 있는 성(城)을 바랐음이라."(히 11:8, 10) 비록 아브라함에게 주어진 하나님의 약속(창 12:2-3)은 예수 그리스도와 성령강림 이후에 이루어졌고, 새 하늘 새 땅에서 온전히 이루어질 것이지만 말이다.

그리고 하나님의 선교는 450년 후, 그의 택하신 이스라엘 백성을 그 조상에 대한 하나님의 약속을 따라서 출애굽(Exodus)시키시고, 시내 산에서 "너희로 내 백성을 삼고 나는 너희 하나님이 되리라."(출 6:4)고 하는 언약을 맺으시며, 광야생활을 거쳐 약속의 땅인 젖과 꿀이 흐르는 가나안 땅(출, 레, 민, 신, 여)으로 인도하셨다. 이스라엘 백성은 이 출애굽 사건과 그 경험을 통하여 하나님의 택함 받은 언약 백성의 신분을 얻게 되었고, 이들은 '약속의 땅'으로 상징되고 앞당겨 보인 미래 지향적인 하나님 나라를 바라보고 나가야 했다. 이 하나님 나라란 하나님께서 그의 백성과 역사와 창조세계를 통치하신다고 하는 것과 새 창조를 약속하는 것이다.

이와 같은 구약의 구속사를 통한 하나님의 선교는 메시아이신 예수 그리스도와 그의 왕국의 유형으로 이해되는 다윗 임금과 그의 왕국으로 이어졌고, 다윗과 솔로몬의 민족종교적이고 국가종교적인 범죄로 인하여 르호보암과 여로보암이 결별(B.C. 9세기)하고, 남 왕국과 북 왕국으로 분열하여, 북 왕국은 아수르에게 멸망(B.C. 722)당하고, 남 왕국은 바벨론에게 멸망(B.C. 587)(왕상 12~22, 왕하 1~25)당하였음에도 불구하고, 예언자들을 통하여 연연히 이어졌다. 이사야는 55:1-13에서 고난받는 종에 대한 비전과 65:17에서 새 하늘과 새 땅에 대한 비전을 보여주었다. 그리고 이스라엘의 바벨론 포로의 상황에서 예레미야 31:31-34는 새 언약(the New Covenant), 즉 남은 자가 아니라 참하나님의 백성과의 새로운 언약을 약속하였다. 그리고 예레미야 37장은 이스라엘과 교회와 인류의 부활을 보여주었는데, 예수님의 부활이 이것을 담보하셨다.

포로기의 예언자들이 무대에서 퇴장하고 묵시문학 시기(주전 2세기~주후 1세기: 다니엘서와 요한 계시록, 그리고 중간 시기의 문헌들)가 등장한다. 이 문헌들의 종말론적인 비전은 하나님께서 이 땅의 일들을 역전시키신다고 하는 것이었다. 즉 그것은 하나님께서 그의 원수들을 격파시키시고 그의 나라를 건설하시기 위하여 역사 속에 개입하신다고 하는 종말론적인 비전이었다. 그것은 초기 예언서들의 종말론적인 비전의 결과로서, 초기 예언자들은 종말론적인 비전에도 불구하고 현재의 죄를 공격하였고, 현재의 회개를 촉구하였으며, 역사적인 현행 사건들을 보고 하나님의 행동을 선포하였으나, 이 묵시문학은 현재로부터 미래로, 역사적 사건으로부터 우주적 사건으로 이동하였고, 특히 종말론적인 드라마를 예언했던 후기 예언자들(예레미야, 아모스, 제2이사야)을 물려받았다. 무엇보다도, 이사야 이후로 다윗 계통에서 메시아 왕이 나와서 하나님의 승리로 하나님 나라를 다스릴 것이라고 하는 믿음과 희망이 지배적이 되었다. 그리하여 예언자들은 불같은 시험을 통하여 정금같이 순화된 남은 자들이 하나님의 백성이 될 것이고, 하나님께서는 이들 위에 그의 나라를 세우실 것이라고 믿었으니, 이스라엘의 12지파를 대표하고 대신하는 예수님의 12사도들이야말로 하나님 나라 구현의 대행자들로서 교회의 시발이었던 것이다.

결국, 하나님의 선교는 인류와 우주만물과 연합하는 샬롬의 생명 공동체를 다시 회복하기 위하여 이스라엘이라고 하는 '생명 공동체'를 선택하셨다. 하나님과 은혜의 언약을 맺은 이스라엘은 하나님의 아들이요, 하나님의 신부요, 하나님의 백성이요, 하나님의 귀히 쓰시는 종으로서 하나님과 생명적인 관계 속에 있었고, 아들과 신부와 백성과 종으로서 마땅히 하나님을 신뢰하고 순종하며 그의 나라를 희망해야 하는 생명의 관계 속에 있었다. 하지만 이와 같은 관계가 어그러지고 일그러질 경우엔 이스라엘 백성 전체의 삶과 생명뿐만 아니라 이들이 몸담고 있는 자연환경 역시 죽음으로 전락하였던 것이다. 이처럼 이스라엘은 하나님과의 관계에서, 언약 공동체의 구성원들 상호 간에, 그리고 보편사와 우주만물과의 관계에서 '생명 공동체'였다. 하나님께서는 아브라함의 출애굽 유형으로부터 애굽의 출애굽, 아수르와 바벨론으로부터의 출애굽, 그리고 장차 메시아 왕국과 새 하늘 새 땅으로의 출애굽 사건들을 통하여 이스라엘 백성의 구속주로서 항상 이들 안에 거주하시면서 이들의 고통에 동참하신 것이다.

그런데 바로 이와 같은 이스라엘은 다름 아닌 하나님의 도성을 다시 창조하기 위한 하나님의 도구였다. 이런 의미에서 이스라엘은 인류와 창조세계를 구원하기 위해서 택함을 받은 제사장 나라요, 거룩한 나라(출 19:5-6, 신 7:6, 14:2, 26:18)인 것이다. 우리는 "세계가 다 내게 속하였나니."(출 19:5)에서 하나님의 궁극적인 관심사가 우주적인 생명 공동체(universalism)인 것을 짐작할 수 있고, "너희가 내 말을 잘 듣고 내 언약을 지키면 너희는 열국 중에서 내 소유가 되겠고 너희가 내게 대하여 제사장 나라가 되며 거룩한 백성이 되리라."(출 19:5-6)에서는 하나님께서 전자를 위해서 이스라엘을 구원의 도구(particularism)로 사용하시는 것을 알 수 있다. 그런즉 구약의 구속사는 인류와 만유가 삼위일체 하나님의 페리코레시스적 교제와 공동체에 동참케 하기 위한 하나님의 선교요, 이스라엘의 선교인 것이다.

4. 신약성서가 지향하는 하나님 나라와 '생명 공동체'로서 교회

그리스도로서 예수님의 설교와 가르침의 중심은 '다가오는 하나님의 나라'였다. 그리고 십자가에 달리셨다가 부활하시고 승천하사 영화롭게 되신 그리스도 예수는 역사와 우주만물의 주님으로서 '다가오는 하나님 나라'의 의미를 더 보편적이게 하셨다. 죄와 죽음과 흑암의 권세를 묵시적으로 계시하는 예수 그리스도의 십자가와, 이 모든 부정성을 부정하는 그의 부활(the negation of the negative)은 개인에게 부활의 몸을, 역사에게 하나님 나라를, 그리고 우주만물에는 새 하늘과 새 땅을 계시하고 약속하기 때문이다. 그는 다름 아닌 영생과 하나님 나라, 그리고 새 하늘과 새 땅을 계시하시고 약속하셨다. 이는 새 창조의 세계(creatio nova)이다. 이것은 삼위일체 하나님과 새 인류와 새롭게 된 우주만물이 함께 어우러지는 샬롬의 '생명의 공동체'이다. 이처럼 예수 그리스도께서는 하나님의 아들로서 성령의 역사 가운데 아버지의 선교사역을 대행하신 것이다. 아들 예수 그리스도의 선교(missio Jesu Christi)와 성령의 선교(missio Spiritus)와 아버지의 선교(missio Patri)는 삼위일체 하나님의 선교를 구축하고 있다.

공관복음서의 예수님은 가난한 자와 병든 자, 소외되고 억압받는 자, 죄인과 세리 그리고 여성을 편애하심으로, 인류 전체에 대한 종말론적인 하나님의 사랑을 앞당겨 보여주셨고, 이스라엘과 교회에 대한 편애를 통해서 인류 전체에 대한 사랑을 보여주셨다. 그는 인류와 지구생명 공동체 전체를 위해서 십자가에 달리셨다가 부활하셨기 때문이다. 그는 우리에게 새 하늘과 새 땅이라고 하는 새 창조의 세계를 계시하시고 약속하셨다. 이것이 다름 아닌 삼위일체 하나님의 선교에 동참하시는 예수 그리스도의 선교이다. 이사야 65:17-25를 비롯하여 제2이사야서의 많은 단락들은 결국 위에서 언급한 예수 그리스도를 통해서 계시되고 약속된 미래 종말론적인 하나님 나라 혹은 새 하늘과 새 땅을 가리킨다. 바로 이 미래 종말론적인 하나님 나라는 인류와 모든 피조물들이 '오직 성령 안에서 의와 평강과 희락'(롬 14:17)을 누리는 샬롬의 '생명 공동체'일 것이다.

이스라엘과 교회와 인류가 희망하는 종말론적인 '생명 공동체'란 하나님의 공의와 정의가 지배하는 세계(암 5:24), 정의와 평화가 입맞춤하는 세계(시 85:10), 자유와 평등이 넘치는 세계(레 25:10), 가난하고 병들고 힘없는 자들이 더 이상 눈물을 흘리지 않는 세계(사 25:7-8, 마 25:38-40), 압제와 소외와 폭력이 더 이상 없는 세계(사 58:6-7), 곧 샬롬 공동체이다. 그것이 다름 아닌 장차 도래할 하나님 나라이다. 특히, 예수께서 선포하신 하나님 나라는 가난한 자와 병든 자, 소외된 자와 억압받는 자, 과부와 고아, 그리고 버림받은 자를 사랑하는 나라였으니, 이는 장차 임할 하나님 나라의 미라 맛봄이요, 그 징표요, 그것을 일구는 도구였다. 그리하여 초기 교회 역시 예수님의 말씀과 행적을 이어받아서, 유무상통의 사도적 공동체(행 2:43-47)를 추구하였고, 빚을 탕감해 주고 노예를 해방시키며, 창조세계를 쉬게 하는 레위기 25장의 희년이야말로 창조세계까지 한 구성원으로 포함시키는 '생명 공동체'를 그리고 있는 것이다. 바로 이와 같은 공동체성은 가장 가난하고 약한 이웃에 대해서 주 예수 그리스도에게 행하듯 행해야 하고(마 25), 몸과 지체의 관계(고전 12)에서도 가장 연약한 지체의 아픔에 동참할 깃을 요청한다.

그런데 인간의 성령을 통한 하나님 나라의 복음수용(교회의 신망애) 이전에 '예수 그리스도의 선교(missio Christi=the history of Christ)'

와 '성령의 선교(missio Spiritus=the history of the Spirit)'가 일어났다. 예수 그리스도의 선교란 삼위일체의 제2위격인신 하나님의 아들로서 성육신하시어, 지상에서 하나님 나라의 선교를 하셨고, 십자가에 달리셨다가 부활하셨으며, 승천하사, 하나님 아버지 우편에 않아 계신 분의 역사를 말하고, 성령의 선교란 이 하나님의 아들을 마리아의 몸에 잉태케 하시고 세례 시에 강림하셨으며, 갈릴리 교역에 동참하셨고, 십자가와 부활을 가능케 하셨으며, 오순절 성령강림과 더불어 교회를 탄생시키신 분의 선교를 말한다. 바로 이 성자의 선교와 성령의 선교는 성부 하나님의 선교이다. 성부로부터 파송받으신 성자(아들의 역사)의 종말론적인 구속사역은 아버지로부터 파송받으신 성령에 의하여 이루어졌다(성령의 역사).

창조사역과 화해사역과 종말론적인 구원사역은 삼위일체 하나님의 역사로서 삼위일체 하나님의 선교이다. 창조는 성부께서, 화해는 성자께서, 그리고 종말론적인 구원은 성령께서 주도적으로 사역하신다. 즉 하나님 나라의 시작과 진행과 도래는 '삼위일체 하나님의 선교(missio trinitatis=the history of the triune God)'에 달린 것이다. 하나님의 나라 혹은 새 하늘과 새 땅은 성부의 창조사역과 성자의 화해사역과 성령의 구원완성사역이 함께 어우러진 샬롬의 '생명 공동체'이다. 사도신경이 성부, 성자 그리고 성령에 대해서 고백한 다음에, 교회에 대해서 고백하는 것은 결코 우연이 아니다. 교회는 샬롬의 '생명 공동체'를 바라보면서 그것을 역사와 우주만물 속에 구현하시는 삼위일체 하나님의 선교에 동참하는 것이다. 교회는 성령의 지도하에서 '하나님의 선교'의 대행자이다. 몰트만에게 있어서, 삼위일체 하나님의 세상 관여는 교회의 영역을 넘어서서 이스라엘 백성, 타 종교들, 세속 세상 및 창조세계를 포괄한다.[220] 결국, 삼위일체 하나님과 인류 및 만유는 사랑과 공의가 충만한 평화의 나라(creatio nova) 안에서 상호 교류하고 상호 내주하는 영원한 삶을 누릴 것이다. 바로 이것이 이스라엘과 교회와 인류가 희망하는 샬롬의 '생명 공동체'일 것이다.

뿐만 아니라 교회는 종말론적인 샬롬의 '생명 공동체'의 미리 맛봄이요, 표징이요, 그것을 일구는 도구로서 '생명 공동체'이다. 교회는 예수 그리스도의 신부요, 그의 몸의 지체요, 그의 양이요, 그의 형제요, 그의 친구요, 하나님의 백성이요, 성령의 전으로서 '오직 성령 안에서 의와 평강과 희락'(롬 14:17)을 미리 맛본 생명의 공동체이다. 성령께서 공급하시는 사랑으로 성도들 상호 간에 서로 내주하고 교류하며 교제하는 예수 그리스도의 몸이요, 하나님의 백성인 교회는 '생명 공동체'이다. 성령의 은혜로 예수 그리스도를 신뢰하여 이신칭의에 이르고, 이 예수 그리스도의 명령을 따라 정의와 사랑과 평화를 구현하며, 장차 다가올 하나님 나라를 희망하는 삼위일체 하나님의 형상으로서 교회는 '생명 공동체'이다.

이 성령은 다름 아닌 '창조의 영' 혹은 '생명의 부여자(the life-Giver)'로서 혼돈하고 공허하며 흑암이 깊은 땅 위에 운행하신 분이시요, 모든 생명체들 안과 밖에 계신 분이시요, 모든 인간과 우주 안과 밖에 계신 분이시오,

---

220) J. Moltmann, *The Church in the Power of the Spirit*(New York: Harper & Row, Publishers, 1977), pp.65-66.

이 모든 것을 종말론적인 완성으로 인도하시는 분이시요, 새 창조의 세계를 가져오실 분이시다. 이는 다름 아닌 성령의 선교이다. 창조자 성부 하나님께서는 이와 같은 성령의 능력으로 그의 영원하신 아들을 통하여 인간과 우주만물을 창조하시고, 구속주 예수 그리스도와 성령을 통하여 이 모든 것을 완성시키시고, 새롭게 창조하실 것이다. 다름 아닌 이 성령께서 위에서 언급한 교회라고 하는 생명 공동체의 생명의 원리이시다. 이 성령은 장차 '만물 안에서 만물을 충만케 하는 자'(엡 1:23)이시요, 몸 된 교회의 머리는 예수 그리스도이시다(엡 1:23).

결국, 구약의 이스라엘 백성처럼 교회 공동체 역시 삼위일체 하나님과 새롭게 된 인류 및 우주만물이 함께 어우러지는 샬롬의 생명 공동체를 위한 도구이다. 그래서 벧전 2:9-10은 교회를 가리켜 "오직 너희는 택하신 족속이요 왕 같은 제사장들이요 거룩한 나라요 그의 소유된 백성이니"라 하였다. 그리하여 신약의 구속사 역시 인류와 만유가 삼위일체 하나님의 페리코레시스적 교제와 공동체에 동참케 하는 하나님의 선교요, 교회의 선교인 것이다. 구약의 구속사 속에서 이스라엘이 그랬던 것처럼 말이다.

5. '생명 공동체'로서 교회의 자리와 역할

예수 그리스도의 교회는 '이미' 이루어진 샬롬의 '생명 공동체(하나님 나라)'와 '아직' 이루어지지 않은 샬롬의 '생명 공동체(하나님 나라)' 사이에서 성령의 역사로 사도적 직무(the apostolate)를 수행해야 한다. 이것은 다름 아니라 삼위일체 하나님의 선교에 응답하는 교회의 선교이다. 이로써 교회는 이 하나님 나라를 역사와 창조세계 속에 앞당겨 실현하는 것이다. 사도적 직무란 메시아에 의해서 위임되었고, 메시아 왕국을 지향하는 것으로서 설교, 세례와 성만찬, 코이노니아, 교육, 사회봉사, 복음전도, 하나님의 선교, 정의와 평화와 창조세계의 보전 그리고 교회의 일치추구를 말한다. 교회의 사도적 직무란 이처럼 샬롬의 '생명 공동체'를 추구하는 모든 활동을 일컫는 말이다. 그런즉 세상 속으로 파송받아 사도적 직무를 수행하는 교회는 '하나의 보편적 교회(una, catholica)'이다. 교회의 진정한 '보편성(catholicity)'이란 교회 밖의 보편적인 세계의 온전한 회복과 우주적 차원의 회복(엡 1:10, 골 1:15-20)이 없이는 값싼 '보편성'이다.

하나님 나라에서 기원하였고, 하나님 나라를 지향하는 교회는 설교를 통해서 하나님 나라를 선포해야 하고, 세례를 통하여 믿는 사람을 하나님 나라에 편입시키며, 성만찬을 통해서 하나님 나라를 앞당겨 축하해야 한다. 그리고 코이노니아를 통해서 하나님 나라를 미리 맛보아야 하며, 기독교 교육을 통해서 하나님 나라를 교육해야 하고, 사회봉사를 통해서 하나님 나라를 증거해야 하고, 복음전도와 하나님의 선교를 통해서 하나님 나라를 널리 증거하고 구현시켜야 한다. 하지만 우리는 한 걸음 더 나아가서 이와 같은 사도적 직무를 에큐메니칼하게 수행함으로써 에큐메니칼 운동을 통한 하나님 나라 실현을 위해서 힘써야 할 것이다. 이는 샬롬의 생명 공동체를 지향하는 하나님의 선교(missio trinitatis)에의 동참에 다름 아니다.

교회는 하나님 나라의 미리 맛봄이요, 징표요, 그것을 구현하는 도구이다. 교회는 하나님 나라의 유사성과 반영과 비유요, 하나님 나라의 전조와 여명이요, 하나님 나라의 선취이다. 때문에 교회는 메시아적 공동체로서 종말론적인 하나님 나라의 백성이다. 교회가 역사의 지평 속에서 감당해야 할 정의, 평화, 창조세계의 보전을 위한 모든 활동은 삼위일체 하나님의 선교(missio Dei)에의 동참이다. 그러나 역사와 우주만물의 과정에 참여하시는 삼위일체 하나님께서는 인류의 역사와 우주만물을 통해서도 미래에 완성될 하나님의 나라를 파편적으로 미리 보여주신다. 그러니까 교회만이 하나님 나라의 미리 맛봄이요, 그것의 징표요, 그것을 구현하는 도구가 아니라, 보편사와 우주만물 역시 그렇다는 말이다. 즉 삼위일체 하나님의 선교 속에 있는 역사와 우주만물의 과정 역시 종말론적으로 완성될 하나님 나라에 대한 파편적인 상응(correspondences)이요, 부분적인 유사성(likeness)이요, 희망의 유추(analogia spei)이다. 따라서 어떤 의미에서는 인류역사와 창조세계 역시 하나님의 선교에 동참하고 있는 것이다.

보편사 속에 있는 정의와 사랑과 평화의 공동체, 모든 인간다움과 아름다운 덕목들, 인간의 아름다운 꿈의 실현들, 그리고 아름답고 조화로운 우주만물이 바로 하나님 나라와 새 하늘과 새 땅의 파편적인 표지판들이라는 말이다. 따라서 그리스도의 교회와 세계는 이와 같은 하나님 나라를 가리키는 표지판들을 세워 나가는 일에 동참하고 있고, 동참해야 한다. 교회는 성경의 예언자들과 사도들이 이미 세운 하나님 나라에 대한 표지판들을 따라서 역사의 지평 속에 이와 같은 표지판들을 세워 나가야 하고, 하나님 나라를 가리키는 표지판들이 이 세상 속에 세워지고 있음을 인식해야 할 것이다.

그런데 하나님 나라는 사유화될 수 있는 그 무엇이 아니다. '의의 거하는 새 하늘과 새 땅'(벧후 3:13), 예수님께서 미리 보여주신 작은 자들에 대한 따듯한 사랑(compassion), 예언자들이 선포한 공의와 정의의 나라, 레위기 25장의 희년의 이상(理想)과 누가복음 4장의 은혜의 해의 이상은 결코 하나님 나라의 사유화를 허락하지 않는다. 이 모든 앞당겨진 하나님 나라의 모습은 공적인 일(public affairs)에 해당한다. 사랑과 공의와 정의가 강같이 흐르는 샬롬의 '생명 공동체' 형성은 전적으로 공적인 일이다.

6. 교회의 본질과 목적

1998년 하라레 WCC가 신앙과 직제로 하여금 'BEM Text'에 이어, 이 BEM에 버금가는 다자간 대화를 통한 수렴 문건으로서 "교회의 본성과 그 목적(The Nature and Purpose of the Church)"을 작성토록 하였다. 본 문서는 교회를 '말씀의 피조물이요, 성령의 피조물(creatura Verbi et creatura Spiritus)'이라고 한다. 다시 말하면, "교회는 하나님께 속했고⋯⋯스스로 존재할 수 없고, 스스로를 위해서 존재할 수 없다."[221]고 하고, "교회는 하나님의 말씀인 복음을 중심에

---

221) The Nature and Purpose of the Church, Faith and Order Paper, no.181, Geneva: WCC, 1998, p.9. 이 문서는 개정 보완작업을 통하여 2005년에 『The Nature and Mission of the Church』로 출판되었다. 이 문서는 계속 작업과정 속에 있는데, 여기에서 인용한 부분들에 관해서는 큰

두고 있으며, 이 복음에 뿌리를 내리고 있다."222)고 하며, 이 '복음'
에 대한 신앙이 성령의 행동에 의해서 생긴다고 말한다. 즉 객관적
이고 보편적이고 종말론적인 '복음'이 '성령'의 역사로 우리에게 적
용되어, 교회의 역사로 구현된다고 하는 말이다.223) 이와 같은 교회
의 본질정의는 다분히 루터와 칼빈으로 대표되는 종교개혁 전통에
서 있는 것으로 보이는바, 교회란 '신애망'의 공동체로서 구원받은
공동체이다.224)

그리고 본 문서는 위와 같은 종교개혁적인 교회정의와 고대 니케
아－콘스탄티노플 신조의 교회정의를 하나로 묶었다. 즉 "하나님의
교회란 하나님 자신의 말씀과 성령의 피조물로서 하나의 거룩하고
보편적이며 사도적 교회이다."라고 하고, 이 "본질적 속성들은 교회
자신의 것이 아니고, 전적으로 하나님의 말씀과 성령을 통한 하나님
자신에 달렸다."225)고 한다. 그리고 이어서 교회를 '하나님의 백성으
로서의 교회', '그리스도의 몸으로서의 교회' 그리고 '성령의 전으로
서의 교회'로 정의함으로써, 교회를 삼위일체 하나님의 형상(imago

변화가 없었다.
222) Ibid.
223) Ibid.
224) 구원론에 관해서는 로마가톨릭교회와 루터교세계연맹과 19차세계감리
   교협의회가 서명 날인한 "이신칭의 교리에 대한 공동선언문"(1999)을
   참고할 것: "Joint Declaration on the Doctrine of Justification"
   (1999.10.31.), Augsburg in Germany, In Growth in Agreement Ⅱ.:
   Reports and Agreed Statements of Ecumenical Conversations on a
   World Level, 1982~1998, p.566 이하.
225) Ibid.

trinitatis)으로 규정하였다.

그러면 교회는 왜 존재하며, 무엇을 위해서 존재하는가? 본 문서는 그 주어진 제목의 '(교회의) 선교' 부분에서 교회란 인류의 역사뿐만 아니라, 창조세계 전체의 구원을 위해서 존재하는 것으로 본다.

모든 창조세계를 그리스도의 주권 아래로 모으고, 인류 공동체와 모든 나머지 피조물들을 코이노니아로 이끄는 것이 하나님의 계획이다 (엡 1:10). 삼위일체 하나님의 코이노니아의 반사체인, 교회는 이 목적을 수행하기 위한 도구로서 하나님으로부터 부름을 받은 것이다……

그리고 본 문서는 교회의 복음선포와 복음전도 사명을 교회의 목적으로 보고,[226] 나아가서 구조악에 대한 개혁과 정의, 평화, 창조세계의 보전을 포함하는 '하나님의 선교(missio Dei)' 차원에서의 사명을 주장한다. 다른 말로 하면 '교회론'과 '윤리학' 그리고 '하나님의 선교'는 불가분리한 관계에 있다고 하는 말이다.

교회는 가난한 자들과 궁핍한 자들 및 소외된 자들에 대한 변호와 돌봄으로 모든 사람들의 고통을 함께 나누도록 부름 받았고, 그렇게 할 수 있는 능력을 부여받았다. 교회는 정의롭지 못한 구조들을 비판적으로 분석하고 폭로시키고 이러한 구조의 변혁을 위해서 일함으로써 이 일을 한다. 교회는 애정(compassion)과 자비(mercy)의 사역을 통해서 이 일을 한다 이처럼 교회는 깨어진 인간관계를 치유하며 화해시키도록 부름 받았다. 교회는 적대감의 근절, 인간사회의 분열과 증

---

226) Ibid., p.15.

오의 화해를 위한 하나님의 도구여야 한다. 이와 같은 것들은 인간이 겪는 고통의 주된 근원이기 때문이다. 교회는 또한 모든 선의(善意)의 사람들과 함께 창조세계를 돌보며……이 창조세계와 인류의 깨어진 관계를 치유하시는 하나님의 치유사역에 동참하도록 부름을 받았다.227)

끝으로 본 문서는 종말론적 비전을 제시하고 있다. 삼위일체 하나님의 선교는 하나님 나라가 완성될 때 끝날 것이다.

> 하나님께서는 인류와의 코이노니아를 회복하시고 풍요롭게 하시며, 나아가서 인류에게 삼위일체 하나님 안에서 영생을 베풀어 주신다. 온 세계는 이 인류를 통해서 회복과 구원의 목적을 지향하도록 의도되어 있다. 이와 같은 하나님의 계획은 하나님의 거룩한 나라 안에 있는 새 하늘과 새 땅(계 21:1)에서 완성될 것이다.228)

Ⅱ. 샬롬의 생명 공동체를 구현하는 한국교회: 통전적이고 총체적인 생명교역

이상에서 이 글은 창세기 3~11장 이후와 계시록 21~22장 이전에 진행되는 하나님의 선교에 대하여 논했다. 여기에서 우리는 구약의 구속사에서 이스라엘이 바라보는 하나님 나라와 신약의 구속사에

---

227) Ibid., pp.16-17.
228) Ibid., p.17.

서 교회가 바라보는 하나님 나라로서 '샬롬의 생명 공동체'에 대하여 논했고, 이것을 매개하고 일구는 도구인 이스라엘과 교회 역시 각각 '샬롬의 생명 공동체'라고 하는 사실을 제시하였다. 이제 이 글은 본 장에서 미래 종말론적인 '샬롬의 생명 공동체'의 미리 맛봄이요, 파편과 징표요, 그것을 일구는 도구에 다름 아닌 교회(한국교회)가 추구해야 할 통전적이고 총체적인 생명교역에 대하여 논할 것이다. 이것은 다름 아닌 삼위일체 하나님의 선교에 응답하는 교회의 선교의 구체적인 예(例)에 해당하는 것으로 보인다.

1. 생명의 관계망

지구생명 공동체는 살아 있는 유기체로서, 신비로운 생명의 관계망이다. 생명체들은 서로 연결되어 있고, 서로 의존하고 있으며, 자연환경이라고 하는 집(oikos) 안에서 살고 있다. 인간의 생명은 모든 지구생명 공동체의 생태학적 구조에 의존하고 있다. 때문에 지구생명 공동체의 생태학적 구조의 파괴는 곧바로 인간의 생명파괴이다. 우리는 인간 영역의 고유성과 인권을 인정해야 하듯이 모든 생명 영역의 고유성과 생명체들의 권리를 인정해야 한다. 미래 세대들(the future generations)은 온전한 지구생명 공동체를 물려받을 권리를 가지고 있다. 우리는 이들의 권리를 인정해야 할 것이다. 따라서 우리는 모든 자연이 인간의 욕망을 채우기 위해서 존재해야 한다고 하는 인간 중심적 사고를 지양해야 한다. 이런 의미에서 우리는 하나님-인간-지구생명 공동체의 도식보다도 하나님-지구생명 공동체-인간의 도식을 선호해야 한다. 인간은 지구생명 공동체의 한 구성원일 뿐이다.

아버지 하나님과 아들 사이의 사랑의 끈이신 성령님은 '생명의 부여자(the life-Giver)'(니케아-콘스탄티노플 신조)로서 모든 생명을 사랑하신다. 죄로 인하여 죽을 수밖에 없는 인간이요, 죽음의 권세와 허무한 데 굴복하고 있는 모든 피조물들이지만, 하나님께서는 인간과 모든 지구생명 공동체를 사랑하신다. 요엘 선지자가 마지막 때에 일어나리라고 예언했던 대로 성령님께서는 '모든 육체'(행 2:17, 욜 2:28)에 부은바 되기 시작하였고, 충만히 부은 바 될 것이다. 모든 생명체들 안에 내주하시면서(시 104:29-30, 행 17:25, 27-28) 초월하시는 성령님은 인간의 생명뿐만 아니라 모든 생명체들을 사랑하신다. 하나님께서는 세상(cosmos)을 이처럼 사랑하사 그의 독생 성자를 보내 주셨고, 성령을 파송해 주셨다. 아버지 하나님께서는 아들의 십자가와 부활(복음)을 통하여 성령의 역사로 모든 인류 및 지구생명 공동체와의 화해하시고, 사랑의 코이노니아를 갖기 원하신다. 이것이 하나님이 원하시는 풍성한 삶이다.

복음의 목적은, 삼위로 일체되시는 하나님이 역사과정과 우주를 자신의 코이노니아에 동참시키시는 데에 있다. 내재적 삼위일체 하나님의 영원한 자체(immannet Trinity) 내의 코이노니아는 역사과정과 우주를 새롭게 하여 포함하는 경세적 삼위일체 하나님(economic Trinity)의 코이노니아로 발전하고, 나아가서 인류와 만유를 품에 안으시는 영광의 삼위일체 하나님이 되실 것이다. 우리는 종말론적인 하나님의 나라와 새 하늘과 새 땅을 희망한다. 삼위일체 하나님께서는 인류 및 우주만물과 충만한 코이노니아를 누리는 성령 충만한 세계를 이룩하실 것이기 때문이다. '장차 올 세계의 삶(the life of the world to come)'(니케아-콘스탄티노플 신조, 381)은 영혼과 몸, 개인과 사회, 인류와 창조세계가 사랑과 정의의 관계를 갖는 새 창조의 세계이다. 성령님은 이 새 창조의 세계에서 영혼과 몸 사이, 개인과 사회 사이, 인류와 자연 사이를 잇는 사랑의 끈(코이노니아)이시다. 이 성령님은 인간과 지구생명 공동체의 모든 생명들을 연결시키고, 이들로 하여금 상호 의존케 하신다. 종말론적 소망은 오늘의 정치, 경제, 사회, 문화가 사랑과 정의의 샬롬 공동체가 되기를 바랄 뿐만 아니라 인류사회 및 지구생명 공동체가 정의롭고 평화롭게 공존공생하기를 갈망한다. 이것이 풍성한 생명이요, 풍성한 삶이다.

교회 안에서 교회를 통하여 성령의 역사로 복음(아들)을 받아들여 아버지로부터 새 생명(이신칭의와 성화의 삶)을 선물로 받은 우리 기독교인들은 종말론적 영광의 샬롬 공동체를 미리 보여주는 공동체요, 그것을 바라보는 잠정적 공동체이다. 교회는 삼위일체 하나님의 코이노니아에 동참함으로써 종말론적 샬롬 공동체의 코아노니아(삼위일체 하나님이 인류 및 만유와 함께 누리는 코이노니아)를 미리 맛본 대표적 공동체요 잠정적 공동체로서 풍성한 삶을 미리 보여주고 미리 맛보고 증거하는 공동체이다. 사랑의 성령의 전인 교회는 성령께서 사랑하시는 모든 세계와 사랑의 관계를 맺어서, 풍성한 삶을 누려야 하고, 풍성한 삶을 만들어 가야 한다. 교회는 종말론적 하나님 나라와 새 하늘과 새 땅을 바라보면서, 정치, 경제, 사회, 문화 및 지구생명 공동체와의 이분법적 관계가 아니라 사랑과 정의의 샬롬 공동체를 일구어 가야 한다. 교회는 성령의 역사로 복음을 받아들여 구원을 얻게 되는 초보 단계에 머무를 것이 아니라 복음의 목적인 영생과 하나님 나라와 새 하늘과 새 땅을 소망하면서 이 땅 위에서 성령의 역사 가운데 더 풍성한 삶을 만들어 가야 할 것이다.

따라서 '풍성한 생명'(요 10:10)이란 총체적 차원에서 사랑과 정의가 강같이 흐르는 샬롬 공동체의 삶이다. '풍성한 삶'이란 복음전도, 정치적 민주화와 사회정의, 경제정의, 창조세계의 회복과 지구생명 공동체의 추구, 통전적 영성 추구, 문화적 정체성과 다양성과 공동체성, 폭력을 극복하기 위한 평화운동 및 남북 평화통일이 실현되는 세계의 삶이다. 교회는 종말론적 샬롬 공동체를 미리 맛보면서, 이 땅 위에 샬롬 공동체를 실현해야 할 것이다. 이것이 풍성한 생명의 의미요, 풍성한 생명에 이르는 길이다.

2. 민족복음화, 세계선교 그리고 하나님의 선교

교회는 말과 행동으로 복음을 선포해야 한다. 말씀이신 예수 그리스도께서는 행동(성육신, 지상교역, 십자가, 부활승천, 재림)이시기 때문이다. 이 복음은 하나님 나라의 복음이다. 이 복음선포는 곧바로 종말론적 영생과 하나님 나라와 새 하늘과 새 땅에 대한 희망을 포함한다. '이 약속된 새 하늘과 새 땅은 정의와 공의'(사 16:5, 시 72:1-2), 사랑과 평화의 세계인 동시에 죽음이 없는 부활과 생명의 세계이다. 그리고 그것은 하나님의 영광이 우주와 만물에 가득 찬 세계이다. 우리는 이 하나님의 나라의 복음을 선포해야 한다. 이 하나님 나라의 복음이 모든 이방사람들에게 전파된 다음에 끝이 올 것이고(막 13:10, 마 24:14, 롬 11:25-26), 예수 그리스도의 재림과 함께 하나님 나라가 임할 것이기 때문이다. 때문에 교회의 하나님 나라 선포는 구속사적 필연성이요, 종말론적 비전과 긴장 가운데 있다. 성령의 강림과 더불어 하나님 나라의 복음을 전한 사도들의 사도직은 오늘날에도 하나님 나라의 복음을 선포해야 할 교회의 사도직의 근거요 비전이다. 교회의 하나님 나라 복음전파는 종말론적 필연성이다. 이 사명을 감당하지 않는 교회는 화를 면키 어려울 것이다(고전 9:16).

우리는 민족복음화와 해외선교를 동시에 시도해야 한다. 그 어느 것도 먼저일 수가 없다. 성령의 인도하심을 따라서 동시 다발적으로 해야 한다. 그런데 우리는 구두로 복음을 전하여 개인에게 회심을 일으키고, 개교회를 개척하며, 모(母)교회를 이식시키는 식의 모더니즘 시대의 복음전도에 머물 것이 아니라 아래에서 논할 항목들에서처럼 하나님 나라의 복음을 해석하고 선포하며, 적용해야 할 것이다. 복음전도는 하나님 나라의 복음전도가 되어야 한다. 하나님 나라의 복음선포와 하나님의 선교는 결코 이분화될 수 없다. 아버지께서 아들을 세상에 파송하시고, 또한 아들이 성령을 이 세상에 파송하시듯이 성령님께서 교회를 이 세상에 파송하실 때 교회의 선교의 현장은 정치, 경제, 사회, 문화 및 창조세계에 다름 아니다. 예수 그리스도와 성령의 파송을 받은 교회는 예수 그리스도와 성령처럼 이 세상의 모든 곳과 상황 속으로 파송받는 것이다. 교회는 이 세상 속에서 하나님 나라를 앞당겨 실현하시는 삼위일체 하나님의 도구가 되어야 한다. 하나님 나라의 복음은 인간의 모든 상황들에 대응하여 말과 행동으로 증거되고, 선포되어야 한다. 역으로 삶의 모든 현장에서 복음의 가치와 하나님 나라의 가치가 꽃피어 날 때 구두로 선포하는 하나님 나라의 복음전도 역시 큰 효과를 볼 것이다. 구두(口頭)로 전하는 복음전도가 개인구원론과 게토적(ghetto) 개교회주의를 낳는 데 머문다면, 그것은 하나님 나라의 보편성에 위배될 것이다.

3. 포스트모던 시대에 대응하는 정치의 민주화와 사회정의

모든 동아시아의 나라들과 더불어 우리 한국은 후기 식민지 시대와 포스트모더니즘 시대를 살아가고 있다. 우리는 오랜 식민 통치와 독재 정권과 군사 정권의 모더니즘적 거대담론에 시달리면서 민주화와 인권과 여권신장과 사회정의 구현에 있어서 엄청난 지장을 받은 바 있다. 우리 한국교회는 그동안 동아시아 전체를 괴롭혔던 모더니즘적 거대담론을 직시하고, 포스트모더니즘 시대를 맞이하면서 정치적 민주화와 사회정의 구현을 위해서 힘쓰고 애써야 할 것이다.

포스트모더니즘은 개인들과 소집단들의 작은 목소리를 무시하고 억압하며 소외시키는 모더니즘의 거대담론에 반대하여 '다름'과 다원성과 '타자성(他者性)'을 강조하는바, 정부는 교회들과 시민단체들의 작은 목소리들에 귀를 기울이는 미시정치(micro-politics)를 해야 하고, 가난한 자와 병든 자와 소외된 자 편에서는 사회정의를 구현시켜야 한다. 나아가서 정부는 다국적 기업의 신자본주의적 거대담론에 압도되어, 백성의 소리를 외면해서는 안 될 것이다. 예수님께서 선포하신 하나님 나라는 병든 자, 가난한 자, 소외된 자, 억압받는 자의 목소리를 결코 배제하지 않는다. 성서적 거대담론은 결코 '지극히 작은 자'의 목소리를 묵살하거나 제외시키지 않는다. 민주주의가 하나님 나라를 지향하는 민주주의가 되려면 '지극히 작은 자'의 목소리를 청종해야 할 것이다(마 25:31−46). 하나님 나라에 대한 종말론적 비전을 바라보고 소망 가운데 살고 있는 교회는 이와 같은 포스트모던 시대에 걸맞은 정치의 민주화와 사회정의 실현을 위해서 교파주의와 개교회주의를 떨쳐버리고, 다양성 속에서 코이노니아와 정치 사회적 행동을 함께 추구해야 할 것이다.

4. 지구화 시대에 대응하는 경제정의 구현

지구화는 오늘의 세계를 '지구적 차별정책(global apartheid)'으로 몰고 간다. 북반구와 남반구 사이에, 가난한 나라들과 부자 나라들 사이에 빈익빈 부익부의 간격을 극대화시키는 지구화 시대에, 절대적으로 요청되는 것은 경제정의이다. 힘이 있고 가진 나라들을 더 잘살게 하고, 힘없고 갖지 못한 나라들을 더 못살게 하는 지구화는 반드시 수정되어야 한다. 가난한 자와 병든 자 그리고 소외된 자를 배려하는 경제정의가 구현되어야 할 것이다. 하나님 나라에 대한 소망을 갖고 살아가는 교회는 복음의 가치와 하나님의 나라의 가치가 요청하는 경제생활을 해야 하고, 시민단체들과 연대하여 지구화에 맞서는 경제정의 실현을 위해서 힘써야 할 것이다. 희년 공동체(레위기 25장)는 선물로 주어질 하나님 나라의 샬롬을 가리킬 뿐만 아니라 교회로 하여금 이 땅 위에서 경제정의와 생태 정의를 실현할 것을 촉구한다. '개발'과 관련하여 경제정의는 정치적 민주화와 더불어 창조세계의 회복과 지구생명 공동체 형성과 맞물려 있다. 세계교회협의회(WCC)가 추구하는 '정의, 평화, 창조세계의 보전(JPIC)'에 있어서 이 세 영역은 역동적으로 맞물려 있다.

5. 정의와 평화를 전제하는 창조세계의 회복과 지구생명 공동체의 추구

지구화로 인한 창조세계의 파괴와 지구생명 공동체의 해체는 경제 사회적 정의 및 평화문제와 맞물려 있다. 지구자원의 고갈과 이상기온은 모더니즘적 거대담론인 산업화와 도시화 그리고 자본주의의 결과이다. 먹고 먹히는 약육강식적인 식민지주의와 신식민지주의와 같은 모더니즘의 정치적·경제적 부정의는 전쟁과 보이지 않는 폭력을 통해서 인류사회의 평화를 깨뜨려 왔고, 창조세계를 마구 파괴해 왔으며, 지구생명 공동체를 위협하고 있다. 창조세계와 지구생명 공동체의 지속가능성은 인류사회의 지속가능성과 맞물려 있다. 따라서 이 양자 간의 균형을 깨뜨리는 '개발'은 인류와 모든 생명체들을 파멸로 몰고 갈 것이다. 종의 다양성과 자연의 조화로운 다양성을 축소시키는 자연과학과 기술에 의한 '개발'과 생명공학이야말로 인류와 지구생명 공동체 모두의 행복을 파괴할 것이다. 하나님 나라와 새 하늘과 새 땅을 바라보고 나가는 교회는 이 땅 위에서 인류사회(역사)와 지구생명 공동체(우주)가 함께 어우러지는 샬롬 공동체를 구현해야 할 것이다. 은혜의 약속에 따라 선물로 주어질 종말론적 샬롬 공동체를 소망하는 교회는 정의와 평화와 창조세계가 보존되는 샬롬 공동체를 이 땅 위에서 실현시켜야 할 것이다. 우리는 하나님의 뜻이 이루어진 것같이 장차 지금 여기에서도 하나님의 뜻이 이루질 것을 위해서 기도해야 할 것이다.

6. 모더니즘의 이분법적 영성이 아닌 통전적 영성 추구

우리는 이상에서 언급한 '민주주의와 사회정의', '경제정의' 및 '창조세계 회복'과 지구생명 공동체 추구가 예수 그리스도, 사도들, 예언자들, 시편 기자들 및 개혁 전통의 영성을 바탕으로 한 예배와 기도와 기독교적 삶을 떠나서는 구현될 수 없다고 주장한다. 아래에서 제시될 6번, 7번, 8번, 9번 항목을 위해서도 이와 같은 영성추구는 필수적일 것이다. 우리는 다음과 같은 포스트모더니즘 시대에 걸맞은 영성을 추구해야 할 것이다.

우리는 하나님의 선교(missio Dei)로부터 도피하고 타계적인 영성에 집중하는 비성서적 영성에 반대한다. 우리는 값싼 영성의 여러 측면들을 비판한다. 즉 우리는 영지주의적 영혼구원 혹은 개인구원에만 집착하고, 다른 사람들의 궁핍에 아랑곳하지 않는 영성, 시장경제 원리 위에 세워진 소비 지향적 종교성, 이 세상과 저 세상을 분리시키고, 육체를 정신으로부터 분리시키는 이분법적 영성 및 현상유지를 강화시키는 자기만족에 빠진 영성에 항거한다.

우리가 추구하는 영성은 화해와 통전을 지향한다. 그것은 인격들과 공동체들의 온전성(wholeness)을 향한다. 영성이란 전 인격의 통전성(몸과 영혼)과 공동체의 온전성(사회적, 경제적, 정치적 및 문화적 경계선을 초월하여 새로운 종류들의 공동체를 형성하는)을 통하여 표현된다. 몸과 영혼, 개인과 사회, 인간과 자연은 이분화될 수 없다. 인간의 생명은 땅의 생명체들과 불가분리의 관계를 가지고 있다. 궁극적으로 우리는 개인과 사회, 인간과 창조세계가 함께 어우러지는 샬롬 공동체를 추구한다. 이것이 하나님 나라의 모습이다.

우리가 추구하는 영성이란 기독교 공동체 안에 뿌리를 내리고 있으며, 말씀설교와 성만찬을 중심에 두고 있다. 특히, 하나님 나라의 잔치인 성만찬에서 우리는 일치의 충만한 삶을 맛보고, 선물로서 주어진 생명을 축하한다. 우리는 그리스도의 죽으심과 다시 사심 속으로 세례를 받은 기독교 공동체의 구성원으로서 예배하는 것이다. 성만찬은 우리에게 우리 역시 그리스도께서 모든 사람들을 위해서 지니신 동일한 보살핌과 사랑을 가지고 살아야 함을 생각나게 한다. 성만찬은 그리스도의 몸의 찢겨짐은 사회의 찢겨짐과 우리의 모든 관계의 찢겨짐을 치유하는 일에 참여하는 것을 생각나게 한다. 우리는 성만찬에서 그리스도의 고난에 참여함으로써 사람들의 고통에 참여하게 되는 것이다.

7. 포스트모던 시대에 걸맞은 문화적 정체성과 다양성

정보화 문화와 멀티미디어 문화와 대중문화기 하나님 나라의 복음 선포를 위해서 순기능적인 측면도 가지고 있으나, 그 역기능과 폐해 또한 만만치 않다. '단일문화(monoculture)'를 지향하고, 다(多)문화와 다(多)가치의 사회를 시장경제로 획일화시키는 지구화는 각 나라와 각 지역의 문화와 가치와 종교의 '다름'과 다원성과 '타자성'을 강조 하는 포스트모더니즘의 소리를 들어야 한다. 우리는 다국적 기업들 의 시장경제 논리와 정보혁명이 초래하는 문화와 가치의 축소주의에 맞서서, 우리의 고유한 문화 정체성을 확립해야 하고, 다(多)문화와 다(多)가치의 사회 속에서 더불어 살아가는 삶의 스타일을 일구어 나가야 한다. 복음과 복음을 통해서 계시되고 약속된 하나님 나라를 소망하면서 살고 있는 교회는 우리 한국의 고유한 문화 속에 복음과 하나님 나라를 문화화(inculturation)해야 하고, 다른 나라와 민족의 다문화 다가치의 사회 속에도 그것을 문화화해야 할 것이다. '복음 과 하나님 나라'라는 통일성의 축은 초문화적인 본성을 가지고 있는 바, 이것이 다(多)종교와 다문화와 다가치의 사회 속에 문화화되어야 한다. 복음을 믿고, 복음, 특히 예수 그리스도의 부활을 통해서 계시 되고 약속된 하나님 나라를 바라보고 나가는 교회는 문화 속에 복음 과 하나님 나라를 항상 다시 육화시키는 대행자(agent)가 되어야 한다. 교회는 하나님의 선교의 대행자로서 이 땅 위의 모든 문화들과 종교들 속에 하나님 나라의 샬롬을 구현해야 할 것이다.

8. 테러와 전쟁의 악순환, 그리고 불가시적 폭력을 극복하기 위한 평화운동

동구권 및 구소비에트 연방 공산권의 붕괴(1998~1990)와 지구화의 과정 속에서 공산주의라는 모더니즘적 거대담론으로부터 해방되고, 동시에 지구화라고 하는 모더니즘적 거대담론에 편입되는 과정에서 보스니아와 코소보 등 다(多)종족, 다(多)민족, 다(多)문화 사이에 야기되는 피비린내 나는 전쟁은 WCC로 하여금 '폭력극복 10년' 운동을 전개하게 하였다. 9·11 테러는 아프가니스탄 전쟁을 불러일으켰다. 이것은 테러와 전쟁의 악순환을 예고하고 있다. 특히, 힘의 외교와 힘의 반테러 전쟁을 감행하고 있는 미국은 세계평화에 크게 역행한다고 할 수 있다. 테러와 반테러 전쟁은 창조세계와 지구생명 공동체의 평화를 위협한다. 미국은 무력을 가지고 모든 것을 해결할 수 있다고 생각하는 모더니즘의 낙관론적 거대담론을 포기해야 한다. 특히 우리 한국은 핵무기를 개발하고 있는 북한과의 긴장관계 속에 있다. 우리는 북한과 정의로운 평화를 추구해야 하고, 북한 사회가 인권과 자유를 보장하는 정의로운 평화를 실현할 것을 촉구해야 한다.

우리는 신제국주의와 지구화와 신자유주의와 이로 인한 생태계 파괴가, 힘없고 가난한 사람들에 대한 보이지 않는 폭력이라고 본다.

이것은 보이지 않는 구조악이요, 구조적 폭력이다. 이 구조악은 바위요, 그것에 항거하는 개인은 계란이다. 이와 같은 구조악을 자각하지 못하고, 이 구조악에 동참하고 있는 교회 역시 힘없고 약한 사람들에게 보이지 않는 폭력이다. 빈익빈 부익부는 구조악으로서 힘없고 약한 사람들에게 폭력을 행사한다. 모더니즘적 거대담론에 의한 환경파괴 역시 구조적 폭력이다. 환경을 무시하는 '개발'은 창조세계에 대한 폭력이다. 인간의 한이 없는 욕망을 따라 자연을 도구화하고, 오염시키며, 파괴하는 것은 인간의 자연에 대한 폭력이다. 남성 지배적이요 가부장적 사회 역시 여성들에게 불가시적 폭력으로 다가올 때가 있다.

예수 그리스도의 복음은 폭력이 없는 하나님 나라와 새 하늘과 새 땅을 계시하고, 약속한다. 교회가 소망하는 이 종말론적 새 창조의 세계는 구조적인 사랑과 정의가 지배하는 세계요, 모든 구조악과 폭력이 제거된 영원한 세계이다. "모든 눈물을 그 눈에서 씻기시매 다시는 사망이 없고 애통하는 것이나 곡하는 것이나 아픈 것이 다시 있지 아니하리니 처음 것들이 다 지나갔음이라."(계 21:4) 이 세계는 "이리가 어린양과 함께 거하며 표범이 어린 염소와 함께 누우며 송아지와 어린 사자와 살찐 짐승이 함께 있어서 어린 아이에게 끌리며……사자가 소처럼 풀을 먹을 것이며, 젖 먹는 아이가 독사의 구멍에서 장난하며 젖 뗀 어린 아이가 독사의 굴에 손을 넣는"(사11:6-8) 세계일 것이다. '생명의 부여자'이시요, 아버지와 아늘 사이를 잇는 사랑의 끈이신 성령님은 모든 생명을 사랑하신다. 우리는 성령의 전이요, 성령의 열매를 맺는 생명나무들이다. 따라서 우리는 가정과 사회와 자연 속에서 일어나는 그 어떤 폭력도 용납할 수 없다. 우리는 폭력적 제도, 폭력적 언어, 폭력적 사회구조, 폭력적 교회 구조, 폭력적 문화를 결코 용납할 수 없다.

9. 탈냉전 시대에 걸맞은 남북 평화통일의 실현

테러와 전쟁의 악순환에서 벗어나야 하고, 불가시적 폭력과 정의 없는 평화를 거부해야 하며, 정의와 평화를 전제하는 창조세계의 회복과 지구생명 공동체 추구에 힘써야 하는 우리는 그 어떤 폭력이나 전쟁을 통한 남북통일도 거부해야 한다. 성령의 역사로 예수 그리스도의 십자가와 부활을 통해서 인류 및 지구생명 공동체를 아버지 하나님께 화해시키신 하나님은, 삼위일체 하나님으로서 내재적(immanent Trinity) 코이노니아와, 인류 및 모든 창조세계와의 경세적(economic Trinity) 코이노니아를 누리기를 원하신다.

'그리스도 안에 계시사 세상을 자기와 화목하게 하신'(고후 5:19) 하나님께서는 모든 인류가 자신과 화해하기를 원하실 뿐만 아니라 창조세계 전체와도 화해하시기를 원하신다. 이 화해의 하나님은 우리 남한과 북한의 화해를 원하신다. 그의 십자가로 유대교 기독교인들과 이방 기독교인들의 담을 허물어 버리신 예수 그리스도께서(엡 2:13 – 18)는 모든 인류가 하나 되기를 원하시고, 인류와 지구생명 공동체가 하나 되기를 원하신다. 우리는 아버지 하나님께서 그의 아들, 예수 그리스도를 통하여 성령 역사로 다(多)이념, 다(多)종교, 다(多)문화,

다(多)가치의 사회 속에 화해와 코이노니아를 육화시킬 것을 계시하시고, 그것을 실현하고 계심을 믿는다. 따라서 우리는 북한의 이념과 문화와 삶의 스타일이 우리의 그것과 매우 상이할지라도 이들과 화해하고 코이노니아를 나누어야 하는 것이 하나님의 계시된 뜻임을 확신한다. 포스트모더니즘의 요구하는 '다름'과 다원성과 '타자성'은 결코 화해와 코이노니아에 장애가 될 수 없다. 종말론적 샬롬 공동체를 선물로 약속받은 교회 공동체는 평화적이고 정의로운 남북통일을 실현함으로써 자신의 소망을 좀 더 가시화시켜야 할 것이다.

10. 다양성 속에서 코이노니아를 추구하는 교회연합과 일치

이상과 같은 과제를 감당하기 위해서 교파들은 연합하고 일치해야 한다. 교회의 연합과 일치는 거대담론임에 틀림이 없으나, 그것은 결코 교파들의 목소리를 묵살하거나 억압하는 모더니즘적 거대담론이 아니다. 우리 예수 그리스도의 교회는 다양성 속에서 코이노니아(요 17:21－22)를 추구하면서, 하나님 나라의 복음을 선포하며(요 17:21, 마 28:19), 하나님 나라를 앞당겨서 실현시켜야 할 것이다(골 1:20, 엡 1:10). 우리는 이를 위하여 아래와 같은 사명을 감당해야 한다.

－우리는 교회가 하나임을 선포한다. 삼위일체 되신 성부, 성자, 성령께서 나뉠 수 없는 한 분 하나님이신 것처럼, 하나님의 백성이요, 그리스도의 몸이요, 성령의 전인 교회는 하나가 되어 삼

위일체 하나님께 예배하고, 영광을 돌리며, 복음선교에 힘쓴다.

-우리는 사도적 복음과, 사도신경과 니케아-콘스탄티노플 신조에
나타난 삼위일체 하나님을 포함한 사도적 신앙을 공유하고 있는
모든 교회들과 더불어 예배하고, 세례와 성찬과 직제에 있어서
일치를 추구하며, 협의회를 통한 교제와 공동의 결의와 공동의
가르침을 지향하고, 나아가서 선교와 사회봉사에 함께 참여한다.

-우리는 인간과 다른 모든 피조물들이 하나님과 영원한 교제를
누릴 새 하늘과 새 땅을 소망한다. 그러나 우리는 이 땅 위에
공의와 사랑이 강같이 흐르는 사회를 건설해야 하고, 하나님의
복음으로 정치, 경제, 사회, 문화를 변혁시키며, 나아가서 자연
을 보전하여 하나님의 영광으로 가득한 세상을 만들어 가야 한
다. 교회는 세상 속에 있으면서도 세상에 물들거나 세상 속에
용해되어서는 안 되고, 오직 복음과 하나님 나라의 가치를 따라
항상 자기개혁에 힘써야 한다.

-우리는 시장경제와 과학과 기술의 지구화, 특히 정보기술의 혁
명으로 민족적·문화적 정체성이 위기에 직면한 나라와 민족들,
비인간화되어 가는 수많은 대중들, 착취되고 파괴되어 가고 있
는 자연세계, 인간을 착취하는 구조악들을 사도적 신앙으로 변
혁시켜 하나님의 나라를 건설해야 할 사명을 가진다(『21세기 대
한예수교장로회 신앙고백서』 중에서).[229]

결 론

이 글은 **제1부에서 첫째로** 구약의 구속의 드라마가 미래 지향적인 하나님 나라인 샬롬의 '생명 공동체'를 추구하고, 신약의 구속의 드라마 역시 종말론적인 새 하늘과 새 땅을 추구한다고 주장하면서, 구약의 희망은 신약의 예수 그리스도와 성령을 통하여 '이미' 성취되었으나, '아직' 미래 지향적인 종말론적인 완성을 바라보고 있는 것으로 보았다. 그리고 필자는 이와 같은 구약에서 신약으로 이어지는 구속의 드라마가 다만 인류 생명 공동체만의 구속이 아니라 나머지 모든 피조물들의 구속을 포함해야 한다고 하는 사실을 주장하였다. 즉 필자는 보캠과 하트가 주장한 대로 에덴동산의 생명 공동체가 새 하늘과 새 땅의 이미지인 '거룩한 성새 예루살렘'에서 어떻게 완성되는가에 대해서, 즉 인류문명과 야생적 자연의 종말론적인 조화를 제시하였고, 어거스틴의 '삼위일체 하나님의 도성' 역시 인류 공동체만의 도성이 아님을 밝혔다. 비록 보캠과 하트는 삼위일체 하나님을 언급하지 않았고, 에덴동산을 인간과 자연과 하나님이 조화

---

229) 참고: 김명용, "삼위일체 하나님과 생명 공동체", 하나님 나라와 생명 목회, 대한예수교장로회생명 살리기운동10년위원회와 대한예수교장로회 총회산하연구단체협의회 편(서울: 한국장로교출판사, 2007), pp.71 이하. 특히, 김명용은 예수 그리스도의 부활에서 계시되고 약속된 새로운 생명의 세계(새 하늘과 새 땅)와 생명 주시는 자(the life-Giver)이신 살리시는 성령에 근거하여 '질병과 생명 공동체', '전쟁과 생명 공동체', '생태계의 위기와 생명 공동체', '가난과 생명 공동체', '죽음의 문화와 생명 공동체' 등에 대하여 논하였다(77~84).

롭게 사는 생명 공동체로서 단순히 하나님의 전원이라고 한 반면에, 마지막 때의 '거룩한 성새 예루살렘'은 정원도시(a garden City)라고 하였지만 말이다.

그리고 이 글은 창세기 3~11장과 계시록 21~22장 사이의 모든 하나님의 활동을 하나님의 선교로 보았다. 물론, 삼위일체 하나님의 창조와 구속과 성화 및 종말론적인 완성이 모두 하나님의 선교요, 주님께서 재림하시어 모두 부활하고 심판을 받은 후 새 하늘과 새 땅이 전개되는 때에는 더 이상 하나님의 선교는 있지 아니할 것이다. 그런데 이 글은 주로 인류의 타락과 창조세계의 파괴로부터 이것의 온전한 회복 사이에 자리하고 있는 하나님의 선교를 논하였고, 이 사이에서 종말론적인 '샬롬의 생명 공동체'의 미리 맛봄과 징표와 도구인 이스라엘과 교회라고 하는 샬롬의 생명 공동체의 하나님의 선교에의 참여로서 선교를 논하였다.

보캠과 하트는 어거스틴과 더불어 하나님의 선교로 이룩될 '거룩한 성새 예루살렘'을 단순한 '실낙원'의 회복으로서 '복낙원'으로 보지 않았다. 이들에게 있어서 이 하나님의 도성의 부활체들은 낙원의 아담과 하와의 전인(全人)보다 더 탁월하다. 이 세계는 인간의 하나님 형상이 완전해지고, 만유가 새롭게 태어나는 새 창조의 세계이다. 이 세계에서 우리의 영생의 부활체는 예수께서 부활하시어, 제자들에게 보여주셨던 그 영체와 비슷할 것이다.[230] 새 인류는 하나님의 아들 예수 그리스도를 통하여 성령 안에서 아버지 하나님과 연합하

---

230) Augustine, Op.Cit., Book 13. 21.

여(삼위일체 하나님과 연합하여) 부활의 영생을 누리고, 창조세계 전체는 멸절되는 것이 아니라 '새 하늘과 새 땅' 혹은 '새 창조(creatio nova)'의 세계가 될 것이다. 그리하여 죽은 자들의 부활의 세계와 만유의 재창조의 세계는 옛 창조의 세계와는 비교도 되지 않을 만큼 영광스러운 생명의 세계일 것이다.

둘째로 이 글은 위와 같은 성서의 구속의 대하드라마 속에서 교회의 자리와 위치를 '이미'와 '아직 아님'으로 규정하고, 교회의 본질을 '말씀과 성령의 피조물'로 보았으며, 교회의 목적을 구약과 신약의 이야기가 제시하는 생명 공동체로서 하나님의 선교에 동참하여 하나님 나라를 이 땅 위에 구현하는 것으로 보았다. 교회란 죄악으로 물든 이 세상과 파괴되어 가는 우주만물 속에서 '대안 생명 공동체'요 '대조 생명 공동체'임에도 불구하고, 결코 그것으로부터 분리됨으로써 게토(ghetto)화되어서는 안 될 것이다.

그런즉 교회는 말씀설교, 예배·예전, 가르침, 교제와 참여, 봉사, 전도 등을 통하여 전통적인 목회 차원을 넘어서서 삼위일체 하나님의 선교에 적극적으로 동참해야 한다. 다시 말하면, 교회는 지금까지 이 글이 주장한 샬롬의 '생명 공동체' 구현을 위해서 힘써야 할 것이다. 그리하여 새 하늘과 새 땅의 미리 맛봄과 징표와 그것을 일구는 도구인 교회는 인류의 역사와 사회 그리고 우주만물 속에서도 그와 같은 미리 맛봄과 징표와 그 것을 일구는 도구들을 분별하고 발견하면서, 다차원적이고 **총체적**인 생명 공동체의 관계망 속에서 생명운동을 펼쳐야 할 것이다. 때문에 교회는 샬롬의 생명운동을 펼치는 모든 '시민단체들(NGO's)'과 협력하여 삼위일체 하나님의 선교에 동참해야 한다.

즉 교회는 '정의, 평화, 창조세계 보전' 등 우주적 시야를 가지는 샬롬의 '생명 공동체' 형성을 위하여 사도적 직무 수행을 잘 감당해야 할 것이다. '생명의 부여자(the Life-Giver)'이신 성령께서는 이미 아버지께서 아들을 통하여 화해하신 인류와 창조세계를 죄와 죽음의 세력에도 불구하고 그것의 화해를 역사와 창조세계 속에서 구현하시고, 종말론적으로 완성하실 것이다. 특히, '특수 교역직(the special ministry 혹은 the ordained ministry)'은 '일반 교역직(the general ministry)'과 한 몸을 이루어 샬롬의 '생명 공동체' 구현을 향한 삼위일체 하나님의 선교에 적극적으로 동참해야 할 것이다. 때문에 교회의 모든 평신도들과 '특수 교역직'들은 상호 협력하여 '샬롬의 생명 공동체'를 구현해 나가야 할 것이다.

교회 공동체는 타락 이전의 샬롬의 생명 공동체로서 하나님의 도성을 회상하고 그것에로 복귀하는 것으로 만족할 것이 아니라 미래 종말론적인 새 하늘과 새 땅에서의 샬롬의 생명 공동체를 바라보면서 이 땅 위에 이와 같은 생명 공동체형성을 위해서 애쓰고 힘써야할 것이다. 바로 이와 같은 미래 종말론적인 하나님의 나라는 사랑과 정의와 평화가 넘치는 생명 공동체, 자연과 식물과 동물이 인간에게 모든 좋은 것들을 공급하는 생명 공동체(계 22:1-3), 이리와 양이 함께 놀고, 사자가 풀을 먹으며, 어린아이가 독사의 굴에 손을 넣는 생명 공동체일 것이다. 그것은 역사와 사회의 생명 공동체와 우주만물의 생명 공동체가 온전히 회복되는 그와 같은 세계를 말한다. "세상 나라가 우리 주와 그 그리스도의 나라가 되어 그가 세세

토록 왕 노릇 하시리로다."(계 11:15)는 성령의 나라와 아버지의 나라와 더불어 삼위일체 하나님의 나라를 이룰 것이다.

그리고 **제2부에서** 필자는 이상과 같은 샬롬의 생명 공동체 추구의 신학적인 기초 위에서 모든 개교회들이 참여해야 할 하나님의 선교에의 동참으로서 '통전적이고 총체적인 생명교역'에 대해서 논하였다. 모든 개교회들은 새 하늘과 새 땅에 대한 소망을 가지고, 생명의 통전성과 총체성(관계망)을 염두에 두면서, 이 글이 본문에서 논한 하나님의 선교에 동참해야 할 것이다. 즉 우리는 1. 민족복음화, 세계선교 그리고 하나님의 선교, 2. 포스트모던 시대에 대응하는 정치의 민주화와 사회정의, 3. 지구화 시대에 대응하는 경제정의 구현, 4. 정의와 평화를 전제하는 창조세계의 회복과 지구생명 공동체의 추구, 5. 모더니즘의 이분법적 영성이 아닌 통전적 영성 추구, 6. 포스트모던 시대에 걸맞은 문화적 정체성과 다양성 추구, 7. 테러와 전쟁, 그리고 불가시적 폭력을 극복하기 위한 평화운동, 8. 탈냉전 시대에 걸맞은 남북 평화통일의 실현, 그리고 9. 다양성 속에서 코이노니아를 추구하는 교회연합과 일치에 성령의 역사로 동참하여 이 땅 위에 하나님의 나라를 구현시켜야 할 것이다.

몰트만에 의하면 이상과 같은 9가지 생명교역의 영역과 과제들은 하나님 나라의 관점에서 보인 교회의 '공적인 일들(public matters)'에 속한다. 몰트만에 따르면, 교회란 "하나님으로부터 소외된 이 세상의 역사 속에 실손하고 있는 하나님 나라의 한 형태이기 때문에, 교회의 관심은 항상 자신에 대한 관심을 초월한다."231) 즉 몰트만에게 있어서 교회란 '하나님 나라 안에 있는 교회와 세상 안에 있는 하나님 나라'에 관여하고, "하나님 나라로 상징되는 하나님의 미래는 이 세상의 미래를 포함하는바, 나라들의 미래, 인류의 미래, 모든 생명체들의 미래 및 존재하고 있는 모든 것이 그것에 의존하여 살고 그것으로부터 유래한 땅의 미래를 포함한다."[232] 즉 몰트만은 여기에서 장차 다가올 새 창조의 세계를 바라보면서 교회의 세상 역사에의 참여 혹은 교회의 '공적인 영역(public area)'에서의 하나님의 선교(missio Dei)에의 참여를 주장하고 있는 것이다.

---

231) Juergen Moltmann, "Theology for Christ's Church and the Kingdom of God in Modern Society", in A Passion for God's Reign, ed. by Moroslav Volf(Grand Rapids, Michigan: Eerdmans, 1998), p.51.
232) Ibid.

<blockquote>
• 제5장 •
</blockquote>

『하나님의 선교: 그것은 성경의 거대담론을 푸는 열쇠이다』[233]

I. 내러티브 신학의 일반적인 특징

본 필자는 『포스트모던 시대의 성경읽기: 성경의 통일성과 다양성 모색』(한들 출판사, 2006)에서 성경비평학에 정향된 모더니즘 시대의 성경이해를 넘어서는 포스트모던 시대의 성경이해로써 후기 비트겐슈타인과 멕긴타이어 등의 포스트모던 사상을 배경으로 하는 내러티브 신학을 소개하였다. 파월은 모더니즘의 유산인 성경비평학을 전적으로 폐기처분하지 않으면서 그것을 넘어서서 성경의 최종본문으

<blockquote>
233) Christopher J. H. Wright, 『The Mission of God: Unlocking the Bible's Grand Narrative』(Downers, Illinois: IVP Academic, 2006)
</blockquote>

로서 이야기를 중요시하였다. 지금 소개하려고 하는 라이트의 저서는 한스 프라이, 린드벡, 미들톤과 월쉬 그리고 나이트 등과 더불어 내러티브 신학의 부류에 속한다.

이제 이 글은 내러티브 신학이 무엇인가를 잠시 다시 떠올려 본다. 17세기 개신교 정통주의는 성서의 각 명제가 사실 지시적 가치 (factual reference)를 지니고 있는, 직접적으로 하나님의 말씀이라고 주장하였으나(propositionalism), 19세기 모더니즘적 신학인 자유주의 개신교는 성서 시대와 오늘날 우리들 사이에 가로놓여 있는 사회문화적 혹은 문화언어적 심연을 심각한 해석학적 문제로 보면서, 중요한 것은 성경을 기록한 사람들의 경험이고(experience – expressivism), 이 경험의 표현인 성경 본문은 부차적인 것으로 보는 데 반하여, 내러티브 신학은 성서의 이야기를 '성경의 실제적인 혹은 역사 같은 이야기들(realistic or history – like stories of the Bible)'로 보면서 구속의 드라마에 관한 이야기와 이야기들(그리고 여기에 더하여 다른 장르들도 있으나)에 나타난 계시와 구속과 신학을 중요시한다. 이것은 '실증주의적인 사실주의(positivistic factualism)'와 '언어화된 문학 (literary turn 혹은 linguistic turn)' 사이의 중간 입장을 취한다. 즉 이 입장은 성경을 '픽션이 아닌 픽션(non – fictional fiction)'으로 본다. 즉 성경의 중심 줄거리는 '역사 같은 이야기와 이야기들(history – like Story and stories)'이라고 하는 말이나 마찬가지이다.

다시 말하면, 성경의 본문들은 하나의 거대담론과 작은 이야기들 (the One Grand Narrative와 small stories), 역사서들, 시편, 지혜문서, 예언서, 서한들, 묵시서들 등으로 되어 있고, 성경의 명제들(propositions)

은 이와 같은 장르들 안에 자리하고 있고 그곳에서 역할과 기능을 발휘하고 있다는 말이다. 성경의 '거대담론'은 '초문화적인 거대담론(transcultural Metanarrative)'을, 그리고 나머지 장르의 글들은 역사적으로 사회문화적으로 조건 지어진 메시지들과 가르침들과 명령 등을 포함하고 있다. 오늘의 역사와 사회와 문화 속에서 사는 우리는 전자에 대한 비전을 가지고 후자를 해석하면서도, 후자의 역사적, 사회적, 문화적 조건들을 감안하면서 오늘날 우리에게 걸맞은 다양한 메시지들을 찾아야 할 것이다.

내러티브 신학은 성경의 본문을 중요시한다. 데리다가 주장하는 "텍스트 밖에는 아무것도 없다."라고 하는 명제가 내러티브 신학의 성경해석에 있어서 중요하다. 이 신학은 성경 본문들 안에 있는 신학적인 논리를 중요시하고(intra-textuality), 본문과 본문의 관계에서 신학논리를 추구한다(inter-textuality). 특히, 우리가 라이트의 저서에 대한 분석에서 볼 것이지만, 본문들 혹은 단락들의 선별과 모음과 연관과 관계를 통하여 성경의 거대담론을 추구해 가고, 이와 같은 큰 틀 거리를 가지고 성경의 나머지 장르의 글들에서 신학적인 메시지들을 찾는다. 그러니까 인간학이나 사회학이나 역사철학과 같은 성경 외적인 해석학적 원리가 중요한 것이 아니라 성경의 최종본문, 본문들, 그리고 본문과 본문의 관계 혹은 단락과 단락의 관계에서 발견되는 신학이 중요하다.

우리는 한스 프라이, 린드벡, 미든토노기 얼쉬 그리고 나이트의 내러비트 신학을 다시 요약하면서, 라이트의 그것의 차별성을 부각시켜 보려고 한다.

첫째로 한스 프라이의 『예수 그리스도의 정체성』를 살펴보자. 복음서의 주인공은 대체될 수 없는 인물이신 예수 그리스도인데, 그는 성육신하신 하나님의 아들로서 모든 이스라엘 백성을 대표하시고, 모든 인류를 대표하시는 신인으로서 하나님 나라를 선포하시고, 이 하나님 나라를 말씀과 행동으로 미리 보여주셨고, 부활하셨으며, 재림을 약속하셨다. 요약하자면 공관복음서는 이스라엘과 인류의 대표로서 이들의 죄와 죽음과 흑암의 권세를 대신 걸머지시고 세례를 받으셨고, 십자가에 달리셨다가 다시 부활하신 참인간이시요, 하나님 나라의 대표(인자, 하나님의 아들, 메시아, 왕 등)로서 참하나님이신 예수 그리스도에 대한 이야기라는 것이다. 그리고 그것이 예수께서 선포하시고, 행동으로 보여주신 하나님 나라를 지향한다는 것이다.

둘째로 조지 린드벡은 『교리의 본성』에서 성경의 기본 문법을 성부와 성자와 성령의 인류 구속의 역사로 보고, 창조주 하나님 아버지께서는 인류와 우주만물을 창조하셨으나, 인류가 타락하여 인류가 죽음과 파멸로 치닫고 있을 때, 이스라엘을 택하시어 구약에서 구속의 드라마를 펼치셨으며, 급기야 하나님의 아들 예수 그리스도를 성육신시키시어 이 땅 위에 파송하시고, 성령을 보내주셔서, 그의 구속의 역사를 완성하셨다고 하는 이야기를 성경의 '거대담론'으로서 성경의 작은 이야기들과 다른 장르들의 의미를 가늠하는 것으로 본다. 그래서 그는 성서가 보여주는 하나의 이야기 – 이야기들 – 다른 장르들을 제1차적 진술로 보고, 다양한 교리들을 제2차적 진술들로 보는 바, 그에게 있어서 성경의 거대람론은 성경의 통일성으로서 에큐메니칼 신학의 바탕이기도 하다.

셋째로 미들톤과 월쉬는 『포스트모던 신대의 성서적인 신앙』에서 구약을 내러티브 신학의 입장에서 읽는데, 출애굽 사건을 구약이 그리고 있는 하나님의 인류구속 이야기의 초점으로 본다. 이들은 구약의 출애굽 사건을 신약의 예수 그리스도를 통한 인류구원의 배경사로 본다. 때문에 구약의 이스라엘 구속 이야기의 초점인 출애굽은 이스라엘의 구원을 통하여 장차 예수 그리스도의 성육신과 십자가와 부활을 통한 인류구원을 미리 계시한 것이라고 하는 것이다.

넷째로 헨리 H. 나이트 Ⅲ는 『포스트모던 시대의 복음주의 신학』에서 신약을 내러티브 신학의 입장에서 읽는다. 그는 신약을 '복음 이야기'라고 주장하고, 예수 그리스도의 십자가와 부활을 그것의 중심으로 보면서 '부활'을 강조한다. 그 이유는 부활을 통하여 예수님의 십자가 사건의 의미가 확인되었고, 특수성을 지닌 십자가에 달리신 예수님이 그리스도와 하나님의 아들과 왕으로서 보편적인 의미(인류역사+우주)를 지니시게 되었기 때문이다. 그는 특히 성서의 명제주의적 이해를 비판적으로 받아들인다. 즉 그는 성경을 복음 이야기에 대한 증언들로 보고, 복음 이야기의 빛에서 명제들이나 다른 장르의 글들을 해석한다.[234]

이상의 4가지 내러티브 신학은 각각 '거대담론'의 이름으로 성경의 통일성을 주장하는 것이나 마찬가지이다. 개신교의 성경에 대한 해석이 교파마저 다르고 한 교파 안에서도 신학자마다 혹은 전공별 신학자마다 다른 것이 문제인데, 이상의 내러티브 신학은 성경의 통

---

234) 참고: 이형기, 『포스트모던 시대의 성경읽기: 성경의 통일성과 다양성 모색』(서울: 한들 출판사, 2006), pp.65-97.

일성에 대한 주장을 통하여 오늘날 모든 교파들이 함께 지향해야 할 방향과 복표를 제신한다. 이와 같은 신학이야말로 에큐메니칼 신학의 기초가 될 수 있는 것으로 보인다. 그도 그럴 것이 모든 교파들이 그와 같은 성경의 통일성을 공유하면서, 성경의 다양성들에서 교파들과 신학들의 다양성을 상호 간에 인정할 수 있으면 될 것이기 때문이다. 그와 같은 다양성이란 역사적으로 그리고 사회문화적으로 조건 지어진 성경 자체 내의 다양성과 여러 교파의 다양한 전통의 성경에 대한 다양한 접근 방법에 따른 다양성과 다양한 상황에 대한 다양한 적용의 문제로 인한 다양성이 있을 수 있을 것이다.

끝으로 대체로 포스트모더니즘이 '거대담론(the grand−narratives 혹은 the meta−narratives)'에 대하여 큰 거부감을 가지고 있고, 이를 거부하지만, 이에 반하여 이 글이 위에서 소개한 네 내러티브 신학자들은 자신들의 내러티브 신학의 포스트모더니즘적 배격을 인정하고 받아들임에도 불구하고, 이 포스트모더니즘의 '거대담론'에 대한 거부를 거부하는 입장이다. 왜 그럴까? 특히, 리요타르는 '거대담론에 대한 불신이라는 이름으로' 모더니즘을 비판하였다. 그의 비판은 옳다. 모더니즘의 산업화에 따른 발전의 이념, 제국주의, 자본주의, 과학과 기술에 의한 역사의 진보 등 '거대담론'이야말로 아시아와 아프리카와 라틴 아메리카의 미시 담론들을 짓밟았고, 가난한 자와 여성과 억눌린 자의 인권에 대한 미시 담론과 자연과 농촌에 대한 미시 담론들에 귀를 기울이지 않았기 때문이다. 하지만 이와 같은 '거대담론에 대한 불신'이 지나쳐서 구약에서 신약으로 이어지는 성경의 대하드라마와 같은 거대담론 혹은 구속(救贖)의 역사와 같은 거대담론까지 무시하는 것이 문제가 될 것이다. 성경의 '거대담론'은 결코 성경 자체에서 그 어떤 미시 담론도 억압하거나 짓밟지 않는다.

예컨대 인류와 창조세계 구원을 위해서 택함을 받은 하나님의 백성으로서 이스라엘 자신이 가난하고 억압을 받았고 중심이 아니라 주변으로 밀려나 살던 히브리인들이었기 때문이요, 하나님께서는 오식 그분의 은혜로 이들을 출애굽시키셨기 때문이다. 그리고 야훼께서 아브라함 안에서 이스라엘을 택하시고 출애굽을 통하여 구속하시며 시내 산에서 언약을 맺으시고 그들로부터 예배를 받으시며 제사장 나라가 되고 거룩한 백성이 되기를 요구하심(출 19:1-6)은 오직 그 목적이 열방을 구원하시고 창조세계를 회복하심에 있었느니, 성경의 거대담론은 결코 미시 담론을 억압하는 것이 아닌 것이 확실하다. 모든 고통당하는 사람들과 연대하시고 모든 저주받고 정죄받은 사람들을 대신하여 십자가를 짊어지신 예수님의 고난과 죽으심이야말로 결코 미시 담론을 억압하는 거대담론이 아닐 것이다. 더군다나 예수님은 역사의 구속과 창조세계의 회복인 보편적인 하나님 나라를 앞당겨 보여주시려고 가난한 자, 병든 자, 죄인과 세리, 여성과 노예들에 대하여 따뜻한 긍휼을 베푸셨으니, 그는 결코 사회적 약자들의 미시 담론에 전적으로 귀를 기울인 분이시다.

II. 라이트의 내러티브 신학

라이트는 위에서 언급한 내러티브 신학의 부류에 속한다. 하지만 위에서 소개한 내러티브 신학자들이 칼 바르트와 폰 라드를 크게 넘어서고 있지 않고 있는 데 반하여, 라이트는 그의 저서에서 보켐을 가장 권위 있는 학자로 보면서 그의 글을 인용하는바, 보켐은 트레보[235]와 함께 상당 부분 몰트만의 보편적인 종말론을 공유한다. 라이트의 저서에 있어서 무엇보다도 중요한 것은 앞에서 논한 내러티브 신학자들이 성경을 인류구원사로만 보는 데 반하여, 성경의 거대담론이 창조세계에 대한 회복도 포함하고 있는 것으로 보는 것이다. 환언하면, 그동안 모더니즘 전통이 '역사'를 주된 관심사로 여겨 왔으나, 이제 라이트는 내러티브 신학 전통을 이으면서도 '창조세계'에 대한 관심을 매우 부각시켰다. 그의 저서는 이 둘의 불가분리성을 구약의 거대담론에 나타난 하나님의 선교에서 찾는다. 대체로 몰트만이 초기 저서에서는 '역사' 일변도로 나가다가, 1980년대로 접어들면서 '창조세계'에 대한 관심을 가졌던바, 라이트는 구약 신학자로서 성경의 거대담론을 푸는 열쇠로서 하나님의 선교야말로 이 둘은 아우를 수 있다고 보는 것이다.

그동안 엔더슨의 『성경의 드라마 전개』,[236] 풀러의 『성경의 통일

---

235) 참고: Richard Bauckham and Trevor Hart, Hope against Hope: Christian Eschatology at the Turn of the Millennium(Michigan, Grand Rapids: William B. Eerdmans, 1999).

236) Bernhard W. Anderson, The Unfolding Drama of the Bible(Philadelphia:

성』,[237]) 스크로지의 『구속의 드라마 전개』[238]) 등 구속사에 대한 책들이 출판되었으나, 이들은 모두 인류 구속에 집중하는 구속사 이해, 곧 구속사 이해에 있어서 인간 중심주의를 벗어나지 못하였으나, 라이트야말로 하나님의 선교 입장에서 역사와 창조를 상호 연결되어 있는 네트워크로 이해하고 있다.

그리하여 구약의 이야기를 하나님의 선교로 풀어가는 라이트의 선교신학적 이해는 비록 그가 에큐메니칼 운동이 지향하는 '하나님의 선교'로 깊이 말려들고 있고 있지 않더라도 창조세계의 보전을 중요시하는 에큐메니칼 운동의 흐름 속에 있다 하겠다.

에큐메니칼 운동사에 있어서 WCC가 '창조세계'에 대한 관심을 본격적으로 갖기 시작한 것은 1975년 나이로비 WCC의 JPSS(a Just, Participatory, Sustainable Society)에서였다. 나이로비는 '정의'를 '발전(제3세계)'의 주된 목적으로 보며, 구조악에 대응하는 구조적인 정의로 보기 때문에 평화 개념을 요청하였다. 그리고 나이로비는 '정의'와 '참여'를 인종주의, 여성차별 및 인권문제 등에도 관련시킨다. 끝으로 '지탱 가능성(sustainability)'은 과학과 기술의 오용과 남용으로 지탱되기 어려운 인간사회가 '제한 발전', '제한 성장'(1972), 그리고 '생태학적으로 건강한 발전'에 의해서 지탱 가능한 사회를 말

　　　Fortress Press, 1988)(제3판).

237) Daniel P. Fuller, The Unity of the Bible: Unfolding God's Plan for Humanity(Grand Rapids, Michigan: Zondervan Publishing House, 1992).

238) The Unfolding Drama Of Redemption: Inductive Study of Salvation in the Old and New Testaments(Grand Rapids, Michigan: Kregel Publications, 1994).

한다. 이미 1975년 나이로비는 '창조세계의 보전'을 '정의'와 '평화'와 맞물린 창조적 긴장관계로 봄으로써, 1990년 서울 JPIC 대회와 1992년 리우(Rio) UN 지구정상회의를 내다보았다.

그리고 1975년 나이로비의 JPSS가 1983년 밴쿠버에서는 JPIC로 바뀌었고, 1990년 서울 JPIC 이래로 창조세계의 보전(IC)이 급부상하기 시작하였다. 나아가서 1991년 캔버라의 전체 주제(성령이여, 오소서. 전 창조의 세계를 새롭게 하소서.)와 제1분과의 주제(생명의 시여자시여, 당신의 창조세계를 지탱하소서.)에서 '창조세계의 보전' 문제가 강조되고 있음이 보인다. 그리고 1993년 산티아고의 신앙과 직제 제5차 세계대회 이후, WCC의 JPIC(Unit Ⅲ)는 '생명의 신학 (Theology of Life)'에 관심을 집중하고 있다. 그리고 1990년 서울 JPIC에서, 발전을 거듭해 온 제1세계는 창조세계 보전의 문제와 평화문제에, 개발을 계속적으로 필요로 하는 제3세계는 정의와 발전문제에 강조점을 두어, 서로 의견의 충돌을 보였다. 하지만 1990년 서울 JPIC 이후로는 JPIC 문제가 제1세계나 제3세계 모두를 포함하여 향후 세계교회가 감당해야 할 21세기의 과제라는 점이 확실해졌다. 바야흐로 WCC는 '생명이 지탱되는 미래사회'를 지향하기 위해서 경제, 정치, 사회 및 생태학적 구조의 변혁을 추구해야 하냐고 하는 결론에 도달하였습니다.

그리고 1991년 캔버라 WCC의 제1분과에 나오는 '창조의 신학: 우리 시대의 도전'이 주장하는 삼위일체 하나님과 예수 그리스도, 무엇보다 창조세계 속에 현존하시는 성령에 대한 주장은 '창조의 신학', 나아가서 '생명의 신학'의 신학적 근거를 제시하고 있다. 그리고 캔버라 역시 '세계적인 생태학적 위기'가 '세계적인 사회정의의 위기' 및 '세계적인 경제정의의 위기'와 맞물려 있는 것으로 보았다. 나아가서 캔버라는 세계교회의 JPIC에 대한 책임을 논함에 있어서, '교회의 신앙, 정치 및 구조'를 비판적으로 재검토해야 하고, '교회의 정책들, 과제들의 우선순위들 및 프로그램의 재조정'을 촉구하고 있으며, 교회의 성경공부, 교리교육, 찬송, 예전, 기도, 성례 및 증거에도 JPIC, 특히 창조세계의 보전에 대한 책임이 반영될 것을 요구하고 있다. 역시 에큐메니칼 운동이 지향하는 생명 개념은 통전적이고 총체적이다.

이상의 맥락에서 하나님의 선교를 성경의 거대담론을 푸는 열쇠로 보면서 여기에 '역사'와 '창조세계'를 아우르는 라이트의 저서는 역사와 사회와 문화에만 부심하는 모더니즘에 익숙한 우리들에게 참으로 시사하는 바가 크다 하겠다.

Ⅲ. 라이트 저서에 대한 비판적 수용

라이트에 의하면, "성경은 하나님의 백성을 통한 하나님의 선교에 대한 이야기를 우리들에게 해 준다. 그런데 이 하나님의 백성은 하나님의 창조세계 전체를 위해서 하나님의 세계에 동참한다."[239] 그래서 그는 만유회복의 종말론적인 비전하에서 하나님의 백성은 하나

---

239) Wright, Op.Cit., p.22.

님 자신의 선교에 동참할 것을 다음과 같이 주장한다.

> 근본적으로 우리의 선교(그것이 성경적인 근거를 가지고 있고 성경
> 적으로 타당한 한)는 하나님의 백성으로서 하나님의 세계의 역사 안
> 에서 하나님의 초대와 명령에 따라 하나님의 창조세계의 구속을 위한
> 하나님 자신의 선교에 대한 우리의 헌신된 참여를 의미한다.[240]

라이트는 하나님의 선교란 열방들의 흩어짐(창 11)과 열방들의 치
유(계 22) 사이에 위치하고 있다고 하면서, 이를 성경의 거대담론으
로 본다. 상론하면, 노아의 홍수와 바벨탑의 언어 혼잡 사건(창 7-9)
에서 열방들에 대한 하나님의 심판이 나타나고, 계시록 22장에선 열
방들이 죄로부터 깨끗이 씻음을 받고, 하나님의 빛 가운데서 살며, 자
신들의 부와 영광을 하나님의 도성 안으로 들여가고, 구속받은 영광
과 영예를 하나님의 어린양의 영광과 영예에 기여한다(계 21:24-27).
그리하여 인류의 깨어짐은 생명의 강과 생명의 나무에서 치유를 받
는다(계 22:1-2).[241] 바로 이 둘 사이에 끼어 있는 것이 하나님의
선교요, 하나님의 백성의 하나님의 선교에 대한 참여의 역사이다.

이 글은 아래에서 제3장과 제4장을 간단히 요약하고 이어서 그것
에 대한 비평적 수용을 시도하였으며, 제5장 '살아계신 하나님은 우
상에 대적 하신다'는 생략하였고, 이어서 제6장에서 제11장, 제12장
과 제13장, 그리고 끝으로 제14장과 제15장을 요약정리하면서, 비판

---

240) Ibid., p.23.
241) Ibid., pp.454-455.

적 수용을 시도하였다.

1. '제3장: 살아계신 하나님께서는 이스라엘 안에서 자신을 알게 하신다'와 '제4장: 살아계신 하나님은 예수 그리스도 안에서 그 자신을 알게 하신다'

저자는 제3장과 제4장에서 성경의 단락들과 구절들에 근거하여 야훼께서는 자신이 창조주시요, 왕이시요, 통치자이시요, 심판주이시요, 구원자이심을 이스라엘을 통하여 알리시기를 원하시고(75~104), 나아가서 이 야훼의 모든 신적 기능들을 공유하시는 하나님이시요 하나님의 아들이신 예수 그리스도를 통하여도 자신을 알리시기를 원하신다고 주장한다(105~135). 그리하여 저자는 이스라엘은 이와 같이 자신을 알리시는 하나님의 선교에 동참하여 증인이 되고, 그리고 그와 같은 증언은 장차 예수 그리스도와 교회를 통하여 보편화되고, 종말론적으로 야훼에 대한 지식 혹은 예수 그리스도에 대한 지식이 모든 열방에까지 확산될 것을 바라보고 있다.

저자는 "성경적 선교란 하나님으로서 알려지기를 원하시는 하나님의 의지에 의하여 추동된다."(126)고 한다. 예컨대 출애굽 사건과 그 이야기 역시 이방 나라들에 보편적으로 알려져야 할 이스라엘의 하나님으로서 하나님의 특수한 정체성에 관한 것이었으니(수 2:10-11, 삼후 7:23, 시 106:8, 사 63:12, 렘 32:20, 단 9:15, 느 9:10), 출애굽 이야말로 "이스라엘의 하나님으로서 하나님의 특수한 정체성과, 열방들에게 자신을 보편적으로 계시하시려고 하시는 하나님의 목적 사이의 하나의 예증적인 연결고리이다."(127)

하나님의 목적은 궁극적으로 모든 열방이 야훼의 이름, 영광, 구원, 그리고 놀라운 행동들을 아는 데에 이르고 그분만을 하나님으로 예배하게 하는 것이기 때문에, 이스라엘은 그와 같은 지식에 대한 청지기 의식을 가지고 있었다. 이스라엘은 역사적 경험을 통하여 야훼를 알았고, 급기야 이와 같은 지식이 보편화되기를 기대하였다. 예레미야 31:31-34절은 종말론적으로 야훼에 대한 지식이 보편화될 것을 내다보았다. "여호와의 말씀이니라 보라 날이 이르리니 내가 이스라엘 집과 유다 집에 새 언약을 맺으리라 이 언약은 내가 그들의 조상들의 손을 잡고 애굽 땅에서 인도하여 내던 날에 맺은 것과 같지 아니할 것은 내가 그들의 남편이 되었어도 그들이 내 언약을 깨뜨렸음이라 여호와의 말씀이니라 그러나 그날 후에 내가 이스라엘 집과 맺을 언약은 이러하니 곧 내가 나의 법을 그들의 속에 두며 그들의 마음에 기록하여 나는 그들의 하나님이 되고 그들은 내 백성이 될 것이라 여호와의 말씀이니라 그들이 다시는 각기 이웃과 형제를 가리켜 이르기를 너는 여호와를 알라 하지 아니하리니 이는 작은 자로부터 큰 자까지 다 나를 알기 때문이라 내가 그들의 악행을 사하고 다시는 그 죄를 기억하지 아니하리라 여호와의 말씀이니라."(참고: 시 22:27, 30-31)(127)

구약의 하나님이신 야훼에 대한 지식은 신약에서 성령의 사역을 통하여 예수 그리스도와 교회에 의하여 보편화되었고, 보편화되고 있으며, 종말론적으로 온전히 보편화될 것이다. 이미 이스라엘은 구약의 구속사를 통하여 하나님의 자기 알리심(계시)이라고 하는 하나님의 선교에 동참하였고, 오늘날 교회 역시 성령의 역사로 예수 그리스도를 통하여 이 하나님을 말(글)과 행동으로 알리고 있음도 역시 하나님의 자기 알림의 선교에의 동참인 것이다. 이런 의미에서 이스라엘과 교회는 하나님의 자기 알리심의 선교에 동참하는 증인 공동체이고, 예수 그리스도께서는 특별한 의미에서 증인이셨다.

이상에서 저자는 주로 하나님의 자기 알리심의 선교가, 이 하나님 선교에 동참하는 이스라엘과 교회의 선교를 통하여 실현된다고 하는 사실을 주장하였다. 따라서 저자는 인류의 보편사와 창조세계 전체를 통하여 자신을 알리시는 하나님의 선교 차원에 대해서는 전혀 침묵하고 있다. 우리는 전자에서 발견하는 하나님의 자기 알리심의 선교를 출발점 혹은 안경으로 하여 그리고 그것을 표준으로 하여 인류의 보편사와 창조세계 속에서 일어나는 하나님의 자기 알리심의 선교에 대해서도 주장할 수 있을 것이다. 이는 '지식을 추구하는 신앙'과도 맥을 같이한다. 하나님께서는 보편사와 창조세계 속에서 심판을 통해서뿐만 아니라 모든 좋은 사람들과 좋은 사건들과 좋은 일들을 통하여 자기 자신을 알리신다. 구속사를 통하여 자신을 알리시는 하나님의 선교에 동참하고 있는 우리 하나님의 백성들은 그와 같은 성경의 내러티브 밖에서 일어나고 있는 하나님의 선교를 분별할 수 있어야 할 것이다. 이것은 믿음의 분별이다. 우리는 빌링겐 IMC의 공식 보고서 등 에큐메니칼 운동에 나타난 선교신학에서 보편사와 창조세계 속에서의 하나님 나라 분별에 대한 주장들을 지적한 바 있다. 하나님의 자기 알리심의 선교는 하나님 나라의 구현을 추구하는 하나님의 선교와 동일 귀속한다. 1998~2005년 사이에 '하나님 나라에 대한 공동 증언의 공동체로서 교회'라고 하는 제목으로 진행된 로마가톨릭교회와 WARC의 양자 간 대화는 하나님 나라에 대한 분별을 한 섹션('분별과 성령')으로 다루었으니, 그중 일부를 인용하면 아래와 같다.

> 분별이란, 하나님의 현존과 인류역사 속에서의 하나님의 활동의 징표들, 그리고 그 어떤 주어진 상황에서든지 그 상황에서의 하나님의 뜻과 부르심을 발견하기 위하여 성령께 귀를 기울이는 과정으로 묘사될 수 있다. 그것은 성 바울이 "오직 성령 안에서 의와 평강과 희락이라."(롬 14:17)로 명쾌하게 묘사한 하나님 나라의 현존을 벗겨내는 것이다. 그런데 그리스도의 제자들은 이와 같은 특성들이 결여되었거나 짓밟힐 경우에, "먼저 그의 나라를 구하라."(마 6:33)고 하는 그의 명령에 순종하여 변혁을 위하여 일하지 않으면 안 되었다. '영들 분별함'이란 공동의 선을 위해서 성령에 의하여 베풀어진 은사들 가운데 하나이다(고전 12:10). 그것은 그리스도 사건에 대한 새로운 통찰들과 보다 더 넓은 공동체에 대한 새로운 전망들을 줌으로써 그것으로 하여금 하나님을 새롭게 만나고, 그것의 신앙을 새롭게 고백하도록 초청한다.242)

위의 인용을 필자의 입장에서 다시 해석한다면, 첫째로 복음을 통하여 성령의 사역으로 교회 안에서 그리고 교회를 통하여 경험된 혹은 장차 하나님 나라에서 완성될 '의(justice)와 평강(shalom)과 희락

---

242) "The Church as Community of Common Witness to the Kingdom of God: Roman Catholic－Reformed Dialogue", Reformed World, Vol.57(2&3), June－September 2007, p.153.

(rejoice)'이, '지식을 추구하는 신앙' 나아가서 '경험을 추구하는 신앙' 차원에서 보편적인 인류 공동체 안에서 그것의 '유추(analogia)'를 찾을 수 있다고 하는 것이고, 둘째로 '영들 분별'이란 구약의 구속사적 배경을 가졌고 종말론적인 시야를 가진 성령론적 그리스도 사건에 대한 통찰들로 이해하고, 이것에 근거하여 교회 공동체와 인류 공동체와 창조세계 전체를 보아야 한다고 하는 것이다.

그리고 저자는 구약의 '야훼 중심적 유일신주의(the Jahwe‑centered monotheism)'를 전제하고 이와 동일시되는 신약의 '그리스도 중심적 유일신주의(the Christ‑centered monotheism)'를 주장한다(130). 이런 의미에서 저자는 기본적으로 '성경적 유일신주의(biblical monotheism)' (130)를 주장한다. 저자는 "하나님께서 구약에서는 야훼로 계시되셨고, 신약에서는 나사렛 예수 안에 성육신하셨다."(44) 하고, 야훼와 예수 그리스도는 신성과 신적 기능 차원에서 동일한 것으로 본다. 그리고 야훼께서 나사렛 예수 안에 성육신하신 것이니, 야훼는 동시에 하나님의 아들이시다. 저자는 "성경은 우리를 이스라엘의 거룩한 자(그리고 다른 칭호들도 더 있지만)이신 야훼로 알려진 대단히 특수하고, 이름이 있으며, 전기를 지닌 하나님께로 인도하는바, 바로 이 하나님이 다름 아닌 예수께서 '나의 아빠(Abba)'라 부르신 그 하나님이시다."라고 한다. 이 하나님께서 바로 이스라엘에 의해서는 주님으로 예배된 하나님이시요, 그리스도교인들에 의해서는 성부와 성자와 성령으로 예배된 하나님이시다(54). 결국은, 야훼께서 예수님의 아버지시요(또한 예수님은 하나님이신 하나님의 아들로서 야훼와 같으신 분이시지만) 동시에 삼위일체 하나님이시라고 하는 말이다.

저자는 야훼와 예수 그리스도의 동질성과 독특성이 구약에서 신약에 이르는 구속사를 통하여 명백히 드러나는 것으로 본다. "역사적으로뿐만 아니라 신학적으로 우리의 본문에서 출애굽과 시내 산으로부터 성육신과 부활절 사건들에 이르는 빨간 줄이 그어져 있다. 즉 야훼께서(그 어떤 다른 신이 아닌) 이스라엘의 역사 속에서(그 어떤 다른 백성의 역사 속에서가 아니라) 구속(救贖)을 위해서 시작하신 바를, 야훼께서는 나사렛 예수 안에서(그 어떤 다른 위격 안에서가 아니라) 세상을 위해서 완성시키셨다. 이스라엘의 메시아로서 예수님의 유일무이성과 그것에 의한 세상의 구세주로서 예수님의 유일무이성은 이스라엘 자체와 하나님으로서 야훼의 유일무이성에 근거하고 있다. 그도 그럴 것이 신약성경에 따르면, 예수님은 이스라엘을 체현시키는 동시에 야훼의 성육신이시기 때문이다."(385)

결국, 저자는 구약의 야훼 중심의 유일신이 "그의 삼위일체적 계시의 충만함에서 알려지신다."(142)고 한다. 즉 야훼는 결국 삼위일체 하나님이실 것이라고 하는 것이다. 그리고 저자는 다음과 같이 주장한다.

> 요한복음에 있어서 예수님의 정체성과 선교(파송)의 보편적인 계시 기능(the universal revelatory function of Jesus' identity and mission)은 처음부터 부각되고, 요한복음서를 통하여 반복되다가 요한복음 17장 예수님의 기도에서 절정에 도달한다. 요한은 그의 서론을 끝맺음하는 글로서 "본래 하나님을 본 사람이 없으되 아버지 품속에 있는 독생하신 하나님이 나타내셨느니라."(요 1:18) 하나님께서는 하나님이신 아들의 성육신을 통하여 하나님 자신을 가시적이게 하셨다. 그런즉 예수

님을 아는 것이 아버지를 아는 것이다(요 8:9, 10:38, 12:45, 14:6-11). 그리고 영생은 그 둘을 아는 것에 달렸다(17:3). 예수님은 이와 같은 진리에 대한 참지식이 자신의 제자들에게 있기를 원하셨고, 나아가서 그들을 통하여 온 세상에 있기를 원하신 것이다(125).

그리고 에베소서 2:11-22절에서 열방들이 하나님의 성전 자체의 일부가 된다고 한다. 육체적으로 예루살렘의 성전의 핵심부로부터 배제되었던 열방들이 이제 영적으로 성령을 통하여 그리스도 안에서 하나님의 거처를 구축한 것이다. 이스라엘의 특수한 언약의 특권이 예수님을 통하여 보편화된 것이다(비교: 엡 3:6). 이것은 복음선교의 신비이다. "하나님이 그들로 하여금 이 비밀의 영광이 이방인 가운데 얼마나 풍성한지를 알게 하려 하심이라 이 비밀은 너희 안에 계신 그리스도시니 곧 영광의 소망이니라."(골 1:27) 바울이 이미 언급한 대로 하나님의 위격과 현존의 충만함이 그리스도 안에 거하신다고 하였다(골 1:19, 2:9). 그래서 만약에 지금 그리스도께서 열방들 안에 거하신다면, 이스라엘의 특권인 하나님의 언약적 현존이 바울의 선교를 통하여 열방들에게로 확장되었고, 구약의 약속을 실현한 것이다. 여기에서 저자는 '야훼 중심의 유일신론'과 '그리스도 중심의 유일신론'을 동일시하고 있다. 그리고 저자는 다른 곳에서 성령에 대해서도 언급하고 있다(189, 354, 506, 515, 525).

제5장 I. '내러티브 신학의 일반적인 특징' 부분에서 지적한 대로, 한스 쁘라이의 복음서 내러티브에 대한 신학적인 이해와 나이트의 부활에 집중하는 복음서 내러티브 신학은 교의적 기독론의 기초와

출발이 될 수 있고, 조지 린드벡의 성경의 기초 문법인 성부, 성자, 성령은 교의적 삼위일체론의 기초와 출발이 될 수 있다. 하지만 라이트의 경우는 린드벡과 달리 방금 위에서 지적한 대로 삼위의 중요성보다는 야훼와 그리스도의 동일화에 초점을 모으고 있다. 그렇다고 그가 삼위일체론을 거부하는 것은 아니다.

라이머(Reimer)는 성경의 구속사적 내러티브에 나타난 세 위격을 가장 기본적인 것으로 보고, '성서의 내러티브 배후에 있는 존재론적 - 형이상학적 전제(ontological - metaphysical presuppositions)'를 인정해야 하고, 결국 내러티브와 '존재론적 - 형이상학적 전제들' 사이의 연속성이 있어야 한다고 역설한다. 라이머는 전자로부터 후자에로의 연속성이 있을 뿐만 아니라 하나로부터 다른 하나로의 필연적인 발전이 있었다고 한다. 라이머는 오직 모더니즘만이 내러티브를 순수 역사주의로 이해하여, 그것을 우주적이고 존재론적인 뿌리로부터 잘라 냈다고 한다. 그는 공관복음서 내러티브에서 발견되는 이 내러티브의 세 주체인 성부와 성자와 성령이 빌립보 2장, 골로새서 1장, 에베소서 1장 등 바울의 편지와 요한복음 서설에서 발견되는 존재론적 형이상학적인 차원의 성부와 성자와 성령과 모순되는 것이 아니라 하나로부터 다른 하나에로의 발전이요, 공관복음서보다 먼저 기록된 바울의 편지들에서 발견되는 내러티브는 존재론적이고 형이상학적인 틀 거리 안에서 발생하였다고 보는 것이다.

그리고 린드벡 역시 사도신경과 같은 기독교 신앙 내용을 성경의 구원 이야기의 기본으로 본다.

사도신경은 대체로 기초 문법적이다. 즉 그것은 성부, 성자, 성령으로서의 하나님이라고 하는 성경 이야기 속에 있는 중심 요소들의 필수 불가결성을 확인하고 있다. 그래서 이것은 무조건적으로 필수 불가결한 것으로 취급되어 왔다.243)

린드베은 "대부분의 교회들의 전통에 있어서 니케아 신조와 칼케돈 신조란 본질적인 성경적 가르침을 새로운 언어로 재진술한 내용으로서 무조건적으로 항구적인 것으로 여겨진다."244)고 하였다. 그는 사도신경의 삼위일체 하나님은 구원사로부터 나왔고, 역으로 그것을 확인하고 그것을 지지하는 것으로 본다. 그리고 그는 라이머처럼 이와 같은 성경의 삼위일체 하나님이 역사적 문화적인 용어사용에 의하여 번역된 것(ousia와 hypostasis 등과 같은 개념들)이 '니케아 신조'라며, 성서적 내러티브와 '존재론적 형이상학적 전제' 사이의 불연속성이 아니라 연속성을 주장한다.245)

이는 도토리에서 도토리나무가 자란 것이지, 밤으로부터 도토리나무가 된 것이 아니고, 달걀에서 닭이 나온 것이지, 오리 알에서 닭이 나온 것이 아닌 것과 같다 하겠다. 즉 니케아-콘스탄티노플 신조의 정통 삼위일체론이란 있던 것이 없어지고 없던 것이 생기며 돌연변이를 말하는 진화론에 의한 것이 아니라, 어느 정도의 교리의 발전

---

243) George A. Lindbeck, *The Nature of Doctrine: Religion and Theology in a Postliberal Age*(Philadelphia: The Westminster Press, 1984), Ibid., p.87.
244) Ibid.
245) 『개혁교회의 신앙고백』, 총회교육부 편(서울: 한국장로교출판사, 2007), pp.44-46.

이라 할 수 있을 것이다. 그것은 성경의 암시적인 내용을 명시적인 내용으로 만든 것이었으니, 어디까지나 그것은 성경의 메시지를 매개시키려는 의도를 담고 있는 것이다. 그런즉 이와 같은 교리의 발전 개념은 로마가톨릭교회의 교리발전 개념과는 다르다. 특히, 아리스토텔레스 철학을 신학의 시녀로 삼은 중세 스콜라주의 신학이야말로 복음을 질식시키고, 삼위일체 하나님을 신구약성경의 구원사의 이야기로부터 소원하게 만들었으며, 복음과 성경과 고대 에큐메니칼 공의회의 교리내용에 지리멸렬한 철학적 해석을 덧붙였기 때문이다.

라이트의 내러티브 신학에 근거한 삼위일체론은, 성부(하나님의 통일성)에서 출발하여 성자와 성령으로 나가고 이 삼위의 '상호 내주와 상호 교류(페리코레시스)'를 통해서 확보된 삼위의 공동체성으로부터 출발하는 동방교회의 삼위일체론과는 달리, 본문에서 지적한 대로 '야훼 중심적 유일신론'과 같은 맥락 속에 있는 '그리스도 중심적 유일신론'에서 출발하여 삼위로 나가고, 무엇보다도 여기에서 야훼와 예수 그리스도의 동일 본질에 관한 하나님의 통일성을 매우 중요시한다. 비록 라이트의 삼위일체론이 야훼를 아버지와 아들과 삼위일체로 보고, 이 야훼께서 다름 아닌 예수 그리스도 자신이요, 야훼의 모든 신적인 기능들(창조주, 왕, 통치다, 심판주, 구원자)을 예수 그리스도께서 수행하셨다고 하여, 구약과 신약의 통일성을 확보하고 강조하는 점에서 훌륭하고, 결국 새 창조라고 하는 종말론적인 완성에 있어서 모든 열방들이 이스라엘과 합류한다고 할 때, 그의 '야훼 / 예수 그리스도'라고 하는 통일성이 중요하긴 하지만, 정교회가 강조하는, 새 창조의 세계가 성부와 성자와 성령의 페리코레시스에 동참함에 있어서 부각되는 세 위격의 공동체성이 매우 약화되어 있는 것으로 보인다. 그리고 라이트는 구약에서 발견되는 '루아흐 야훼'에 대한 언급을 전혀 하지 않고 있고, 신약성경의 내러티브에서 발견되는 성령에 대한 언급이 전혀 없다. 즉 성령이 예수님을 마리아의 몸에 잉태케 하시고, 요단 강 세례 때에 그에게 강림하시며, 성령에 이끌리시어 시험당하시고, 성령의 능력에 힘입어서 갈릴리 사역을 하셨으며, 성령의 인도로 십자가에 달리시고, 성령은 능력으로 죽은 자들로부터 부활하셨다고 하는 예수 그리스도의 모든 존재와 행동들에 선행하는 성령의 역사를 전혀 언급하지 않는다. 즉 그는 정교회가 주장하는 '영 그리스도론'을 전혀 무시하고 있다.

그리고 저자가 야훼와 예수 그리스도가 똑같이 창조주요, 통치자요, 심판주요, 구원자라고 하여, 야훼와 예수 그리스도가 동일하게 하나님이라고 주장할 때, 우리는 예수 그리스도께서 하나님이신 하나님의 아들로서 아버지의 사역에 동참하셨고, 삼위일체 하나님께서 능력과 활동과 의지에 있어서 하나 되심을 인정할 수 있으나, 사도신경과 니케아-콘스탄티노플 신조(381)가 삼위의 일체를 고백하고 있으며, 칼빈이 그의 『기독교 강요』(1559)의 구조를 '창조주 아버지 하나님(God the Creator)', '구속주 하나님의 아들(God the Redeemer)', 그리고 성령 하나님이라고 할 때처럼 삼위의 구별을 분명히 하는 것을 잊어서는 안 될 것이다.

『하나의 신앙을 고백하여, ……』는 "전능하신 아버지로서 한 분 하나님께서 그의 아들을 통한(골 1:16) 그리고 성령님을 통한(시 104:30) 창조자이시다."[246]라고 주장하고, 전능하신 창조주께서 삼위일체적으로 창조 사역을 하신다는 사실을 말한다. 즉 본 문서는 성부, 성자, 성령님께서 각각 창조사역에 참여하시는데, 또한 성령님께서는 종말론적인 재창조의 사역을 주도하신다고 본다. 다음의 인용을 읽어 보자.

본 신조의 첫 번째 항목은 한 하나님, 아버지, 혹은 전능자가 하늘과 땅, 곧 보이는 것과 보이지 않는 것의 창조자이심을 주장한다. 두 번째 항목에서는 아버지 하나님의 아들이 만유 창조의 중보자이심이 밝혀졌다. 끝으로 세 번째 항목은 아버지로부터 발출하신 성령님께서 '생명의 부여자'이심을 긍정하고, 이 성령에 의한 '죽은 자들의 부활과 장차 올 세상의 삶'에 대한 종말론적 주장으로 결론을 맺는다.[247]

그리고 『하나의 신앙을 고백하며: ······』는 성령에 대해서도 역시 철저하게 삼위일체론적이요, 종말론적이다.

초기 그리스도인들은 이 성령님께서 창조 시에 수면 위에 운행하신 바로 그 성령님이시요(창 1:2), 예언자들을 통해서 말씀하신 분이시요, 백성들의 왕들을 기름 부으신 분이요, 성도들로 기도하게 하신 분이시라는 사실을 인정한다. 그들은 오순절 성령강림을, 이미 예언자들을 통해서 말씀하신 바로 그 성령님으로 그리고 마지막 때의 선물(행 2:1-21)로 경험하였고, 이해하였으며, 선포하였다. 신약성경은 오순절

---

246) Confessing the One Faith: An Ecumenical Explication of the Apostolic Faith as it is Confessed in the Nicene-Constantinopolitan Creed(381), Faith and Order Paper No.153(Geneva: WCC Publications, 1991), p.38.
247) Ibid.

때에 주어진 성령님께서 교회의 생명의 원천이라는 사실을 보여준다. 즉 바로 이 성령님께서 설교를 듣는 사람들에게 신앙을 불러일으키고, 세례를 통하여 이들을 그리스도의 몸의 지체가 되게 하신다. 이 성령님은 신앙의 불을 붙이시고(고전 12:3), 믿는 개인의 삶과 공동체의 삶에 필요한 모든 은사들을 베풀어 주신다(고전 12:4 - 13, 14:1). 이 성령님은 또한 기도를 하게 하시고(롬 8:15 - 16), 하나님의 자녀들의 자유를 불러일으키신다(롬 8:12 - 16). 바로 이 성령님으로부터 마지막 부활이 일어난다(롬 8:12 - 16). 성령님께서는 다른 보혜사이시다(요 14:16). 시간의 끝에 가서, 전 창조세계를 하나님의 영광 속에 있는 완성으로 부르시는 분은 다름 아닌 성령님이시다(계 22:17).[248]

2. '제6장: 하나님의 택함을 받은 백성: 축복을 위해서 선택됨'

저자는 성경의 최종본문으로서 아브라함에 대한 이야기를 중요시하면서 거기에 나타난 신학의 맥을 찾는다. 이 이야기의 역사적 배경과 역사 속에서 '실제로 무엇이 일어났는가?'에 몰두하여 최종본문 배후에 있는 역사적 사건과 사실을 추적하는 모더니즘이 아니라 포스트모던 내러티브 신학에 입각한 이야기 자체에 나타난 신학을 추구한다.

이스라엘이 아브라함의 선택 안에서 전적인 은혜로 택함을 받아 하나님의 소유가 되고 하나님의 아들이 되며 하나님의 신부가 되고 하나님의 옷이 되었으니, 이 얼마가 큰 복인가? 야훼께서는 아브라함 안에서 이스라엘을 택하시어, 구속하시며(출애굽), 시내 산에서

---

248) Ibid., p.75.

언약을 맺으시고, 예배 공동체와 윤리 공동체로서 은혜에 대한 응답을 받으시며, 이방세계를 심판하시는 그 표준으로 그의 백성 이스라엘을 심판하시지만, 심판에도 불구하고 항상 미래 지향적인 희망을 약속하셨다. 그리고 급기야 야훼께서는 이스라엘로부터 예수 그리스도 안에서 하나님의 아들로 성육신되어, 이스라엘의 정체성과 기능과 아울러 야훼의 정체성과 기능을 감당케 하심으로 인류와 창조세계를 구원하시니, 이 얼마나 놀라운 하나님의 경륜인가? 야훼는 구약을 통하여 그의 택함을 받은 백성 이스라엘을 끝까지 사랑하신다고 하는 사실을 보여주셨고, 로마서 11:26절과 29절에서 "온 이스라엘이 구원을 얻으리라." 그리고 "조상을 인하여 사랑을 받은 자라 하나님의 은사와 부르심에는 후회하심이 없느니라."라고 하였다. 결국, 새 창조의 세계에서 열방들과 이스라엘이 새 창조를 배경으로 하나의 생명 공동체를 이룩할 것이다.

이와 같은 원대한 하나님의 선교는 결국 새 하늘과 새 땅을 향한 하나님 나라 추구로 보인다. 우리는 구약의 목표를 하나님 나라로 보는 존 브라이트의 다음과 같은 주장을 통하여 라이트의 하나님의 선교가 종말론적인 하나님 나라 구현을 목표로 하고 있는 것으로 볼 수 있다.

구약의 종말론적인 비전은 새 창조로 끝맺음한다(계 21-22). 신약이 그것으로 끝나기 때문이다. ……결국 하나님 나라의 승리가 우리를 기다리고 있다. 우주적 악의 권세는 이제 끝장이 났다. ……심판의 책들이 큰 백 보좌 위에 앉으신 그분 앞에 펼쳐져 있다. 그리고 나서 힘들고 지쳐 있는 옛 창조세계가 회복된다. 즉 새 하늘(계 21:1-4, 비교: 사 65:17-19)과 새 땅이 전개될 것이다. 그리고 그 안에는 하늘에서 내려와 사람들 사이에 자리한 새 예루살렘, 곧 하나님의 도성이 있을 것이다. 이 하나님의 도성 안에는 말로 할 수 없는 기쁨이 있을 것이다. 모든 슬픔과 모든 고통과 모든 악은 살아져 버릴 것이다. ……그것은 필설로 묘사하기 힘들 정도의 아름답고 환희에 충만한 세계일 것이다(계 22:5). 그것은 역사의 끝에 있을 승리적이고 영원한 하나님 나라이다. 교회는 바로 이 아직 사람들이 볼 수 없는 그 도성과 하나님의 나라를 향하여 동경의 눈길을 돌렸고, 기도 가운데에 "아멘 주 예수여 어서 오시옵소서."(계 22:20)라고 절규한다. 이처럼 성경은 창세기에서 계시록까지 성경 전체를 지배하고 있는 하나님의 오고 있는 나라라고 하는 주제의 반향으로 끝맺음하고 있다.[249]

본 장에서 아브라함의 선택을 통한 보편사와 창조세계 전체에 대한 하나님의 우주적 선교는 참으로 놀랍다. 그것이 구약의 구속사와 신약의 구속사를 통하여 실현되고 종말론적으로 완성된다고 하는 이야기는 성경의 통일성이요, 성경의 '거대담론'으로서 저자는 하나님의 선교가 이를 풀어가는 열쇠라 하였다.

무엇보다도 저자는 창세기 12:1-3절 이전에 나오는 타락한 창조세계 전체와 인류 공동체에 대한 회복을 미래 지향적으로 풀어가는 바, 그의 내러티브 신학은 역사와 창조를 항상 아우르고 있다. 저자가 이렇게 보는 이유는 무엇보다도 창세기 1-12장까지를 하나의 관계망 혹은 하나의 직물 혹은 하나의 네트워크로 보기 때문이다.

---

249) John Bright, The Kingdom of God: The Biblical Concept and Its Meaning for the Church(Nashville: Abingdon Press, 1953), p.243.

저자는 창세기 12:1–3절에 대하여 논하면서 그 이전의 이야기와 출애굽 후 시내 산 언약과 이 언약에 대한 반응으로서 예배와 윤리까지를 내다보고 있다(194~200). 비록 저자가 이스라엘과 교회라고 하는 하나님의 백성이 그와 같은 하나님의 선교에 동참하여 하나님의 선교를 실현해 가는 차원만을 논하고, 이것이 성경의 내러티브 밖 혹은 보편사와 창조세계 전체를 통해서 진행되고 있는 하나님의 선교와의 관계 및 이와 같은 두 가지 하나님의 선교를 통한 하나님 나라의 완성의 관계는 언급하고 있지 않지만 말이다.

저자는 이스라엘이 받은바 축복(은혜 / 직설법)을 순종과 선교명령의 전제로 보고 있다. 그리하여 은혜 / 직설법('내가 너로 큰 민족을 이루고 네게 복을 주어')을 전제하는 '너는 복의 근원이 될찌라(Be a blessing)'고 하는 명령(창 12:2)은 미래를 향하여 펼쳐지는 하나의 목적과 목표에 해당하는 하나님의 선교요, 이에 응답하는 이스라엘의 선교로서 세 번째 선교적 명령이다. 즉 창세기 1–2장은 창조세계에 대한 인간의 책임에 관련된 첫 번째 선교명령이고 창세기 9장은 홍수 이후 그와 같은 창조세계에 대한 책임의 갱신으로서 두 번째 선교명령이요, 창세기 12:2절은 '하나님의 구속적인 선교의 시발(세 번째 선교명령)'에 관한 것이다(211).

하지만 이와 같은 구속적이고 회복적인 축복은 선행하는 창조 기사들과 연계되어 있고, 창조세계 안에서 그리고 창조세계를 위하여 일어날 것이다. "창조세계가 인간의 죄에 의하여 파괴되었으니, 이제 하나님께서 고치시려고 의도하시는 것은 인류와 창조세계 전부이다." 저자는 "창조세계는 그것의 창조주 하나님을 알아야 하고, 열방들은 그들의 심판주와 구세주를 알아야 한다."고 하면서, 아브라함의 이야기야말로 창조에 대한 이야기들을 돌이켜 보고, 나아가서 구속에 대한 더 큰 이야기를 내다보고 있다고 한다. 그리하여 "창조와 구속을 하나로 연결시키는 것은 하나님의 축복이다. 왜냐하면 구속이란 창조세계 안에 내재하는 근원적인 좋음에 대한 회복이기 때문이다."(212~213) 따라서 창세기 1-2장과 창세기 9장의 창조세계에 대한 하나님의 선교에 대응하는 선교 역시 단순한 인류의 보편적인 선교라기보다는 구속받은 하나님의 백성(이스라엘과 교회)의 선교에 해당할 것이다. 역시 저자는 이와 같은 창세기의 창조세계에 대한 선교를 보편사와 창조세계 속에서 일어나고 있고 일어야 할 하나님의 선교로서 정의와 평화와 창조세계 보전의 문제와 연결시키지 않는다.

예컨대 1970년에 제정된 '지구의 날', 1972년 유럽의 경제학자들과 과학자들과 기업인 등으로 구성된 '성장의 한계(The Limits to Growth)', 같은 해 '스톡홀름 회의(유엔인간환경회의)', 유엔환경프로그램(UNEP), 1983년 세계환경개발위원회, 1987년 '우리의 공동미래',[250] 그리고 '지속가능한 발전'을 확정한 1995년 '지구정상회의', 1997년 교토의정서 등은 오늘날 환경문제를 염려하는 초국가적 기구들로서 인류의 보편사 속에서 일어나는 하나님의 선교에 해당할 것이다. 그리고 1975년 나이로비 WCC의 JPSS와 1983년 밴쿠버와 'WCC 서울

---

250) 양재섭·구미정, "지속가능한 성장을 위한 생명목회의 패러다임", 『하나님의 나라와 생명살림』, 대한예수교장로회총회생명 살리기운동10년위원회와 총회산하연구단체협의회 편(서울: 한국장로교출판사, 2005), pp.371-374.

JPIC 대회'는 인류의 보편사 속에서 일어나는 정의와 평화와 창조세계 보전운동들 하고 연대하고 있는 것이 확실하다. WCC는 정의와 평화와 창조세계 보전의 문제가 삼위일체적으로 함께 짜여 있는 것으로 보는바, WCC가 추구하는 정의와 평화는 보편사 속에서 실현되고 있는 그것과 충분한 접촉점을 가지고 있는 것으로 보인다. 따라서 창세기 1-2장과 창세기 9장의 창조세계에 대한 하나님의 선교에 대응하는 선교는 이스라엘과 교회에뿐만 아니라 인류의 보편사 속에서 인류에게 주어진 선교적 과제인 것이다. JPIC는 하나님의 선교와 이에 응답하는 인류에 의하여 인류 보편사 속에서도 실현되고 있다고 하는 주장이다.

3. '제7장: 하나님의 특수한 백성: 만인을 위해서 선택됨'

"한 백성으로서 이스라엘은 열방을 축복하고 창조세계를 회복하기 위한 하나님의 선교 때문에 실존하도록 부름 받은 것이다."(251) 즉 이스라엘은 보편사와 창조세계 전체의 축복을 위하여 복을 받은 것이요, 그 목적을 위하여 '복의 근원(Be a blessing)'이 되어야 하는 것이다. 이스라엘과 교회는 '타자를 위한 존재(본회퍼)'이다. 특수가 보편을 위해서 있는 것이다. 이스라엘의 존재이유와 존재목적은 하나님의 선교요, 하나님의 선교의 목표는 이미 존 브리이트의 글에서 본 대로 하나님의 나라이다. 저자는 특수와 보편의 문제를 신약성경에서 보편화되는 이방선교와 창조세계 전체의 회복을 약속하는 종말론적인 새 창조를 바라보면서 풀어낸다. 바울의 이방선교와 종말론적인 완성에 대한 이야기는 이를 잘 예증하고 있다.

라이트의 특수와 보편의 관계에 있어서 전자가 후자를 위해서 있고, 하나님의 특수를 통한 궁극적인 의도와 목적이 보편에 있는 한, 그리고 이스라엘과 교회의 존재목적이 새 하늘과 새 땅에 있기 때문에, 그의 신학적인 사고는 '하나님 → 세상 → 교회'의 구도이다. 그에게 있어서 이스라엘과 교회는, 하나님의 원대한 구원목표를 위해서 하나님의 택함을 받은 하나님의 백성으로서 특수 공동체요, 대안 공동체요, 대조사회로서 하나님의 선교의 대행자이기 때문에, 그는 '하나님-세상-교회'라고 하는 패러다임을 주장하는 칼 바르트와 하르텐슈타인, 빌링겐 IMC와 후켄다이크 그리고 에큐메니칼 전통의 '하나님의 선교'와 크게 다르지 않은 것 같다. 하나님의 마음에는 '보편'이 먼저 있고, 그 다음 이 '보편'을 위해서 '특수'가 있기 때문이다. 하지만 그가 다분히 복음주의 쪽으로 기울어져 있는 것으로 보이는 인상은 구약에서 신약으로 흐르고 있는 구속사를 강조하고 있기 때문일 것이다. 하지만 이와 같은 라이트 신학의 강점은 이스라엘과 교회의 특수한 정체성과 기능을 강조하는 데에 있다 하겠다.

'선민' 이스라엘 혹은 이스라엘의 민족주의에 익숙한 사람들에게 저자의 주장은 매우 중요하다. 더군다나 신약성경에서 예수 그리스도와 교회의 특수성이 보편성을 위해서 있다고 하는 점이 중요하다. 예수 그리스도는 참인간(vere Homo)으로서 모든 인류를 자신의 것으로 삼으시고, 모든 죄와 죽음과 흑암의 권세를 걸머지시고 십자가에 달려 죽으시어, 인류와 창조세계 전체를 구속하시며, 그의 죽은 자들로부터의 부활을 통하여 인류와 창조세계 전체의 새 창조를 보여주시고 약속하셨다. 나사렛 예수라고 하는 특수한 인간이 '참인간(보편)'으로서 보편사와 보편적인 우주를 구속하시고 종말론적인 보편적인 회복을 약속하신 것이다. 적어도 예수 그리스도 안에서는 특수와 보편이 하나가 되어 있다. 그는 이스라엘의 구원자(특수)요 동시에 온 세상의 구원자이시다. 그리고 그는 특수한 인간들과 특수한 계층의 사람들, 곧 가난한 자, 병든 자, 죄인과 세리 등 특수한 사람들에게 따뜻한 긍휼을 베풀어 주셨고, 동시에 보편사와 보편적인 우주를 위해서 십자가에 달려 죽으셨다가 부활하셨다. 교회 역시 이 예수 그리스도의 특수성과 보편성에 동참한다. 그도 그럴 것이 교회는 보편적인 인류와 구별되는 하나님의 백성, 그리스도의 몸, 성령의 전으로서 대안 공동체요 대조사회요, 특수 공동체이지만, 그것의 존재이유와 존재목적이 인류 및 창조세계 전체의 구원을 위한 하나님의 선교에 있으니, 그것은 특수로서 삼위일체 하나님이 지향하는 보편을 추구하고 있는 것이다.

역시 이상과 같은 특수와 보편에 대한 논의에서 저자에게는 성경의 내러티브 밖에 혹은 이스라엘과 교회 밖의 인류 보편사와 창조세계 전체를 포괄하는 보편은 크게 고려되고 있지 않는 것같이 보인다. 이에 대해서는 제15장에 대한 평가에서 좀 더 상론하려고 한다.

4. '제8장: 하나님의 구속 모델: 출애굽'

저자는 출애굽(265~276)을 통한 이스라엘의 구속이야말로 총체적이고 통전적인 구원이었다고 한다. 그는 정치적이고 경제적이며 사회적인 차원의 구원이 영적인 차원의 구원과 불가분리한 것으로 본다. 역시 구속의 그와 같은 차원들은 성경 본문 자체에서 상호 네트워크 되어 있고, 관계망 속에 있으며, 상호 의존적이고, 직물처럼 짜여 있기 때문이다. 출애굽 후의 이스라엘의 모습을 떠올려 보자! 노예노동을 하던 애굽의 삶의 상황과는 백팔십도 전도된 것이 아닌가? 총체적으로 달라진 삶의 모습일 것이다. 정치, 경제, 사회, 문화적으로 새로운 세계를 맞이한 것이고 하나님 지식과 하나님 섬김과 예배에 있어서 그 누구의 억압도 받지 않으니 얼마나 변혁된 삶인가? 어떻게 우리는 영혼구원만을 이야기할 수 있을까? 우리는 영지주의자들처럼 어떻게 우리의 영혼이 몸과 이 세상을 벗고, 구원받아 마지막 때에 하늘의 타계로 올라간다고 할 수 있겠는가? 우리는 어찌 교회와 세상을 이분화할 수 있을까? 우리는 어찌 정치, 경제, 사회, 문화를 구원의 세계로부터 배제할 수 있을까? 과연 우리는 우리의 선교의 대상 영역을 개인들의 영혼구원에만 초점을 맞출 수 있겠는가?

우리는 정치, 경제, 사회, 문화 차원의 구원을 제2차적이고 복음전도가 우선적이고 궁극적이라고 말할 수 있을까? 역시 이 두 차원은 몸과 영혼처럼 상호 불가분리하고 하나가 다른 하나 속에 거하며, 한 몸처럼 되어 있는 것이 아닌가? 복음이란 죄악으로 물든 정치,

경제, 사회, 문화와 그 속에 엉켜서 살고 있는 인간의 구원인 한, 이 두 차원은 결코 이분화될 수 없을 것이다. 그러니 적어도 하나님의 백성인 이스라엘과 교회 공동체는 해방된 정치, 경제, 사회, 문화 혹은 자유와 정의와 평화가 깃들인 정치, 경제, 사회, 문화 속에서 살아야 정상일 것이리라. 그리고 이와 같은 해방과 자유와 정의와 평화를 추구해야 한다. 여기에 하나님의 선교에 따른 교회의 선교가 수행되어야 하는 것이다.

그러나 저자는 어디까지나 아브라함 안에서 선택되었고, 이 아브라함 안에서 언약을 맺은 하나님의 백성인 이스라엘의 출애굽의 맥락 안에서 이스라엘의 통전적이고 총체적인 하나님 선교에의 동참을 역설하고 있는 것이다. 저자는 보편사 속에서 진행되고 있는 하나님의 선교에 대해서는 언급하지 않는다. 그것이 성경의 본문 밖에 있다고 생각하기 때문일 것이다. 출애굽은 다만 아브라함에게 주신 보편적인 차원의 구속약속을 성취하시기 위한 사건이었다고 보는 것이다. 성경 본문에 한정될 경우, 우리는 보편사 속에서 그리고 창조세계 속에서 역사하시는 삼위일체 하나님에 대하여 말할 수 없지 않는가? 출애굽을 통한 이스라엘의 정치적, 경제적 그리고 사회적 구속이 보편사 속에서의 하나님의 선교에 접촉이 되어 있다면, 우리는 하나님의 보편사와 창조세계 속에서의 하나님의 선교를 말해야 하고, 이에 응답하는 우리의 선교를 감행해야 할 것이다.

몰트만은 교회 밖의 하나님 나라를 주장한다. 그는 교회 안에서뿐만 아니라 보편사와 창조세계 전체 속에서 새 하늘과 새 땅을 바라보는 하나님 나라의 미리 맛봄과 그 징표와 그것을 일구는 도구가 있는 것으로 본다.

몰트만은 교회의 역사 참여 혹은 삼위일체 하나님의 선교에 참여하고 있는 메시아의 역사 참여에 동참하는 교회의 역사 참여와는 별도로 이 역사 참여의 하나님과 그의 메시아는 일반 역사 속에서 그의 '폭발적'이고 자유롭게 하시고 해방시키시는 역사를 창조해 나가신다고 주장한다. 그는 이것을 '죽음의 악순환'과 '해방을 향한 길들'이라고 하여, 하나가 다른 하나와 연쇄적으로 고리를 물고 있는 (1) 삶의 경제적 차원에서 일어나는 '빈곤의 악순환', (2) 정치적 차원에서 일어나는 '힘의 악순환', (3) '인종적, 문화적 소외의 악순환', (4) 과학과 기술, 그리고 산업화에 따른 '자연파괴와 오염', (5) '무감각성과 무의미성 그리고 하나님께 버림받음의 악순환'을 깨는 해방의 돌출들이 역사 속에서 일어난다고 하였다.[251]

몰트만은 이와 같은 '해방을 향한 길들'의 다섯 차원 모두에서 해방이 일어나야만, 삶 전체를 억압으로부터 자유롭게 하는 것으로 본다. 이는 역사의 지평 속에서 분별되고 발견되는 하나님 나라의 파편들이요, 징표들이요, 표지판들이요, 미리 맛봄들이요, 그것을 일구는 도구인 것이다. 파렌홀츠는 바로 이 시기의 몰트만(『십자가에 달리신 하나님』을 저술한 시기) 신학이 방금 위에서 몰트만의 본문이 보편사 속에서 보여주고 있는 '메시아적인 파편들(messianic fragments)'[252]

---

251) Jürgen Moltmann, *The Crucified God*, pp.330－331. 참고: Ibid, pp.332－335.

252) Geiko Mueller－Fahrenholz, *The Kingdom and the Power*(London: SCM Press, 2000), pp.121 이하.

을 말하고 있는 것으로 본다. 그리고 여기에서 몰트만이 모더니즘의 적극성을 이야기하기 전에 무엇보다도 그것의 부정성을 언급하고 있는 것에 유의할 필요가 있다. 이 부정성은 다름 아닌 그가 말하는 '모더니즘의 하부 구조'이다.

몰트만은 (1)에 대한 대안의 상징은 '사회주의'요, (2)에 대한 대안의 상징은 '민주주의'요, (3)에 대한 대안의 상징은 '해방(emancipation)'이요, (4)에 대한 대안의 상징은 '자연과의 평화'요, (5)에 대한 대안의 상징은 (1), (2), (3), (4)의 조화인데, '무성(無性)과 모든 무화(無化)의 경험들에도 불구하고, 십자가에서 버림받은 그리스도 안에 계신 하나님의 감추어진 현존에 대한 지식'에 의해서 (5)를 극복할 수 있다고 한다. 그래서 기독교 신앙은 희망 가운데 있다고 한다(332~335). 그런데 (1)에 있어서 '해방'은 '사회정의'요, (2)에 있어서 '해방'은 '민주적 인권'이요, (3)에 있어서 '해방'은 '정체성에 대한 인정받음'이요, (4)에 있어서 '해방'은 '자연과의 평화'요, (5)에 있어서 '해방'은 '존재에로의 용기', 곧 '신앙'이다.[253] 몰트만이 '해방', '사회정의', '인권', '정체성', '평화'와 같은 모더니즘 유산의 개념들을 사용하고 있는 이유는, 삼위일체 하나님의 역사 참여에 교회가 동참할 때 일어나는 역사변혁에 관한 것으로서 삼위일체 하나님께서 모더니즘이든 포스트모더니즘이든 인류의 역사를 섭리하시고, 창조세계를 통치하신다고 하는 하나님의 주권에 대한 기본 전제를 바탕으로 하고 있기 때문일 것이다. 따라서 몰트만이 이 초기 저서에서부

---

253) J. Moltmann, The Crucified God, p.336.

터 1980년대에 가서 주장하는 '대안사회' 혹은 '대조사회'로서의 교회 공동체의 특수성과 비세상성을 주장하면서도 동시에 교회의 존재 이유와 목적이 하나님 나라 구현에 있다고 하는 것을 말하고 있는 것이다.

『성령의 능력 안에 있는 교회』에서는 '하나님의 세상 관여의 삼위 일체론적 역사'란 교회뿐만 아니라 '이스라엘 백성, 타 종교들, 세속 세상 및 창조세계'를 포함하는 것으로 보았으니, 메시아 왕국과 하나님 나라를 위한 운동은 교회를 통해서만 추진되는 것이 아니라 이 세상의 역사를 통해서도 추진된다고 한다. 다시 말하면, 하나님 나라의 징표와 미리 맛봄은 교회의 역사 속에서만 발견되는 것이 아니라 이 세상의 역사 속에서도 발견된다는 것이다.

몰트만은 삶의 모든 차원들에서 하나님 나라를 구현하는 것을, 교회의 '공적인 일들(public matters)'로 본다. 그것은 사사(私事)로운 일(privatization)이 아니다. 몰트만에 따르면, 교회란 '하나님으로부터 소외된 이 세상의 역사 속에 실존하고 있는 하나님 나라의 한 형태 (one of the forms of the coming Kingdom of God)'254)에 불과하다. 즉 이스라엘과 교회 밖의 세계 속에서도 삼위일체 하나님의 역사 참여로 인하여 하나님 나라의 모습에 상응하는 부분들이 있다는 말이다. 몰트만에게 있어서 교회란 '하나님 나라 안에 있는 교회와 세상

---

254) Jürgen Moltmann, "Theology for Christ's Church and the Kingdom of God in Modern Society", Miroslav Volf, ed., *A Passion for God's Reign*(Grand Rapids, Michigan: Eerdmans, 1998), p.51(이하에서는 각주 없이 본문에 쪽수만 표시함).

그리고 교회와 세상 안에 있는 하나님 나라'에 관여하고, "하나님 나라로 상징되는 하나님의 미래는 이 세상의 미래를 포함하는바, 나라들의 미래, 인류의 미래, 모든 생명체들의 미래 및 존재하고 있는 모든 것이 그것에 의존하여 살고 그것으로부터 유래한 땅의 미래를 포함한다."[255] 몰트만은 여기에서 장차 다가올 새 창조의 세계를 바라보면서 교회의 세상 역사에의 참여 혹은 교회의 공적인 영역(public area)에서의 하나님의 선교(missio Dei)에의 참여를 주장하고 있다.

따라서 몰트만에게 있어서 신학은 교회의 일들만을 위해서 기능하는 것이 아니라(예컨대 바르트의 경우 신학은 교회의 모든 선포를 감독하는 기능을 수행한다) 세상 속에서 구현되고 있는 그리고 구현되어야 할 하나님 나라를 위해서 기능한다.

> 신학은 또한 하나님 나라의 기능으로서 사회 안에 있는 삶의 정치적, 문화적, 교육적, 경제적 및 생태학적인 영역에 속한다. 이것은 정치신학과 문화신학, 생태신학과 자연의 신학에서 나타날 수 있다. 이 모든 영역들에 있어서 하나님 나라의 신학은 사회의 공적인 일들(res publica)에 참여하는 공적인 신학(public theology)이다. 바로 이 신학은 공적인 일들을 다가오는 하나님 나라의 시각에서 보기 때문에 비판적으로 그리고 예언자적으로 참여한다.[256]

그리하여 몰트만은 '모든 삶의 영역들을 다가오는 하나님 나라로

---

255) Ibid.
256) Ibid., pp.51 - 52.

정위(定位)시키고, 나아가서 이 모든 영역들을 이 하나님 나라에 상응하도록 변혁시킬 것'(54)을 강조한다. 그래서 몰트만에게 있어서는 역사의 여건들 속에서 "모든 삶의 영역들은 하나님 나라와 그의 의(義)에 모순되는 조건들도 포함하고, 그것에 상응하는 조건들도 포함한다."257) 몰트만은 하나님 나라에 상응하여 변혁되어야 할 '공적인 영역(public sphere)'의 초점을 '한 주어진 사회의 가난한 자들, 병든 자들 및 약한 자들'에 두면서, '유치원들, 학교들, 종합대학들, 신문들, TV, 교육기관들과 서비스 기관들'의 변혁도 언급하였다. 그리하여 몰트만의 '하나님의 선교(missio Dei)' 개념은 역사 차원의 생명과 우주 차원의 생명 모두를 아우른다. 몰트만은 "하나님의 선교란 성부께서 아들을 통해서 이 세상 속으로 살리시는 성령을 파송하신 것 이외에 아무것도 아니다."(61)라고 말한다. 그는 "하나님께서 그리스도를 통해서 이 세상에 가져오신 것은 생명(요 14:19), 즉 통전적인 생명, 공유된 생명, 파괴 불가한 생명 그리고 영생"(61)이라고 본다.

5. '제9장: 하나님의 회복 모델: 희년'

하나님의 선교는 우리가 Ⅳ에서 묘사한 출애굽의 선교원칙들을 계속 완성시켜 나간다. 이스라엘에 주어진 율법에서 발견되는 구조들, 그리고 제도와 법(legislation)은 모두 출애굽적인 선교목적을 위한 것

---

257) Ibid., p.54.

인바, 저자는 출애굽과 출애굽의 선교의 원칙들이 계속 완성되어야 한다고 하는 맥락에서 약속의 땅에서의 희년법을 이해한다. 즉 희년법은 출애굽의 선교원칙들인 정치적이고, 경제적이며, 사회적이고, 영적인 선교의 연속성상에 있다고 하는 뜻이다. 따라서 저자는 출애굽에서처럼 희년법이 주로 경제사회적인 회복만을 포함하는 것이 아니라 영적인 차원도 내포하고 있는 것으로 보고 있다(289~290).

이 글은 우선 저자가 희년의 윤리와 선교를 기독교인들에게 어떻게 적용하나를 살펴볼 필요가 있다. 저자는 경제적 차원에서, 사회적 차원에서, 그리고 복음전도의 신학 차원에서 희년이 그리스도교인들에게 적용될 수 있다고 한다. 첫째로 저자는 땅의 공평한 분배와, 불가피한 억압과 소외를 초래하는 자원과 땅의 축적에 대한 제약을 말한다. 결국, '희년은 자신들의 경제생활의 활성화와 사회적인 유익을 위하여 공동체의 경제적인 삶에 동참할 수 있는 능력을 사람들에게 회복시켜 주는 것에 관한 것이다.' 둘째로 희년의 목적은 가정들의 경제적인 활성화를 지탱시키거나 회복시킴으로 가정들에게 사회적 존엄성과 참여를 회복시켜 주는 데에 있다. 경제적인 파탄과 채무는 가난과 범죄와 폭력을 낳는다. 희년은 경제적인 채무와 파탄으로 잔혹하고 끝이 없는 사회적 불행들을 방지하는 장치이다. 그리고 그것은 이와 같은 불행과 비극의 대물림을 차단하는 장치이다(296~298).

셋째로 출애굽의 경우에서처럼, 희년의 모든 차원은 통전적으로 타당한, 하나님의 성격과 의지를 반영하고 있는바, 복은전도 신학의 배경이 된다고 한다. 그리고 저자는 이 복음전도의 영적인 차원을 다섯 가지로 보았다. 하나는 시간과 자연에 대한 하나님의 주권과 이 주권에의 순종이요, 둘은 농토의 휴경으로서 그것은 하나님의 섭리에 대한 신앙이다. 셋은 출애굽을 통하여 반복적인 하나님의 역사적 구속행동에 대한 지식을 이스라엘에 호소한다. 즉 희년은 다름 아닌 모든 이스라엘이 전에는 바로의 노예들이었으나 지금은 야훼의 구속받은 노예라고 하는 사실의 함축들(레 25:38, 42-43, 55)을 공동체 안에서 완성하려는 방법이다. 넷은 역사적 차원에 관한 것인데, 희년이 속죄일(레 25:9)에 선포된다고 하는 사실에서 사죄에 대한 의식적이고 '현재적인' 경험이 덧붙여진다. 다섯은 희년의 내장된 미래 희망은 인류와 자연을 그것의 본래 목적에로 회복시키시는 하나님의 마지막 회복에 대한 종말론적인 희망을 보게 한다고 하는 것이다 (299~300). 하지만 이 모든 것이 하나님의 백성인 이스라엘이 추구해야 할 이스라엘의 회복에 대한 것이다.

저자에 따르면 적어도 희년은 하나님 나라에 대한 선포를 뒷받침하고 있다. 출애굽 정신과 희년 정신의 통전적인 실현은 하나님 나라 선포의 내용을 구축한다고 한다. 뿐만 아니라 그것은 신약성경이 선포하고 있는 새 시대의 구원을 그려 주고 있으며, 인류와 창조세계 회복을 위한 하나님의 광범위한 선교의 본질적 특징들 위한 모델이 되었다고 한다. 성경의 나머지 부분에 비추어 보면, 희년 모델의 전체성은 교회의 복음적 선교와 개인윤리와 사회윤리, 그리고 그것의 미래 희망의 전체성을 포괄하는 것으로 본다. 하지만 역시 저자의 하나님 나라 개념은 성경의 내러티브 밖에서 진행되는 인류 보편사와 창조세계를 포괄하지 못하고 있다(309).

물론, 저자는 출애굽의 선교적 원칙들에 대한 해석에 있어서처럼 희년의 그것에 관하여도 하나님의 선교의 다차원들을 인정하려고 하는 경향이다. 방금 지적한 저자의 주장은 출애굽과 희년이 하나님 나라 선포, 나아가서 새 하늘과 새 땅을 지향하는 것으로 보고 있는 것이다. 하지만 우리가 몰트만의 주장에서 본 대로 그와 같은 다차원적인 선교가 보편사와 창조세계 속에서 일어나고 그것들이 하나님 나라의 징표요 미리 맛봄이요 그것을 일구는 도구라고 하는 점이 저자에게 있어서는 별로 부각되지 않는 것으로 보인다. 물론, 하나님의 택정함을 받은 하나님의 백성인 이스라엘과 하나님의 백성이요, 예수 그리스도의 몸이요, 성령의 전인 교회를 대안 공동체요 특수 공동체로 보는 한(限), 구약의 출애굽과 희년의 영적인 차원이 확보되어야 하고 그것 나름대로 추진되어야 하지만, 교회의 선교의 장이 하나님의 선교의 장인 보편사와 창조세계 전체로 확장되어야 한다고 하는 점에서 몰트만과 에큐메니칼 운동의 하나님(삼위일체)의 선교신학이 기여하는 바가 큰 것으로 보인다. 따라서 교회가 추구해야 할 윤리 역시 개인 차원에서든 사회 차원에서든 보편사 속에서의 하나님의 선교에 동참하기 위한 것이 되어야 할 것이다. 교회의 다차원적인 하나님의 선교에의 동참은 보편사와 창조세계 전체 속에서의 하나님의 선교에의 동참이어야 할 것이다. 전자가 전제되어 있지 않는 후자는 있을 수 없다. 그럼에도 불구하고 저자는 출애굽과 희년의 윤리와 선교 원칙들이 통전적인 하나님의 선교와 이에 응답하는 교회의 통전적인 선교로서 개인주의적 복음전도를 극복할 수 있게 한다고 힘주어서 주장한다.

저자는 희년의 정신이 이사야, 예수님의 사역, 그리고 성령의 사역에 큰 영향을 주었다고 보고, 희년이야말로 메시아적 구속과 회복을 위한 하나님의 종국적인 개입을 그려 주고 있을 뿐만 아니라 현재 억압받는 사람들에 대한 인간적 정의 실현을 위한 윤리적 도전을 정당화한다고 한다. 성령의 사역에 관하여 사도행전은 희년전통을 따라서 1:6절과 3:21절에서 이스라엘의 궁극적인 회복과 만유의 회복인 '만유구원(apokatastasis)'을 언급한다. 베드로 역시 희년 희망의 핵심을 수용하여 그것을 장차 오시는 메시아를 통한 전 창조세계의 회복에 적용한다(벧후 3:10-13). 그런데 누가는 초기 교회가 다만 미래 희망만을 바라보고 나간 것이 아니라 그와 같은 이상을 현재에도 실현했고 해야 하는 것으로 보고 있다. 이제 성령의 종말론적인 시대에 살고 있는 그리스도의 공동체는 미래 희망을 경제적인 차원에서 현재의 것으로 만들고 있다. 교회는 이로써 미래를 향한 여정의 이정표를 세웠다(300~312).

위의 단락에서 저자는 출애굽과 희년을 거의 몰트만이 제시하는 만유구원론적인 종말론적인 비전과 관련하여 이해하면서, 그것이 역사 지평 속에서 앞당겨 실현되어야 하는 것으로 보고 있다. 그래서 저자는 개인주의적 복음전도와 영성주의에 대한 말미를 줄 수도 있는 신약성경적 복음전도를 극복하기 위하여 출애굽과 희년의 총체적이고 통전적인 선교를 내세운다. 여기에는 희년법을 포함하는 율법과 예언자들의 사회경제 정의에 대한 모든 것과 사도들의 모든 훈령들(admonitions)이 오늘날 교회에도 적용될 수 있는 것이라고 한다. 저자는 성경의 영감론에 입각하여 이와 같은 성경윤리의 사용 가능성과 현실성을 주장한다(303~306). 하지만 저자는 이와 같은 희년의 전통과 이 희년이 보여주는 미래 종말론적인 희망을 성경의 내러 티브 밖에 있는 인류의 보편사와 창조세계 전체에 관련시켜 논하지 는 않았다. 그는 성경의 내러티브 안에 주어진 것에 충실할 뿐이다.

또한 저자는 '영혼구원'과 '교회와 세상의 이분법' 등 개인구원론 적인 복음전도를 비판하기 위하여 예수님과 초기 교회가 정치 참여 에 철저하였고 주장한다. 저자는 예수님 자신과 그 시대 사람들은 정치 대 종교, 세속 대 성스러움의 이분법에 대하여 낯설었으니, 영 적인 영역과 정치적 영역이라고 하는 경험적 세계의 이분화는 계몽 주의의 유산이라고 하였다. 주기도문에서 발견되는 '하나님의 나라' 는 우리가 세상을 떠나서 올라갈 타계의 장소이거나 내적이고 영적 인 그 무엇이 아니다. 물론, 그것은 미래적 차원을 가지고 있고, 개 인적 행동을 지배하는 것이지만 그것은 다만 이와 같은 것으로 축소 될 수 없다. 예수님은 사회를 경계 짓는 칸막이들을 철폐시켰고, 편 가르기의 행습들과 당시 종교사회의 타부들을 없애 버리셨다. 그리 고 그는 '선교 중심적인 십자가의 신학'과 '십자가 중심의 선교신학' 에 대하여 논함으로써, 총체적 선교 혹은 통전적 선교의 선교 중심 적 십자가의 신학과 십자가 중심적 선교에 대하여 언급하고 있다. 하지만 이것은 어디까지나 하나님의 백성인 이스라엘과 교회의 통전 적이고 총체적인 선교를 말하고 있는 것이지, 인류의 보편사와 창조 세계 속에서 일어나고 일어나야 할 하나님의 선교와 이 선교에 대한 동참으로서 인류와 교회의 선교를 말하고 있는 것은 아니다.

6. '제10장: 하나님의 선교적 언약의 범위'

저자는 하나님께서 인류와 창조세계에 대한 심판에도 불구하고 노아와 언약을 맺으셨다고 한다. 그런데 그것은 인류하고만의 언약이 아니라 '땅의 모든 생물'(창 9:10)하고의 언약도 포함하였다. 노아와의 언약은 나머지 인류와 나머지 창조세계 전체를 통한 하나님의 지속적인 선교를 위한 도약판이었다. 그리고 이것은 우리의 인류 및 창조세계에 대한 하나님의 선교에 응답하는 교회(신앙과 순종의) 선교의 도약판이기도 하다. 땅은 하나님의 것이요, 하나님께서는 그것의 생존을 위해서 언약적으로 헌신하고 계시기 때문이다. 훗날의 계시에 따르면 하나님께서는 이 창조세계 전체의 궁극적인 구속에 언약적으로 헌신하신다. 심지어 마지막 심판까지도 하나님의 창조물로서 땅의 멸절을 가져오는 것이 아라, 현재 창조세계 전체를 좌절시키고 있는 그것의 죄 된 조건의 멸절을 가져올 것이다(326).

그래서 저자는 노아와 맺으신 하나님의 언약은 하나님의 창조세계에 대한 헌신에 따른 우리 인간의 선교의 생태학적 차원을 말하는 것으로 본다. 홍수가 끝날 무렵에 하나님께서 노아에게 하신 말씀(창 8:16-19, 9:1-7)은 본래 창시기 1장에 나오는 창조세계에 대하여 인간에게 주어진 위탁의 갱신에 다름 아니다. 이처럼 선교의 생태학적 차원은 본래 창조의 의도와 목적에 포함되어 있었다. 결국, 창조세계에 대한 우리의 생태학적 선교는 하나님께서는 궁극적으로 새 하늘과 새 땅에서 옛 창조세계를 멸절시키는 것이 아니라 그것에

물들어 있는 죄악을 씻어 버리고 새롭게 하신다고 하는 하나님의 종말론적인 창조세계에 대한 헌신과 약속을 전제하고 있다(326~327).

그리고 저자는 아브라함과의 언약, 시내 산 언약, 그리고 다윗과의 언약으로 이동한다. 저자는 이와 같은 언약의 역사와 갱신에서 결국, 이스라엘이라고 하는 특수 공동체를 통하여 열방들과 창조세계 전체가 복을 받을 것이라고 주장한다. 그리고 저자는 예레미야, 에스겔 그리고 이사야와 같은 예언자들을 통하여 예언되었고 이렇게 약속되었던 새 언약이 예수 그리스도를 통하여 성취되었고, 이로 인하여 본래 아브라함에게 약속되었던 열방들에 대한 축복이 보편화되었다(예컨대 에베소서 2:11-22절에서 발견되는바, 바울의 이방선교를 통하여 약속의 언약들에 새롭게 편입된 이방 그리스도교인들)고 한다. 갈라디아서에서는 그리스도교인들은 그리스도 안에 있음으로 아브라함 안에 있으며, 그 언약의 약속의 후예라고 한다. 아브라함의 약속이 이루어지는 것은 이처럼 이방인들이 이스라엘의 언약과 축복에 포함될 때만 가능한 것이다. 이방인들이 아브라함과 이스라엘과 함께 복을 받지 않고 있는 한 아브라함에 대한 하나님의 약속은 성취된 것이 아니다. 이것이 종말론적으로 완성되어 복음을 믿는 이스라엘과 복음을 받아들인 열방뿐만 아니라 모든 이스라엘과 모든 열방과 모든 창조세계가 새 창조세계 안에서 동일한 하나님을 예배하면서 함께 어우러져 살 것을 바라보고 있다(328~348).

따라서 우리가 지금까지 논한 모든 언약들은 이스라엘의 경계를 훨씬 넘어서는 차원들과 기대들을 가지고 있다. 이스라엘의 언약의 하나님으로서 야훼는 또한 온 땅과 모든 열방의 주권적 하나님이시다. 그래서 새로운 언약도 마찬가지로 그와 같은 더 넓은 선교적 희망들을 내다보고 있다. 구약에 나오는 모든 언약들에 대한 이야기들은 함께 묶여 아브라함 이래로 하나님께서 자신의 소유로 부르신 이 백성을 통하여 열방들에게 복을 내려 주시려는 하나님의 선교의 거대담론을 형성한다. 이는 구약의 유일무한 하나의 거대담론으로서 이스라엘과 그리스도인들에게 근본적인 세계관을 제공하고 있다. 새 언약의 그리스도인들이 예수님 안에서 예배하는 하나님은 이와 같은 구약의 거대담론의 하나님이시다. 이것은 예수님께서 그 이야기의 절정으로서 급기야 그것의 거대한 피날레에 도달하게 하실 그와 같은 거대담론이다. 언약은 바로 하나의 핵심 신경(神經)처럼 이와 같은 거대담론을 꿰뚫고 흐르고 있다. 이와 같은 맥락에서 계시록은 성경을 통하여 연연히 흐르고 있는 언약의 역사의 오메가 포인트이다. 언약들은 열방들과 창조세계 전체에 대한 하나님의 헌신의 약속으로서 하나님의 선교를 선포한다. 계시록은 '선교가 성취되었다'고 하는 언약적인 선언이다. 저자에 따르면, 계시록은 성경 전체의 비전의 절정에 다름 아니라고 본다. 계시록 21-22장은 성경의 모든 언약들로부터의 이미지들을 종합하고 있다. 즉 새 창조, 곧 심판 후 새 하늘과 새 땅에 대한 비전 속에 노아가 있다. 모든 방언과 언어를 배경으로 하는 모든 열방들의 거둬들임과 축복과 관련하여 아브라함이 있다. "그들이 하나님 자신의 백성이 될 것이고 그는 그들과 함께 계셔 그들의 하나님이 될 것이다." 그리고 "하나님의 거처가 인간들과 함께 있고 하나님께서 이들과 함께 사실 것이다."라고 하는 언약적 수장 안에 모세가 있다. 거룩한 성, 새 예루살렘 안에 그리고 유다의 사자와 다윗의 뿌리로서 예수님의 정체성 안에 다윗이 있다. 그리고 이 모든 것이 죽임을 당하신 어린양의 피에 의하여 성취될 것이라고 하는 사실 속에 새 언약이 있다(355～356).

저자는 창세기 3－11장까지에서 발견되는 인류와 창조세계에 대한 하나님의 심판이 계시록 끝 부분에서 발견되는 새 창조의 세계에서 종말론적으로 완전하게 회복될 것을 바라보고 있다. 저자는 이 세상의 열방들은 심판과 모든 사악과 악(그것이 인간적이든 사단적이든)의 파멸로 정화(淨化, purged)된 후 하나님의 구원으로 인하여 하나님 찬양에 동참할 것이라고 한다. 열방들은 이사야가 그렇게 될 것을 바라본 것처럼(계 21:24, 26) 그들의 역사적인 성취의 모든 부요를 하나님의 도성 안으로 가져올 것인데, 이 도성은 그때에 새 창조 전체의 온전한 범위를 포용할 것이다. 그리고 성경의 거대담론의 처음 몇 장(章)들에서 인간을 가로막았던 생명강과 생명나무가 그것의 마지막 장에서는 열방들의 치유를 제공할 것이다. 이는 거대담론이 바벨탑의 흩어짐 이래로 항상 갈망했던 것이다(계 22:2). 저주는 창조세계 전체로부터 사라져 버릴 것이다(계 22:3). 그리고 땅은 하나님의 영광으로 충만할 것이고 인류의 열방들은 빛 가운데서 걸을 것이다(계 21:24). 바로 이것이 성경의 거대담론의 영광스러운 절정이다. 그것이 다름 아닌 하나님의 선교의 승리이다(530)

필자는 이상과 같은 저자의 주장들을 인정한다. 그는 하나님께서 창세기 3－11장의 문제를 선교적 과제로 하여 그의 이스라엘과 예수님과 교회를 통해서 열방과 창조세계를 향한 선교를 실현시킨다고 할 때, 그의 하나님의 선교개념에 있어서 보편사와 창조세계 전체에 대한 하나님의 선교가 이스라엘과 예수님과 교회를 통해서 실현된다고 보는 것이 확실하다. 그에게 있어서 선교는 특수가 보편을 위해서 실존하다는 말로도 표현된다.

하지만 필자는, 몰트만의 글을 길게 인용함으로써 이의를 제기했거니와, 과연 라이트는 교회 밖의 세계(보편사와 창조세계 전체)에서 일어나는 하나님의 선교를 어느 정도 힘주어 말하고 있는가가 의문이 간다. 구약에서 이스라엘 밖에서 일어나고 있었던 하나님의 선교와, 신약에서는 예수 그리스도와 성령과 바울에 의해서 기원하고 확장된 교회 밖에서 일어나고 있는 하나님의 선교에 대하여 저자가 어느 정도로 인정하고 있는지 말이다. 저자가 우리의 신앙과 순종(이스라엘과 교회)의 선교가 이 창조질서에 대한 하나님의 보편적인 약속의 틀 거리 안에서 일어나는 것이라고 할 때, 그것이 이스라엘과 교회 밖의 세계에서 진행되고 진행되어야 할 하나님의 선교와 무슨 관계가 있는가에 대해서는 언급하고 있지 않다. 그럼에도 불구하고 확실히 그의 거대담론의 틀 거리는 몰트만이 주장하는 것과 같은 이스라엘 밖과 교회 밖에서 일어나는 하나님 나라의 앞당겨진 모습으로서의 하나님 나라에 대한 미리 맛봄과 징표와 파편과 그것을 일구는 도구들에 대하여 열려 있는 것으로 보인다. 그리고 필자는 저자의 주장을 출발점 혹은 안경으로 하여 그리고 표준으로 하여 성경의 내러티브 밖의 하나님의 선교를 유추적으로 생각하고 유추적으로 수행할 수 있을 것이라고 본다.

그리하여 저자에게 있어서 이와 같은 개방성이 허용되는 한 내러티브 신학에서 출발하고, 이 내러티브 신학의 한계 안에서, 그리고 내러티브 신학을 표준으로 성경적 내러티브 밖의 인간의 모든 경험의 세계, 개인들과 공동체들의 이야기, 모든 학문들의 목소리, 모든 종교의 목소리들까지도 내러티브 신학의 거대담론에 기여할 수 있다고 보인다. 예컨대 출애굽의 통전적 구속과 희년의 통전적 회복에 관련하여, 정치와 경제사회와 같은 보편적인 역사와 사회의 목소리가 감안될 수 있고, 창세기 1장과 창세기 8-9장에서 발견되는 노아와의 언약이 함축하고 있는 선교의 생태학적 차원에 있어서 역시 오늘의 학문들이 추구하는 생태학적 위기에 대한 목소기가 감안될 수 있을 것이다. 그러니까 에큐메니칼 운동이 추구하는 '정의, 평화, 창조세계의 보전'에 대한 모든 것이 저자의 내러티브 신학의 거대담론에 접목될 수 있을 것이다.

7. '제11장: 하나님의 선교적 백성의 삶'

저자는 아브라함의 선택 안에서 이스라엘의 선택을 말하면서 곧바로 윤리적인 응답과, 나아가서 선교적 반응을 말하고, 구속(출애굽)과 시내 산 언약 역시 동일한 구조를 갖는 것으로 본다. 그런즉 선택, 구속 그리고 언약은 예배와 윤리의 반응을 가져오고, 하나님의 선교(열방을 위하여 '복의 근원이 되고', 열방을 위해서 실존하는 모든 것)를 인정하고, 자신의 정체성을 분명히 하게 하면서 하나님의 선교에 동참케 한다. 저자는 본 장에서 위의 세 주제와 직결된 윤리적인 반응을 창세기 18장, 출애굽 19장 그리고 신명기 4장을 사용하여 개진하고 있다(357~358).

그리스도교인들은 이스라엘이 그렇게 의도된 것처럼(실패를 거듭했어도), 그들의 도덕적인 삶의 질에 의하여 열방들에게 가시적이 되어야 한다. 예수 그리스도 안에서 하나님의 택함을 받았고, 구속함을 받은 새 언약 백성인 교회는 전적으로 믿지 않는 사람들을 위한 존재로서 이들을 향해 빛이 되어야 한다. 즉 불신자들에 대한 하나님의 선교에 따른 교회의 선교는 가시적인 거룩성(윤리)을 요청한다고 하는 것이다(387~392).

이제 필자는 이상과 같은 윤리 차원에서도 성경적 내러티브 밖의 윤리와 접목될 수 있고, 접목되어야 한다고 본다. 예컨대 교회의 사회윤리로도 불리는 WCC의 '삶과 봉사(JPIC)' 전통의 모든 윤리적인 차원들이 여기에 편입될 수 있고, '신앙과 직제'와 '삶과 봉사'가 합동으로 연구해 낸 1990년대의 저서들(『교회와 세상』, 『값비싼 헌신』과 『값비싼 순종』)이 말하는 윤리적인 차원도 마찬가지일 것이다. 디도서에는 46절 안에서 8번이나 '선한 것(what is good)'이란 말이 등장한다고 저자는 말하는데, 이것이 성경의 내러티브 밖의 '선한 것'과 충분히 접목될 수 있는 것으로 보인다. 선택과 구속과 언약은 성경적 내러티브 밖의 그 무엇과도 접촉점을 갖지 않으나, 출애굽과 희년에서 하나님의 백성의 선교적 삶 전반의 다차원들, 다음에 논할 '선교와 하나님의 땅' 그리고 '선교와 하나님의 형상'의 경우에는 성경의 내러티브 밖의 목소리들과 접목될 수 있는 것이 많이 있는 것으로 보인다. '선교' 차원에서 '접촉점'이 있다고 하는 것은 복음전도 차원의 선교가 아니라 '하나님의 선교' 차원 선교에서 그렇다고 하는 말이다. 그도 그럴 것인 이미 지적한 대로 몰트만의 신학에 따르면, 교회뿐만 아니라 교회 밖의 사람들도 보편사에서 일어나는 하나님의 선교에 동참하고 동참해야 하기 때문이다.

그리고 이스라엘의 선택과 교회의 선택에 대한 선교신학적 이해는 보편을 위한 특수의 선택이기에, 설득력이 있다. 어느 정도 칼빈 자신의 신학에 있어서, 본격적으로는 칼빈의 제자인 베이짜(Theodor Beza)와 17세기 칼빈주의적 정통 개혁신학이 주장하는 '이중 예정론'은 그것의 역사적 배경과 논쟁적 상황 때문에 결국 피택자들과 유기된 자들의 이분법을 완전히 극복할 수 없었으나, 저자의 선교신학적 접근은 특수의 선택이 보편을 위해서 있고, 결국은 보편이 특수에 편입되고 만다고 하는 종말론적 완성을 바라보기 때문에, 하나님의 정의와 사랑을 온전히 만족시키는 것으로 보인다. 심판주가 되시고 동시에 심판을 받은 자(the Judge as Judged in our Place)(칼바르트)가 되시는 참하나님과 참인간이신 예수 그리스도 안에서 모든 인간은 버림을 받았고, 모든 인간은 택정함을 받았으며, 이 맥락에서 버림받으신 분은 오직 예수 그리스도 한 분뿐이시고, 태초에 '이중 예정론(a double predestination)'이 있었던 것이 아니라 하나님께서는 예수 그리스도 안에서 인류를 사랑하셨다(태초에 복음이 있었다)고 하는 칼 바르트의 선택교리가 개혁교회 신학 전통의 '이중 예정론'을 극복하고 있는 것이 확실하지만, 필자에게는 저자의 선교신학적 선택이해가 좀 더 설득력이 있어 보인다.

8. '제12장: 선교와 하나님의 땅'

하나님의 창조세계에 대한 선교와 이에 따른 교회의 선교의 대전제는 하늘과 땅과 그 가운데 있는 모든 것이 주님의 것이라고 하는 것이고, 창조주 하나님께서 이 모든 것이 좋다고 하셨기 때문에, 우리의 선교는 그것의 좋음을 인정하고 그것의 좋음을 보전하고 회복하는 것일 것이다. 가난한 사람을 학대하는 것이 그 혹은 그녀를 하나님의 형상대로 지으신 창조주 하나님을 모독하는 것처럼 창조세계의 좋음을 모르고 그것을 망가트리는 것은 곧바로 창조세계에 반사된 창조주 하나님의 반영을 무시하는 것이라고 하여, 인간에 대한 선교든 창조세계에 대한 선교든 창조주 하나님의 영광을 나타내는 것이리라(397~399).

또한 인간 자체가 하나님의 형상으로서 좋은 것이지, 그의 그 어떤 성취 때문에 인간이 좋은 것이 아닌 것처럼 창조세계는 그것이 우리에게 실용적 가치를 제공하기 전에 그리고 우리가 그것을 가치 있는 것으로 만들기 전에 창조주 하나님의 영광을 나타내는 것으로서 좋은 것이다(intrinsically good). 이것은 인간의 창조세계에 대한 윤리와 선교의 생태학적 차원의 대전제요 기본이다. 그리고 땅이 온전히 하나님의 것이요, 창조세계가 하나님의 영광을 드러내고, 하나님과의 관계에서 가치가 있으며, 신성을 지진 것은 아니지만 '성스러움'을 지니고 있다고 하는 것은 모두 생태학적 선교의 태도를 결정하는 매우 중요한 전제들이다(400~403).

저자는 마태 28:19절의 '위대한 위탁'의 주체가 다름 아닌 창조주 하나님이신 예수 그리스도로 보아, 협소한 복음주의적 선교개념을 뛰어넘어서 땅에 있는 모든 것이 선교의 대상역역이라고 주장하고 있다. 우리의 선교의 장은 예수 그리스도께서 소유주이신 온 땅이라고 하는 것이다. 때문에 우리의 선교가 미치지 않아도 되는 차원이 있다고 하는 이원론은 허락될 수 없다. 즉 온 우주와 온 땅과 그 가운데 있는 모든 것이 하나님의 선교에 따른 우리의 선교의 장일 것이다. 창조세계와 역사와 사회와 문화와 정치와 경제 등 선교의 대상 영역이 아닌 것이 없다고 하는 말이다(403～404).

저자는 인간과 창조세계 모두가 하나님의 영광을 위하여 존재하는 것으로 보았다(웨스트민스터 소교리문답). 그리고 그는 하나님의 영광이 온 땅에 충만하다고 하는 것을 온 땅의 충만과 불가분리한 것으로 본다. 창조세계는 하나님의 영광을 선포하고 창조세계의 충만함은 그와 같은 하나님의 영광에 있어서 없어서는 안 될 부분이다. 아마도 창조세계를 통한 하나님의 선교란 창조세계를 통하여 그 자신을 영화롭게 하는 것이요, 교회의 선교란 이와 같은 하나님의 선교를 따라서 온 우주와 온 땅과 온 세상의 충만함을 통하여 하나님께 영광을 돌리게 하는 것일 것이다. 따라서 창조세계의 파괴와 지구자원의 고갈과 오존층의 파괴와 기후 변화로 인한 생명체들의 생태학적 위험과 종들의 감소와 같은 것은 인간과 창조세계가 하나님의 영광을 가리는 것이고, 그를 영원토록 즐거워하는 것이 아닐 것이다(404～406).

저자는 창세기의 창조를 돌이켜 보면서 생태학적인 윤리와 선교를 위한 하나의 창조 차원의(creational) 토대를 마련하였고, 이이서 창조의 종말론적인 구속과 완성을 바라보면서 그것의 토대를 제시한다. 저자는 이사야 11:1-9절, 이사야 35장 그리고 이사야 65-66장에 근거하여 장차 창조세계가 종말론적으로 어떻게 될 것인가에 대하여 그리고 있다. 특히, 이사야 65-66장은 창조세계에 대한 종말론적 비전의 절정에 대한 이야기이다. 이사야 65:17절은 "보아 내가 새 하늘과 새 땅을 창조하나니."라고 하였다(참고: 사 65:17-25). 그런즉 역시 이와 같은 종말론적인 창조세계에 대한 변혁 역시 하나님의 선교일 것이다. 저자는 이와 같은 하나님의 선교에 대응하는 교회의 선교가 있어야 할 것을 암시하고 있다. 이사야 65장의 영감에 넘치는 비전은 하나님의 새 창조, 기쁨이 넘치는 곳, 슬픔과 눈물이 없는 곳, 생명으로 충만한 곳, 보장된 노동만족이 있는 곳, 좌절된 노동의 저주들이 없는 곳, 환경적으로 안전한 곳에 대한 희망인데, 구속받은 인류가 새 창조의 환경 속에서 하나님께 영광을 돌리고 하나님을 영원토록 즐거워하는 그와 같은 하나님 나라일 것이다. 이 모든 것은 생태학적 윤리와 선교의 원칙에 해당한다(407~412). 환언하면, 정의와 평화와 창조세계 보전이 역사 지평 속에서 그리고 현 창조세계 속에서 앞당겨 구현되게 하는 것이 다름 아닌 교회의 생태학적 윤리요 선교일 것이다.

이상과 같은 전제와 원칙과 기초를 가지고 저자는 교회의 선교신학이 창조세계의 보전과 회복을 아우르는 것이어야 한다고 한다. 이와 같이 저자는 창조세계에 대한 보살핌을 선교개념 안에 포함시킨다. 이와 같은 선교는 하나님 자신의 선교로부터 흘러나오는 하나의 성경적 선교신학으로서 그 범위에 있어서 생태학적 차원을 포함하고 실천적인 환경활동을 그리스도교적 선교의 하나의 합법적인 부분으로 여기고 있는 것으로 본다. 이로써 저자는 협소한 복음주의 복음전도(evangelism) 개념의 문제점을 극복하였다. 저자는 그동안의 복음주의 선교가 인간의 회심과 구원에 그리고 개교회의 개척과 이식과 성장 등에만 부심하였다고 보고 창조세계 전체에 대한 선교를 강력하게 제시하고 있는 것으로 판단된다.

야훼와 그리스도를 사랑하는 사람들은 그의 소유인 창조세계를 사랑해야 한다. 그리고 그를 사랑하는 자는 그의 소유도 사랑해야 하고, 그의 계명들을 지켜야 하는데, 창세기 1:28절의 창조세계에 대한 위탁 명령이 그 첫 계명이니, 이것이 창조의 보살핌에 대한 모든 계명들 안에 포함되어야 한다고 한다(412~413).

그리고 저자는 에덴동산(원초적 창조)과 새 창조에서 우리 인간은 예수 그리스도의 왕직과 제사장을 모델로 하여 땅의 주님이신 하나님과 그리스도를 위하여 이 땅을 제사장으로서 섬기고 왕으로서 다스릴 것이라고 한다. 그는 회막 / 성전을, 이것을 가리키는 소우주라 하였다. 우리는 본래 우리가 어떤 목적으로 창조되었고, 장차 마지막 때에 무엇을 위하여 구속함을 받을 것인가를 생각하고 행동해야 할 것이다. 땅은 그것의 지명된 왕과 제사장의 완전한 계시를 기다리고 있다. 그리스도를 머리로 하는 구속받은 인류인 현재 우리의 행동은 그와 같은 최종적인 목표를 예기하고 예언적으로 가리키고 있는 것이다(415~416).

끝으로 저자는 창조세계에 대한 보살핌은 하나님의 인간에 대한 긍휼과 정의에서 유추를 찾는다. 하나님께서 연약한 인간을 사랑하시고 긍휼을 베푸신 것처럼 우리 역시 창조세계를 사랑하고 그것에 긍휼을 베풀어야 한다. 그리고 창조세계에 대한 보살핌은 정의를 체현한다. 그도 그럴 것이 환경적 행동은 강한 자들에 대하여 약한 자들을, 권세 있는 자들에 대하여 힘없는 자들을, 공격하는 사람들에 대하여 짓밟히는 사람들을, 탐욕스러운 사람들의 큰 소리에 대하여 목소리를 낼 수 없는 사람들을 변호하는 한 형태이기 때문이다. 이와 같은 것들은 또한 그의 정의를 행하실 때 표현되는 하나님의 성격을 나타내는 특징들이기도 하다(418).

이상에서 이 글은 하나님의 창조에 대한 선교에 기초한 교회의 창조에 대한 보살핌(생태학적 윤리와 선교)에 대하여 논했거니와, 이와 같은 보살핌이 성경적 내러티브 밖에서 그리고 교회 밖에서는 어떻게 일어나고 있는가? 역시 우리는 성경의 내러티브 밖에서 일어나는 인류역사와 창조세계 속에서의 하나님의 선교에 맞먹는 이야기를, 이미 지적한 대로 오늘날 유엔과 여러 환경단체들과 종교들과 나라들이 주체가 되어 시도하고 있는 환경운동에 결부시켜야 할 것이다. 비록 불신자들이 창조신앙과 창조의 종말론적인 구속 희망을 전혀 갖고 있지 않을지라도 이들이 수행하려 하고 수행하는 창조세계 보전문제를 우리는 신학적으로 설명해야 할 것이다.

역시 몰트만의 하나님(삼위일체)의 선교의 범위와 그것의 종말론적 비전이야말로 이와 같은 물음에 대하여 대답을 하고 있는 것으로 보인다. 새 하늘과 새 땅이 역사 차원에서뿐만 아니라 창조 차원에서도 그것의 미리 맛봄과 파편들과 징표들과 그것을 일구는 도구들을 앞당겨 보여주고 있고, 온 인류로 하여금 그것을 그렇게 되게 하는 하나님의 선교가 진행되고 있다고 하는 믿음과 희망이 꼭 필요한 것이리라. 장차 믿지 않는 나라들과 족속들까지도 그들의 최선의 성취를 새 예루살렘과 거룩한 신의 도성으로 상징되는 새 하늘과 새 땅으로 가지고 들어올 것인데, 이것이 역사와 창조세계의 지평 속에서 일어나고 일어나야 한다고 하는 말이다. 따라서 교회 밖의 생태학적 윤리와 선교의 이론과 실천(예컨대 유엔과 많은 NGO 환경운동단체들의 그것)이 성경의 내러티브 안에 있는 창조신앙과 구속신앙과 희망에 근거한(이미 언급된) 생태학적 윤리와 선교에 접목될 수 있는 것으로 보인다.

두흐로우와 리드케는 『샬롬: 창조와 정의와 평화에 대한 성경적 전망들』(1989)(독일어판, 1987)[258])에서 창조세계 보전문제와 정의와 평화문제가 서로 불가분리한 관계 속에 있는 것으로 보고, 각각에 대한 성경적 전망들을 제시한 다음에 이어서 교회와 인류가 실천하지 않으면 안 되는 공통의 과제들을 성경의 내러티브 밖에서 찾아 실었다. '창조'에 대한 부분에서 그것은 '창조세계에 있어서 인간의 과제와 책임: 폭력을 감소시키기 - 생명을 진척시키기', '자연에 대한 폭력: 모더니즘의 과학과 기술의 기본 전제', '폭력을 측정하는 척도: 에너지 보전', '폭력 줄이기와 생명 살리기'에 대하여 상술하였고, 이것과 맞물려 있는 '정의'에 대한 부분에서는 '사회 안에서 인간의 과

---

258) Ulrich Duchrow & Gerhard Liedke, Shalom: Biblical Perspectives on Creation, Justice and Peace(Geneva: WCC Publications, 1989)(독일어판, 1987), pp.60 - 72, 94 - 108, 133 - 141.

제들과 책임: 폭력을 감소시키기－생명을 진척시키기', '오늘의 경제에 있어서 인간에 대한 폭력', '사회적 폭력을 측정하는 척도: 기본적인 욕구와 한이 없는 소비자의 선호'를 논하였으며, 끝으로 역시 이상의 둘과 맞물려 있는 '평화'의 부분에서는 '그리스도교인들의 평화의 과제: 폭력을 감소시키기－생명을 진전시키기', '모더니즘 시기에 민족 국가들 사이에 있었던 폭력', '폭력을 측정하는 척도: 인권 유린과 무기 소비'에 대해서 논하였다.

9. '제13장: 선교와 하나님의 형상'

저자에 의하면, 인간이 하나님의 형상이라고 하는 것은 4가지 보편적인 특징을 지니고 있다. 하나는 '말 건넴의 가능성', 둘은 '하나님께 응답하고 하나님께 책임을 져야 하는 당위성', 셋은 '모든 인간의 존엄성과 평등성', 넷은 '죄와 죽음의 보편성'이다. 그리고 이것은 하나님의 형상이 선교를 위해서 갖는 의미이다(421～424).

저자는 이 하나님의 형상으로서의 인간은 나머지 창조세계를 다스리고, 관리하며, 보살펴야 할 선교적 과제를 위해서 땅에 놓였다고 한다. 즉 하나님의 형상으로서 인간은 왕과 제사장으로서 창조세계를 다스리고 섬기도록 창조 위탁명령을 받았다고 하는 말이다. 때문에 인간은 이와 같은 선교적 과제를 위하여 창조된 것이다(425～426).

또한 저자는 하나님의 형성을 관계 속에 있는 인간의 모습으로 본다. 그것은 관계 속에 계신 하나님 자신의 존재 자체에 유추되는 인간존재 그 자체라고 한다. 이것이 다름 아닌 선교의 과제를 수행하기 위한 하나님의 형상이라고 한다. 남자와 여자의 이와 같은 상호 보완과 상호 관계는 생물학적 차원에서 자녀를 낳아 땅을 채우는 일에 있어서뿐만 아니라 하나님을 위해서 창조세계를 다스리는 위대한 과제에 있어서 상호 도움의 역할, 곧 광의의 사회적 차원에서의 상호 보완과 상호 관계를 의미하는 것이다. 이와 같은 관계는 창조론과 창조에 대한 구속과 그것의 종말론적인 완성 모두에 있어서 중요한 것이라고 한다(427~428).

저자는 죄에 대한 개인주의적인 이해와 이에 상응하는 개인주의적 복음이해를 넘어선다. 선교신학이 창조와 인류를 아우르는 하나의 통전적인 이해를 시도하고 있듯이, 죄에 대한 이해 역시 개인 차원의 그것만이 아니라 정치, 경제, 사회, 문화 등 인류의 삶 전체와 그것이 역사와 창조세계에 미치는 악영향까지 아우르는 통전적인 이해를 시도해야 한다고 하면서, 저자는 창세기 1-11장에서 성경적 선교의 신학이 고려하지 않으면 안 되는 세 가지 죄의 개념을 소개한다(429~430).

하나는 육체적 혹은 물리적이고, 영적이며, 합리적이고, 사회적(남녀의 상호 보완적이고 상호 관계성)인 개인의 죄요, 둘은 흔히 개인적인 죄의 뿌리가 되는, 사회 안에서 수평적으로 확산되었고, 세대들 간에 수직적으로 퍼져 나갔으며, 집단적인 죄로 채워진 맥락들과 관계들을 생산해 낸 구조악이다. 이와 같은 구조악은 역사 속에 자리를 잡고 있다. 셋은 타락으로 인하여 인류의 땅 자체와의 관계가 왜곡되고 뒤틀렸으며 창조세계의 하나님에 대한 본래의 관계가 좌절되고 만 것이다(참고: 롬 8:20). 따라서 창세기의 단순한 창조와 타락 이야기는 하나님과 인간과 피조된 질서 전체의 삼각관계에 대한 심오한 진리를 알리고 있다. 그래서 우리의 복음은 단순히 개인의 죄 문제에만 초점을 맞출 것이 아니라 흔히 개인의 죄의 뿌리에 해당하는 구조악과 창조세계와의 죄악된 관계까지도 분석하면서 복음을 해석하고 적용해야 한다고 본다. 따라서 저자가 주장하는 죄의 보편성과 죽음의 보편성은 이런 식으로 설명되고 증명되고 있다(430~432).

이상의 죄의 문제는 죽음의 문제와 직결되어 있는데, 저자는 병과 죽음의 궁극성이 아니라 복음의 궁극성을 주장한다. 그래서 죽음을 가져오는 에이즈와 같은 병마에 대하여 의료적이고, 사회적이며, 심리학적이고, 성적이며, 문화적이고, 정치적이며, 국제적인 참여를 요구하고 있어, 이와 같은 것들도 하나님의 선교에 대응하는 우리의 선교 영역이지만 그리스도인들에겐 인류의 마지막 원수며 최대의 적인 죽음을 극복한 복음의 궁극성이 중요하다고 보는 것이다. 진실로 어떤 사람이 십자가에 달리셨다가 부활하신 구세주를 믿고 그를 희망한다면, 그 무엇도 그에게서 그리스도께서 첫 이삭과 첫 열매되시는 그와 같은 새 창조의 삶을 앗아갈 수 없을 것이다. 오직 복음만이 그와 같은 희망의 궁극성과 그와 같은 미래의 확실성을 제공해 준다. 따라서 저자는 복음으로 동기 지어진 그리고 복음을 위한 다차원적인 선교를 주장하고 있는 것으로 보인다(439~441).

이상에서 우리는 1. 창조세계를 보전하고, 2. 인간들 상호 산의 정치적이고 사회적이며 경제적이고 문화적인 관계를 바르게 하며, 3. 인간의 존엄성과 평등성과 상호 보완성을 위하여 힘쓰고, 4. 인간과 창조세계와의 관계를 정상화하고, 5. 세대 간의 죄와 구조적인 죄의 문제를 해결하는 것이 하나님의 형상의 선교적 과제임을 확인하였다. 아버지 하나님이 아들을 통하여 성령의 역사로 인간과 우주만물을 창조하시고, 인간과 우주만물의 타락에도 불구하고 아들을 통하여 성령 역사로 이를 치유하시며, 성령을 통하여 이를 성화시키시고, 종말론적으로 완성하심이 다름 아닌 삼위일체 하나님의 선교요, 4가지 보편적인 특징을 지닌 하나님의 형상이 이 5가지 차원에서 하나님의 선교에 응답하는 모든 것이 회복된 하나님의 형상들인 교회의 선교일 것이다. 그런즉 복음을 구두로 전하는 것만이 선교가 아님은 물론, 아직 회복되지 못한 하나님의 형상들 역시 자신들도 알지 못하는 사이에 간접적으로 하나님의 선교에 동참한다.

끝으로 저자는 구약의 지혜문학 전통과 열방들의 문화들 사이의 접촉점 혹은 교량이 있다고 한다. 계시와 구속 차원이 아니라 창조 신앙과 하나님의 형상의 보편성에 근거하여 이 둘 사이에 공통분모가 있다고 주장한다. 지혜문학은 성경적 신앙으로 하여금 세계의 폭넓은 다문화 속에서 의미 있는 접촉과 상종을 가능케 하는 최선의 교량이라고 한다. 저자는 모든 인간문화가 관심하는 삶의 이슈들로서, 결혼, 부모 됨, 친구의 우정, 노동관계, 소통기술과 위험들, 공공의 삶의 현장에서의 온전성, 분노와 폭력의 억제, 금전의 사용과 오용, 삶의 일상적인 좌절, 현실과 이상 사이의 긴장, 병과 고통과 죽음의 심오한 신비 같은 것들을 들고 있는바, 이와 같은 세계에 관한 한(限), 성경의 내러티브의 세계와 성경적 내러티브 밖의 세계 사이에 접촉점과 교량이 있다고 하는 말이다(442~446).

따라서 저자는 선교를 위해서 타 문화와 타 신앙과 타 세계관의 사람들을 접근할 때에, 우리들은 그들과 인간성(하나님의 형상)과 창조주 하나님을 공유하고 있기 때문에, 윤리적이고 사회적이며 경제적이고 정치적인 관심사를 다루면서 하나의 문화적이고 사회적인 차원에서 그들에게 접근할 수 있다고 한다. 우리는 성경의 구속사와 자신들을 동일시하고 싶어 하시 않는 사람들과도 공통의 지반(common ground)과 공통의 대의(common cause)의 영역들을 지니고 있기 때문이다. 우리가 결국 저들이 궁극적으로 구속사의 이야기로 인도될 것을 희망하지만, 이것이 선교적 출발점이 될 필요가 없고, '공통의 지반' 혹은 '교량'을 그 출발점으로 삼아야 하는 것으로 본다. 그리고 저자는 '정직한 신앙'에 대하여 언급한다. 즉 그것은 계시와 구속에 관련된 성경의 '핵심 진리들'에 대한 양보 없는 신앙과 '주변적인 것들'에 대해선 의문과 회의를 개방하는 여유로움을 가져야 한다고 하는 것이고, 이미 언급한 '공통지반'을 사용하는 넉넉한 태도를 말하는 것이며, '핵심적인 진리들'을 넘어서는 세계에 대해서 우리는 정직한 태도를 지녀야 한다고 하는 말이다(448~450).

  이상과 같은 저자의 주장에 대하여 몇 가지로 평가를 시도해 본다. 첫째로 그가 주장하는 하나님의 형상에 대한 4가지 보편적인 특징들은, 다종족과 다문화 그리고 다원사회와 삶의 모든 차원에서의 '다름'과 '차이'를 강조하는 포스모던 문화의 상황에서 매우 중요하다. 이와 같은 포스트모더니즘은 문화 일반의 부편성과 통일성을 인정하시 않고, 그것의 다양성만을 주장하기 때문이다. 더군다나 모더니즘의 '거대담론'과 '보편성'을 무조건 해체시키려는 포스트모던 상황에서 그와 같은 하나님의 형상의 보편성은 매우 중요한 것으로 보인다. 그것이야말로 복음전도의 대전제요, 필수 불가결한 조건이기 때문이다. 하지만 그와 같은 하나님의 형상의 4가지 보편성이 항상 특수성과 다양성과 다름과 차이를 감안하는 보편성이 되어야 할 것이다. 예컨대 하나님의 형상의 그와 같은 보편성에도 불구하고, 아시아와 아프리카와 라틴 아메리카의 문화들의 다양성으로 인한 하나님의 형상에 대한 이해의 다름과 차이 같은 것이 감안되어야 하고, 주어지는 다양한 상황들에서 나타나는 하나님의 형상의 다양한 이해도 인정되어야 할 것이다. 죄에 대한 것도 마찬가지이다. 즉 개인적인 죄(육체적이고, 영적이며, 합리적이고, 사회적인), 역사와 사회와 세대 간에 자리 잡고 있는 구조악, 그리고 창조세계와의 일그러지고 어그러진 관계의 죄를 언급할 때에도 문화와 지역과 종족과 상황들의 다름과 차이에 따라 다양성을 고려해야 할 것을 우리는 감안하지 않으면 안 된다.

둘째로 에이즈와 같은 죽음에 이르는 병의 문제를 선교적으로 접근함에 있어서 다차원적인 접근과 복음의 궁극성에 대한 주장은 복음주의의 협소 지향적 전도를 극복하게 하고, 다차원적인 선교적 접근을 가능케 하는 것이 확실하지만, 성경의 내러티브 밖 혹은 교회 밖의 세계(보편사와 창조세계 전체)를 작업장으로 하시는 삼위일체 하나님의 선교 차원이 강화되면서 그와 같은 복음의 궁극성을 주장해야 할 것이다. 정치, 경제, 사회, 문화, 의료기관 등을 통하여 역사하시는 하나님의 선교를 주장할 때, 그리고 이에 응답하는 교회와 인류의 선교를 말할 때, 그와 같은 다차원적인 선교적 접근이 좀 더 힘이 있을 것으로 보일 수 있다. 그러니까 다만 복음주의 입장이 추구하는 다차원적인 선교에 머물러서는 안 될 것이라고 하는 말이다. 역시 몰트만의 주장에서 본 대로 교회 밖의 세계에서도 하나님의 나라가 앞당겨 분별되고, 파편적으로 실현되며, 미리 경험된다고 하는 말이다. 역시 저자는 그 둘의 이분화의 가능성을 풍기고 있다 하겠다.

셋째로 '지혜문학'에 대한 이해를 통해서 저자가 주장하는 '공통지반' 혹은 '교량'에 대한 내용은 매우 중요하다. 사실상 이미 필자가 이 글의 앞부분에서부터 아브라함의 선택, 이 선택 안에서 선택된 이스라엘의 선택, 아브라함을 통해서 이스라엘에 주어진 언약, 모세에게 보여주신 떨기나무 불꽃 가운데의 계시(출 3:14), 출애굽을 통한 구속의 이야기(구속사), 시내 산 언약과 십계명, 그리고 레위기에서 발견되는 예배와 성화와 희년윤리에서 이미 언급한바, 출애굽의 정치경제사회적인 차원과 희년의 경제사회적인 차원들이 특수로서 보편적인 세계의 윤리와 '공통지반' 혹은 '교량'을 발견하는 것으로 보았다. 그리고 필자가 이미 논한 '선교적 백성의 삶'과 '선교와 하나님의 땅'과 '선교와 하나님의 형상'에서도 그와 같은 것이 발견되었다. 그런즉 성경적 내러티브의 특수로부터 보편으로 나아갈 때에, '공통지반' 혹은 '교량'이 될 수 없는 부분은 선택과 구속과 언약뿐이다.

저자는 첫째로 '공통지반' 혹은 '교량'의 근거를 주로 보편적인 창조주 하나님께서 모든 족속들과 모든 문화가 공유하는 하나님이시고, 보편적인 하나님의 형상 역시 모든 족속들과 모든 문화들이 공유하고 있다고 하는 창조신앙에 두고 있다. 둘째로 그것의 근거를,

이스라엘의 특수 신앙과 열방문화들의 종말론적인 합체에도 두고 있다. 장차 열방들이 새 창조 때에 모든 최선의 문화적 성취들을 구속받은 이스라엘과 이방 나라 사람들에게로 가져올 것이기 때문이다. 즉 이스라엘과 열방들의 문화들의 합체는 모든 죄로부터 깨끗해지고, 하나님의 빛 가운데 살며, 그들의 부와 찬란한 문화들을 하나님의 도성 안으로 들여오고, 그들의 구속된 영광과 영화를 하나님의 어린양에게 바치는 그림(계 21:24-27)에서 절정에 도달한다. 하지만 그에게 있어서 이와 같은 '공통지반' 혹은 '교량'의 근거가 성경의 내러티브 밖 혹은 교회 밖에서의 삼위일체 하나님의 선교에 있다고 주장되고 있지는 않았고, 이스라엘과 열방들의 합체 역시 삼위일체 하나님의 선교에 의한 삼위일체 하나님과의 연합으로 이해되고 있지 않았으며, 야훼와 그리스도의 유일신론적인 동질성이 부각되고 있다 하겠다.

끝으로 성경의 텍스트와 텍스트들, 텍스트와 텍스트의 관계, 그리고 이 텍스트와 텍스트들의 맥락만을 중요시하는 라이트의 내러티브 신학은 삶의 역사적이고 사회적이며 경제적이고 문화적인 맥락(성경 밖의 인간의 이야기들)을 소홀히 여기는 경향이 있다. 다음의 인용은 르완다의 이야기(상황 혹은 맥락)를 배경으로 '하나님의 형상'을 해석한 것인데, 그것은 라이트의 '하나님 형상'론을 전제하고 있는 것으로 보아도 좋다.

　　……인권에 대한 기독교적 이해의 기초를 형성하는 인간 존엄성에 대한 에큐메니칼 확언은 두 가지 주된 신학적인 뿌리를 가지고 있다.

무엇보다도 창세기 1:26-27절에 나오는 첫 번째 창조 이야기는 인간이 하나님의 형상과 모양으로 창조되었다고 하는 사실을 확립하고 있다. 인간에 대한 이와 같은 매우 인간론적인 이해는 모든 인간이 하나님 존전에서 불별의 가치를 가지고 있음을 강조하고 있다. 그리고 그것은 하나의 신학적인 확신으로서 그것과 더불어 하나의 불가피한 정치적인 차원을 지니고 있다. 모든 인간이 하나님의 형상을 가지고 있다면, 그 어떤 인간을 목적으로 위한 도구로, 일회용품으로, 혹은 출생과 장애와 심지어 죄로 인하여 하나의 열등한 지위를 지니고 있는 것으로 여기는 그 어떤 문화나 신념도 결코 정당화될 수 없는 것이다. -중략-

이와 같은 확신은 인종멸종의 가해자들과 다른 형태들의 폭력의 가해자들을 취급함에 있어서 진지하고 실천적인 의미를 갖는다. 인간의 존엄성은 심하게 상처를 입을 수 있고, 하나님의 형상이 죄와 폭력에 의하여 파괴될 수는 있으나, 결코 완전하게 파멸될 수는 없다. 그리하여 이와 같은 신학적인 확신은 전쟁 포로들과 전범들을 포함하는 죄수들을 인간답게 취급하도록 보장하는 강력한 인권 관례를 위한 견고한 기초이다. 현재 '반테러 전쟁'을 주도하고 있는 나라들에서 살고 있는 그리스도교인들은 그들의 정부에 의한 잔인한 고문(拷問) 사용, 근본적인 인권에 대한 점증하는 유린들, 그리고 반테러 전쟁이나 국가적 안보를 핑계 삼아 행해지는 정부 차원의 다른 관행들에 저항해야 할 하나의 특별한 의무를 지니고 있다.

인간 존엄성에 대한 두 번째 신학적인 뿌리는 예수 그리스도를 하나님의 성육신하신 말씀으로 고백하는 그리스도교적 고백에서 발견된다. 즉 "말씀이 육신이 되어 우리 가운데 거하시매 우리가 그 영광을 보니 아버지의 독생자의 영광이요 은혜와 진리가 충만하더라."(요 1:14) 그리스도교인들은 나사렛 예수님 안에서 하나님께서 인간의 모습을 취하시어, 거룩한 신비 속에서 인간본성을 신적인 생명과 연합시키셨다고 고백한다. 이와 같은 "그리스도교인들은 신앙으로 예수님의 인간적인 얼굴을 바라보지만 그 안에서 보이지 않는 하나님의 형상과 영광을 본다."[259] 이것은 각 인간이 취급받는 방법의 방향을 가리킨다. 충만한 인성과 충만한 신성으로서 그리스도의 본성뿐만 아니라 그분의 사역도 주변화되었고 힘을 잃은 사람들과 하나의 심오한 연대성을 연출(演出)시키신 것이다. 이런 식으로 "예수님께서는 그들 자신의 사회에서 배제된 사람들과 함께 동행하시는 분으로 발견되기 때문에, 모든 인류에 대한 우리의 이해 역시 사회로부터 주변화된 사람들과의 관계에 대한 지식을 포함해야 할 것이다."[260] 이와 같은 사실은 각 사람의 존엄성과 권리에 대한 긍정과, 인간을 배제하는 구조들과 문화들에 대한 비합법화를 함축한다.[261]

10. '제14장: 구약성경의 비전에 있어서 하나님과 열방들'과 '제15장: 신약성경의 선교에 있어서 하나님과 열방들'

저자는 제14장 '구약성경의 비전에 있어서 하나님과 열방들'에서 깨어진 인류 공동체(창 11장)가 신약에서는 생명강과 생명나무로 인하여 치유를 받는다(계 22:1-2)고 한다. 방금 지적한 대로 이 이야기는 모든 열방이 모든 죄로부터 깨끗해지고, 하나님의 빛 가운데 살며, 그들의 부와 찬란한 문화들을 하나님의 도성 안으로 들여오고,

---

259) "Ecumenical Perspectives on Theological Anthropology". Faith and Order Standing Commission, Crete, 14-21 June 2005, § 75.
260) Ibid., § 80.
261) Nurturing Peace: Theological Reflections on Overcoming Violence, ed. by Deenabandhu Manchala(Geneva, WCC Publications, 2005), pp.17-18.

그들의 구속된 영광과 영화를 하나님의 어린양에게 바치는 그림(계 21:24-27)에서 그 절정에 도달한다. 즉 열방들이 와서 이스라엘의 구원 역사로부터 은혜를 받고 그것에 대하여 감사를 드리는 것이었다. 그리하여 제14장은 제15장 '신약성경의 선교에 있어서 하나님과 열방들'을 위한 근거요 정당화요 종말론적인 전망이다. 이 둘은 연속성상에 있다. 이미 저지가 지적한 대로 창세기 11장과 계시록 22장 사이에 이스라엘과 교회를 통한 하나님의 열방에 대한 선교가 위치하고 있다(454).

저자는 불신 가운데 있는 나머지 열방들 역시 종말론적으로 오직 구원하시는 하나님이신 야훼께로 돌아올 것이니, 이 열방들은 모든 거짓 신들을 버리고 야훼만을 예배함에 있어서 이스라엘에 합류할 것이다. 이들이 이렇게 할 때, 하나님 자신은 이들을 언약관계에 묶을 것이고, 그 결과 결국 이스라엘과 열방들 사이의 구별이 없어질 것이라고 한다. 구약 역사 안에서 열방들과의 관계에서 이스라엘의 구별과 차이는 꼭 필요한 것이었다. 그러나 하나님의 선교는 열방들이 이스라엘과 하나가 되고 동일화됨에 따라서 그 구별과 차이가 결국 해체되고 말 것이라고 하는 것이다. 오직 신약성경의 복음만이 그와 같은 일이 어떻게 일어날 수 있을 것인가를 말해줄 것이다. 즉 오직 신약성경 선교만이 그것이 어떻게 일어났고, 열방들의 거둬들임이 완전해질 때까지 그것이 계속 어떻게 일어날 것인가를 보여줄 것이다. 이처럼 열방을 위한 하나님의 선교는 종말론적인 완성을 향히여 내달리고 있다(489~500).

제15장의 내용을 살펴보자. 역시 저자는 선택, 출애굽의 구속, 시

내 산의 언약관계, 그리고 이 관계가 요구하는 삶과 예배로서 윤리적인 응답을 구속주를 통하여 알고 있었던 이스라엘은 이 구속주를 동시에 창조주로 믿었으니, 이로써 이스라엘은 이 구속주 하나님께서 또한 모든 다른 이방 나라들을 포함하는 우주 전체의 창조주에 다름 아니라고 믿었다. 그리하여 예수님과 그를 따르는 자들 역시 이와 같은 확신의 터를 공유하고 있었다. 그런데 구약에서 이스라엘은 당분간은 열방들을 이스라엘의 특수 경험으로부터 배제할 것이라고 하는 역사적 현실주의와 놀라운 미래 종말론적인 낙관주의(장차 이스라엘이 그들 자신이 믿는 모든 것 안에 열방들을 포함시킬 것이라고 하는)를 알고 있었다(499~500).

저자는 이스라엘과 모든 열방의 종말론적 회복과 합류를 바라보면서, 종말 이전의 역사 지평 속에서 일어나고 있고 일어나야 할 열방들에 대한 복음전도를 하나님의 선교로 본다. 저자는 '예수님과 열방들', '복음서 기자들과 열방들', '사도행전에 나타난 초기 교회', 그리고 '야고보와 예루살렘의 사도들의 공의회'에서 이방선교에 대하여 논하고, '이사야에 있어서 종'의 개념이 '바울의 종의 선교(the Servant mission)에서 차용되었음'을 논하며, '종으로서 예수님' 그리고 '바울과 종의 선교'에 관련하여 논할 때에, 역시 이스라엘에 대한 복음전도가 우선적이었고, 아브라함 이래로 구약이 바라보는 열방들에 대한 복음의 복이 예수 그리스도에게서 이루어졌으며, 다시 이것이 그의 부활과 성령강림 이후 이방세계에 대한 복음전도인 하나님의 선교로 이어졌다고 한다(506~522).

저자는 '바울과 종의 선교'에서 예수 그리스도를 통해서 '이미' 이루어진 하나님 나라와 이방 나라들에 복음이 전해지고 난 다음에 임할 하나님 나라의 '아직 아님'을 말한다. 즉 예수님께서 십자가와 부활을 통하여 주님과 그리스도로 선포되어야 했기 때문에, 새 시대가 이미 도래하였으니, 지금 여기에 하나님 나라가 있다고 하였고, 그것의 최종적 충만한 상태로는 아니지만. 종말론적인 성전이 하나님의 백성이라고 하는 새로운 공동체 안에서 이미 건축되고 있는 것이다. 바야흐로 열방들은 복음설교와 하나님의 영 부음의 능력으로 이 새로운 공동체 안으로 모여들고 있는 것이지만, 이방선교는 남아 있는 것이다. 이와 같은 맥락에서 바울은 하나님께서 이사야에게 말씀하신 종의 개념을 그리스도에게 적용하였고, 열방들에 대한 선교와 관련하여 자기 자신에게 적용하였을 것이다. 바울은 자신의 선교를 성경적 구원사와 예언의 틀 안에서 확고하게 해석하였다. 종은 왔고, 죽었으며, 부활하셨다. 이와 같은 의미에서 종의 원초적인 선교는 유일회적으로 성취되었지만, 하나님의 구원을 땅 끝까지 전하는 종의 나머지 선교는 아직도 진행 중이다(521).

끝으로 저자는 바울이 바라보고 있는 하나님과 열방들에 관련된 종말론적인 비전을 제시하고 있다. 구약에도 구심력적 운동만이 있는 것이 아니라 원심력적인 운동도 있고, 신약에서도 열방들에게 복음을 들고 나가야 하는 원심력적인 운동만이 있는 것이 아니라 성령을 통하여 예수 그리스도의 몸으로 모이고, 종말론적으로 하나님 나라에로 모이는 구심력적인 운동도 있다고 한다. 저자는 이방인 그리스도교인들이 예루살렘 교회에 헌금을 갖다 바치는 일과 이방인들의 예배를 종말론적인 구심력적 운동으로 보았다. 이미 이와 같은 종말론전인 구심력적 운동은 에베소서 2:11-22절에서 발견된다. 즉 복음이 열방들로 나아간 후(원심력), 이제는 열방들이 그리스도 안으로 (구심력) 모였다고 하는 것이다. 이와 같은 이방선교의 과정에서 이 방인들에게 복음을 갖다 주고 이들을 주님의 몸에 동참케 하는 바울과 교회의 선교는 다름 아니라 이스라엘의 제사장직 역할과 동일하다는 것이다. 바울은 이방선교를 통하여 이방인 그리스도교인들을 하나님께 제물로 드린다고 하였고, 이방선교 전체를, 열방들로부터 이스라엘의 하나님께로 올라가는 과정 가운데 있을 열방들의 거둬들임과 이들의 예배에 관한 구약 예언들의 성취로 보고 있다고 하는 것이다(523~524).

그러나 저자는 구약의 큰 비전에 따르면 이 세상의 열방들이 단순히 이스라엘의 하나님이신 야훼께 예배하고, 제물들을 가져올 뿐만 아니라 이 야훼에 대한 순종을 배울 것이라고 하는 것이다. 열방들 역시 언약법을 이해하게 될 것이고 받아들이게 될 것이며, 야훼의 길을 걸을 것이고, 그의 정의를 행할 것이다(사 2:3). 바울의 과제는 단순히 열방들로 바른 하나님을 예배하게 하고 예수 그리스도의 복음에 대한 신앙을 통하여 구원을 발견하게 하는 것뿐만 아니라 이방인 그리스도교인들의 윤리적 변혁까지도 목표로 하였다(526~527).

그리하여 저자는 "열방들은 이스라엘의 정체성을 함께 나눈다."에서, 구약(여러 예언자들과 시편들)은 열방들이 시온의 일부로 등록될 것이고, 하나님의 재단에서 하나님에 의하여 용납되게 될 것이며, 이스라엘의 이름들과 칭호들을 함께 나눌 것이고, 주님께 연합될 것이며, 하나님의 이름으로 부름을 받을 것이고, 하나님을 그들 가운데 거하게 할 것이라고 하였으니, 이 비전은 궁극적으로 단순히 이스라엘 플러스 열방들이 아니라 이스라엘로서 열방이다(the nations as Israel).

하지만 저자는 종말이 임하기 이전인 역사 지평 속에서 유대인이든 이방인이든 이들이 일단 '그리스도 안에' 있으면, '모두 그리스도 안에서 하나'(갈 3:8)가 되는 것이고, 이로써 모두가 하나같이 아브라함의 영적인 씨에 해딩하는 섯이라고 하였다. 이에 대한 고전적인 해석은 에베소서 2-3장이다. 바울은 유대인들과 이방인들 사이에 실존하는 통일성을 '하나의 새로운 인류'로 거듭해서 강조하고 있다. 십자가를 통하여 이 둘 사이의 담은 해체되어 새로운 공동체가 탄생한 것이니, 그 둘이 함께 그리고 그 둘이 똑같이 동일한 성령을 통하여 하나님께 접근하는 것이다. 바울은 이방인들을 하나님의 이스라엘의 정체성 안에 전적으로 포함시킴을 강조하기 위하여 '성도들과 동일한 시민'(에1 2:19)이요, '하나님의 권속'이라고 하는 말을 사용한다. 그리고 에베소서 3:6절에서는 "이는 이방인들이 복음으로 말미암아 그리스도 예수 안에서 함께 후사가 되고 함께 지체가 되고 함께 약속에 참예하는 자가 됨이다."라고 말씀한다. 유대인들이 종말론적인 이스라엘의 일부가 되는 것은 역시 이방사람들과 마찬가지로 메시아이신 나사렛 예수님을 믿어서 그 공동체에 소속되는 것이다.

그러나 저자는 새 창조, 곧 심판 후 새 하늘과 새 땅에서 모든 언약들이 온전히 이루어짐으로 하나님의 선교가 완성된다고 하면서, 언약의 역사의 주인공들인 노아, 아브라함, 모세, 다윗, 그리고 십사가에서 피를 흘리신 어린양 예수님이 새 창조의 세계에 있다고 하고, 이어서 나머지 모든 열방들이 심판(정화)을 통과한 후, 하나님의 구원으로 인하여 하나님 찬양에 동참할 것이라고 한다. 열방들은 이사야가 그렇게 될 것을 바라본 것처럼(계 21:24, 26) 그들의 역사적인 성취의 모든 부요를 하나님의 도성 안으로 가져올 것인데, 이 도성은 그때에 새 창조 전체의 온전한 범위를 포용할 것이라고 한다. 그리고 성경의 거대담론의 처음 몇 장(章)들에서 인간을 가로막았던 생명강과 생명나무가 그것의 마지막 장에서는 열방들의 치유를 제공할 것이다. 이는 거대담론이 바벨탑의 흩어짐 이래로 항상 갈망했던 것이다(계 22:2). 저주는 창조세계 전체로부터 사라져 버릴 것이다(계 22:3). 그리고 땅은 하나님의 영광으로 충만할 것이고 인류의 열방들은 빛 가운데서 걸을 것이다(계 21:24). 바로 이것이 성경의 거대담론의 영광스러운 절정이다. 그것이 다름 아닌 하나님의 선교의 승리이다(527～530).

이상의 논의에서 두 가지 문제가 제기될 수 있다. 제14장과 제15장에서 하나는 하나님의 선교가 전적으로 복음전도(evangelism)의 의미에서 사용되었다고 하는 것이고, 다른 하나는 새 창조의 세계에서 야훼 중심의 유일신과 그리스도 중심의 유일신이 하나가 되어 새롭게 창조된 만유의 주님이 되실 것이라고 하는 것이다. 전자는 복음전도(evangelism)와 하나님의 선교의 문제요, 후자는 그리스도교적 유일신론과 삼위일체론의 문제일 것이다.

전자에 대하여 먼저 논하자. 필자는 새 창조의 세계에서 완성될 이스라엘과 모든 열방들의 종말론적 구원에 대한 비전을 가지고 이와 같은 종말 이전에 실현되고 있고, 실현되어야 할 이스라엘과 열방들에 대한 복음전도를 하나님의 선교로 보는 저자의 입장을 받아들인다. 특히, 이방세계에 대한 복음전도야말로 다름 아닌 아브라함에게 약속된 "땅의 모든 족속이 너를 인하여 복을 얻을 것이니라."(창 12:3)가 실현되고 있는 것일 것이다. 필자는 이와 같은 의미에서 저자가 주장하는 '복음전도'로서 하나님의 선교를 전적으로 인정한다.

저자는 '복음'을 성경의 중심으로 보는 만큼 복음전도를 중요시 여긴다. 그는 부활하신 예수님의 말씀을 기록하고 있는 누가복음 24장에서 메시아이신 예수 그리스도께서 구약이해의 열쇠가 되셨을 뿐만 아니라 예루살렘으로부터 시작되어 모든 족속들에게 복음전도를 명하신 분이라고 하는 사실을 읽어 낸다. "내가 너희와 함께 있을 때에 너희에게 말한바 곧 모세의 율법과 선지자의 글과 시편에 나를 가리켜 기록된 모든 것이 이루어져야 하리라 한 말이 이것이라 하시고 이에 그들의 마음을 열어 성경을 깨닫게 하시고 또 이르시되 이같이 그리스도가 고난을 받고 제삼일에 죽은 자 가운데서 살아날 것과 또 그의 이름으로 죄사함을 받게 하는 회개가 예루살렘에서 시작하여 모든 족속에게 전파될 것이 기록되었으니."(눅 24:45-47)(참고: 29-30) 여기에서 부활하신 예수님은 자신의 십자가와 부활 그리고 복음전도에 대한 사명이 이미 구약에 기록되었던 것이 이루어지고 있는 것으로 보셨다.

하지만 저자는 이미 그 자신의 글에서 열방들이 받을 복의 범위가 다만 '복음전도' 차원의 것만이 아니라고 하였다. 이미 출애굽과 희년을 통한 하나님의 선교에서 '복음전도'와 같은 영적인 차원민이 있었던 것이 아니리 징치, 경제, 사회적인 차원이 있었고, 경제사회적인 차원도 있었다. 그리고 '선교와 하나님의 땅'과 '선교와 하나님의 형상'에서도 하나님의 선교가 '하나님의 땅'을 배제하는, 그러니까 선교의 생태학적 차원을 배제하는, 개인에 대한 복음전도에 국한되지 않았고, 죄악이 만연한 역사와 사회구조를 떠난 개인주의적인 죄의 문제를 겨냥하는 복음전도에 국한되지도 않았다.

그리고 '지혜문학'에 관련하여도 우리는 이미 '공통지반' 혹은 '교량'에 대하여 언급하였거니와, 선택과 구속과 언약을 제외한 나머지 부분들에 있어서는 열방들의 문화와 접목될 수 있음을 밝혔다. 그래서 그의 하나님의 선교는 단순히 이스라엘과, 나아가서 열방들로 하여금 복음을 믿게 하는 것에만 국한되어 있지 않다. 확실히 그의 하나님의 선교는 총체적이고 통전적인 것으로 이해될 수 있을 것이다. 그럼에도 불구하고 저자의 이와 같은 하나님의 선교는 말하자면 이스라엘과 교회의 복음전도로서 하나님의 선교이다. 그것은 구속받은 하나님의 백성의 총체적이고 통전적인 하나님의 선교이다.

그런데 저자는 성경의 내러티브와 하나님의 백성 밖에 있는 인류의 보편사와 창조세계 속에서 일어나고 일어나야 할 하나님의 선교와 미래 종말론적인 하나님 나라의 앞당겨진 모습들에는 전혀 관심을 기울이지 않는다. 그의 하나님의 선교개념은 성경의 내러티브 안에서 허락되는 한에 있어서의 다차원적인 하나님의 선교인 것으로 보인다. 그래서 필자는 성경의 내러티브 밖에서 그리고 이스라엘과 교회 밖에서 일어나고 있는 일들 혹은 보편사와 창조세계 전체에서 일어나고 있는 일들을 하나님의 선교에 포함시키되, 그것이 성경의 내러티브 안에서 그것의 출발점과 안경과 기초와 표준을 가지고 있다고 본다. 이는 일종의 특수(성경의 내러티브)로부터 보편(보편사와 창조세계)으로 나가는 운동 혹은 전자를 안경으로 후자를 보는 것이라고도 보인다.

하나님께서 아브라함을 선택하시고 이 아브라함 안에서 이스라엘을 택정하시며, 이미 이 아브라함 안에서 이스라엘과 연약을 맺으시고, 출애굽을 통하여 이스라엘을 구속하시며, 시내 산에서 언약을 맺으시고, 이에 대한 응답으로서 윤리와 예배를 요구한다고 하는 성경적 내러티브의 안경을 가지고 인류의 보편사와 창조세계 전체에서 일어나고 있는 하나님의 선교를 보자고 하는 것이다. 이뿐 아니라 '선교와 하나님의 땅', '선교와 하나님의 형상', '선교적 백성의 삶', 출애굽의 다차원적 구속과 희년의 다차원 회복 등이 모두 성경의 내러티브 밖에서 혹은 교회 밖에서 전개되는 보편사와 창조세계 전체를 보게 하는 안경이 될 수 있을 것이다. 우주만물의 창조주시요 모든 인간의 형상이신 하나님께서는 성경의 내러티브 안에서 일어난 것이 그것의 밖에서 일어나기를 원하실 것이다. 그렇게 인류의 보편사와 창조세계를 인도하실 것이다. 인류의 보편사와 창조세계에 대한 심판들과 저주들에도 불구하고.

따라서 저자에 따르면 열방들의 흩어짐(창 11)과 열방들의 치유(계 22) 사이에 끼어 있는 것이 하나님의 선교요, 하나님의 백성의 하나님의 선교에 대한 참여의 역사인데, 저자는 이 둘 사이에서 부각되어야 할 인류 보편사와 창조세계 전체를 통하여 맥박치고 있는 하나님의 선교에 대해서는 아랑곳하지 않는다. 이제 이 글은 18세기 계몽주의에서 제1차 세계대전 때까지의 모더니즘이라고 하는 인류의 보편사 속에서 하나님 나라에 대한 미리 맛봄, 파편들, 징표들, 그리고 그것을 구현하는 도구들이 발견된다고 하는 점을, 몰트만의 신학에서 찾아보고자 한다. 그는 인류역사 전체가 삼위일체 하나님의 선교에 의해서 진행되고 있다고 보기 때문이다.

몰트만은 복음과 교회를 보편사의 흐름으로부터 분리하려는 맥락에서 계몽주의를 무시하는 라스무쏜[262]의 입장에 반대하여 모더니즘의 부정적인 하부 구조에도 불구하고 '그것의 미완의 기획들'(하버마스)을 완성시켜야 한다고 하는 입장을 보인다. 라스무쏜의 몰트만 비판은 전적으로 그의 과격파 종교개혁 전통과 특히 요더와 하우어워즈 등의 현대 과격파 종교개혁신학 전통에 입각한 것이다. 필자가 보기에 라이트의 입장은 그가 주장하는 하나님의 백성의 하나님의 선교에의 참여에 있어서 라스무쏜처럼 분리주의를 지향하는 것은 아니지만, 아래에서 제시된 몰트만의 라스무쏜에 대한 응답에서 보인 대로 그렇게 '모더니즘'이라고 하는 보편사 속에서의 하나님의 선교를 주장하지는 않는 것으로 보인다.

첫째로 계몽주의의 유산으로서 '역사에 대한 진보'와 '자연과 권위와 억압으로부터의 해방(emancipation)'과 같은 모더니즘의 유산에 관하여 몰트만은 하버마스와 더불어 비록 그것이 미완성으로 남아 있었음에도 불구하고, 그것의 파란 싹들을 살리는 경향이고, 이를 하나님 나라의 징표들과 그것을 일구는 도구들로 본다. 후론하겠거니와, 그는 그와 같은 모더니즘의 유산 역시 기독교 전통을 배경으로 하고 있다고 도처에서 주장한다. 예컨대 미국의 독립선언문에 나타

---

262) Arne Rasmusson, The Church as Polis(Notre Dame, Indiana: University of Notre Dame Press, 1995).

난 '태어날 때부터 자유롭고 평등하다'고 하는 내용과 프랑스 혁명의 '자유, 평등, 형제애(공동체성)' 등과 같은 모더니즘의 민주주의적 가치들이 미완성(incomplete)의 가치들이지만 이와 같은 것들이 완성되어야 한다(complete)고 보는 것이다.

둘째로 라스무쏜은 그의 '대조사회' 혹은 '대안사회'로서의 교회의 공동체성을 내세우는 입장에서 몰트만 신학에 있어서 '개인주의' 측면이 있다고 비판하지만, 몰트만은 모더니즘의 유산 가운데, 당시 왕정체제의 억압구조에 대항했던 '개인의 자유'와 '개인의 인권', 그리고 민주화되고 산업화된 사회 속에서의 '개인의 주체성' 같은 가치를 완전한 가치는 아니지만, 이를 매우 귀하게 여기는 입장이다. 즉 이와 같은 개인의 자유와 인권과 주체성이 공동체성(inter-subjects)을 통하여 완성되어야 한다는 말이다. 역시 하버마스의 '계몽주의의 불완전한 기획(the incomplete project of the Enlightenment)'을 받아들이는 입장이다. 셋째로 '인류의 힘'에 대해서는 성령과 메시아이신 예수 그리스도께서 역사 속에 내재하신다고 하는 주장으로 몰트만은 라스무쏜을 반론한다.

넷째로 '인권과 자연의 권리'에 관하여 몰트만은 역시 모더니즘의 미완성의 개인적 인권 개념을 그의 후기 저서들에서 완성시킴은 물론, 이를 자연의 권리와 합류키고 있다. 특히, 몰트만은 『인간의 존엄성』[263]에서 모더니즘적인 '인권'의 신학적인 근거를 논하였고, 인

---

263) 참고: Juergen Moltmann, On Human Dignity, tr. Douglas Meeks (Philadelphia: Fortress Press, 1984), pp.7 이하. 본 저서 안에는 1970년대부터 1980년까지의 글들이 실려 있다.

간의 하나님 형상론(아직은 사회적인 삼위일체 하나님의 형상으로서 이간이해가 나오기 전이지만)에 근거한 인권론을 전개하고 있다. 즉 그는 미국 혁명과 프랑스 혁명의 인권이 단순한 계몽주의 유산이 아니라 기독교 전통의 열매로 보기 때문이다. 따라서 보편적인 가치로서 인권, 그리고 모더니즘적 개인의 인권을 가치 절하하는 라스무쏜의 주장과 달리, 몰트만은 그와 같은 가치들을 가치 절상하며 동시에 교회의 그것에의 참여를 '하나님의 선교(missio Dei)'의 입장에서 매우 강조하고 있는 것으로 보인다.

끝으로 라스무쏜은 대안사회(an alternative society)로서의 교회와, 특수 공동체인 메시아적 공동체의 특수 윤리(산상수훈사도적 훈령들과 같은 덕목들)를 표준으로 자본주의와 사회주의(마르크스주의든 신마르크스주의든)를 비판한다. 마치 그가 이와 같은 관점에서 인류 보편의 보편타당한 인권을 비판한 것처럼 말이다. 그러니까 라스무쏜은 '대안사회로서의 교회'가 민주주의적 사회주의이든 사회주주의적 민주주의이든 혹은 '탈중앙집권적이고 연방적인' 사회사상과 이와 관련된 '밑으로부터의 사회변혁' 사회사상이든 보편사에서 진행되고 있는 사회변혁이나 정치변혁이나 문화변혁에 결코 동참해서는 안 된다고 하는 입장이다. 그가 말하는 '도덕적 사회주의'란 결국 대안사회로서의 교회 공동체를 가리키고, 이 종말론적인 공동체의 덕목들과 윤리를 기성권력과 사회구조에 대한 비폭력적 저항으로 구현해 나가야 한다고 하는 말이다.[264]

---

264) 이형기, "모더니즘과 포스트모더니즘 논의에서 본 몰트만 신학"(서울: 한들출판사, 2006), pp.79-81.

그리고 몰트만은 『혁명, 종교, 그리고 미래』에서도 프랑스 혁명을 높이 평가하는 의미에서 모더니즘을 통한 하나님의 선교를 무시하지 않는다. 그는 프랑스 혁명이 지향했던 민주주의 이상들과 산업화(초기)의 부정적인 측면들에도 불구하고 그것이 지니고 있는 좋은 점들을 귀하게 여기고, 헤겔과 다윈과 마르크스가 보여준 역사에 대한 위기의식과 모더니즘 내에서의 모더니즘 극복의 징후들 또한 결코 가치 절하하지 않는다. 그래서 몰트만은 이와 같은 모더니즘의 미완의 기획이 보편 역사 속에서 구현되어야 할 가치들로 보는 것이다. 그는 이와 같은 모더니즘 초기의 가치들을 기독교적인 배경에서, 그것들을 '희망의 비전들'로 보고 있기 때문이다. 몰트만은 그의 '평화, 정의의 열매'에서 역시 이와 같은 모더니즘의 미완의 기획은 교회와 보편사와 창조세계 속에서 계속해서 구현되고 완성되어야 할 것으로 볼 것이다. 그도 그럴 것이 '성화와 파송', '메시아적 샬롬' 그리고 '체데카'가 그것을 포괄할 것이기 때문이다. 특수가 보편을 포괄하는 방식으로 혹은 특수에서 보편을 보고 역으로 보편으로부터 특수로 귀환하는 방식으로 말이다.

대체로 푸코, 데리다, 리요타르와 같은 극단적인 해체주의적 포스트모더니스트들은 하버마스의 주장에 반대하여, 미국 혁명과 프랑스 혁명의 민주주의적인 가치들이 결코 보편타당한 가치들이 될 수 없다고 주장한다. 이들에게는 이와 같은 것들이 기껏해야 그 당시 정치적이고 사회적이며 문화적인 상황의 소산으로서 지극히 상대적인 것이요, 제한된 시각에 의한 것일 것이다. 우리는 이들과 더불어 미국 혁명과 프랑스 혁명의 역사적이고, 정치적이며, 사회문화적인 상황을 아무리 연구해도 충분하지 않을 것이다. 하지만 몰트만은 오늘날에도 제3세계와 여성들과 흑인들과 소수민족들과 자연이 정치적이고 경제적이며 사회적이고 문화적인 억압 속에서 평화를 누리지 못하고 있는 것으로 보아, 아직도 이들의 부르짖음은 미국 혁명과 프랑스 혁명의 그것과 연속성상에 있는 것으로 본다.

때문에 몰트만은 하버마스와 더불어 이와 같은 프랑스 혁명의 민주주의적 가치들을 보완하고 있다. 그는 모더니즘의 개인주의적 자유와 평등을 극복하기 위하여 '형제애'를 공동체성으로 받아들이면서 이를 확장하여 그와 같은 민주주의의 가치들의 공동체를 통한 실현을 힘주어 말하고 있는 것이다. 특히, 그는 구약의 언약 공동체 전통과 16세기 개혁 전통과 17세기 청교도 전통의 계약 공동체를 언급하면서, 하나님과 인간 사이, 인간들 사이, 정부와 국민 사이뿐만 아니라 인간과 땅(혹은 자연) 사이의 계약 공동체를 주장한다. 그리고 이것은 연방제적 공동체의 근거이기도 하다. 하지만 역시 몰트만에게 있어서 아쉬운 점이 있다면, 아무리 프랑스 혁명의 민주주의적 가치들이 기독적 배경을 지녔고, 공동체론에 의해서 보완된다 하여도, 만약에 그가 그것의 보편타당성과 객관성과 절대성을 주장하면서, 아시아와 아프리카의 다양한 정치적, 사회적, 경제적, 문화적 상황들에 대한 고려 없이 그것들을 그대로 그곳에 옮겨 놓으려 한다면, 거기에는 무리가 따를 것이라고 하는 점이다. 비록 우리가 몰트만과 더불어, 미국 혁명과 프랑스 혁명의 가치들을 메시아 왕국과 하나님 나라의 표지판들이요, 파편들이요, 미리 맛봄들이요, 그것의 도구들로 이해한다고 해도 그렇다는 말이다.

끝으로 후자(성경적 유일신론과 삼위일체론)에 대하여 논하자. 저자는 성경적 거대담론의 총결산으로서 새 하늘 새 땅에서 이스라엘과 열방들이 새롭게 하나가 되어 결국 오직 야훼 하나님의 주권하에 살면서 그를 영원토록 예배하고 송영할 것으로 보고 있다. 바로 여기에서 야훼와 삼위일체 하나님과의 관계가 문제이다. 이미 저자는 야훼 유일신주의가 "그의 삼위일체적 게시의 충만함에서 알려지신다."고 하였거니와, 이제 저자는 그의 저서의 결론 부분에서는 열방들이 이스라엘이 받은 모든 축복에 동참하게 하기 위하여 삼위일체 하나님의 통일성으로서 야훼만을 제시하고 있다. 역시 문제는 저자가 '성경적 유일신주의(biblical monotheism)'에 집착하고 있다고 하는 부분이다. 물론, 모세가 시내 산에서 경험한 하나님은 신비에 싸여 있는 삼위일체 하나님으로서 오직 인성으로 덮여 있는 그의 말씀을 통해서만 인간과 소통하셨다. 분명 구약의 야훼는 '나와 너(I-Thou)'의 인격적인 관계를 맺으시는 하나님이심에도 불구하고 우리의 경험을 초월하는 아포파틱[265] 하나님이시다. 로스키는 나지안주스의 그레고리의 글을 가지고 이와 같은 신비에 싸여 있는 삼위일체 하나님에 대하여 주장한다.

……그러나 눈을 떴을 때, 나는 그분을 겨우 뒷모습으로만 알아볼 수 있었다. 그리고 그의 뒷모습은 바윗돌, 다시 말해서 우리의 구원을

---

[265] 동방교회의 신학전통(특히, Palamas)에서 인간의 언어와 사고로 이해되고 표현되는 하나님은 '카타파틱 하나님'이시고, 그렇지 않은 하나님은 '아포파틱 하나님'이시다.

위해서 성육신하신 말씀의 인간성으로 덮여 있었다. 나는 그 자신에 게만, 다시 말해서 거룩한 삼위일체 하나님께만 알려지는 최초의 극도로 순수한 본질을 관상할 수 없었다. 왜냐하면 나는 지성소에서 헤루빔들이 가리고 있는 보이지 않는 분이 아니라 단지 우리를 향해 내려오시는 피조물들 안에서 드러나신 하나님의 위대함만을 관상할 수 있기 때문이다.266)

그러나 라이트는 이상과 같은 동방교회의 신학자들과 WARC와 몰트만이 추구하는 세 위격의 다름과 차이 그리고 그것의 상호 내주적이고 상호 교류적인(perichoretic) 공동체성을 아랑곳하지 않는다. 이 맥락에서 라이트는 아들을 통하여 아버지와의 연합을 가능케 하시는 성령의 코이노니아와 성령기독론(the Spirit-Christology)에 대해서도 언급하지 않았다. 비록 라이트가 모세가 경험할 수 없으나 경험한 하나님은 다름 아닌 예수 그리스도를 통하여 성령의 사역으로 계시된 삼위일체 하나님이라고 하는 것을 인정은 하였으나, 구약에서 장차 구속을 담당하실 야훼의 종(사 53), 장차 성령으로 계시될 루아흐 야훼, 그리고 예수 그리스도와 성령을 통한 하나님의 내주를 말하는 쉐키나가 이미 구약 안에서 삼위일체의 위격상의 차이를 암시하고 있음에도 불구하고 이와 같은 사실에 유의하지 않았다. 이제 아래에서 필자는 새 창조의 세계 안에서 삼위일체 하나님의 페리코레시스적 공동체에 만유가 공간 차원에서 동참한다고 하는 몰트만의

---

266) Oratio XXVIII(theologica II), 3, P.G., t. 36, col. 29 AB. 재인용: 동방교회의 신비신학에 대하여. 블라디미르 로스끼 / 박노양 역(한국장로교출판사, 2003), pp.49-50.

주장을 인용한다.

……만약에 하나님께서 그의 창조 안에 거하시며 그의 안식에 이르게 하기 위하여 그의 그리스도와 성령을 통하여 스스로 그의 창조 안으로 들어가신다면, 하나님께 버림받은 죄인들의 상태가 그를 통하여 극복될 뿐만 아니라 하나님으로부터이 고립과 죄로 인하여 야기된 그의 창조의 거리와 공간도 극복된다…….

창조의 공간은 두 가지라고, 곧 하나는 피조물들이 활동하는 공간이요 다른 하나는 그들에게 양보된 하나님 안에 있는 거주 공간이다. 후자에 관하여는 '주님은 이 세상의 거주 공간이시다.' 유대교와 기독교의 쉐키나 신학을 기술하였으니, 이제 우리는 다음과 같이 보충하여 말할 수 있다. 즉 창조는 하나님의 거주 공간이 되도록 되어 있다. 그의 백성과 성전, 그리스도와 성령 안에 있는 하나님의 내주의 역사는 하나님의 영광의 보편적인 거하심과 그것의 계시에서 그것이 완성될 것을 가리키고 있다. "온 땅이 그의 영광으로 가득하다."(사 6:3)……이리하여 온 창조가 하나님이 그 안에 거하실 수 있는 하나님의 집, 하나님의 성전이 되며, 하나님이 그 안에서 쉴 수 있는 본향이 된다. 모든 피조물이 직접적으로 그리고 중재되지 않고 그의 내주하시는 영광에 참여하여 이를 통하여 그 자신이 영광스럽게 된다. 그들은 그의 신적인 삶에 참여하여 이를 통하여 영원히 산다. ……태초에 창조자가 자기를 그의 창조의 거주 공간으로 만드신 것처럼 종말에는 하나님의 새 창조가 그의 거주 공간이 된다……. 267)

---

267) Juergen Moltmann, The Coming of God: Christian Eschatology. tr. by Margaret Kohl(Minneapolis: Fortress Press, 1996)(독일어판, 1995), pp.306f.

위와 같은 하나님과 창조세계의 상호 내주의 관계에 있어서 하나님과 창조의 세계는 혼동됨이 없이 각자의 정체성과 특수성을 상실하지 않는다.268) 그리고 삼위일체 하나님의 경세 차원의 '자기분화 (self-differentiation)'는 더 이상 없을 것이고, 그리스도께서 나라를 아버지께 양도해 드린 후, 홀로 하나님께서 '모든 것 안에 모든 것' 이 되실 것이 확실하겠으나, '이와 같은 영광 속에서도 하나님은 여전히 삼위일체 하나님이시다.'269)

---

268) Ibid., p.307.
269) Ibid., p.306.

총괄적 결론

1. '제1장: 교회의 개혁·갱신 → 기독교의 확장 → 교회의 분열 → 교회일치추구 → 하나님의 선교에서'

본 장(章)은 루터와 칼빈으로 대표되는 16세기 종교개혁과, 18~19세기 복음주의 각성운동과 복음전도의 역사를 통해서 개혁·갱신 → 기독교의 확장 → 교회의 분열 → 교회일치추구라고 하는 패러다임을 발견하였고, '하나님의 선교'는 20세기에 등장하였다고 하는 사실을 밝혔다. '하나님의 선교' 신학은 칼 바르트의 영향을 받은 하르텐슈타인과, 공식적으로는 1952년 빌링겐 IMC의 공식 보고서에서 출발한 것으로 보인다. 비록 '하나님의 선교(missio Dei)'란 말이 빌링겐 IMC에는 나오지 않고, 그것의 내용만이 소개되고 있으며, 그 용어(missio Dei)가 최초로 사용된 것은 하르텐슈타인에 의해서였고, 이어서 휘체돔에 의해서도 사용되었지만 말이다.

'하나님의 선교'의 기원과 발전에 대해서는 제3장에서 본격적으로 논의되었고, 본 필자는 여기에서 20세기의 '하나님의 선교'가 16세기에서 19세기에 이르는 기독교 역사 속에서 발견되는 '개혁·갱신 → 기독교의 확장 → 교회의 분열 → 교회일치추구'를 전제하고 있고, 전자와 후자는 불가분리한 관계망 속에 있다고 하는 점이 교회사적으로 그리고 신학적으로 정당화되고 강조되었다. 그리하여 이 글은 '복음전도' 전통과 '하나님의 선교' 전통을 분리하지 않았고, 전자를 선호하고 후자는 배격하는 입장이나 후자만을 고집하고 전자를 무시하는 두 가지 입장 모두에 대하여 비판하였다. 그런즉 이것은 교회사적이고 삼위일체 신학적인 관계망 혹은 웹으로 이해되어야 한다.

2. "제2장: '하나님 → 교회 → 세상'으로부터 '하나님 → 세상 → 교회'로의 패러다임 이동"에서

본 장(章)은 아우구스티누스, 루터와 칼빈, 그리고 18~19세기 개신교 신학의 기본적인 패러다임을, 교회와 세상의 이분법을 전제하는, '하나님 → 교회 → 세상'이라고 하는 패러다임으로 보았고, 칼 바르트와 몰트만의 신학이야말로 '하나님 → 세상 → 교회'의 패러다임을 추구하고 있는 것으로 보면서, 역대 에큐메니칼 운동의 공식문서들 역시 그와 같은 패러다임을 보이고 있다고 하는 사실을 제시하였다. 하나님께서 이스라엘과 교회를 그의 생명을 주시기까지 사랑하심은 인류역사와 창조세계에 대한 그의 구원목적 때문이라고 하는 것이니, 이것이 다름 아닌 '하나님 → 세상 → 교회' 패러다임의 의미요, '하나님의 선교' 신학 역시 이와 동일한 패러다임을 가지고 있는 것으로 보았다. 하나님은 이 세상을 그렇게 사랑하셔서, 이스라엘과 교회를 택하신 것이다. 그리하여 이 글은 본 장에서 '하나님 → 세상

→교회'라고 하는 신학적인 패러다임을 칼 바르트와 몰트만 신학에서 찾았고, 나아가서 에큐메니칼 운동의 공식적인 결과물들에서 제시하였다.

그런데 필자가 에큐메니칼 운동의 공식문서들에서 발견한 것은 '복음전도'로부터 '하나님의 선교'로의 확장이었고, 나아가서 '복음→삼위일체적 복음→하나님의 선교'였다. 필자는 여기에서 비록 1928년 IMC를 계기로, 그리고 탐바람 IMC와 휫비 IMC를 거쳐 1952년 빌링겐 IMC에서 세계적으로 '선교'개념과 '선교신학'의 개념이 패러다임 이동을 한 것으로 보면서도 현금에 이르기까지 에큐메니칼 선교운동의 공식문서들 속에서 '복음전도'가 결코 배제되어 있지 않다고 하는 사실을 지적하였다. 동시에 신앙과 직제, 세계선교운동, 삶과 봉사운동을 통하여 얻어진 공식적인 결과물들을 역사적으로 검토해 볼 때, '복음→삼위일체적 복음→하나님의 선교'라고 하는 패러다임이 발견되었다. 역시 우리는 여기에서 '복음'과 '복음전도' 그리고 '복음'과 '삼위일체 하나님' 그리고 '하나님의 선교'가 불가분리한 관계망 혹은 웹 속에 서로 맞물려 있다고 하는 사실을 발견하였다. 따라서 필자는 '복음'만을 내세우고, '삼위일체론'을 배격하는 입장을 거부하고, '삼위일체론'만을 내세우고 '복음'을 소홀히 여기는 입장을 비판하며, '복음전도'만을 주장하고 '하나님의 선교'를 거부하는 입장이나 후자에 집착한 나머지 전자를 무시하는 입장도 거부한다.

3. '제3장: 하나님의 선교의 기원과 발전: 빌링겐 IMC(1952)로부터 오늘에 이르기까지'에서

본 장(章)은 에큐메니칼 운동에 나타난 '복음전도로부터 하나님의 선교로의 확장', 그리고 '복음 → 삼위일체적 복음 → 하나님의 선교'를 보충하였고, 무엇보다도 '하나님의 선교' 신학의 기원과 발전을 역사적으로 제시하였는데, 에큐메니칼 운동사의 공식문서들뿐만 아니라 제2바티칸 공의회 문서 중 선교문서와 동방정교회의 공식적인 선교문서, 나아가서 복음주의 세계대회의 공식문서들을 소개한 이유는 에큐메즘이 지향하는 '하나님의 선교' 신학을 좀 더 균형 있게 부각시키려는 데에 있었다. 특히, 복음주의자들의 문서를 소개한 이유는, 이 문서들이 교회의 사회적 책임을 상당히 힘주어 선언하고 있음에도 불구하고, '하나님의 선교' 신학이 추구하는 신학적인 특징들을 결여하고 있다고 하는 사실을 지적하기 위해서였다.

필자는 '하나님의 선교'의 기원과 발전에서 그것이 20세기 중반에 기원하였음을 지적하였고, 그것의 특징으로 이미 8가지 신학적인 특징들을 제3장의 결론 부분에서 정리하였다. 이를 다시 결론식으로 지적한다면, 하나는 파송의 삼위일체론을 강조하면서 선교의 주체와 기원과 목적을 삼위일체 하나님께 둠으로써, 18~19세기적 '복음전도' 시기의 교회 중심적인 복음전도의 선교개념과 한국 개신교의 복음전도의 선교개념을 비판해야 한다. 둘은 하나님의 선교는 구속사적 필연성과 미래 종말론적 완성과의 긴장 속에서 성령의 보내심에 따르는 교회의 '사도직 수행'에 의하여 진행된다고 하는 점이다. 대부분의 에큐메니칼 선교문서들과 제2바티칸 공위회의 선교문서와 정교회의 선교문서들은 모두 '하나님의 선교' 논의에 있어서 이와 같은 구속사적 필연성과 미래 종말론적인 완성과 '이미'와 '아직 아님' 사이에서 성령의 역사에 따르는 교회의 사도직 수행을 한 목소리로 주장하고 있다. 그리고 1989년 산 안토니오 CWME에서 보면, '창조세계 보전'의 문제가 '하나님의 선교'에 포함되는바, 우리는 향후 '창조세계 보전'의 문제를 '하나님의 선교'에 포함시켜야 할 것이다.

셋은 구속사적인 배경을 지닌 복음, 구약의 구속사를 잇는 메시아적 복음이해, 그리고 구약의 구속사를 성취하면서 또 미래의 성취를 바라보는 샬롬의 하나님 나라 희망, 그리고 이 구속사를 배경으로 성령강림에 의한 사도직 수행 등 구속사적 복음이해를 하나님의 선교신학의 특징으로 제시하면서, 이를 결여하고 있는 복음주의자들의 '복음전도'의 약점을 비판해야 한다. 넷은 하나님의 작업장을 주로 교회로만 생각하는 '복음주의 전도'의 신학과 달리, '하나님의 선교'의 선교의 장은 정치, 경제, 사회, 문화, 창조세계 등 인류의 보편사와 창조세계 전체를 아우른다고 하는 사실을 발견하였다. 다섯은 '복음전도'를 하나님의 선교의 신학에 포함시켜야 하는 것을 제안하면서, 그것이 삼위일체 하나님의 선교, 미래 종말론적이고 현재 종말론적인 하나님 나라, 그리고 성령의 역사에 따른 그리스도의 선교를 전제해야 하고 하는 사실을 강조해야 한다. 복음전도를 포함하는 교회의 선교는 성령의 역사를 통한 그리스도의 선교에 동참함으로써 삼위일체 하나님의 선교에 동참하는 선교이다.

여섯은 제2바티칸 공의회 선교신학이 파송의 삼위일체론, 구속사적 배경, 종말론적인 비전, 그리고 넓은 의미에서 인류역사에의 참여 등 에큐메니칼 운동이 지향하는 '하나님의 선교'에 접근하고 있고, '복음전도'를 강조하는 점에서는 복음주의자들의 선교개념과 유사한 것으로 보인다. 일곱은 정교회의 공식적인 선교신학을 소개하면서, 그것이 제2바티칸 공의회의 틀과 대동소이하면서, 서방교회인 로마 가톨릭교회는 파송의 삼위일체 신학이 강하고, 정교회는 선교의 삼위일체론적 기원과 기독론적인 실현과 성령론적인 완성 모두에 있어서 '생명의 코이노니아'가 결정적으로 중요하다고 하는 사실을 제시하였으며, 나아가서 성령에 의한 하나님의 선교 수행을 통한 하나님 나라 완성을 부각시켰다. 때문에 동방교회는 파송의 삼위일체론에 따른 교회의 역사 참여와 사회참여와 창조세계 보전을 강조하는 서방교회의 전통으로부터 배울 것이 있고, 서방교회는 정교회의 '생명의 코이노니아' 차원을 회복해야 할 것으로 보인다.

끝으로 여덟째로 『오늘날 교회일치 안에서 선교와 복음전도』는 1990년대의 상황과 JPIC 전통의 영향으로, 특히 시장경제의 지구화와 포스트모더니즘에 대응하여 『선교와 복음전도: 하나의 에큐메니칼 확언』(1982)보다는 '하나님의 선교'를 좀 더 힘주어서 말하고 있다. 그리고 이 문서는 "그리스도교인들은 메타노이아를 통하여 '그리스도의 마음을 지니고'(고전 2:16), 이 세상 속에서 하나님의 선교의 대행자들이 되며(마 28:19-20, 막 16:15), 하나님의 현존의 징표들을 확인하여 그것들을 증언을 통하여 주장하고, 선한 뜻을 지닌 모든 사람들과 협력하며, 창조세계 전체의 변형을 위해서 하나님과 동역

자들(고전 4:1)이 되도록 부름을 받고 있다."고 하여, '복음전도'를 하나님의 선교 안에 포함시켰다. 물론, 이 문서 역시 다른 에큐메니칼 선교문서에서처럼 구속사적이고 종말론적이며 성령론적인 하나님의 선교에 대한 비전을 제시하였다.

4. '제4장: 생명 공동체로서의 하나님 나라-
하나님의 선교-교회'에서

필자는 방금 위에서 밝힌 '하나님의 선교'의 8가지 신학적 특징들을 사용하면서, 그것을 내러티브 신학과 생명의 신학[270]으로 다시 담아냈다. 특히, 필자는 종전의 하나님의 선교신학이 '창조'를 소홀히 여기고 '역사'에만 집중했던 것을 감안하여 구속사와 창조세계의 회복을 한데 묶어야 한다고 생각하면서 내러티브 신학을 사용하였고, '역사'와 '창조'가 서로 직물처럼 짜여 있고, 정치, 경제, 사회, 문화 등 다차원적인 삶의 세계가 하나의 관계망이요 웹이라고 하는 포스트모던적 생각을 가지고 '생명'을 정의하였다. 따라서 '생명 공동체로서의 하나님 나라'에서 '생명'은 통전적이고 총체적인 개념이요, 단세포적이 아니라 서로 간에 얽혀 있고, 맞물려 있으며, 상호성과 상호 의존성을 지닌 관계망이고, 직물, 혹은 웹과 같은 살아 있

---

270) 1994년 1월, WCC 중앙위원회는 '생명의 신학: JPIC 프로그램'을 인정하여 풀뿌리와 국가들 차원의 JPIC 경험과 실천을 초국가적 그리고 세계적 차원의 그것으로 끌어올릴 것을 요구하였다.

는 역동적 실재를 뜻한다.

필자는 내러티브 신학을 사용하여 에덴동산의 이야기에서 하나님과 인간과 자연이 함께 어우러지는 총체적 생명 공동체를 제시하였고, 그것이 마지막 때에 새 창조의 세계에서 온전히 회복되는 것을 내다보았다. 따라서 우리는 단순히 '상실된 낙원(the Paradise lost)'로부터 '회복된 낙원(the Paradise regained)'으로 과거 지향적 회복이 아니라 현 창조세계와의 불연속성 속에서 그 어떤 신비로운 연속성(지상적이고 역사적인 예수님과 부활하신 주님 사이의 관계처럼)을 지닌 새 하늘과 새 땅을 미래 지향적 종말론적인 희망으로 보았다. 그리고 필자는 여기에 더하여 구약에서 신약으로 이어지는 구속사를 창조회복의 역사와 함께 짜인 것으로 논구하였는데, 구약에서부터 이 구속의 역사가 삼위일체 하나님의 구속의 역사임을 감안하였다. 그리하여 창조, 타락, 구속의 역사, 그리고 미래 종말론적인 비전이야말로 성경 전체를 꿰뚫는 성경의 큰 맥이요, 이것이 다름 아닌 내러티브 신학의 초석이다.

그래서 이 글은 창세기 3-11장과 계시록 21-22장 사이의 모든 하나님의 활동을 하나님의 선교로 보았다. 물론, 삼위일체 하나님의 창조와 구속과 성화 및 종말론적인 완성이 모두 하나님의 선교요, 주님께서 재림하시어 모두 부활하고 심판을 받은 후 새 하늘과 새 땅이 전개되는 때에는 더 이상 하나님의 선교는 있지 아니할 것이다. 그런데 이 글은 주로 인류의 타락과 창조세계의 피해로부터 이것의 온전한 회복 사이에 자리하고 있는 하나님의 선교를 논하였고, 이 사이에서 종말론적인 '샬롬의 생명 공동체'의 미리 맛봄과 징표와 도구인 이스라엘과 교회라고 하는 샬롬의 생명 공동체의 하나님의 선교에의 참여로서 선교를 논하였다. 따라서 이와 같은 삼위일체 하나님의 선교에 동참하는 교회의 선교는 역시 '하나님-교회-세상'이라고 하는 구도가 아니라 '하나님-세상-교회'라고 하는 구도 속에 있다. 교회의 선교는 삼위일체 하나님의 창조와 역사에 대한 구속과 구원목적을 위한 도구에 다름 아니기 때문이다. 이스라엘과 교회는 하나님의 창조와 역사를 향한 선교를 위해서 부름을 받았기 때문이다.

이상과 같은 샬롬의 생명 공동체 추구의 신학적인 기초 위에서(제 1부), 필자는 모든 개교회들이 참여해야 할 하나님의 선교에 실천적인 동참으로서 '통전적이고 총체적인 생명교역'(제2부)에 대해서 논하였다. 즉 모든 개교회들은 새 하늘과 새 땅에 대한 소망을 가지고, 생명의 통전성과 총체성(관계망)을 염두에 두면서, 이 글이 본문에서 논한 하나님의 선교에 동참해야 할 것을 제시하였다. 따라서 '1. 민족복음화, 세계선교 그리고 하나님의 선교, 2. 포스트모던 시대에 대응하는 정치의 민주화와 사회정의, 3. 지구화 시대에 대응하는 경제정의 구현, 4. 정의와 평화를 전제하는 창조세계의 회복과 지구생명 공동체의 추구……. 9. 다양성 속에서 코이노니아를 추구' 등과 같은 하나님의 선교의 실천적 과제는 상호 간에 얽혀 있고 맞물려 있으며, 상호 의존하고 있고, 서로 함께 짜여 있는 그물망이요 관계망이어서, 그 어느 하나도 배제되어서는 안 될 것이다. "내가 온 것은 양으로 생명을 얻게 하고 더 풍성히 얻게 하려는 것이다."(요 10:10)에서처럼 하나님의 백성이 더 풍성한 생명을 얻고 더 풍성한 삶을 누리려면, 이상과 같은 9가지 하나님의 선교적 과제가 잘 실천되어야 할 것이다. 이것이 다름 아닌 새 하늘과 새 땅을 배경으로 하는 종말론적인 하나님 나라의 앞당겨진 모습일 것이니, 교회는 그것의 미리 맛봄이요, 징표요, 도구인 것이다. 그리고 인류의 보편사와 창조 세계 속에서도 그와 같은 미리 맛봄과 파편적 징표와 도구가 발견될 것이지만 말이다.

5. 제5장: 『하나님의 선교: 그것은 성경의 거대담론을 푸는 열쇠이다』에서

역시 방금 위에서 논한 제4장에서처럼 '창조'와 '역사'를 아우르는 내러티브 신학, 미래 종말론적으로 완성될 새 하늘과 새 땅에 대한 비전, 그리고 이스라엘과 교회가 타락과 새 창조 사이에서 하나님의 선교에 동참한다고 하는 점을 주장하였다. 그런데 라이트는 위 저서에서 복음전도를 중요시 여기면서도 성경의 '거대담론' 속에서 진행되고 있는 '하나님의 선교(God's mission)' 개념을 가지고 협소 지향적인 복음주의의 선교신학을 극복하였으나, 그의 하나님의 선교신학은 빌링겐 IMC 이후 에큐메니칼 선교운동에서 발견되는 '삼위일체 하나님의 선교'라기보다 구약의 야훼 유일신과 예수 그리스도를 동일시하는 '그리스도교적 유일신(the Christ-centered monotheism)' 혹은 '성경적 유일신(the biblical monotheism)'의 선교를 주장하였다. 비록 라이트가 야훼가 충만하게 계시될 때, 그것이 다름 아닌 삼위일체 하나님이라고 보긴 하지만, 그의 삼위일체론은 야훼와의 동질성과 통일성을 강조함으로써 동방정교가 말하는 삼위의 페리코레시스적 공동체성보다는 삼위의 본질적 통일성을 강조한 것으로 보인다.

하지만 복음주의 신학과 복음주의 선교신학과 관련하여 라이트의 위 저서는 기여하는 바가 크다 하겠다. 첫째로 그는 이스라엘의 선택과 구속과 언약을 주장함으로써 이스라엘과 교회의 정체성과 특수성을 힘주어 말하면서도, 아브라함에게 주신, 하나님의 이방민족들에 대한 구원의 약속(창 12:1-3)을 근거로 하나님의 선교의 궁극적인 목적이 인류역사와 창조세계 회복(새 창조)에 있는 것으로 보아, '하나님-교회(이스라엘)-세계(인류역사와 창조)'라고 하는 구도가 아니라 '하나님-세계-교회'라고 하는 구도를 힘 있게 제시하였다. 둘째로 구속의 출애굽 모델과 희년 모델에서 라이트는 개인구원과 개 교회로 집중하는 복음주의자들의 선교관을 대폭 확장시켰다. 즉 그는 출애굽한 이스라엘이 삶의 총체적인 차원에서 해방을 누렸고, 이와 같은 출애굽 원리의 연장선상에 있는 '희년'에서 사회경제적인 해방을 지향했다고 하는 점을 감안하여 복음주의자들의 복음전도 신학의 한계를 극복하였다.

그리고 '제12장: 선교와 하나님의 땅'과 '제13장: 선교와 하나님의 형상'에서도 라이트는 복음주의자들의 선교신학을 넘어서고 있다. 즉 그는 창조세계에 대한 하나님의 선교에 응답하는 하나님의 형상인 인간의 선교와 회복된 하나님의 형상인 교회의 선교를 언급하였고, 하나님의 형상에 대한 폭넓은 이해를 통하여 그리고 이 하나님의 형상의 하나님 선교에의 동참을 통하여 복음주의자들의 개인주의적인 복음전도의 한계를 극복하였다. 끝으로 그는 '제14장: 구약성경의 비전에 있어서 하나님과 열방들'과 '제15장: 신약성경의 선교에 있어서 하나님과 열방들'에서 특수 공동체요, 대안 공동체요, 대조사회인 이스라엘과 교회가 새 창조의 세계에서 종말론적으로 구원을 얻을 것이고, 모든 인류와 창조세계가 이와 같은 특수 공동체의 구원에 모두 동참할 것을 내다보고 있다. 따라서 그는 이스라엘과 교회, 인류 다양한 문화와 다양한 창조세계가 각각 그 특수성에도 불구하고 모두 새 하늘과 새 땅이라고 하는 배경 속에서 다양성 속에서 통일성을 지향하는 것으로 보았다.

그리고 몰트만의 신학과 에큐메니칼 운동에 나타난 하나님의 선교신학에 비추어 볼 때, 대체로 라이트의 신학은, 비록 그것이 '지혜문학'에서(구약에서 이스라엘의 선택과 구속과 이스라엘에 대한 언약을 제외한 나머지 부분들이) 인류의 보편적인 삶의 세계와 접촉점과 교량을 논하였지만, 보편적인 인류역사와 창조세계 전체에서 실제적으로 일어나고 있는 하나님의 선교에 대한 분별에 대해서는 별로 힘주어서 말하지 않았다. 그래서 필자는 내러티브 신학이 지향하는 대로, 텍스트와 텍스트들(intra-textuality), 텍스트와 텍스트 사이, 그리고 텍스트들과 텍스트들 사이(inter-textuality)를 존중하면서도 이것을 렌즈와 출발점과 표준으로 하여 보편적 세계(인류역사와 창조세계 전체)의 이야기를 텍스트 안으로 끌어들여서 이해하려고 시도하였다. 그러니까 성경의 텍스트와 성경의 컨텍스트만이 중요한 것이 아니라 '보편적인 세계'라고 하는 텍스트와 컨텍스트도 중요하다고 하는 말이다. 그래야 성경의 텍스트가 지향하는 이야기가 풍요롭게 된다고 필자는 생각한다. '출애굽', '희년', '선교와 하나님의 땅', '선교와 하나님의 형상' 등에서 그와 같은 성경해석학이 가능할 것으로 보인다. 예컨대 미국 혁명과 프랑스 혁명과 같은 모더니즘의 역사(보편사) 속에서 발견된 자유, 평등, 박애, 인권 등 민주주의적 가치들이 성경이 그것의 텍스트와 텍스트, 그리고 텍스트와 텍스트 사이에서 말씀하는 그것들에 해낭하는 신학적 개념들과 단절이 아니라 관계 속에 있다고 하는 것이다. 전자와 후자는 신앙이 지식(성경 밖의 이야기들과 경험들)을 추구하고 구원이 성화를 추구해야 하는 입장에서 함께 어우러져야 할 뿐만 아니라 '정의와 평화'가 충만하게 지배하는 샬롬의 생명동동체인 종말론적인 하나님 나라와의 관계에서 상호 불가분리한 관계망 속에 있어야 할 것이다.

6. 신학과 교회의 역사에 있어서 패러다임 이동에 대하여

우리는 본 주제에 대하여도 언급해야 한다. 이 주제는 본 저서 전체를 통하여 중요한 것으로 보이기 때문이다. 토마스 쿤은 『과학적 혁명들의 구조』에 대한 '추이'(1969)에서 패러다임을 정의하기를, '특정 공동체들의 구성원들이 공유하고 있는 신념들, 가치들, 기술들 등의 총체성'[271]이라 하였다. 이처럼 자연과학에서 사용하는 '패러다임' 개념을 한스 큉은 '해석, 설명, 이해의 모델'[272]로, 토랜스는 '인

---

271) Thomas Kuhn, The Structure of Scientific Revolutions(Chicago: The University of Chicago, 1962), p.175.
272) Hans Kueng, Theology for the Third Millennium(New York: Doubleday,

식의 틀'로, 반 후이스틴은 '전거의 틀'로, 그리고 히베르트(Hiebert)는 '신념체계'[273]로 각각 이해하면서 이 개념을 인문사회과학과 신학에 적용하였다. 그런즉 이와 같은 인문사회과학과 신학에 적용된 '패러다임' 개념에 따라서 '하나님의 선교' 개념을 생각할 때, 그것은 칼 바르트 등 '신정통주의' 신학과 에큐메니칼 운동에 나타난 신학을 선호하는 교회 공동체 안에 있는 신학자들(특히, 선교신학자들)의 신학적인 패러다임을 일컫는 것일 것이다. 환언하면, 복음주의자들(1974년 로잔과 1989년 마닐라로 대표되는)과 더욱이는 근본주의자들로 구성된 개신교회들(공동체)의 신학자들에게는 이와 같은 '하나님의 선교'라고 하는 패러다임이 걸맞지 않을 것이라고 하는 말이다. '하나님 → 교회 → 세상'이라고 하는 패러다임과 '하나님 → 세상 → 교회'라고 하는 패러다임의 관계도 마찬가지일 것이다.

분명히 신학과 교회의 역사를 돌이켜 보면, 패러다임 이동들이 있어 왔다. 한스 큉은 '초기 그리스도교적 묵시적 패러다임 → 교부들의 헬레니스틱 패러다임 → 중세 로마가톨릭 패러다임 → 종교개혁적 패러다임 → 개신교 정통주의 패러다임 – 모던 계몽주의 패러다임 → 현대 패러다임(변증법적 신학 + 실존적인 신학 + 해석학적인 신학 + 정치신학 + 해방신학 + 여성신학 + 흑인신학 + 제3세계 신학)'과 같은 신학의 패러다임 이동을 주장하였다.[274] 그런데 한스 큉은 이와 같은 패

1988), p.132.

273) David Bosch, Transforming Mission(Maryknoll, New York: Orbis Books, 1992), p.185.

274) Hans Kueng, "What Does A Change of Paradigm Mean?", in Paradigm Change in Theology: A Symposium for the Future, ed. Hans Kueng

러다임 이동들이 반드시 단절만도 아니요 연속성만도 아니라고 본다. 그는 이렇게 주장하였다.

우리는 신학과 교회의 역사의 변증법적인 해석에 관심을 가지고 있다. 그것은 항상 발생과 소멸, 지식과 인식에 있어서 진전, 하나의 망각, 연속성과 불연속성을 포함하고 있기 때문이다. 그것은 하나의 상대화하는 부정, 하나의 보전하는 긍정, 그리고 지속적인 초월을 포함하고 있다.[275] 복음, 기독론, 삼위일체론, 교회론 등에 대한 신학적인 이해의 역사를 볼 때, 신약성서, 고대교부들의 시대, 중세교회 시기, 종교개혁 시기, 개신교 정통주의 시기, 모더니즘 시기, 그리고 오늘날 20세기에 걸쳐서 그와 같은 주제들이 이해와 해석의 패러다임 이동을 보이면서도 큉이 언급한 대로 '하나의 변증법적인 관계'를 가지고 있는 것도 사실이다.

자연과학의 경우엔, 뉴톤의 세계관과 아인슈타인의 세계관은 전자로부터 후자로의 패러다임 이동이 분명하고 전자의 해석의 틀은 더 이상 과학계에서 타당성이 없는 패러다임이지만, 신학과 교회의 역사에서는 그렇지 않은 경우가 허다하다. 사도들의 복음이해와 루터와 칼빈으로 대표되는 종교개혁의 복음이해와 칼 바르트의 복음이해는 패러다임 이동을 보이면서도, 복음의 기본적인 정체성이 항상 전승되고 있는 것으로 보이고, 삼위일체 하나님에 대한 이해 역시 고대(니케아−콘스탄티노플 신조) 시기와 중세 시기와 종교개혁 시기

---

and David Tracy, trs. Maragret Koehl(New York: the Crossroad Publishing Company, 1989), p.219.
275) Ibid., p.215.

와 근대 시기와 20세기에 이르기까지 패러다임 이동을 보이면서도, 기본적으로 삼위일체 하나님에 대한 예배와 신앙이 계속해서 전승되고 있음이 발견된다. 기독론과 교회론도 그러하며, 종말론에 관해서는 '초기 묵시적 패러다임'과 '중세 로마가톨릭 패러다임' 사이에 상당한 정도로 단절이 있어 보이지만, 중세기의 요아킴과 프란시스칸 승단을 통하여 승계되고 있고, 오늘날엔 몰트만 등에 의하여 전승·발전되고 있는 것으로 보인다.

지금까지 우리가 논한 본문에서 필자는 18~19세기적인 '복음전도'의 패러다임으로부터 '하나님의 선교'에로의 패러다임 이동이 분명히 역사적으로 있었음에도 불구하고, 이 둘이 완전히 단절된 것이 아니라 공존하고 있었고 에큐메니칼 문서들에 있어서는 '하나님의 선교' 안에 복음전도가 포함되는 경우도 있었다고 주장하였다. '하나님 → 교회 → 세상'이라고 하는 패러다임으로부터 '하나님 → 세상 → 교회'로의 패러다임 이동 역시 신학사적으로 확실히 있었음에도 불구하고, 아직도 복음주의 교회들과 근본주의적 개신교들에 있어서는 전자가 지배적이며, 칼 바르트와 몰트만 신학을 선호하고 에큐메니칼 문서의 신학을 받아들이는 진영에서는 후자가 지배적인 것으로 보인다. 그리고 '개혁·갱신 → 개신교의 성장과 확장 → 일치추구'가 '하나님의 선교'가 등장하기 훨씬 이전에 등장한 패러다임임에도 불구하고, 이 둘 사이의 단절을 주장하기 어렵다.

7. '하나님의 선교' 개념의 사용역사

1950년대 이래로 '하나님의 선교' 개념이 한결같이 같은 의미로 사용되어 온 것은 아니었다. 우리 한국 개신교 안에서도 그동안 이 개념에 대하여 모두 같은 생각을 가지고 있는 것은 아닌 것 같다. 어떤 이들은 복음전도와, 개인의 회심과 개교회의 개척과 목회와는 전혀 관계가 없고 다만 정치, 경제, 사회, 문화 차원에서 일어나는 그리스도교인들과 교회의 활동을 생각하고, 어떤 이들은 '복음전도'를 배제한 선교를 단순히 에큐메니칼 운동이 추구하는 '하나님의 선교'로 보며, 어떤 이들은 '창조세계의 보전'을 배제시키고 '역사(정치, 경제, 사회, 문화)' 차원에서만 일어나는 그리스도교인들과 교회의 활동을 하나님의 선교로 생각한다. 그리고 또 어떤 이들은 인류사회와 창조세계 속에서 진행되는 하나님 자신의 선교를 힘주어 말할 것이다.

하지만 '하나님의 선교' 개념이 여러 가지 뉘앙스로 사용되어 온 것을 인정한다고 해도, 이 글이 앞에서 논구한 하나님의 선교신학은 매우 포괄적(inclusive)이고 통전적인 것이었다고 생각한다. 이미 '제3장: 하나님의 선교의 기원과 발전'의 결론 부분에서 8가지로 제시한 바, 하나님의 선교는 파송의 삼위일체론, 구속사적 필연성, 성령의 역사에 따르는 교회의 사도직 수행, 창조세계까지도 포함하는 총체적인 선교의 장, 그리고 미래 종말론적인 비전 등을 그 특징으로 하면서, '복음전도'를 배제하지 않는 것이었다. 그리고 하나님의 선교는 하나님의 선교에 응답하는 교회의 선교를 중요시 여기면서, 동시에 인류의 보편사와 창조세계 속에서 일어나는 하나님의 선교에 의한 하나님 나라에 대한 미리 맛봄과 파편적 징표들과 도구들을 분별하여 그것에 참여해야 한다.

비록 라이트의 '하나님의 선교' 개념이 1950년대 이래로 발전되어 온 에큐메니칼 운동과 제2바티칸과 정교회의 파송의 삼위일체론을 결핍하고 있지만, 그것이 창조세계의 회복을 아우르는 구속사를 중요시 여기고, '창조'와 '역사'의 미래 종말론적 완성을 강조하며, 이스라엘과 교회가 타락과 새 창조 사이에서 하나님의 선교에 응답하는 선교에 힘써야 한다고 보는 점은 매우 훌륭한 것으로 보인다. 더군다나 라이트가 성경의 거대담론을 푸는 열쇠로서 하나님의 선교를 주장한 것은, 이미 지적한 대로 18~19세기 복음주의의 약점들을 극복하게 하는 강점들을 제시하고 있는 것으로 보인다.

· 저자 ·

이형기 · 약 력 ·

서울대학교 문리과대학 종교학과(B.A)
장로회신학대학 신대원(Th.B)
장로회신학대학 대학원(Th.M)
서독 뮌스터대학 신학부
미국 하버드대학 신학부(Th.M)
미국 드류대학 대학원(Ph.D)
미국 뉴욕 엠허스트 한인장로교회 목사
현재, 장로회신학대학 역사신학 명예교수 및 NCCK 신앙과 직제 위원회 위원장

· 주요논저 ·

◆ 저서

『종교개혁 신학 사상: 루터와 칼빈을 중심하여』. 서울: 장로회 신학대학, 1984.
『교회와 사회: 본 회퍼의 작품들을 중심하여』. 서울: 장로회신학대학 출판부, 1987.
『전통과 개혁』. 서울: 대한예수교장로회총회, 1990.
『세계개혁교회의 信仰 白書』(편저). 서울: 대한예수교장로회총회 출판국, 1991.
『정통과 이단』. 서울: 대한예수교장로회총회, 1992.
『세계교회의 분열과 일치추구의 역사』. 서울: 장로회신학대학교 출판부, 1994.
『에큐메니칼 운동사: 세계교회협의회』. 서울: 대한기독교서회, 1994.
『세계교회사』(Ⅰ, Ⅱ). 서울: 한국장로교, 1994.
『21세기를 향한 새로운 신학적 파라다임의 모색』. 서울: 장로회신학대학교, 1997.
『장로교의 장로직과 직제론』. 서울: 한국장로교 출판사, 1998.
『WCC, Vatican Ⅱ, WARC, 해방신학 및 민중신학이 지향하는 교회의 사회참여』. 서울: 성지, 1990.
『역사속의 교회』. 서울: 도서출판 교육목회, 1995.
『복음주의와 에큐메니칼운동의 세 흐름에 나타난 신학』. 서울: 한국장로교출판사, 1999.
『교회의 직제와 평신도론: 에큐메니칼 교역을 추구하면서』. 서울: 장로회신학대학교 출판부, 2001.
『간추린 세계 교회사』. 서울: 장로회신학대학교 출판부, 2001.
『알기 쉽게 간추린 몰트만 신학』. 서울: 대한기독교서회, 2001.
『기독교 사상사』. 서울: 대한기독교서회, 2002.
『모더니즘과 포스트모더니즘 그리고 기독교 신학』. 서울: 장로회신학대학교 출판부, 2003.
『역사 속의 종말론』. 서울: 대한기독교서회, 2004.
『하나님 나라와 교회』. 서울: 한들 출판사, 2005.
『나의 신학수업에 있어서 패러다임 이동』. 서울: 한들 출판사, 2005.
『역사 속의 내러티브 신학』. 서울: 한들 출판사, 2005.
『포스트모던 시대의 성경읽기』. 서울: 한들 출판사, 2006.

◆ 역서

『기독교강요 요약』(칼빈 존). 서울: 크리스천 다이제스트사,1985.
『칼빈의 경건: 그리스도인의 경건한 삶』 (Calvin, John). 서울: 크리스천 다이
제스트, 1986.
『칼 바르트의 신학방법론』. 서울: 목양사, 1986.
『칼 바르트의 신학사상』(Muller, David L). 서울: 양서각,1986.
『기독교사상사』(현대편). 서울: 대한예수교장로회총회 출판국, 1988.
『기독교사상사』(고대편). 서울: 대한예수교장로회총회 출판국, 1988.
『기독교사상사』(중세편). 서울: 대한예수교장로회총회 출판국, 1988.
『복음주의 신학입문』. 서울: 크리스천 다이제스트, 1989.
『종교개혁사 1: 독일의 종교개혁 시작부터 아우크스부』(Lindsay, Thomas M).
이형기외 1인 역. 서울: 대한예수교장로회총회, 1990.
『종교개혁사 2: 스위스·프랑스·네덜란드·스코틀랜드』(Lindsay, Thomas M). 이형
기외 1인 역 서울: 대한예수교장로회총회, 1990.
『종교개혁사 3: 영국·재세례주의·소지니주의·예수회』(Lindsay, Thomas M). 이형
기외 1인 역. 서울: 대한예수교장로회총회, 1990.
『세계교회협의회 BEM문서: 세례, 성만』. 서울: 한국장로교, 1993.
『세계교회협의회 역대총회 종합보고서』. 서울: 한국장로교,1993.
『세계교회협의회의 기원과 형성』. 서울: 한국장로교, 1993.
『세계교회협의회 40년사』. 서울: 한국장로교, 1993.
『루터 연구 입문』. 서울: 크리스천 다이제스트, 1993.
『복음주의 신학의 정수: 하나님·권위·구원』 . 서울: 한국 장로교, 1993.
『루터 저작선』. 서울: 크리스천다이제스트, 1994.
『개혁교회의 증거: 에큐메니칼 운동에 있어서』. 서울: 한국장로교 출판부, 1996.
『성경의 권위와 해석: 에큐메니칼 운동에 있어서』. 서울: 한국장로교 출판사, 1996.
『하나의 신앙고백: 신앙과 직제 문서』. 서울: 한국장로교 출판사, 1996.
『에큐메니칼 신학의 발전사(I)』. 서울: 한국장로교 출판사,1998.
『에큐메니칼 신학의 발전사(II)』. 서울: 한국장로회 출판사,1998.
『루터의 신학』(Althaus, Paul). 서울: 크리스챤다이제스트, 1994.
『복음주의 신학의 정수II: 삶, 사역, 회망』. 이형기외 1인 역. 서울: 한국장로
회 출판사, 1999.
『동방정교회의 역사와 신학』. 서울: 한국장로회 출판사,1999.
『현대기독교사상사 1』(제임스 C. 리빙스턴). 서울: 한국장로교출판사. 2000.
『교회 교의학, IV/4』(칼 바르트). 서울: 기독교서회

외 다수

하나님의
선교

- 초판 인쇄   2008년 4월 25일
- 초판 발행   2008년 4월 25일

- 지 은 이   이형기
- 펴 낸 이   채종준
- 펴 낸 곳   한국학술정보㈜
           경기도 파주시 교하읍 문발리 513-5
           파주출판문화정보산업단지
           전화 031) 908-3181(대표) · 팩스 031) 908-3189
           홈페이지 http://www.kstudy.com
           e-mail(출판사업부) publish@kstudy.com
- 등   록   제일산-115호(2000. 6. 19)
- 가   격   36,000원

ISBN   9.   0 (Paper Book)
        978-89-534-8663-8 98230 (e-Book)